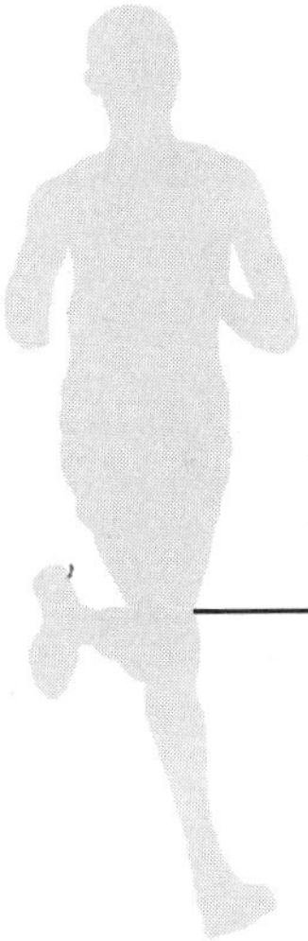

运动营养师培训教程

曹建民　陈成亮　主编

北京体育大学出版社

策划编辑 潘 帅
责任编辑 佟 晖
责任校对 潘海英
版式设计 联众恒创

图书在版编目（CIP）数据

运动营养师培训教程 / 曹建民，陈成亮主编．-- 北京：北京体育大学出版社，2022.3（2025.6 重印）
ISBN 978-7-5644-3623-0

Ⅰ．①运… Ⅱ．①曹… ②陈… Ⅲ．①体育卫生 – 营养学 – 职业培训 – 教材 Ⅳ．① G804.32

中国版本图书馆 CIP 数据核字 (2022) 第 035670 号

运动营养师培训教程 曹建民 陈成亮 主编
YUNDONG YINGYANGSHI PEIXUN JIAOCHENG

出版发行：北京体育大学出版社
地 址：北京市海淀区农大南路 1 号院 2 号楼 2 层办公 B-212
邮 编：100084
网 址：http://cbs. bsu. edu. cn
发 行 部：010-62989320
邮 购 部：北京体育大学出版社读者服务部 010-62989432
印 刷：三河市龙大印装有限公司
开 本：787mm × 1092mm 1/16
成品尺寸：185mm × 260mm
印 张：21
字 数：538 千字
版 次：2022 年 3 月第 1 版
印 次：2025 年 6 月第 4 次印刷
定 价：60.00 元

编 委 会

目录 CONTENTS

第一篇 运动营养学基础

第四章　体育运动与健康

第二篇　运动营养评估

第一章　体格测量和身体成分检测

第二章　临床检查

第三章　膳食评价

第三篇　运动营养与体重管理

第一章　减控体重人群

附 录

第一篇

运动营养学基础

运动营养学基础知识是运动营养师职业技能的基础，是从业者为运动人群提供合理营养补充和恢复手段的科学依据。基础知识部分的内容不仅包括能量和七大营养素，还包括人体消化和吸收，因为消化和吸收是讨论一切营养的前提，没有消化和吸收，营养素就无从谈起。肠道的健康和营养素的吸收有着直接的关系，也影响着人体的健康；营养素和营养素之间又有相互促进或者相互抑制的复杂关系，这就要求我们学习运动营养学要有整体观。

合理营养和体育锻炼是维持和促进健康的两个重要条件。体育锻炼造成的能量以及营养素的消耗，需要在运动后的膳食中进行合理的补充。如果缺乏各种营养的补充，机体会处于亏损状态；如果补充的时机和量不合理，有可能对消化系统造成负担，久而久之，就会使运动人群的生理功能和运动能力下降，损害身体健康。如果有合理的营养补充，就可以让运动后的身体得到超量恢复，提高人体各器官的功能，提高健康水平。事实上，没有科学营养支撑的训练不仅不能给身体带来应有的益处，甚至有可能带来伤害。

第一章 运动与能量

人体的生命活动过程是一个不断消耗能量的过程，只有不断地提供能量才能维持心脏的跳动和正常的生理活动。运动对人体来说是一种特殊的生理应激，在剧烈运动时骨骼肌的能量消耗大大增加，肌肉消耗的能量只能由三磷酸腺苷（ATP）分解提供。因此 ATP 也称为肌肉收缩的直接供能物质。糖、脂肪和蛋白质三大供能营养素通过相应的分解代谢，将储存在分子内的化学能逐渐释放出来，并转移、储存至 ATP 分子内，以保证 ATP 供能的连续性，维持长时间运动。本章着重阐述骨骼肌利用 ATP 和合成 ATP 的代谢过程。

第一节 人体能量的来源

生物体的重要特征之一就是新陈代谢，包括了物质代谢和能量代谢。物质代谢是指生物体内进行的各种化学反应过程的总称，也是表达各种生命现象和实现各种生理功能的化学基础。伴随物质代谢过程发生的能量吸收、储存、释放、转移和利用的过程，称为能量代谢。人体能量代谢的核心物质是 ATP。

一、ATP——生命活动的直接能量来源

ATP 是生物体生命活动的直接能源。各种生命活动所需要的能量都是由 ATP 提供的，如细胞分裂、肌肉收缩等。ATP 由腺嘌呤、核糖和 3 个磷酸基团连接而成，结构式见图 1－1。在 ATP 酶的作用下远端的高能磷酸键断裂，ATP 水解成腺苷二磷酸（ADP）＋磷酸基团（Pi）＋能量，在标准状态下测得高能磷酸键水解时释放的能量多达 30.54kJ/mol，所以说 ATP 是一种高能磷酸化合物。

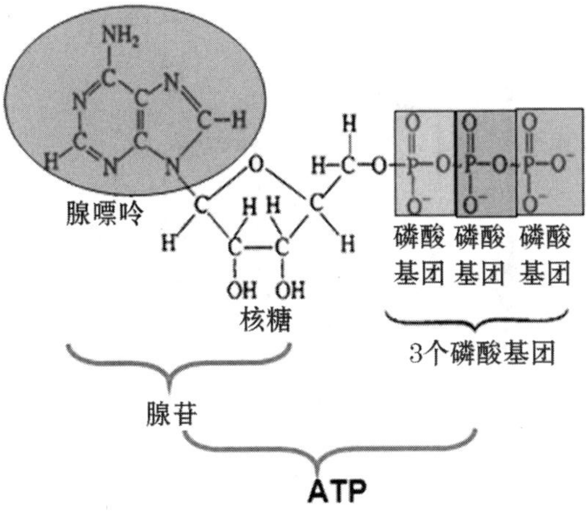

图 1－1　ATP 结构式

在运动时，骨骼肌利用 ATP 的部位和作用是：肌纤维肌球蛋白 ATP 酶消耗 ATP，引起肌丝相对滑动和肌肉收缩做功；肌质网膜上钙泵（Ca-ATP 酶）消耗 ATP，转运钙离子（Ca^{2+}），调节肌肉舒张；肌膜上钠泵（Na，K-ATP 酶）消耗 ATP，转运钠离子（Na^{+}）/钾离子（K^{+}），调节膜电位。据报道，仅肌质网转运 Ca^{2+} 所消耗的能量就占肌肉收缩时总能耗的 1/3。

二、ATP 再合成的途径

肌肉细胞内的 ATP 储量是非常有限的，每千克湿肌肉的储量仅为 4.6～7.8mmol，若以最大功率输出，则只能维持 2s 左右。但由于 ATP 在消耗的同时，又不断再合成，其水解过程和再合成过程总是能紧密地耦联在一起，使人体利用 ATP 的总量很大。例如，一个静卧状态的人 24h 消耗 ATP 约 40kg。在剧烈运动时，ATP 利用速率可高达 0.5kg/min。由于 ATP 和 ADP 循环反复地进行转化，才得以满足细胞各项机能需求。ATP 合成基本上是 ATP 水解的逆转：ADP + Pi + 能量→ATP + H_2O。细胞内 ATP 与 ADP 相互转化是十分迅速的，能维持 ATP 浓度相对稳定。

ATP 的再合成包括了磷酸肌酸（CP）分解、糖酵解和有氧氧化三条途径。这三条途径形成了运动时骨骼肌内三个供能系统。前两条途径是不需要氧的代谢过程，故合称为无氧代谢供能系统；第三条途径是需氧代谢，故称为有氧代谢供能系统（图 1－2）。

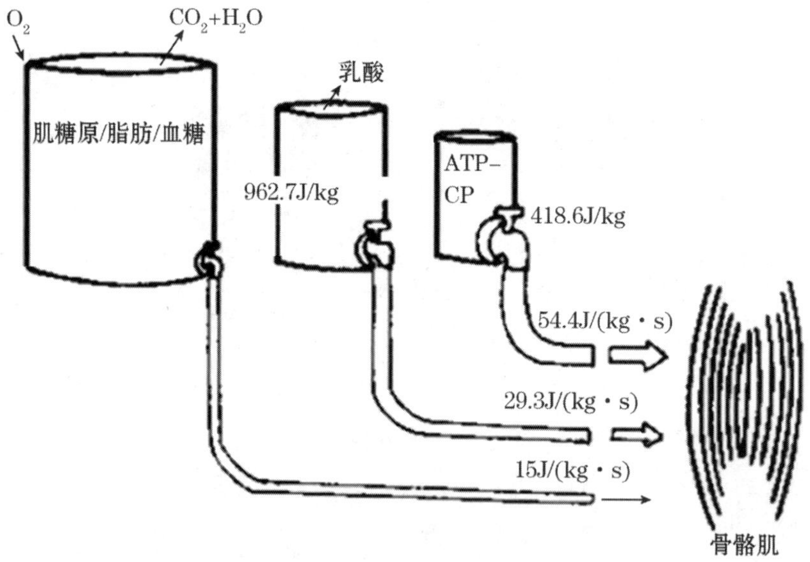

图1-2　骨骼肌的供能系统

（一）磷酸原系统

磷酸原系统（ATP-CP）系统是由结构中都带有磷酸基团的高能磷酸化合物 ATP 和 CP 构成的，而且这两种物质在供能代谢中均发生了磷酸基团的转运。

CP 是肌酸（C）的磷酸化形式，C 可接受 ATP 分子中的高能磷酸键生成 CP。CP 是肌肉细胞内高能磷酸基团储存库，当细胞内 ATP 快速大量水解时，CP 可以在肌酸激酶（CK）的催化下将高能磷酸基团转移给 ADP，快速合成 ATP：CP + ADP→C + ATP。反之，当细胞内 ATP 供过于求时，ATP 内的高能磷酸基团转移给 C 合成 CP，将高能磷酸基团储存起来。据报道，100m 跑时，肌肉细胞中 ATP 转换率可以提高 1000 倍之多，短时间极量运动时，ATP 水解释放能量的同时生成 ADP，定位在收缩蛋白附近。肌浆中的 CK 对 ADP 浓度变化极为敏感，几乎与 ATP 水解同步作用，催化 CP 快速分解，将高能磷酸基团转移至 ADP，快速合成 ATP。

磷酸原系统运动时最早启动，最快利用，具有快速供能和最大功率输出的特点。在短时间极量运动时，磷酸原系统的最大输出功率可达 9mmol ATP/（kg 干肌·s）。肌细胞内 CP 储量有限，每千克湿肌 20～30mmol，约为 ATP 的 3～5 倍，可维持最大强度运动6～8s。

磷酸原系统是一切高功率输出运动项目的物质基础。数秒内要发挥最大能量输出，只能依赖 ATP-CP 系统，如短跑、投掷、跳跃、举重等运动项目。测定磷酸原系统的功率输出，是高功率运动项目训练效果和训练方法评价的一个重要指标。

（二）糖酵解系统（乳酸能系统）

对于不超过2min的运动，ATP和CP在10s内耗尽，剩余能量将由骨骼肌中的肌糖原或血糖在无氧的条件下分解，生成乳酸同时释放能量，因此，有人又将其称为乳酸能系统。每分子葡萄糖经糖酵解净产生2分子ATP；反应如从肌糖原开始，每个葡萄糖单位经糖酵解净获3分子ATP。尽管该系统生成的能量数量有限，但在极量运动的开始阶段即开始供能，所以对于极量运动的供能意义重大。

在全力运动30~60s时，糖酵解可达最大速率，其输出功率为4.5mmol ATP/（kg干肌·s），约是磷酸原系统的一半。糖酵解的底物主要是肌糖原，人体骨骼肌肌糖原储量较高，约为每千克干肌350mmol葡萄糖单位。当以最快速度短跑至力竭时，肌糖原储量消耗一半。

由于该系统产生乳酸，并扩散进入血液，因此，血乳酸水平是衡量乳酸能系统供能能力的最常用指标。乳酸在体内聚集过多超过机体缓冲和耐受能力时，会破坏机体内环境酸碱平衡，进而限制糖的无氧酵解，影响ATP再合成，引起机体疲劳。乳酸能系统供能的意义在于保证磷酸原系统最大供能后仍能维持数十秒的快速供能，以应付机体的需要。该系统是1min以内要求高功率输出运动的物质基础，如400m跑、100m游泳等。专门的无氧运动训练可以有效提高该系统的供能能力。

（三）有氧氧化系统

有氧氧化系统的主要供能物质是糖和脂肪（正常情况下蛋白质供能忽略），在机体氧供给充足的情况下，可在线粒体彻底氧化分解释放大量的能量。机体糖和脂肪的储备量大，所以有氧氧化系统是长时间运动的主要供能来源。在15~20min或更长时间的运动时，体内以有氧氧化系统供能为主。但该系统是通过逐步氧化、逐步放能来合成ATP的，特点是ATP生成总量很大，但速率很低，需要氧的参与，不产生乳酸类副产物。

各供能系统不同底物再合成ATP的最大速率及达到最大速率的运动时间见表1-1。

表1-1 各供能系统不同底物再合成ATP的最大速率及达到最大速率的运动时间

	ATP再合成的最大速率/mmol ATP·（kg干肌·s）$^{-1}$	持续运动时间
脂肪氧化	1.0	>2h
葡萄糖（来自血液）氧化	1.0	约90min
肌糖原氧化	2.8	几分钟
糖酵解	4.5	5~10s
磷酸肌酸分解	9.0	即刻

在三个供能系统中，磷酸原系统和糖酵解系统可在氧气（O_2）不充足的情况下完成，称为无氧代谢系统；有氧氧化系统在合成ATP时，需要在氧气充足的情况下完成，称为有氧代谢系统。持续时间在2min左右的中距离跑等运动以糖酵解系统供能为主。这种情况是糖在氧气不足的情况下分解供能，产生乳酸，对机体产生的刺激较大。非周期性项目如篮球、网球等，在加速、冲刺的跑动过程中则由磷酸原系统和糖酵解系统共同提供能量。对于中低强度和持续时间长的运动，如慢跑、游泳和骑自行车等运动中消耗的ATP以有氧代谢产生为主。值得注意的是，所有运动的能量供给，并不是一种供能系统的单一供能，往往是三个供能系统按一定比例提供能量，各个供能系统提供比例的大小，取决于运动强度和时间，这部分内容会在第二节进行详细讨论。

第二节 人体能量的消耗

在自然界中，能量既不能增加也不能减少，仅仅是从一种形式转化为另一种形式，即能量守恒定律，人体的能量代谢也遵循这一普遍规律。机体能将蕴含在食物中的化学能转化成供机体生命活动所需的能量。人体不仅在活动时需要消耗能量，在安静状态下也需要能量来维持体温、心跳、呼吸、血压等各项基本生命活动。

一、人体能量消耗的组成

人体摄入的能量90%是可代谢的能量，其余通过粪便、尿液或皮肤丢失。人体每日总能量消耗（total energy expenditure，TEE）主要由基础能量消耗（basal energy expenditure，BEE）、身体活动能量消耗（physical activity energy expenditure，PAEE）和食物热效应（thermal effect of food，TEF）三部分组成。孕妇、哺乳期妇女、婴幼儿、儿童、青少年、大病初愈的人的机体还包括生长发育的能量消耗。

（一）基础能量消耗

基础能量消耗是指人体在清醒而又极端安静的状态下，不受肌肉活动、环境温度、食物及精神紧张等影响时的能量消耗，也称为基础代谢（basal metabolism，BM）。基础代谢是维持人体最基本的生命活动的能量消耗，约占人体总能量消耗的60%～70%。基础代谢的测量通常要排除食物特殊动力作用，一般在空腹12～24h、室温18～25℃时进行，以排除食物和环境温度的干扰，通常按照一天的能量消耗来计算，结果即为基础代谢率（basal metabolic rate，BMR）。

（二）身体活动能量消耗

身体活动（physical activity），也被译为体力活动，是指骨骼肌收缩产生的使能量消耗增加的身体动作。体力活动与人体健康密切相关，按日常活动可分为家务、交通、工作和闲暇时间活动四个方面。按能量代谢分类，可以分为有氧代谢运动和无氧代谢运动。按运动强度可分为小强度运动、中等强度运动和大强度运动。身体活动能量消耗占总能量消耗的20% ~30%。但需要注意的是，身体活动能量消耗是每日总能量消耗中最大可变因素，研究报道，久坐人群的身体活动能量消耗仅占每日总能量消耗的约15%，而经常锻炼人群的身体活动能量消耗可占每日总能量消耗的约50%。

（三）食物热效应

在摄食过程中，消化系统的运动、消化酶的分泌都会消耗能量。同时，食物在体内氧化分解时，除了本身释放出热能，还会增加人体的基础代谢率，刺激人体产生额外的热量消耗，同时使体温升高。这种食物导致的生热作用，即食物热效应，又称食物的特殊动力作用。

食物热效应是食物在消化、吸收和代谢过程中的耗能现象，从能量代谢的角度分析，食物特殊动力作用对人体是一种损耗，所以它只能增加身体能量的消耗，而不能增加可利用的能量。实验测定，进食后人体的体温会有所增加，进食2h后，体温会达到顶点，2 ~3h后恢复到正常状态。一般混合膳食的特殊动力作用所消耗的能量约为每日能量消耗的10%。

（四）生长发育

在婴幼儿、儿童的生长发育中，新组织的形成、代谢都需要能量。孕妇体内胎儿的生长发育、乳母分泌乳汁等也需要额外补充能量。

二、影响人体静息代谢的因素

在实际的测试中，基础代谢测试对测试环境条件和测量时间的要求比较高。世界卫生组织（World Health Organization，WHO）提出，在实际总能量消耗的测试中，可直接测量安静代谢（rest metabolism，RM）。安静代谢是指禁食2h以上，在合适温度下，安静平卧或安坐约30min所测得的人体能量消耗。安静代谢测量是人体安静而不是完全基础状态下的能量消耗，对测量要求较宽松，只要条件满足在全天24h内均可进行。按一天的能量消耗计算，则为静息代谢率（rest metabolic rate，RMR）。主要器官或系统的静息代谢率贡献值见图1 -3。

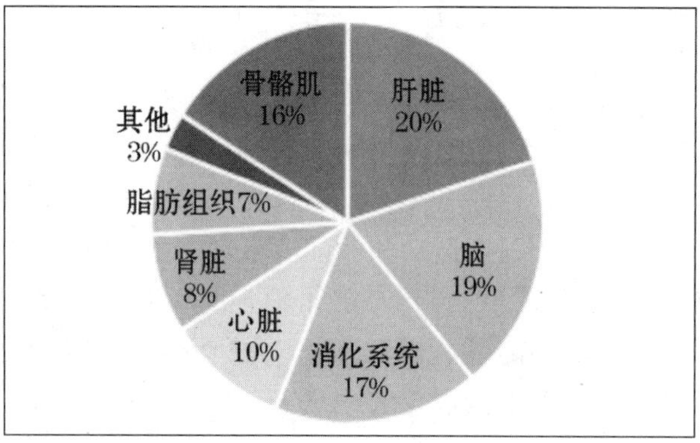

图1－3 主要器官或系统的静息代谢率贡献值

RMR常受到身高、体重、去脂体重、脂肪含量、性别、年龄、激素水平等因素的影响。其中，性别、年龄和去脂体重三个变量通常可解释RMR变异性的80%。相同性别、年龄的人，当体重相同时，瘦高体形的人的RMR高于矮胖体形的人的RMR；从身体成分来看，瘦体重（主要指肌肉）高的人，RMR高，所以女性一般RMR低于男性；年龄越小细胞代谢越旺盛，因此婴幼儿的RMR高于青年人，青年人则高于老年人。从生命周期的第二个十年到第七个十年，RMR每十年降低1%～2%，这个下降归因于随年龄的增长，器官质量减少和去脂体重丢失，尤其是久坐生活方式的人。

RMR也受遗传因素、月经周期和运动的影响。研究报道，RMR在卵泡期（周期开始时）最低，在黄体期（周期结束时）最高，差异为100～300kcal/d（1kcal≈4.1859kJ）。无论是规律训练还是一次性运动，都会提升RMR，训练是通过提高去脂体重、付出更多能量来建造和修复肌肉达到的。

三、影响运动时能量消耗的因素

（一）运动强度与时间对能量消耗的影响

相同运动时间，运动强度越大，能量消耗越多；相同运动强度，运动时间越长，能量消耗越多。对于短时间的大强度运动，机体主要动用ATP-CP系统和糖酵解系统供能；对于中低强度、长时间的运动，机体则主要通过有氧氧化系统供能（图1－4）。

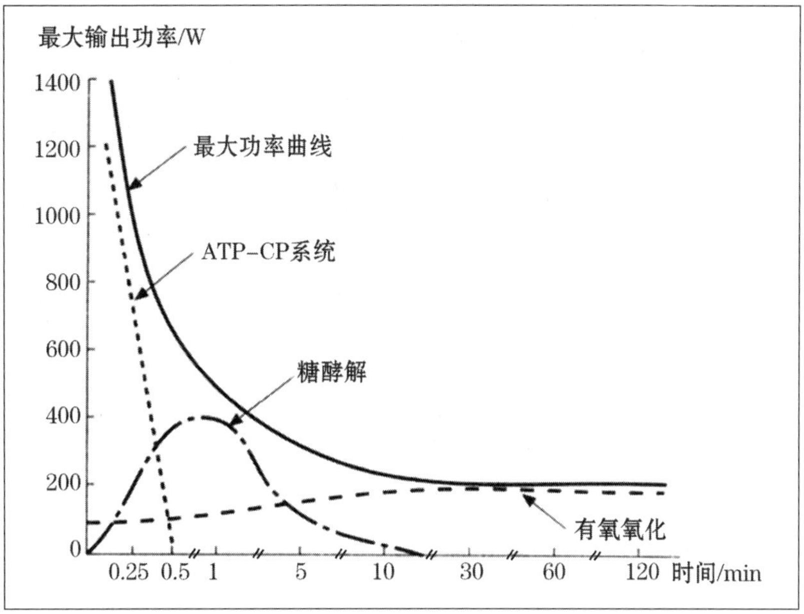

图 1－4　运动时间与最大输出功率及供能系统

在运动中，三大能源物质的利用速率不同，糖的利用速率最快，是一种非常经济的能源。运动起始首先动用肌糖原，5～10min 后血糖开始参与供能，随着运动时间的增加，肝糖原开始分解补充血糖，维持血糖稳定，同时供给大脑和骨骼肌等组织。不同运动强度对身体产生不同的效应反应，中低强度的运动可能使脂肪酶被充分激活，使脂肪氧化比例提高。脂肪分解供能出现在肌糖原大量消耗或接近耗竭同时有氧供能充足时。因此，这类活动中，随着运动时间的延长，供能物质由以糖有氧氧化供能为主逐渐过渡到以脂肪氧化供能为主。蛋白质在运动中供能通常发生在持续 30min 以上的耐力项目。

（二）训练水平对能量消耗的影响

对人体来说，体育运动是一种生理性刺激，当身体长时间接受这种刺激时，机体将产生一些适应变化。比如，一个人初次进行一项体育活动，开始时呼吸、心率等生理指标将产生比较明显的增加，机体疲劳感明显，能量消耗比较大；但如果这个人长时间进行这项体育活动，一段时间下来，在训练水平得以提高的同时，这些生理指标的变化幅度将减小，疲劳感也随之减轻，此时能量消耗也有所减少。这是因为长时间的运动训练，使人体的肌肉力量、心肺功能产生适应性变化，机体能力有所提高，同时部分动作在大脑皮质兴奋性较低或被抑制的区域就可完成。此时，锻炼的做功效率提高，能量消耗出现节省化，也就是说，训练水平高的人，机体在运动时效率提高，消耗能量减少。

但是，对于一些技术性较强的运动，由于训练水平低的人力量弱、跑动速度慢、动作不到位或动作完成难度较低等原因，其能量消耗的量会小于训练水平高的人。

（三）饮食对能量消耗的影响

饮食对运动中的能量消耗的影响可以分成两部分。第一部分是饮食中的三大营养素转化为能源物质储备在体内，其储备量直接影响到运动中可利用的能量总量，尤其是糖的储量。一般来讲，蛋白质是构成组织和器官的重要成分，不参与运动时的供能，只有在极度饥饿时或长时间耐力运动中才参与供能。糖和脂肪成为体内储备的主要能源物质。糖是一种供能形式比较灵活的能源物质，在氧气供应充足和不足时均可以参与供能。在运动中，当体内糖原储备充足时，机体优先动用糖原为供能燃料，并且可以延长运动时间；但当体内糖原储备不足时（如短期高脂低糖饮食），机体氧化脂肪的能力显著提高，体内代谢模式由以糖氧化为主向以脂肪氧化为主转变，影响高强度运动能力。第二部分，骨骼肌对脂肪的氧化消耗顺序为：先是肌内甘油三酯，然后是血液中的游离脂肪酸，再次是皮下脂肪和内脏脂肪。

（四）高温、高湿及冷环境对能量消耗的影响

温度（不管是体内温度，还是体外环境温度），是决定人体能量消耗的一个重要因素。约 2/3 的静息代谢率与产热有关，以维持人体核心体温 37℃，人体核心温度每升高 1℃，代谢率提高 10% ～13%。在热环境下运动，随着时间的延长，儿茶酚胺浓度显著升高，人的心率加快、体温升高，排汗和呼吸活动也渐渐地增加，这就需要人体提供更多的能量、氧气；而能量消耗的增加，需要消耗更多的肌糖原，产生更多的乳酸，这一过程让人体更容易疲劳。经常在热环境下训练，可使机体逐步减少额外产热，降低机体承受热疲劳和中暑的风险，这个过程称作热习服。

同样，在湿冷环境下运动，能量消耗也会增加，机体为了抵御寒冷，会消耗更多能量，基础代谢可增加 5% ～7%。在寒冷环境下运动比在常温条件下运动一般增加 5% ～20% 的热能消耗。在寒冷环境中进行锻炼，体内蛋白质代谢会增加，但由于蛋白质不是提供能量的主要营养素，增加的幅度不如脂肪和糖明显，因此对于蛋白质，提高膳食中蛋白质的质量即可，不必增加数量。寒冷引起机体对脂肪和碳水化合物的需要增多。在机体抗寒产热的过程中，首先会利用血糖和肌糖原等糖氧化产热供能，然后才动员脂肪，脂肪氧化分解加强，脂肪酸代谢加快，因此在低温环境下运动有利于脂肪的消耗。但是在寒冷条件下进行耐力训练，如果体内糖原不足，很容易导致疲劳。

第三节　能量消耗的测量方法

热力学第一定律指出：能量在由一种形式转化为另一种形式的过程中，既不增加，也不减少。这是所有形式的能量（动能、热能、电能、化学能等）互相转化的一般规律，也就是能量守恒定律。机体的能量代谢也遵循这一规律，即在整个能量转化过程中，机体所

利用的蕴藏于食物中的化学能与最终转化成的热能和所做的外功，按能量来折算是完全相等的。因此，测定在一定时间内机体所消耗的食物或者测定机体所产生的热量与所做的外功，都可测算出整个机体的能量代谢率（单位时间内所消耗的能量）。测定整个机体在单位时间内发散的总热量，通常有两类方法：直接测热法和间接测热法。但考虑成本和操作简便性等问题，只能用于小样本量。随着传感器技术的进步，进一步产生了基于 GPS、加速度技术和心率探测技术等的可穿戴设备。

一、直接测热法

直接测热法（direct calorimetry，DC）是测定整个机体在单位时间内向外界环境发散的总热量。此总热量就是能量代谢率。如果在测定时间内做一定的外功，应将外功（机械功）折算为热量一并计入。图 1 - 5 是 20 世纪初阿沃特 - 本尼迪克特（Arwater-Benedict）所设计的呼吸热量计的结构模式图。它是隔热密封的房间，其中设一个铜制的受试者居室。用调节温度的装置控制隔热壁与居室之间空气的温度，使之与居室内的温度相等，以防居室内的热量因传导而丧失。这样，受试者机体所散发的大部分热量便被居室内管道中流动的水所吸收。根据流过管道的水量和温度差，将水的比热考虑在内，就可测出水所吸收的热量。当然，受试者发散的热量有一部分包含在不感蒸发量中，这在计算时也要加进去。受试者呼吸的空气由进出居室的气泵管道系统来供给。此系统中装有硫酸和钠石灰，用于吸收水蒸气和二氧化碳（CO_2）。管道系统空气中的氧气（O_2）则由氧气筒定时补给。直接测热法的设备复杂，操作烦琐，使用不便，因而极少应用，主要用于肥胖、内分泌障碍等问题。

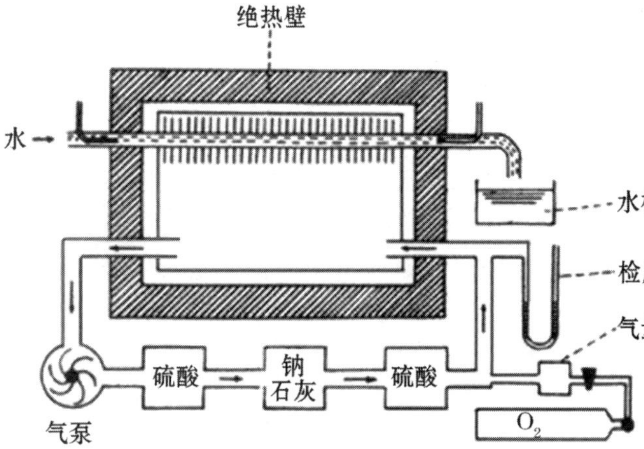

图 1 - 5　呼吸热量计的结构

二、间接测热法

间接测热法（indirect calorimetry，IC）是实际中应用较为普遍的一种方法，最常用的是道格拉斯－霍尔丹（Douglas-Haldane）气体代谢法。此法是将一定时间内呼出的气体收集在橡皮囊中，用气体流量计测量出气体的量，再分析气体中 O_2 和 CO_2 的成分，求出呼吸商（respiratory quotient，RQ），根据不同呼吸商的氧热价计算单位时间内运动的能量消耗。也有学者直接采用氧消耗量计算能量消耗。其相比直接测热法，大大降低了成本，扩展了应用范围。

（一）代谢车

目前，医院常用的间接测热法是代谢车（图 1－6）。代谢车是通过使用代谢监测系统测定能量的消耗量、CO_2 的产生量、O_2 的消耗量，从而计算三大营养物质在能量消耗中的构成并得出三大营养素在人体的代谢情况。输出指标包括静息代谢率、呼吸商、三大营养物质氧化率、代谢状态等。

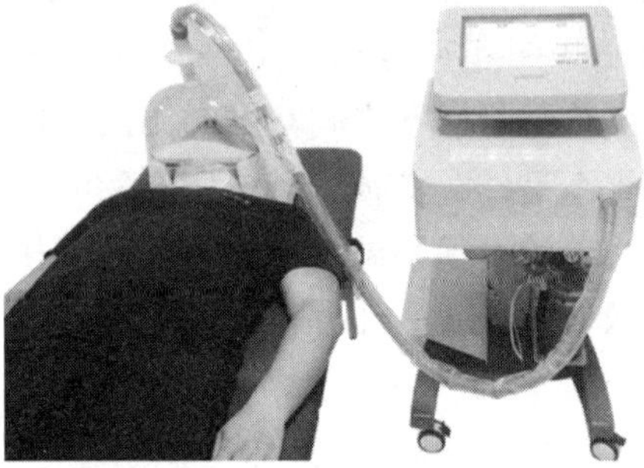

图 1－6　代谢车

（二）便携式间接测热设备

Breezing Pro™是一款便携式能量代谢测试仪（图 1－7）。受试者在静息状态下，用 Breezing Pro™分别与经典道格拉斯布袋法（Douglas－Bag）以及麦加菲代谢车（McGuffei metabollc car）进行了对比实验。实验同时测定了 VO_2、VCO_2 和 RMR 等参数。结果表明三种测量 VO_2、VCO_2 和 RMR 的方法之间存在 1∶1∶1 的强相关性，均为 $p<0.0001$，相关斜率接近 1.00，平方相关系数（r^2）接近 0.9。本章实践要点将介绍 Breezing Pro™的测试方法。

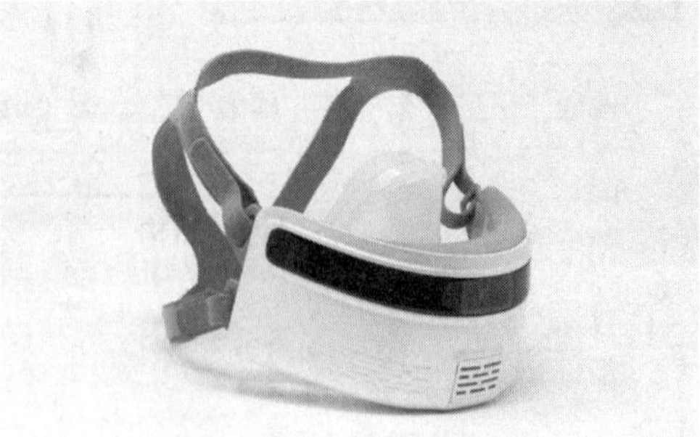

1－7　Breezing Pro™便携式能量代谢测试仪

三、双标水法

双标水（double labeled water，DLW）法是一种无损伤及非侵入的技术。基本的测试方法为：给予受试者口服含有一定量的氘（^2H）和18氧（^{18}O）这两种稳定、无放射性同位素标记的水，使机体中的水被这两种同位素所标记，^2H参与H_2O代谢，^{18}O参与H_2O和CO_2代谢。当两种同位素在体内达到平衡后，利用同位素质谱仪测量血液、唾液或尿液（通常收集尿液）中^2H和^{18}O的代谢速率常数，可得到CO_2生成率。CO_2生成率结合饮食结构所估计的呼吸商，求出氧的消耗率，最后用经典的韦尔（Weir）公式计算出平均每天总能量消耗，即$TEE=3.941\times rO_2+1.106\times rCO_2-2.17\times$尿素氮量或$TEE=3.9\times1.0\times rO_2+1.1\times rCO_2$，其中，$rO_2$指$O_2$的使用量（L/min），$rCO_2$指$CO_2$的产生量（L/min）；尿氮量的单位为g/d，TEE的单位为kcal/d。

双标水法可在无损伤和不限制日常活动条件下采用两点法或多点法（一般采用多点法）收集样品1～3周进行TEE测试，特别适用于了解不易合作或活动无法受限制的婴儿、儿童及运动员等人群的能量代谢测量。双标水法的精确度达93%～98%，准确度达97%～99%，被誉为能量消耗测定的“金标准”。

双标水法是用估算的RQ来推测TEE，这使得双标水法有可能产生大约5%的误差。测试过程最好监测食物记录，用食物商来代替呼吸商，而研究证明9岁以上的儿童是可以自己完成这项工作的。同时，服用双标水期间要监测体重的变化，要求体重不变或是少量增加，此时的TEE与能量摄入量相等。考虑双标水法的实验成本和只能测定人体总能量消耗等局限性，将双标水法和其他测定能量消耗方法联用，以建立能量消耗的预测方程，这将是未来能量消耗测量探索的发展趋势。

四、加速度计

运动加速度计的原理是根据牛顿力学定律，测量身体加速度绝对值的积分，通过测量身体活动的持续时间和强度来对机体能耗量进行评估，是一种客观评估身体活动的方法。因感受到身体运动方向的不同，分为单轴、双轴和三轴加速度计。加速度计对体力活动的测量结果以活动计数（activity count，AC）的形式表示，代表了加速度的大小和多少的总和。加速度计使用较方便，可以长时间佩戴，但对只有上肢参与的活动（如引体向上）、一些静力性活动（乘车）、骑自行车和游泳等活动不能进行测量，而这使它具有不能测量所有日常体力活动的缺点。

加速度计是通过轴的信息收集，运用预先设定的回归方程，结合佩戴者的身高、体重、年龄、性别等信息预测相应的能量消耗。其回归方程的适用人群对测试的准确性影响较大。因此，在利用加速度计来测试被测人群的能量消耗前，需要建立适用于该人群的回归方程。马修斯（Mathews）等在一项使用加速度计来测量体力活动并分析变异来源的研究中指出，中高强度体力活动变异中的55%～60%来自调查对象的个体间差异，30%～

45%来自个体内差异，而工作日与周末（非工作日）的差异可以解释1% ~8%的体力活动变异。此外，用于成人的能量消耗预测方程，不能用于儿童和青少年，因为预测方程并没有考虑静息代谢率的区别等。研究发现，通过非线性模型技术，将加速度计与心率或体温等生理参数相结合，可以大幅提高预测日常身体活动能量消耗的准确性。

五、全球定位系统

全球定位系统（global positioning system，GPS）是一种基于卫星和通信技术的定位系统，可以通过测量受试对象户外运动时的位置、速度（走路或跑步）、坡度（通过海拔或地图）和时间来估算人体的能量消耗。美国运动医学会（American College of Sports Medicine，ACSM）推荐的摄氧量和能量消耗估算公式中，速度和坡度是两个主要的影响因素。有研究以加速度计为效标，比较了3种品牌的GPS手表测定能量消耗的有效性，结果发现，GPS估算的能量消耗与加速度计测量结果有40% ~50%的差异。目前的研究认为，GPS在测量人体高强度运动时存在更大的误差，提高GPS采样频率可能有助于提高测量的有效性。GPS测量体力活动能量消耗面临的一个重要问题就是，无法测量室内的体力活动，即使应用于户外运动也受到一些环境因素（建筑物、树木、云层等）的影响。尽管存在上述不足和缺陷，GPS依然可与其他方法结合使用，从而提高体力活动能量消耗估算的有效性和可靠性。

六、运动传感器技术

为了准确预测体力活动的能量消耗，近几年运动传感器技术（sensewear）被广泛应用于各类能耗测定。臂带式多功能运动传感器（SenseWear™ Pro_2 Armband，SWA）是一种多重传感器，结合了多种预测技术（加速度技术、热通量、皮肤电反应、皮肤温度、体表温度）以及描述性特征（性别、年龄、身高、体重），综合这些算法能够测量在自由状态下每分钟的体力活动能量消耗。与双标水法和间接测热法相比，其不需要服用双标水或采集呼吸的气体即可预测体力活动能量消耗。从操作简便性而言，SWA无需专业的科研人员，只需了解其佩戴位置即可完成测量。有研究指出，在高温、高湿环境运动中，SWA低估在安静状态（低估7.6%）及60% VO_2max（低估15.4%）和80% VO_2max（低估28.8%）两个运动强度下的能耗，高估在40% VO_2max（高估15.6%）强度下的能耗。对于训练有素的运动人群来讲，普遍会低估其能量消耗，反而会高估低强度身体活动的能量消耗。

七、预测方程法

在缺乏先进测量设备的情况下，可以通过预测公式来计算人体每日能量消耗。

（一）计算静息代谢率

静息代谢率是测定人体正常功能和体内稳态，再加上交感神经系统活动所消耗的能量，其在每日能量总消耗中所占的比重为 60% ~75%。

对于静坐少动者，可以用哈里斯 - 贝内迪克特（Harris - Benedict）公式进行预测：

男 RMR（kcal）=66.47 +13.75 ×体重（kg）+5 ×身高（cm）−6.76 ×年龄（岁）

女 RMR（kcal）=655.1 +9.56 ×体重（kg）+1.85 ×身高（cm）−4.68 ×年龄（岁）

研究表明，公式经常会高估 RMR，高估约 15%，静坐少动人群预测时，最后结果乘以 85%。

对于规律健身者，可以用坎宁安（Cunningham）公式进行预测：

RMR（kcal）=500 +22 ×瘦体重（kg）

这一预测公式需要测量受试者的瘦体重，所以对硬件设备有一定的要求，如果没有身体成分测试设备，也可以用 Harris - Benedict 公式进行预测。

（二）计算每日能量消耗

用预测所得的 RMR 值乘以体力活动水平（physical activity level，PAL）系数。

表 1 -2　体力活动水平系数对应表

活动水平	体力活动水平
卧床休息	1.2
非常不爱活动	1.4
轻	1.6
中等	1.8
重	2.0
剧烈运动	2.2

实践要点：利用 Breezing 能量代谢测试仪测试静息代谢

在营养、医学、体育等领域，静息代谢是非常重要的生理参数，约占身体能量消耗的 75% ~95%，它会随着年龄、压力、活动水平、饮食、受孕、疾病、药物和其他因素的改变而变化。一直以来，受检测设备和使用环境限制，人们都是用能量方程来估算基础代谢的。然而，能量方程在个体估算中非常不准确，近 3/4 的人误差超过 10%，甚至造成高估或低估患者的静息代谢近 1000kcal/d。

一、设备基本原理

Breezing Pro™是可穿戴代谢评估设备，操作简单，按照标准的精度需求，提供真实的静息代谢测试。国内外营养学会与运动医学机构建议在评估个人的能量需求时，采用间接测热法测量能量消耗。Breezing Pro™按照国际“金标准”方法——间接测热法，精准测量人体呼吸 VO_2 和 VCO_2，研究结果已发表于多家国际专业期刊。

二、设备使用方法

(一) 注册账户

打开 Breezing Pro™ App，注册账号，输入测试者相关信息；佩戴设备，头带松紧调节，测试者可用硅胶面罩（不安装设备）模拟测试，平静呼吸 2 ~ 5min，适应测试环境。

(二) 正式测试步骤

正式测试步骤详见表 1 – 3。

表 1 – 3　正式测试步骤

步骤序号	操作名称	App 界面
1	测试开始：点击 App 上的红色按钮	
2	扫码连接：取出芯片，扫描芯片包装袋表面的二维码	
3	设备开机：长按电源按钮 2s，选择蓝牙序列号，与装有 App 的平板电脑或手机配对，建立数据链接	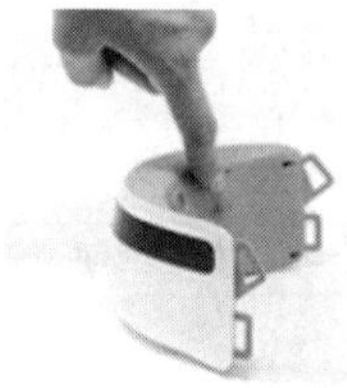
4	插入芯片：取出芯片插入卡槽	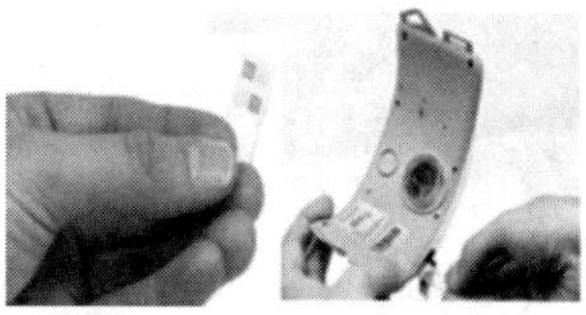
5	自动校准：平面校准，至数值 100	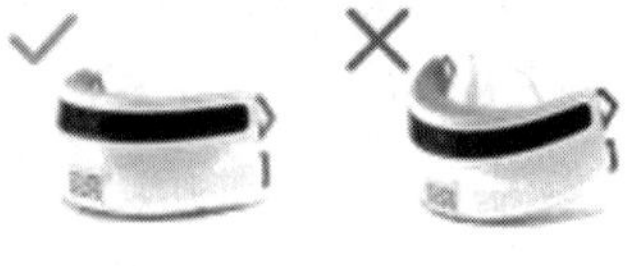

续表

步骤序号	操作名称	App 界面
6	安装面罩：佩戴确保不漏气	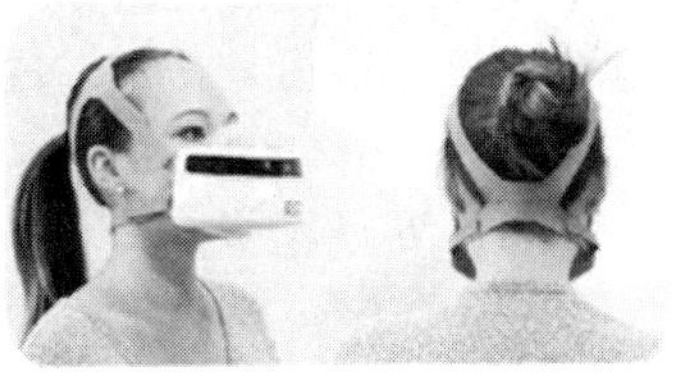
7	静坐测试：平静呼吸，保持 10min	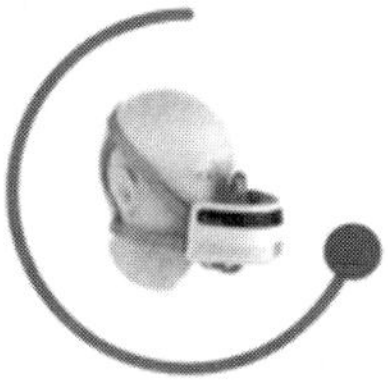
8	测试结束：读取测试结果	

三、测试注意事项

（一）空腹测试

一般要求早晨测试，空腹 4h 以上，测试前 4h 禁止喝咖啡、牛奶、茶等有提升心率作用的食物、药物等。

（二）禁止运动

中等强度运动后至少等待 4h，高强度运动后至少等待 12h。

（三）平静呼吸

测试前静坐几分钟，平静呼吸，可通过监控血压、心率来看测试者是否进入安静状态。测试过程保持安静，不说话，不玩手机。

（四）不适人群

设备暂不适用于儿童和无自主呼吸意识的人群。

（五）芯片

每次测试使用新开封的芯片，避免重复使用。

参考文献

［1］罗纳德·J. 莫恩. 运动营养［M］. 杨则宜，主译. 北京：人民体育出版社，2005.

［2］冯美云. 运动生物化学［M］. 北京：人民体育出版社，1999.

［3］陈吉棣. 运动营养学［M］. 北京：北京医科大学出版社，2002.

［4］国家体育总局. 运动健身的能量消耗［M］. 北京：人民体育出版社，2013.

［5］朱琳，陈佩杰. 能量消耗测量方法及其应用［J］. 中国运动医学杂志，2011，30（6）：578.

［6］BURKE L，DESKIN V. 实用运动医学：第 5 版［M］. 常翠青，艾华，译. 北京：科学出版社，2019.

［7］BAKER J S，MCCMORMICK M C，ROBERGS R A. Interaction among skeletal muscle metabolic energy systems during intense exercise［J］. Jour of nutrition and metabolism，2010.

［8］LAM Y Y，RAVUSSIN E. Analysis of energy metabolism in humans：a review of methodologies［J］. Mol Metab，2016，5（11）：1057－1071.

［9］VERNILLO G，SAVOLDELLI A，PELLEGRINI B，et al. Evaluation of the sensewear mini armband to assess energy expenditure during pole walking［J］. International journal of sport nutrition and exercise metabolism，2014，24（5）：565－569.

［10］ZHAO D，XIAN X J，TERRERA M，et al. A pocket－sized metabolic analyzer for assessment of resting energy expenditure［J］. Clinical Nutrition，2014，33（2）：341－347.

第二章 运动与消化吸收

第一节 消化道与消化腺

一、消化道与消化腺的组成和功能

消化系统（图 2－1）运转过程包括消化（把食物分解成小分子的物理和化学过程）、吸收（消化道吸收这些营养物质入血或者淋巴）。食物中所有的营养物质——蛋白质、脂肪、糖、维生素、矿物质和水——都是通过消化系统被人体吸收。一个成人每天分泌大约 29 杯（7L）液体，包括水、黏液、酸、消化酶、胆汁、激素，以促进消化和吸收。正如呼吸和心跳一样，消化和吸收过程是由激素和神经系统精准调控的。表 2－1 概述了每种消化器官的主要功能。

除了消化和吸收功能，消化道也有一定的免疫作用。细菌、病毒和其他微生物伴随着食物进入人体，而消化道能阻挡这些微生物，还能分泌很多免疫成分，如抗体、淋巴细胞和巨噬细胞，消灭肠道中的微生物。这些常驻细菌被称为肠道菌群（也被称为微生物群）。健康的肠道菌群有助于控制致病菌。肠道菌群还合成营养物质，如叶酸、维生素 K、抗体以及为大肠内壁细胞提供能量的短链脂肪酸。

表2-1 消化道的消化和吸收功能概述

功能	器官	主要功能
消化	口腔	分解食物
		和淀粉酶一起，开始消化
	食管	将食物推送至胃部
消化和吸收	胃	分泌含有胃酸和酶的胃液
		胃酸杀死微生物
		食物与胃液混合，变成液态食糜
		胃蛋白酶消化蛋白质
		胃脂肪酶消化脂肪
		分泌协助维生素 B_{12} 吸收的内因子
		缓慢释放食糜进入小肠
	小肠	将食糜与胆汁和胰液混合
		完成蛋白质、脂肪和糖的吸收过程
		将剩余的残渣运输到大肠
	大肠	吸收水和电解质（钠和钾）
		形成和储存粪便
		储存大部分肠道菌群
辅助消化和吸收	唾液腺	分泌唾液湿润食物，以便吞咽
	肝脏	产生胆汁，促进脂肪消化和吸收
	胆囊	储存和浓缩胆汁，并释放到小肠
	胰腺	分泌各种酶，以促进消化和吸收
		释放激素，以调节代谢和营养物质的利用
排遗	直肠	储存粪便，通过肛门排粪便

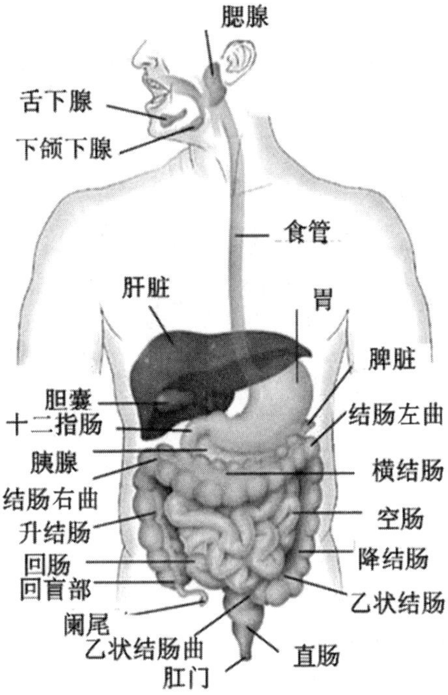

图2－1　消化系统

二、消化道的运动：混合和推送食物

口腔中食物被磨碎并与唾液混合，形成食团进入胃肠道。胃肠道的肌肉收缩，将食物与各种分泌物混合，并沿消化道移动这种混合物（食糜）。从口腔到肛门，波状的肌肉收缩（蠕动）沿着胃肠道输送食物和营养物质。胃部的蠕动波大约每分钟出现3次。在小肠中，环形肌和纵行肌每4～5s收缩1次。小肠的蠕动性收缩通常在胃部收缩后发生。大肠利用缓慢的蠕动来移动消化的废物（粪便），每天仅发生2～3次，通常在饭后。分节运动是发生在小肠的一系列肌肉收缩，将食糜分成许多小节段并混合，同时促进食糜与消化液混合。分节运动也通过增加食糜与肠壁接触来促进吸收（图2－2）。消化一顿饭所需的时间因时而异、因人而异，摄取食物的量和它所含的营养物质也影响着消化时间的长短。研究表明，一顿饭通过消化道并且完全吸收的时间是20～60h。

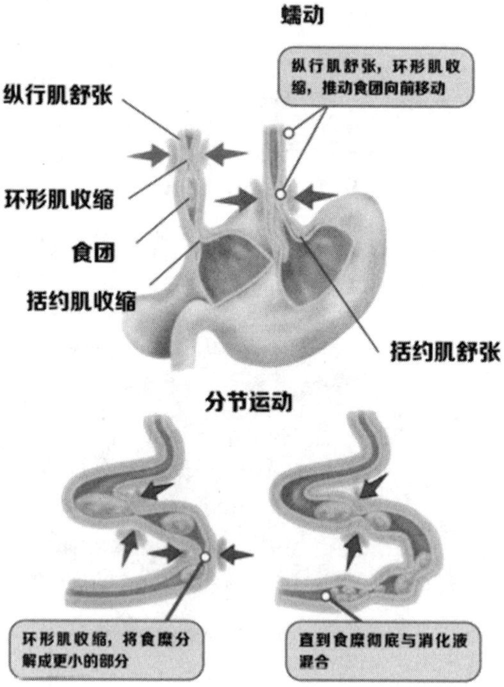

注：蠕动和分节运动促进食物分解、混合，推送食物在消化道中移动。

图 2－2　蠕动和分节运动

第二节　消化和吸收

一、消化道各部位的消化作用

（一）口腔内消化

食物的消化开始于口腔（图 2－3）。咀嚼时，食物被分解成小块，与酶的接触面积增大。口腔中主要有三大唾液腺：腮腺、下颌下腺和舌下腺。唾液腺每天分泌大约 4 杯（1L）的唾液。唾液中的黏液润滑和聚集食团；溶菌酶杀死细菌，清洁口腔；淀粉酶将淀粉分解为小分子糖。我们在吃饼干或面包时，慢慢咀嚼，它会变得更甜，这是因为唾液淀粉酶在起作用。然而，食物在口腔中停留时间较短，只有大约 5% 的淀粉被唾液淀粉酶分解。唾液也能预防龋齿，因为其含有抗菌物质、修复牙齿的矿物质，并能中和酸性物质。唾液和其他液体，包括黏液，与食物混合，形成食团，柔软易吞咽。食道是一根 25cm 长的肌性管，连接胃部。在它的入口是会厌，一个片状结构，防止食物进入气管。当吞咽食物时，会厌在喉部（气管的开口）关闭。食团落在会厌上，食道松弛并开放。这确保了食团在食道蠕动和重力作用下沿食管下行，避免进入气管。较大的食物进入气管可能会引起呛咳，甚至窒息（图2－4）。

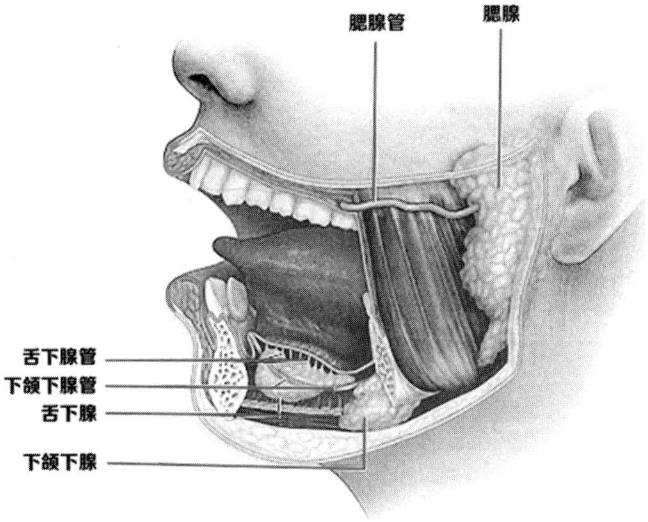

注：牙齿将食物磨碎，口腔中的消化腺分泌唾液润滑和聚集食团。唾液中还含有能保护牙齿的酶和有益物质。

图2－3　口腔是消化道的始端

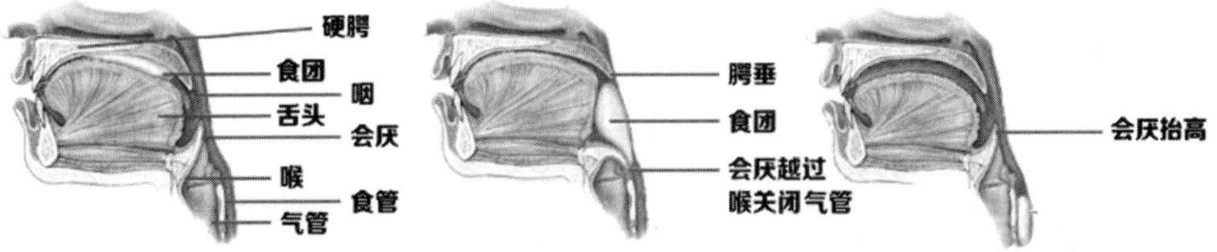

（1）舌推送食团到硬腭，随后向咽部移动

（2）随着食团向咽部移动，会厌越过喉关闭气管

（3）会厌肌收缩向胃部推送食团，然后会厌回到正常位置

图2－4　吞咽过程

（二）胃内消化

胃上端连接食管，下端连接十二指肠（图2－5）。贲门括约肌（胃入口）可防止高酸性胃内容物反流到食管。如果括约肌功能障碍，引起反流，就容易出现胃灼热，产生疼痛。胃本质上是容纳和混合食糜的脏器，成人在一顿饱餐后，胃容量可以从0.05L扩大到1～1.5L。胃的首要功能是储存食物。除了胃部的肌肉运动，胃每天分泌大约2L的胃液以

助消化。纯净的胃液是无色透明的酸性液体，pH 值为 0.9～1.5。食物的颜色、形状、气味，咀嚼和吞咽动作，都会促进胃液释放。各种物质的 pH 值详见图 2－6。

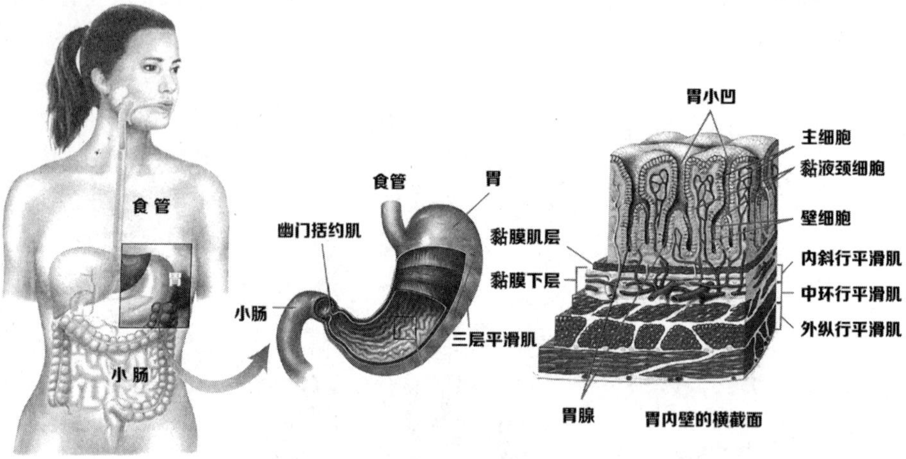

图 2－5　胃的生理学

● 胃液中的盐酸（HCl）由壁细胞分泌，盐酸能激活胃蛋白酶原，使其转化为有活性形式胃蛋白酶，促进蛋白质的初级分解；杀死随食物进入胃内的细菌；进入小肠后，引起促胰液素的分泌，进而促进胰液、胆汁和小肠液的分泌；促进小肠对钙和铁的吸收。

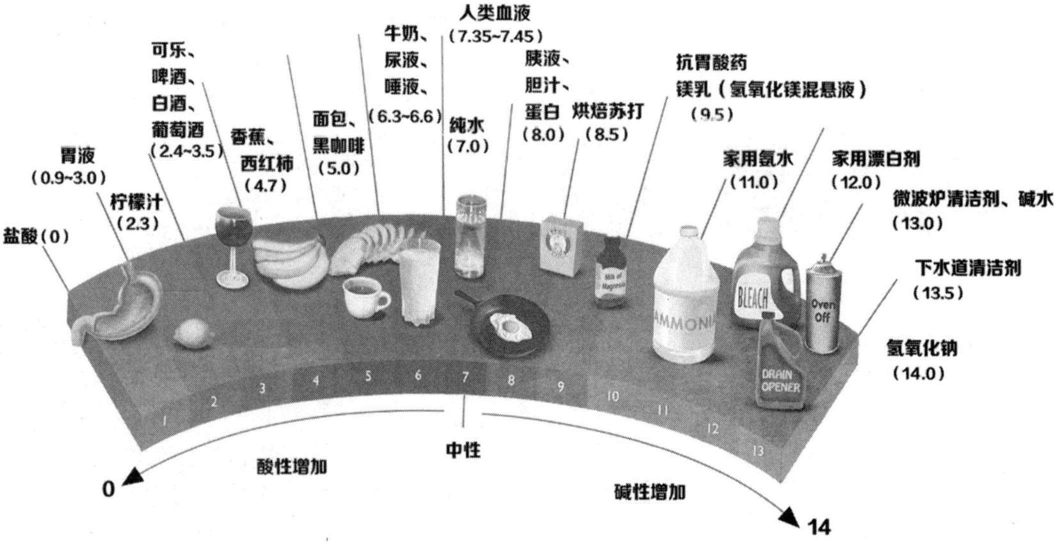

注：pH 值的范围是 0（强酸）～14（强碱）。

图 2－6　各种物质的 pH 值

- 胃黏膜上的黏液细胞分泌黏液，润滑和保护胃壁不受盐酸和胃蛋白酶的侵蚀。大量使用阿司匹林和其他非甾体类抗炎药（如布洛芬、萘普生）会破坏胃壁，减少黏液、碳酸氢盐的合成分泌，削弱胃黏膜保护作用。
- 胃脂肪酶，由主细胞分泌，它在脂类的消化过程中起着次要作用。
- 胃液中的胃泌素（也称促胃液素），是一种刺激胃分泌和运动的激素，控制盐酸和胃蛋白酶原的释放，在开始进食时最高，随进食过程分泌减少。
- 内因子（IF）是维生素 B_{12}吸收所必需的物质。在缺乏内因子的情况下，摄入的维生素 B_{12}只有大约 1/50 被吸收。

胃部三层平滑肌的收缩使食物和胃液充分混合，转化成食糜。幽门括约肌（胃出口）控制食糜进入小肠的速度，且防止肠内容物逆流入胃。每次只有 1 茶匙食糜被释放到小肠。葡萄糖依赖的促胰岛素肽（以前被称为胃抑制肽）是一种激素，减缓食糜进入小肠的速度，以便小肠有充分的时间中和酸和消化食物。食物从胃到小肠的过程为胃排空，一般需要 1 ~4 h。通常流质食物、小颗粒食物排空更快。在三类主要食物中，糖类排空速度最快，蛋白质次之，脂肪最慢。混合食物完全排空通常需要 4 ~6 h。

（三） 小肠及其附属器官内消化

小肠是消化和吸收食物的主要部位，上端连接胃的幽门，下端连接盲肠，位于胃下方（图 2 -7）。小肠分为三部分：十二指肠，约 25cm 长；空肠，约 122cm 长；回肠，约 152cm。食物经小肠后消化过程基本完成。

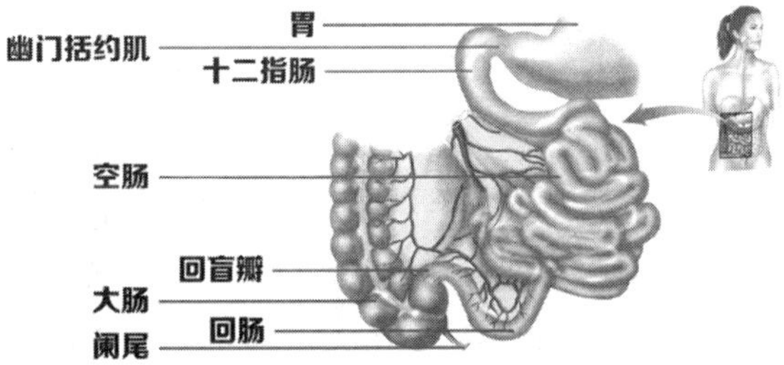

注：小肠由十二指肠、空肠和回肠组成。与大肠相比，小肠的直径较小。

图 2 -7　小肠和大肠的开始

小肠内部有大量的环状皱襞，皱襞上有许多绒毛状的突起叫小肠绒毛，使小肠表面积面积增大近 600 倍（图 2 -8 和图 2 -9）。巨大的表面积有助于营养物质迅速消化和吸收。绒毛由产生黏液的杯状细胞、产生激素和激素类物质的内分泌细胞和产生消化酶和吸收营养物质的上皮细胞组成。每一个上皮细胞表面都有一个由微绒毛构成的刷状缘，微绒毛上覆盖着含有多糖包被的消化酶。

小肠的消化大部分发生在十二指肠和空肠上部，需要小肠、胰腺、肝脏和胆囊分泌大量的分泌物。小肠每天分泌大约 6 杯（1.5L）小肠液，含有黏液、酶和激素。消化酶将各种营养成分分解成可直接被吸收的产物。

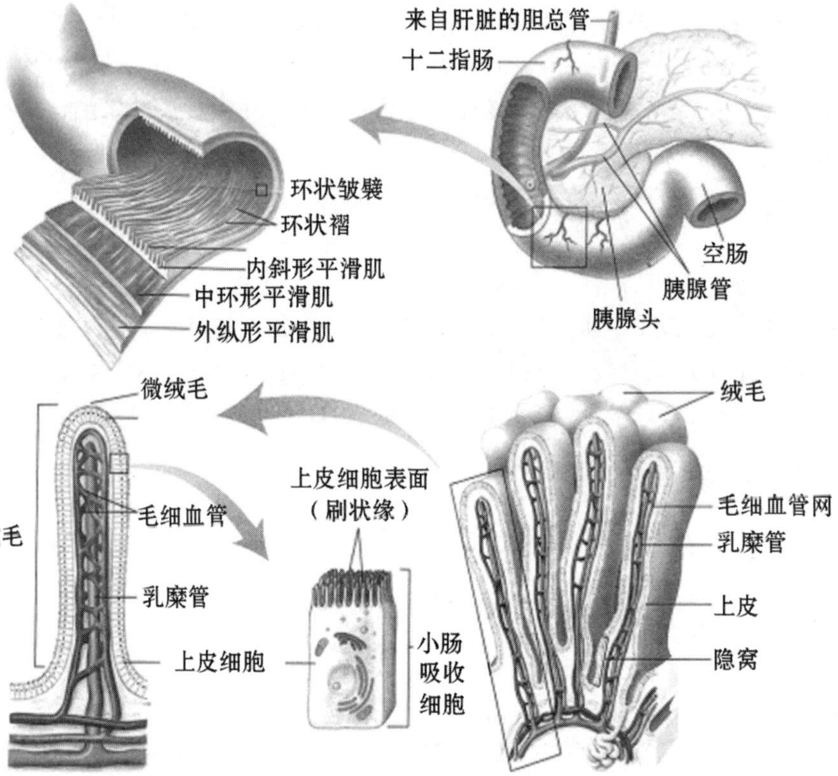

注：小肠有多个结构层次。肠壁有环状皱襞，绒毛如同手指伸入肠道，小肠绒毛使小肠表面积增大近 600 倍。

图 2－8　小肠组织

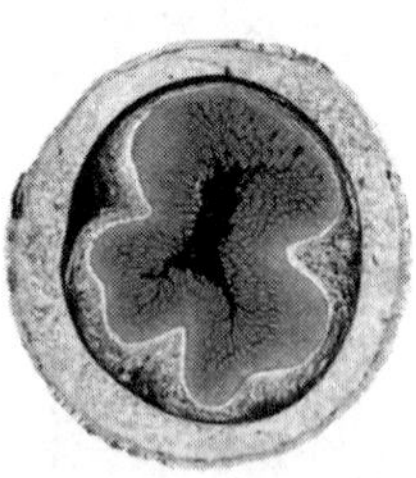

注：中心是内腔。突出在腔内的是指状绒毛，绒毛大大增加了吸收的表面积。小肠外层是推动食糜通过肠道的环状和纵行平滑肌。

图 2－9　小肠的横截面

肝脏、胆囊和胰腺是消化系统的附属器官，与小肠协同作用，但解剖结构上与小肠独立。这些器官的分泌物通过胆总管和胰管输送。这些导管汇合到肝胰壶腹括约肌，然后排到十二指肠（图2－10）。

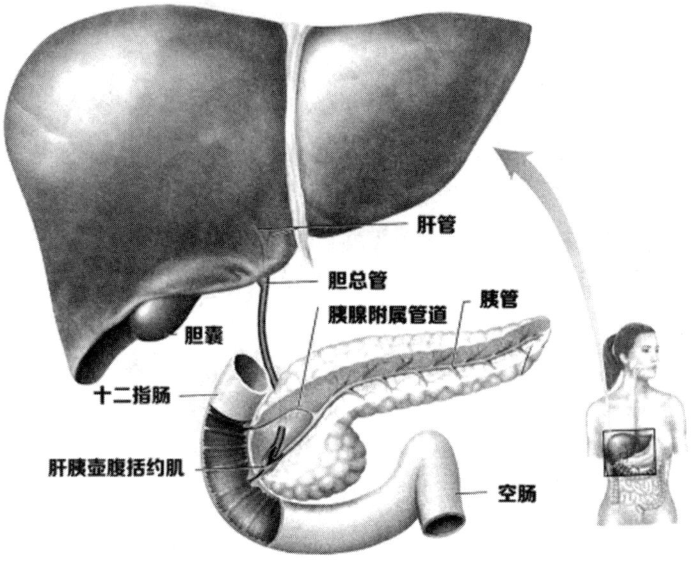

注：来自肝脏和胆囊的胆总管与胰管在肝胰壶腹括约肌处汇合，将胆汁、胰酶和碳酸氢盐输送至胰管。

图2－10　消化系统图

肝脏产生胆汁，这是一种含脂质的黄绿色液体，包含胆盐和胆色素。胆盐能乳化脂肪——将大的脂肪球分解成脂肪微粒，增加脂肪酶的作用面积，并促进脂溶性维生素A、D、E、K的吸收。肝脏每天分泌2～4杯（0.5～1L）胆汁。胆汁被浓缩并储存在胆囊中，当机体需要时向十二指肠释放。进入十二指肠的胆汁在回肠被吸收并返回肝脏。在用餐期间，胆汁循环2次以上。这个胆汁循环系统称为肠肝循环。少量的胆汁不能被再吸收，通过粪便排出体外——这是胆固醇和胆汁从体内排出的方式之一。胰腺每天产生5～6杯（1.5 L）的胰液，它是碳酸氢钠（$NaHCO_3$）和酶的碱性混合物。$NaHCO_3$中和来自胃的酸性食糜，从而保护小肠免受酸的侵蚀，并为多种消化酶提供适宜的pH环境。来自胰腺的消化酶包括胰淀粉酶（用于消化淀粉）、胰脂肪酶（用于消化脂肪）和胰蛋白酶原、糜蛋白酶原。两种酶原不具有活性，但当胰液进入十二指肠后，胰蛋白酶原被激活为胰蛋白酶，糜蛋白酶原被激活为糜蛋白酶，两种酶共同作用于蛋白质，并将其分解成为小分子多肽和氨基酸。

小肠部位还发生机械性消化。紧张性收缩加速内容物的混合和转运，分节运动促进食糜与消化液充分混合，并挤压肠壁促进血液与淋巴液回流。小肠蠕动有助于内容物向大肠推送。

（四） 大肠内消化

大肠是消化道的末端，约1.5m长，包括三个主要部分：结肠、直肠和肛门。结肠是大肠的最大部分，包括五个部分：盲肠、升结肠、横结肠、降结肠和乙状结肠（图2－11）。大肠内没有重要的消化活动。大肠的主要功能是为消化后的食物残渣提供暂时的储存场所，容纳肠道菌群，促进肠道健康；吸收水和电解质，如钠和钾；形成粪便并排出体外。与小肠壁不同，大肠黏膜表面光滑，没有绒毛。大肠腺的主要功能是分泌黏液以保护黏膜，并起到润滑粪便的作用。

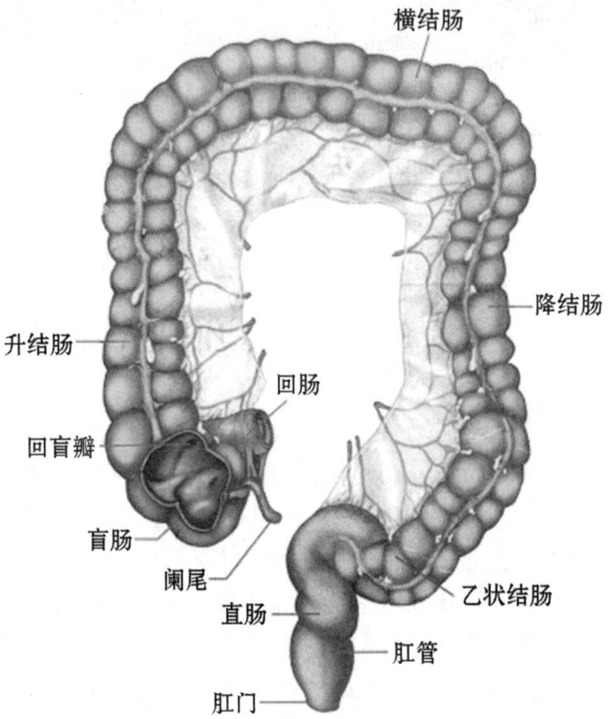

注：大肠包括三个主要部分：结肠、直肠和肛门。其中，结肠由盲肠、升结肠、横结肠、降结肠和乙状结肠构成。

图2－11　大肠内消化图

二、消化道各部位的吸收作用

口腔和食管基本不具备吸收能力。胃部只能吸收20%的酒精和少量的水分。小肠是吸收的主要部位，约95%的消化酶、糖类（不包括膳食纤维）、脂肪和酒精在小肠被吸收。糖类、脂肪和蛋白质的消化产物大部分在十二指肠和空肠吸收。胆盐和维生素 B_{12} 在回肠被吸收。在营养缺乏或半饥饿状态下，小肠的消化能力和健康状况迅速恶化。这是因为快速转化的细胞，如吸收细胞，依赖于持续的营养供应。这些营养物质主要由饮食提供。在小肠内消化和吸收后，一般只有水分、一些矿物质和未消化的食物纤维和淀粉残留。少量的水、脂肪和矿物质会在大肠中被吸收（图2－12）。

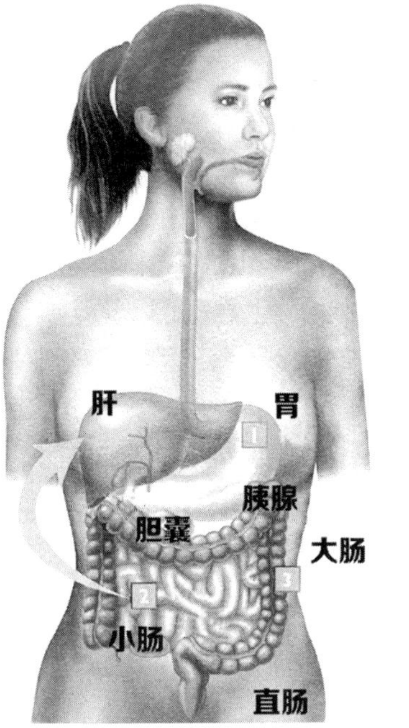

器官	吸收物质
1 胃	酒精（20%）、水（少量）
2 小肠	钙、镁、铁和其他矿物质 葡萄糖 氨基酸 脂肪 维生素B_{12} 水（70%～90%） 酒精（80%） 胆汁酸
3 大肠	钠、钾 一些脂肪酸 维生素K和维生素H 气体 水（10%～30%）

注：维生素K和维生素H的合成和吸收在大肠进行。

图2－12　消化道主要吸收的营养物质

食物在小肠内停留时间较长，一般为3～8h，为充分吸收提供了充裕时间，小肠细胞膜的吸收作用主要依靠被动转运和主动转运。其中，被动转运包括被动扩散和易化扩散，主动转运包括主动吸收、吞噬作用和胞饮作用（图2－13）。

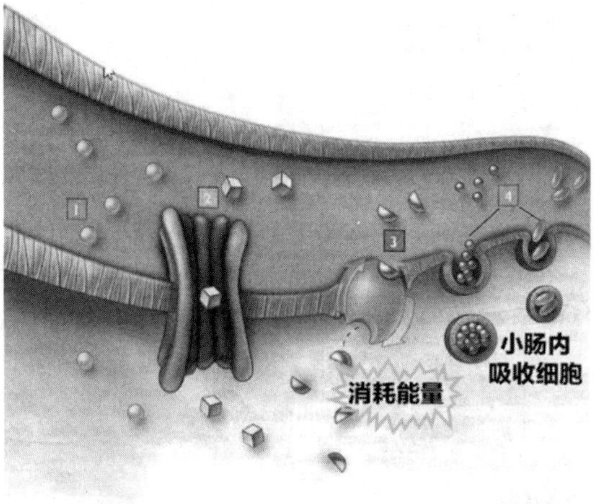

1 代表被动扩散；2 代表易化扩散；3 代表主动吸收；4 代表吞噬作用和胞饮作用。

图 2－13　营养物质吸收主要的四种形式

被动扩散：当营养物质在小肠腔内的浓度高于吸收细胞时，浓度的差异即浓度梯度，迫使营养物质进入吸收细胞。脂肪、水和一些矿物质以被动扩散形式吸收。

易化扩散：小肠腔内的营养物质浓度高于吸收细胞，但又不足以使某些营养物质进入吸收细胞。它们需要特异性的细胞膜蛋白质将它们从肠腔转运到吸收细胞，如 Na^{+}、K^{+} 等。

主动吸收：营养物质在细胞膜上载体的协助下，逆浓度梯度穿过细胞膜。主动转运使氨基酸和一些糖（如葡萄糖）被吸收。

吞噬作用和胞饮作用：其是主动转运的一种形式，其中吸收细胞的细胞膜内陷，将营养物质吞入细胞。

第三节　营养素的运输方式

小肠吸收的营养物质可被输送到人体心血管系统或者淋巴系统，至于被输送到哪个系统则主要取决于营养物质是水溶性的还是脂溶性的。人体的血液循环详见图 2－14。

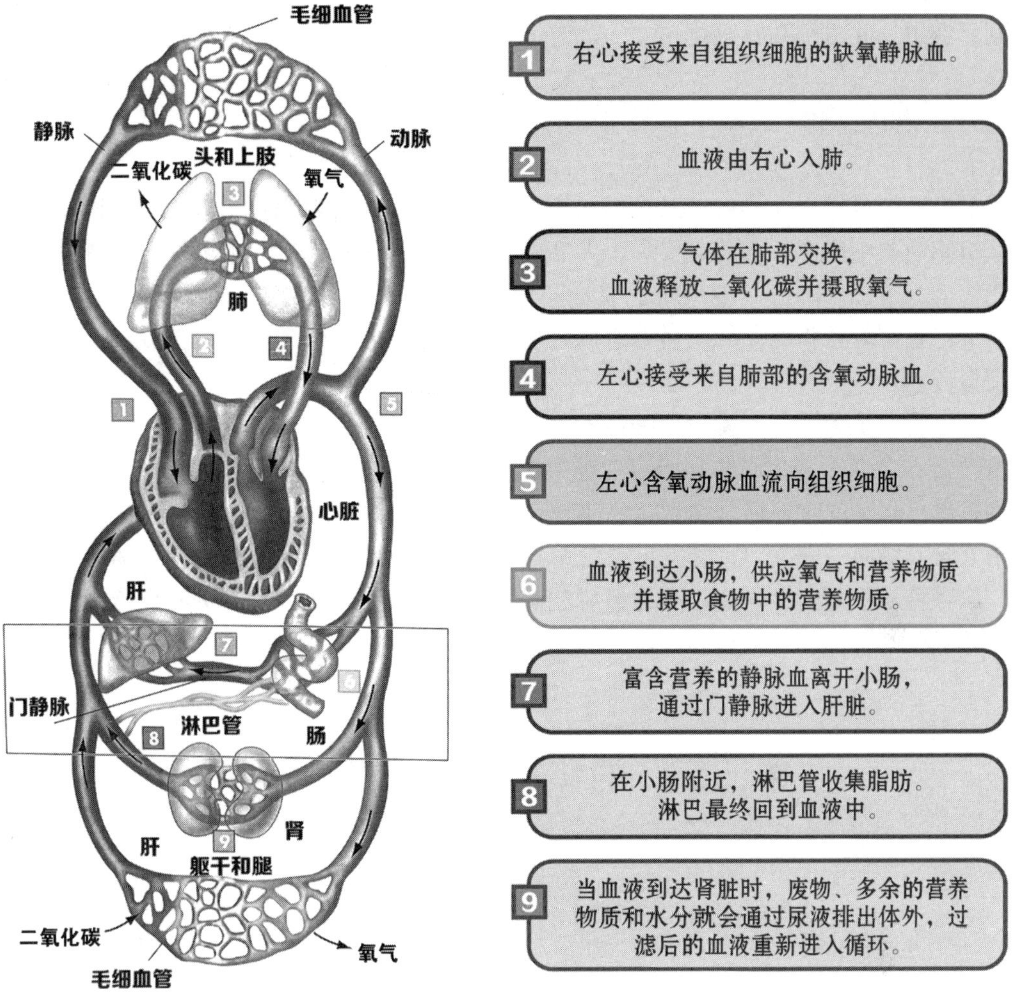

注：血液从心脏到肺（1～3），再回到心脏（4），再穿过身体其他部分（5～9）。值得注意的是，由于动脉和静脉通向身体的各个脏器，7、8 两部分是营养吸收的关键过程。

图 2－14　人体血液循环

一、血液运输

心血管系统包括心脏、血管（动脉、毛细血管、静脉）和血液。水溶性营养素（蛋白质、糖、维生素 B 族、维生素 C）、短链和中链脂肪酸通过心血管系统运输。这些营养物质直接被绒毛内的毛细血管吸收。血液从毛细血管流入肝门静脉系统，并在肝门静脉处汇集，直接进入肝脏。肝脏代谢或储存部分吸收的营养物质，尤其是蛋白质、脂类、葡萄糖、一些维生素和矿物质。肝脏中未被利用或未被储存的营养物质进入全身循环。这种营养丰富的血液在全身循环，将营养物质输送到所有的细胞，为细胞提供能量，维持生长、发育、组织的正常运作和调节机体的生理机能。这些过程产生的二氧化碳和其他废物被释放到血液中，并由肺和肾脏排出。

二、淋巴运输

淋巴系统可以视为心血管系统的辅助系统。淋巴液来自组织液，并通过淋巴管散布全身。组织液与细胞进行物质交换后，大部分经毛细血管静脉端进入血液，小部分进入毛细淋巴管成为淋巴。淋巴经各级淋巴管向心流动，并经过各级淋巴结的过滤，最后汇入静脉。淋巴管与静脉相似，但与血管运输血液不同，随肌肉收缩和淋巴管受到的挤压，淋巴液缓慢流动。

淋巴管系统为那些不能被毛细血管吸收的大分子物质提供了另一种进入血流的途径。脂溶性营养素（大多数脂肪和脂溶性维生素 A、D、E、K）和其他物质，如某些蛋白质，是通过淋巴运输的。在通常情况下，淋巴液是清澈透明的液体，但离开小肠时呈乳白色，因为它含有脂肪。绒毛中特殊的淋巴管将营养物质输送到更大的淋巴管中，随后进入胸导管。胸导管从腹部向上延伸，在颈部与左锁骨下静脉相连，淋巴一旦进入血液，最初被淋巴系统吸收的营养就会转移到心血管系统的组织细胞。

第四节　消化和吸收的影响因素

一、心理因素

食物的色、香、味对消化有积极影响，仅仅是想到食物就会引起唾液分泌和肠胃蠕动。抑郁和恐惧等压力情绪会刺激大脑，激活自主神经系统，产生相反的效果，导致胃酸分泌减少，胃中的血流量减少，蠕动受抑制，食物推进力减弱。快乐和积极的记忆增加了进食的乐趣，而悲伤会导致食欲不振或胃部不适。

二、化学因素

摄入的蛋白质类型和它的烹调形式都影响消化。植物蛋白往往不如动物蛋白容易消化。烹调食物通常使蛋白质变性，使其更易消化。烹调肉类可以软化它的结缔组织，使其更易咀嚼，更易与消化酶作用。食品加工会产生影响消化酶分泌的物质。例如，在高温下油炸食物会产生少量的丙烯酰胺，它会减少消化酶的产生；相反，肉汁能促进消化。食物的物理性质也可能导致消化不良。对于患有肠易激综合征或克罗恩病的人来说，冷的食物会引起肠道痉挛。胃内容物会影响吸收，空腹进食时，食物与胃分泌物接触较多，吸收速度比饱食时快。某些药物也会影响食物吸收。例如，灭吐灵（提升胃动力的药物——甲氧氯普胺）可以增强胃肠道蠕动，从而减少食物吸收。

三、肠道菌群与益生元

（一）肠道菌群的代谢和营养功能

在健康人的胃里，盐酸可以杀死大部分细菌。在盐酸浓度较低的条件下，更多细菌可以存活和繁殖。有害细菌可引起胃炎和消化性溃疡。引起食源性疾病的细菌可抵抗盐酸的杀菌作用，损伤消化过程。

肠道菌群主要存在于大肠，通过发酵来分解一些在小肠中没有消化的纤维和淀粉。发酵会产生短链脂肪酸，短链脂肪酸可以被吸收，并作为肠道菌群的能量来源，同时促进肠道蠕动，降低便秘风险。这些细菌还能合成气体，如氢、氨、甲烷，以及酸和各种能产生粪便气味的物质。如果食物在小肠的消化和吸收不完全，未消化的物质会进入大肠，而那里的细菌活动产生过多的气体，就可能导致腹胀和疼痛。肠道菌群可合成维生素，最显著的是 K 和 B 族维生素，两者都能被结肠吸收。

很多研究表明，益生元和益生菌能促进大肠有益菌的增殖，发酵产物使肠道渗透压增加，水分增多，且利于有益菌增殖来抑制致病菌的生长。抗生素治疗、放射治疗、外科手术和一些疾病常常会减少有益菌细胞的数量，从而使致病菌迅速繁殖，破坏有益菌和致病菌之间的正常平衡，即肠道菌群失调，可导致胃肠道感染，出现呕吐、疼痛、腹泻和便秘等症状。

（二）肠道菌群的免疫调节功能

肠道是机体重要的免疫器官，肠道菌群对先天免疫和后天免疫系统、对肠道黏膜和全身免疫系统的功能均发挥巨大影响。具体包括以下几个方面：①调节免疫系统的发育；②调节免疫细胞的成熟和分化；③调节肠道黏膜免疫系统分泌型免疫球蛋白 A（IgA）的免疫应答作用，有些细菌表现为促进作用，有些细菌表现为抑制作用；④激活并调节全身免疫系统等。

肠道菌群结构的变化以及肠道黏膜免疫系统发育不健全或功能异常，可能是过敏性疾病发生的重要因素。

（三）肠道菌群、益生元与慢性疾病

炎症性肠病是肠道免疫功能紊乱所产生的一种慢性肠道疾病，遗传、细菌或病毒感染等多种因素与之相关。动物实验显示，只有在肠道菌群存在的情况下，才能诱导肠道炎症，无菌动物无法诱导。另有研究发现，粪菌移植可成功治疗结肠炎和其他疾病，这些疾病的患者接受了大剂量的抗生素，这些抗生素大大减少了他们的肠道菌群。未来的治疗可能包括在化疗前储存肠道菌群。

结肠癌的发病与环境因素尤其是饮食结构密切相关。流行病学研究表明，脂肪含量较高的饮食与结肠癌风险增加有关，而富含膳食纤维的饮食能预防结肠癌的发生。饮食因素影响肠道菌群的组成、分布和代谢，改变大肠内环境，因而与结肠癌是否发生密切相关。

与正常人群相比，糖尿病人群的肠道菌群结构有所不同，其肠道中致病菌较多，产生短链脂肪酸的有益菌较少。研究表明，两组人群的肠道菌群种类也有很大差异，这可能与肠道菌群易受饮食、地域、年龄等外界因素的影响有关。

一些关于肠道菌群组成和肥胖关系的研究证实，与消瘦对照组相比，肥胖小鼠或肥胖患者肠道内硬壁菌门的数量增加，拟杆菌门的数量减少。消瘦与肥胖个体肠道菌群之间的组成和活性也有显著差异。肥胖小鼠中涉及能量吸收的菌属增加，这些菌属能降解膳食中的多糖，导致盲肠中短链脂肪酸、丁酸、醋酸的水平增加，提示肥胖小鼠肠道内产丁酸细菌的增多，从而增加了宿主从饮食中吸收能量的能力。肠道菌群还能够通过改变肠道分泌的多种重要激素，从而发挥调节糖、脂代谢的作用。

有人提出食用益生菌和益生元来实现肠道细菌的健康平衡。

益生菌是活的微生物，当摄入足够量时，它们会在大肠中生长并促进健康。益生菌存在于发酵食物中，如酸奶、味噌（豆豉酱），它们也以胶囊和粉剂出售。益生菌也能促进健康，如预防腹泻和食物过敏，治疗腹泻、肠易激综合征和炎性肠病。然而，支持这些说法的研究还很缺乏。益生菌很难研究，因为有大量种类和剂量的菌群可检测，大多数研究受试者较少，治疗周期较短。目前研究表明，益生菌可以帮助预防和治疗由微生物病原体（称为感染性腹泻）、抗生素引起的腹泻和旅行者腹泻，后者困扰着许多到欠发达国家旅游的人。也有证据表明益生菌可以帮助预防早产儿常见的肠损伤。

益生元是促进大肠有益菌生长的不可消化的食物成分。例如菊粉，它是由几个单位的果糖组成的果聚糖。菊粉存在于许多食物中，包括菊苣、小麦、洋葱、大蒜、芦笋和香蕉。菊粉也被添加到一些加工食品中，以增加口感、体积和潜在的健康益处。抗性淀粉在未经加工的全谷物、种子、豆类、未成熟的水果（如香蕉）、煮熟和冷冻的意大利面、土豆和大米中存在，它们也具有益生元的功能。抗性淀粉在小肠内不能被消化，而可被大肠中的细菌发酵。

四、运动与胃排空

运动可引起机体的多种反应，在运动实践中，过度运动常常可导致食欲下降、消化不良、恶心、呕吐、下腹部痛性痉挛、反流、烧心等胃肠道功能紊乱的症状。调查显示，30% ~50% 的人在运动时会出现胃肠功能紊乱。

胃肠激素参与胃肠功能的调节，因此运动时胃肠功能紊乱可能与胃动素、促胃液素这些胃肠激素的改变有关。胃动素是由十二指肠和空肠产生的一种肽类激素，主要功能是影响胃肠道的动力，能引起胃和小肠产生消化间期移行性复合运动波Ⅲ相，诱发胃强烈收缩，对胃肠腔内容物起清扫作用，还能刺激胃蛋白酶、胰液的分泌，对小肠、胆囊运动有促进作用。胃动素的不足会致胃张力及蠕动减弱、胃排空时间延长、胃饥饿时收缩消失，小肠运动、吸收减弱，胰腺分泌、胆囊浓缩及收缩功能障碍。胃液素由分布于胃窦部和十二指肠近端 1/3 的 G 细胞所分泌，对整个胃肠道均有作用，短期的作用是刺激胃酸的分泌，长期作用是促进胃黏膜增生、胃肠道分泌，增加胃肠道运动等。引起胃液素释放的最强因素是食物中经过消化的蛋白质分解产物；食欲减退，胃内容物减少，经过消化的蛋白质分解产物也减少，可使胃液素的分泌量降低。

动物研究表明，在安静状态下，过度训练后的大鼠血清胃液素浓度降低，并且大鼠力竭运动后胃肠道内出现了广泛而严重的胀气现象，说明力竭运动导致胃液素浓度下降，抑制了胃肠的正常蠕动。不同的实验显示消化道症状的出现与不同的运动强度、运动形式、运动持续时间均有关。如动物实验表明，急性力竭运动后胃肠传输速率明显降低；人体研究也表明，较低的运动强度不会影响胃排空，仅对结肠运输有调节作用；相反，高强度运动（包括间歇性高强度运动）胃排空速率显著减慢。这与运动强度升高导致胃肠血液减少有关。因此，当运动强度提高时，更容易发生肠胃问题。与自行车运动或任何身体相对静止的运动（如越野滑雪、游泳）相比，跑步中肠胃问题更常见。这可能是因为跑步时每一步都会对肠胃造成不断增加的机械压力。与持续时间较短的运动相比，持续时间较长的运动也会增加患上胃肠不适的风险。在接近长距离比赛终点的时候，很多运动员更容易脱水，而胃肠道问题也更常见。在比赛当天，运动员有可能在心理压力加大的情况下，神经和激素会发生变化，从而进一步加剧胃肠道问题。在长时间运动中，胃肠更敏感。在休息时不明显的食物过敏和不耐受的症状可能会在比赛的时候成为一个大问题。例如，有些人群的乳糖不耐受可能高达 70%，在安静情况下只有 10% 的人会受到影响。一旦在剧烈的运动中摄入乳糖，乳糖不耐症就会导致很多问题。

五、运动与食欲

经常运动的人大多经历过：规律的训练会让人感到饥饿，但并不是在训练时而是在训练结束几小时后才会感到饿。一方面，确实有不少运动者证实，规律运动后，会吃得更多；但有些人就必须强迫自己才能进食，特别是在进行高强度的运动之后。有的人在艰苦锻炼后会抑制饥饿感，这种情况在运动后可以短暂持续，但从长远看，更多人的食欲还是会增加。

科学调查显示，人可以被分为补偿者和非补偿者。也就是说，运动者为了更好地减脂而增加了运动量，其中一些人会在运动后的一段时间内，比如几天到几周内食欲大增，另外一部分人却不会因运动而引起食欲大幅增加。但是在大多数情况下，运动者的食欲不会增加到能将运动效果完全抵消掉的程度。但是在连续节食几个月后，运动者的食欲会猛增，控制饮食就开始变得困难。

实验证实，单纯的饥饿比通过运动消耗能量更会让人过量进食。因为通过规律的高强度运动而非节食来达到能量负平衡，人体需要更长的时间才能意识到能量处于亏空状态。在这方面，较高强度、大运动量的运动比少量运动更有效。因此，较高的运动强度能让很多人在短时间内自发抑制饥饿感，而在男性身上的效果更好。因此，有人建议在傍晚进行运动可以有效利用这一反应，因为运动抑制了食欲，在运动后以一杯低脂的蛋白饮料或酸奶作为运动后的晚餐，然后上床休息。第二天早上，尽管前一天晚餐吃得很少，但不会有明显的饥饿感。但这种方法也有局限性。比如，有些运动者进行高强度运动后并不能很好地控制食欲，或者说饥不择食，不能自主地选择恰当的饮食。另外一些运动者在高强度运动后身体难以平静下来，从而无法很好地入眠，更糟糕的是，当快要入睡时又感到饥饿。对于这种情况，可以在蛋白质饮料中加入快速吸收的糖。

实践要点：每日餐次数量对人体的影响

正常人一日三餐最合理。胃排空食物的时间是：高碳水化合物类为2～3 h，高蛋白质类为3～5 h，高脂肪类为5～6 h，混合食物为4～6 h。当食物排空后，人就会产生饥饿感，需要再次进餐。从早6时到晚7时安排三餐，早中晚三餐间隔时间为4～5 h，符合胃肠道的活动规律，也符合人体以24h为周期的昼夜节律，因此，一日三餐是合理的。

老人和病人少食多餐。有研究表明，一天六餐可改善2型糖尿病患者的血糖控制，并可能稳定糖尿病前期患者的餐后血糖调节。正常人进餐后8～10min血浆胰岛素水平开始上升，30～45min达高峰，此后随血糖水平的下降而降低，至餐后90～120min恢复到基础水平。正常人胰岛素的分泌量与进食量相匹配，血糖波动较小，而老人或者糖尿病患者胰岛功能减退，进餐后胰岛素分泌不足，无法将血液中的葡萄糖转运到细胞中利用，导致餐后血糖水平过高。因此，我们建议在总进食量不变的情况下，减少每餐的食物摄入量，在两餐间加餐，避免引起餐后高血糖。糖尿病人还需预防夜间低血糖，可在晚上适当加餐。加餐的食物可尽量丰富些，除了适量摄入主食，可选择蛋白丰富的食物，如鸡蛋、瘦肉、牛奶和豆腐干等，高蛋白食物转化成葡萄糖的速度较慢，对预防夜间低血糖有利。

新潮的饮食模式——限制饮食。限制饮食俗称“轻断食”，近年来受到广泛关注。最常见的类型是大部分时间随便吃，但少数时间吃得特别少，比如“5+2轻断食”，即1周中不连续的2天每天只摄取500kcal（女性）或600kcal（男性）能量的食物，其余5天自由饮食，不控制。另一类是日内断食，即每天保持一定时间（>12h）不进食，比如“8h进食法”，就是只在8h内吃东西但不限量，另外16h不吃东西。人体研究表明，限制进食模式使体重下降，甘油三酯、葡萄糖和低密度脂蛋白胆固醇浓度降低，高密度脂蛋白胆固醇浓度升高。这些初步研究结果显示，限制进食有望成为改善多种代谢性疾病的饮食模式。

肥胖人群需重视早餐，避免夜间加餐。经过一夜的消化和吸收，胃会出现排空现象，如果不吃早餐，在中午会产生严重的饥饿感，导致午餐进食量大大增加，对食物的摄入量和吸收量都远高于平时，吃进去食物的热量大于消耗的热量，因此容易导致肥胖。晚上迷走神经的兴奋性和胰岛素的分泌均要高于白天，人的生理节律使副交感神经兴奋性增强，摄入的食物比较容易以脂肪的形式储存起来，并且晚上体力活动较少，能量消耗明显减少，从而有利于能量的积蓄，因此夜间加餐更容易肥胖。

综上，在保证总能量摄入不变的情况下，可根据个人情况合理选择进餐次数。

参考文献

[1] 许建慧，邹大进．肠道菌群与肥胖［J］．药品评价，2013，10（21）：15－17，21.

[2] PAPAKONSTANTINOU E，KONTOGIANNI M D，MITROU P，et al. Effects of 6 vs 3 eucaloric meal patterns on glycaemic control and satiety in people with impaired glucose tolerance or overt type 2 diabetes：a radomized trial［J］．Diabetes & Metabolism，2018，44（3）：226－234.

[3] 付萍．日进几餐 因人而异［J］．人生与伴侣（月末版），2009（7）：49.

[4] ROTHSCHILD J，HODDY K K，JAMBAZIAN P，et al. Time－ristricted feeding cond risk of metabolic disease：a review of human and cenimed studies［J］．Nutrition Reviews，2014，72（5）：308－318.

[5] 牛常青，杨艳君，张慧玲．大学生膳食结构与肥胖的关系［J］．晋中学院学报，2011，28（3）：51－55.

第三章 运动与营养素、酒精

第一节 运动与糖

一、糖的概念与分类

（一）糖的概念

糖是含有多羟基醛类或酮类的一大类有机化合物。有些糖的分子式可用 $C_x(H_2O)_y$ 来表示，如葡萄糖为 $C_6(H_2O)_6$，蔗糖为 $C_{12}(H_2O)_{11}$，淀粉、糖原为 $[C_6(H_2O)_5]n$，其中 H 和 O 的比例为 2:1。但是，有些糖的分子式却不能用 $C_x(H_2O)_y$ 代表，如 D－2 脱氧核糖的分子式为 $C_5H_{10}O_4$，L－鼠李糖的分子式为 $C_6H_{12}O_5$。相反，某些非糖物质的分子式却可用 $C_x(H_2O)_2$，如乳酸为 $C_3(H_2O)_3$ 等。除含有此之外，糖中除 C、H、O 三种元素外，还含氮或硫，如氨基葡萄糖、硫酸软骨素等。

近年来，随着营养科学的发展，人们对糖生理功能的认知已从提供能量拓展到对慢性病的关系的研究，也有许多新的研究成果，这些成果丰富了人类对糖营养作用的认知和理解。

糖是一个大家族，有多种分类方法，按照功能分类，可分为结构多糖、储存多糖、抗原多糖；按人体能否消化吸收分类，可分为可利用的糖（可以被人体消化吸收利用的各种糖类）和不为人体利用的糖（如纤维素）；但更多的是按照聚合度分类。2007 年，联合国粮食及农业组织、世界卫生组织专家委员会维持了按照聚合度分类的方法，并强调该分类是食品标签等计算的基础。

（二）糖的分类

根据糖的聚合度，膳食中的主要糖可分为简单糖、寡糖和多糖三类，分类详见表 3－1。

表 3－1　膳食中的主要糖分类

分类	亚组	组成
简单糖（1～2）	单糖	葡萄糖、半乳糖、果糖
	双糖	蔗糖、乳糖、麦芽糖、海藻糖
	糖醇	木糖醇、麦芽糖醇、山梨糖醇、甘露糖醇
寡糖（3～9）	麦芽低聚糖	麦芽糊精
	其他寡糖	棉子糖、水苏糖、低聚果糖
多糖（≥10）	淀粉	直链淀粉、变性淀粉
	非淀粉多糖	糖原、纤维素、半纤维素、果胶、亲水胶质物

1. 简单糖

（1）单糖

单糖是最简单的糖，通常条件下不能再被水解为分子更小的糖。单糖是构成各种寡糖和多糖的基本组成单位，每分子含 3～9 个碳原子。按碳链碳原子数量的多少，可分为丙糖、丁糖、戊糖、己糖、庚糖、辛糖及壬糖。戊糖和己糖在自然界中分布最广，含量最多；丙糖、丁糖和庚糖多以中间代谢物的形式存在；辛糖和壬糖则比较少见。单糖具有醛基或酮基，有醛基者称为醛糖，有酮基者称为酮糖。重要的己糖有 D－葡萄糖、D－半乳糖、D－甘露糖。重要的己酮糖有 D－果糖。在自然界中只有葡萄糖和果糖以大量的游离状态存在，其他一些单糖主要存在于双糖或多糖中。

（2）双糖

双糖是由 2 个相同或不同的单糖分子上的羟基脱水生成的糖苷，包括蔗糖、乳糖、麦芽糖、海藻糖。蔗糖俗称白糖、砂糖或红糖，是人们最为熟悉的。它普遍存在于植物界的叶、花、根、茎、种子及果实中，而且味道很甜。食用糖是通过精炼甜菜或者甘蔗汁液得到的。乳糖由 1 分子 D－葡萄糖与 1 分子 D－半乳糖相连而成，只存在于各种哺乳动物的乳汁中，其浓度为 5% 左右。人体消化液中乳糖酶可将乳糖水解为其相应的单糖。麦芽糖由 2 分子葡萄糖相连而成，大量存在于发芽的谷粒，特别是麦芽中。麦芽糖是淀粉和糖原的结构成分。

（3）糖醇

糖醇是单糖的重要衍生物，常见有木糖醇、麦芽糖醇、山梨糖醇、甘露糖醇等。口腔细菌代谢它们时要比其他糖类慢，不会引起龋齿。木糖醇存在于多种水果、蔬菜中，其甜度与蔗糖相等。但因其代谢不受胰岛素调节，常作为甜味剂用于糖尿病人的专用食品及许多药品中，但大量使用会引起腹泻。

2. 寡　糖

寡糖又称低聚糖，一般由3～9个单糖分子聚合而成。目前已知的几种重要寡糖有麦芽低聚糖、低聚果糖、大豆低聚糖等。其甜度通常只有蔗糖的30%～60%。

（1）低聚果糖

低聚果糖又称寡果糖，由蔗糖分子的果糖残基上结合1～3个果糖而组成。低聚果糖主要存在于日常的食用蔬菜、水果中，如洋葱、大蒜、香蕉等。低聚果糖的甜度约为蔗糖的30%～60%，难以被人体消化和吸收，被认为是一种水溶性膳食纤维，但易被大肠双歧杆菌利用，它是双歧杆菌的增殖因子。

（2）大豆低聚糖

大豆低聚糖是存在于大豆中的可溶性糖的总称，主要成分是水苏糖、棉子糖和蔗糖。大豆低聚糖也是肠道双歧杆菌的增殖因子，可作为功能性食品的基料，能部分代替蔗糖应用于清凉饮料、酸奶、乳酸菌饮料、冰激凌、面包、糕点、糖果和巧克力中。

3. 多　糖

多糖是由10个或以上的单糖分子脱水缩合并借糖苷键彼此连接而成的高分子聚合物，一般不溶于水，无甜味，不形成结晶，无还原性，可分为淀粉和非淀粉多糖。

（1）淀粉

淀粉是植物储存葡萄糖的形式，是人类的主要食物。淀粉由葡萄糖聚合而成，因聚合方式不同分为直链淀粉和支链淀粉。糖原几乎全部存在于动物组织，故又称动物淀粉。糖原的分支多，支链比较短。每个支链平均长度相当于12～18个葡萄糖分子。糖原的分子很大，一般由几千个至几万个葡萄糖残基组成。

（2）非淀粉多糖

80%～90%的非淀粉多糖由植物细胞壁成分组成，包括纤维素、半纤维素、果胶等，即膳食纤维。其他是非细胞壁物质如植物胶质、海藻胶类等。人体缺乏能水解纤维素的酶，故纤维素不能被人体消化和吸收，但它可刺激和促进胃肠道蠕动，有利于其他食物的消化和吸收及排便。香菇多糖、茶多糖等多种类型的多糖具有调节生理功能的活性。

三、糖的功能及与运动的关系

（一）糖的生理功能

1. 提供能量

糖是人体日常生理活动的主要能源物质，同时也为大脑提供了绝大部分能量。人体中作为能源物质的糖类主要是糖原和葡萄糖。糖原是人体内糖的储存形式，葡萄糖是糖的运输形式。糖维持人体日常生理活动的供能比例见表3－2。

表3－2　糖维持人体日常生理活动的供能比例

供能目的	糖供能比例/%
正常的生理活动	70
大脑消耗	85～95

2. 调节脂肪与蛋白质代谢

糖储备充足可以促进脂类物质的彻底氧化，防止蛋白质数量减少而影响肌细胞结构，预防肌力下降，同时防止氨生成增加造成人体内环境恶化。

3. 构成人体结构的主要成分

糖是人体各组织、器官的重要成分，是核酸的重要组成成分。糖与脂类所形成的糖脂是神经组织与细胞膜的重要成分，糖与蛋白质所形成的糖蛋白是肌腱、角膜等的重要成分（图3－1、图3－2）。

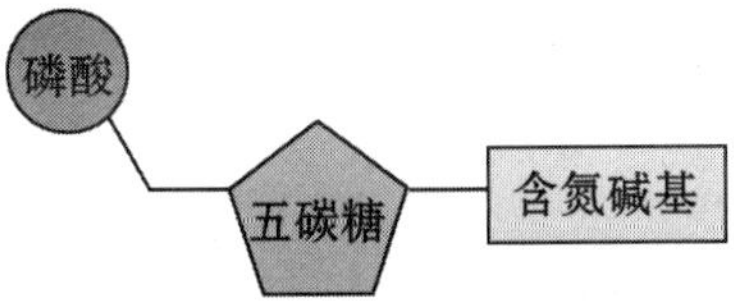

图3－1　糖参与核苷酸构成

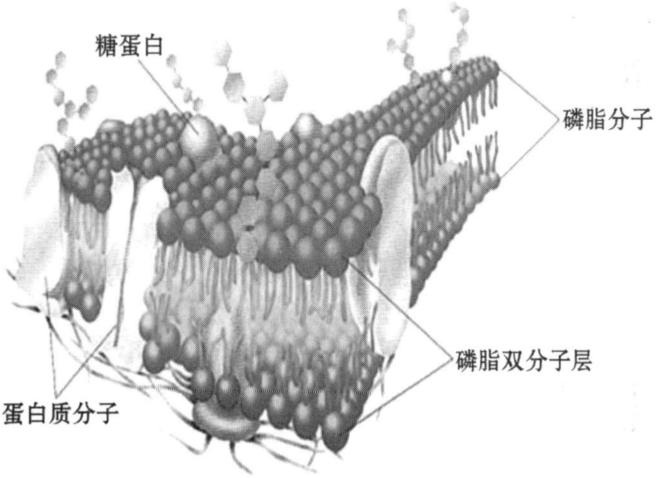

图3－2　糖参与细胞膜构成

（二）糖与运动的关系

在运动中葡萄糖是中等强度运动的主要能量，任何运动的开始、加速都需要糖提供能量。一般来讲，时间短、强度高的运动绝大多数都是由糖提供能量，肝脏中的肝糖原分解为葡萄糖进入血液，以血糖的形式运输到肌肉、大脑被利用。因此，糖是人体日常生理活动的主要能源物质。糖是人体运动中能量的重要提供者，无论是有氧运动还是无氧运动，糖供能均占到了较大比例。不同类型运动中糖供能的比例见表3－3。

表 3－3　不同类型运动中糖供能的比例

运动类型	糖供能百分比/%
90% ~95% VO_2max 强度运动	>95
中等强度运动	50 ~ 60

从较大运动强度的项目（如 400m 跑、100m 游泳等）到中等运动强度的项目（如健身、跑步等），糖都是重要的供能物质。糖能够成为人体运动时的主要能源物质与其独特的代谢特点密不可分。糖供能的主要特点有：

1. 糖在有氧与无氧条件下均可提供能量

糖是唯一能够同时在有氧和无氧条件下供能的物质。它既可以在氧气供应充足的情况下通过有氧代谢过程为人体提供能量（如马拉松跑、竞走的能量供应），也可以在氧气供应不足、运动强度大的情况下通过糖酵解过程为人体提供能量（如 400m 跑、100m 游泳的能量供应）。

2. 糖产生能量的速度高于脂类、蛋白质

运动时要求能量能够迅速产生满足维持运动强度的需求，而这一方面糖类的供能速度高于脂类与蛋白质。不同供能类型产生能量的速率见表 3－4。

表 3－4　不同供能类型产生能量的速率

产能方式	生成 ATP 速率/mmol·（s·kg 湿肌）$^{-1}$
糖酵解	1.0
糖有氧氧化	0.5
脂肪有氧氧化	0.25

3. 糖对于氧气的利用率最高

氧气是人体能源物质的助燃剂，能源物质对于氧气的利用率越高则其供能能力越强，发挥的供能作用越大，越有利于在运动时被采用。而糖类对于氧气具有较高的利用率。不同供能物质的耗氧量见表 3－5。

表 3－5　不同供能物质的耗氧量

产能物质	完全氧化耗氧量（氧分子数量）
1 分子脂肪酸	26
1 分子葡萄糖	6

4. 糖的代谢产物对人体的影响最小

运动时供能物质在产生能量的同时也会同步产生代谢产物，代谢产物是造成运动疲劳的主要原因。代谢产物产生越少，对人体危害越小，人体对于这一供能物质的需求越大，其越有可能成为主要供能物质。

运动时糖供能主要产生的是二氧化碳和水，还产生一部分乳酸。这些物质要么对人体没有影响，要么迅速被代谢，对人体影响较小；相比较而言，脂类与蛋白质供能时所产生的酮体和氨都对人体产生了严重的不良反应。

综上所述，糖的生理功能之一是提供能量，糖所具备的独特的代谢特点使得糖成为人体日常生理活动和运动时最为重要的能源物质。

四、血糖指数

血糖指数（glycemic index，GI）是加拿大多伦多大卫·詹金斯（David Jenkins）博士20 世纪 80 年代初提出的概念，意思是指与参照食物（葡萄糖或白面包）摄入后血糖浓度的变化程度相比，含糖食物使血糖水平升高的相对能力。例如，机体在空腹条件下进食含50g 糖的食物后血糖的变化量与进食含等量糖的参照食物后血糖变化量的比值。血糖指数通常用于判断摄入不同类型含糖食物后血糖水平的变化情况。

一般来说，富含游离葡萄糖、容易水解为葡萄糖的双糖和被消化的淀粉等食物 GI 相对较高。相反，富含不易被消化、不易水解为葡萄糖的食物和富含果糖的食物 GI 较低。所以，人们根据 GI 值将食物分成为高 GI、中 GI 和低 GI 三类。表 3 –6 例举了富含糖食物GI 值。

表 3 –6 富含糖食物血糖指数举例

分类	食物名称	GI 值
高 GI（ >70）食物	葡萄糖	100
	脆玉米片	84
	烤土豆	85
	运动饮料	95
	白面包	70
	西瓜	72
	蜂蜜	73

续表

分类	食物名称	GI 值
中 GI（55～70）食物	全麦面包	69
	速溶麦片	66
	牛奶什锦早餐	68
	冰激凌	61
	芒果	55
	橙汁	57
	蔗糖	65
低 GI（<55）食物	熟香蕉	52
	麦片粥	49
	杂麦面包	45
	牛奶	27
	酸奶	33
	巧克力	49
	苹果	36
	橙子	43
	红扁豆	26
	果糖	20

因此，在相同数量糖的条件下，GI 可以用来指导饮食对血糖和胰岛素的调控。例如，低 GI 食物可以用来制定糖尿病和高脂血症患者的饮食标准，并提高他们用餐后的饱腹感；在长时间运动后恢复期内，高 GI 食物比低 GI 食物更有利于增加肌糖原的储备。

单糖会直接吸收入血，而双糖需要先在小肠里酶解为单糖后入血，最终在肝脏中转化为葡萄糖被身体利用。人们通常认为吃糕点、喝可乐获得的糖分与吃甜味水果是一样的，这是错误的。水果、蔬菜里面的糖分进入人体时，被大量的水分稀释，还被包裹在纤维里面，同时还会摄入多种矿物质和微量元素。相反，添加到面点和饮料中的精制糖以高浓度进入人体，含有较少种类的营养素。

五、糖的需要量及食物来源

（一）糖的需要量

在日常情况下，人们糖的摄入量应将糖的供能比例与食物的含糖量结合起来考虑。世界卫生组织推荐在合理的膳食结构中糖的供能比例应为55%～65%。我国居民以谷类食物为糖的主要来源，由于谷类食物80%～90%的能量由糖提供，因此要达到世界卫生组织的糖供能比例要求，需要谷类食物的供能比例应达到50%～60%，即一般成人的谷类摄入量为250～400g，即五两至八两的大米或面粉做成的食物，这在中国居民膳食宝塔中有明确的推荐值。

运动人体对糖的需求量高于日常人体对糖的需要量。运动人体对糖的需求量增加主要受到运动强度、运动持续时间这两项因素的影响。运动强度越大，运动人体对糖的需求速度越大；运动持续时间越长，运动人体对于糖的需求总量也就越大。因此，无论是何种运动项目，都需要人体具有较高水平的糖储备，也就需要摄入更多的糖。

进行大强度耐力训练的人体，糖的摄入量应占到总能量的60%～70%；进行中等强度运动的人体，糖的摄入量应占到总能量的50%～60%；进行大强度无氧运动的人体，糖的摄入量应占到总能量的65%～75%。

（二）糖的食物来源

糖类广泛存在于自然界当中，很多生物都为我们提供了糖的食物来源。一般来说，糖的食物来源主要有以下几个渠道：①谷类、根茎类食物；②蔬菜、水果；③动物性糖类；④人类加工的糖类。

1. 谷类、根茎类食物

谷类食物是中国人传统膳食的主体，也是我们糖类的首要食物来源。谷类食物中糖的含量达到了75%～80%。谷类食物主要是通过种植水稻、小麦、玉米、小米、青稞、高粱等所获得的，主要以米、面及其制成品的形式供人类食用，其所含的淀粉提供了糖类。

根茎类食物与谷类食物一样通过淀粉的形式为人类提供糖类物质。根茎类食物的含糖量相对于谷类较低，但也达到了20%～30%。

薯类食物主要包括甘薯（红薯、白薯）、马铃薯（又称土豆、洋芋）、木薯（又称树薯、木番薯）、山药、芋类等。

豆类食物主要包括大豆、蚕豆、豌豆、绿豆、赤豆、菜豆、豇豆、刀豆、扁豆等。豆类作物的种子含有大量的淀粉、蛋白质和脂肪，因此豆类作物提供糖类物质的主要来源是它们的种子。

作为糖类的主要食物来源，谷类与根茎类食物应该搭配进行食用。这样就可以弥补各自营养成分的不足，保证营养摄入的均衡。

2. 蔬菜、水果

蔬菜、水果是糖类的另一项主要食物来源。蔬菜、水果中的糖类以简单糖为主（例如果糖、蔗糖），也包括膳食纤维（如果胶）。蔬菜、水果的含糖量低于谷类与根茎类食物。

3. 动物性糖

动物性糖类主要是指来源于蜂蜜和乳汁中的葡萄糖、果糖和乳糖等。

4. 加工糖

加工糖主要是指人类从植物中提取的糖类，包括白糖和红糖（从甘蔗或甜菜中提取）。人类加工的糖主要是二糖，进入体内极易转变成葡萄糖，具有较高的血糖指数，摄入过量会造成血糖异常，容易引起肥胖、糖尿病等慢性疾病。

第二节　运动与蛋白质

蛋白质在人体中占有举足轻重的地位，这从人们对于蛋白质的命名和认知上就可见一斑。蛋白质（protein）来自希腊语“protos”，意思是“最前面的，首要的，最初的”。现代的研究已经证实蛋白质是构成细胞的基础物质。蛋白质的含量占到人体总质量的16%～20%。人体内的蛋白质种类繁多，性质与功能各异，但它们都是由氨基酸组成的。

一、蛋白质和氨基酸基本概念

蛋白质是由20种氨基酸所组成的大分子有机物质，因此蛋白质的组成元素主要包括碳（C）、氢（H）、氧（O）和氮（N）4种元素。其中氮元素在蛋白质中的含量相对稳定，每100g蛋白质中含氮量约为16g。因此，简单测定某种物质中蛋白质的含量可以通过先测定含氮量，之后再乘以6.25进行计算，即蛋白质含量＝含氮量×6.25。

组成蛋白质的氨基酸种类为20种，根据营养价值可以将其分为必需氨基酸与非必需氨基酸两大类。必需氨基酸是指人体自身不能合成或合成速度不能满足人体需要，必须从食物中获取的氨基酸。这类氨基酸是指赖氨酸、色氨酸、苯丙氨酸、蛋氨酸、苏氨酸、亮氨酸、异亮氨酸、缬氨酸，共8种。非必需氨基酸是指人体自身能合成，不一定从食物中获取的氨基酸。这类氨基酸是指甘氨酸、丙氨酸、脯氨酸、酪氨酸、丝氨酸、半胱氨酸、天冬氨酸、谷氨酰胺、精氨酸、组氨酸、谷氨酸、胱氨酸，共12种。

必需氨基酸的范围根据人的不同年龄段与不同发育水平也会有所变化。例如，组氨酸对于婴幼儿的营养需求来说属于必需氨基酸，而精氨酸、胱氨酸、脯氨酸、牛磺酸则是早产儿的必需氨基酸。

人体细胞成分见图 3－3。

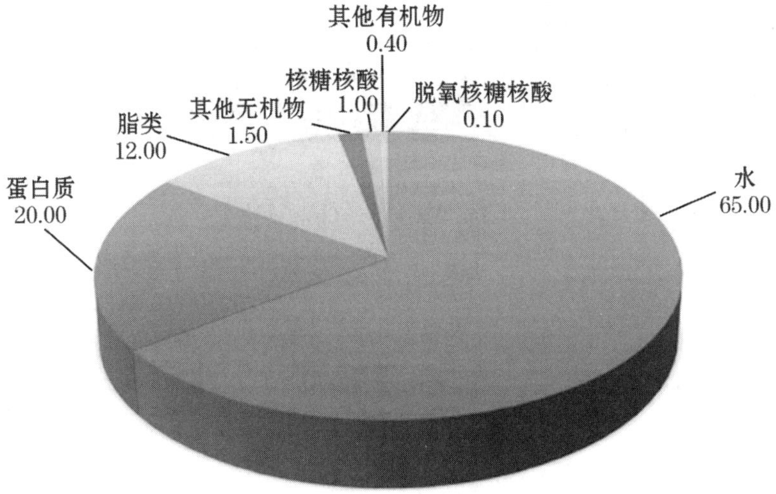

图 3－3　人体细胞成分（%）

二、蛋白质的生理功能

（一）构成和修复机体组织

蛋白质是细胞的重要组成成分，其含量占到细胞干重的 80%。同时，人体质量的 16%～20% 由蛋白质所构成，是人体中含量最多的固体物质。

蛋白质不仅在人体中含量较大，而且也参与了人体大量组织结构的构成（图 3－4）。肌肉、血液、毛发等结构都是由蛋白质构成的。例如，构成粗细肌丝的肌球蛋白与肌动蛋白、组成红细胞的血红蛋白、组成毛发的角质蛋白等。

肌肉的主要成分：肌肉力量与耐力既是体适能的基础，也是影响体形的重要因素之一。由于蛋白质是肌肉的主要成分，在增肌训练过程中，肌肉蛋白质始终处于更新与破坏的交替过程中，即旧的蛋白质分解，新的蛋白质合成。因此，在进行练习时要注重适量补充蛋白质，这样才更有利于提高练习的效果。

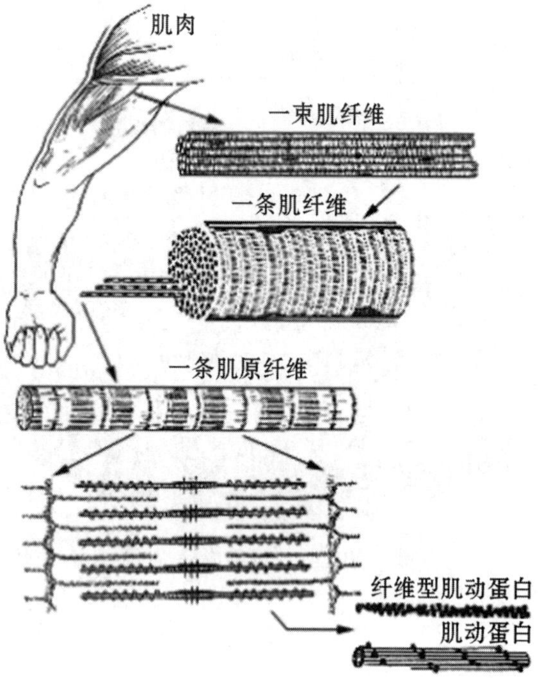

图 3－4　蛋白质参与肌肉构成

（二）调节人体生理机能

1. 构成酶与激素

酶是催化人体物质代谢的重要物质，而酶的主要结构是由蛋白质构成的。人体内的重要调节物质——激素中有很多种是由多肽或蛋白质组成的，如胰岛素、生长激素以及促红细胞生成素。

2. 转运与储存作用

蛋白质中有一些蛋白具备运输能力，这些蛋白能够携带一些小分子物质或离子透过细胞膜，如，在血液中运输氧气的血红蛋白、在肌肉中储存和运输氧气的肌红蛋白及参与生物氧化进程的细胞色素蛋白等。

3. 维持体内渗透压和酸碱平衡

蛋白质参与构成维持机体体液平衡的渗透压，此外，参与维持人体内的酸碱平衡。

4. 影响高级神经活动

蛋白质参与构成神经递质的乙酰胆碱、5－羟色胺等，共同参与维持味觉、视觉和记忆等重要的高级神经活动。

5. 增强机体免疫能力

一些蛋白质具有保护和防御功能，如凝血酶与纤维蛋白原参与血液凝固，防止过多失血。此外，抗体与免疫球蛋白是抵抗外来抗原的蛋白质。研究已经证明，蛋白质营养不良会导致人体免疫能力下降。

（三）提供能量

蛋白质能够为人体提供能量，是人体三大供能物质之一。1g 蛋白质所释放的能量大约为 16.74kJ。一般情况下蛋白质不参与人体的能量供应，只有在饥饿、长时间持续运动等极端情况下才参与能量供应。

在长时间大强度运动、糖原不足等情况下，人体会提高蛋白质供能比例，让其作为能源为机体供能，一般情况下蛋白质供能占总热量的 1%～6%，糖原耗竭时，可上升至 10%～15%。目前人们已经认识到，在运动时的能量代谢过程中，肌肉氨基酸代谢占据中心位置，它不是作为直接能源与脂肪酸、血糖和糖原竞争，而是作为三羧酸循环中间产物和谷氨酰胺合成的前体物质起作用。骨骼肌能氧化 6 种氨基酸，包括支链氨基酸（包括亮氨酸、异亮氨酸、缬氨酸）、谷氨酸、赖氨酸、丙氨酸、天冬氨酸和天冬酰胺。在耐力运动中，支链氨基酸可被优先氧化，赖氨酸也能被氧化。在安静状态下，氧化支链氨基酸的限速酶（支链酮酸脱氢酶）的活性比例为 5%～8%，而在运动时可增加到 20%～25%。该酶的激活与 ATP/ADP 比值的下降、肌肉内酸性物质的增加以及肌糖原的消耗有关，因此，运动时补充糖可以减少氨基酸氧化。耐力训练可以提高该酶的活性，可以增加耐力训练者的总氨基酸氧化能力。

三、人体的蛋白质需求量

（一）日常情况下人体对蛋白质的需要量

蛋白质作为人体重要的结构与功能物质，伴随着人体的生长发育，结构与功能物质的更新，蛋白质在人体内也进行更新。一般来说，人体每天需要更新 300g 以上的蛋白质，但其中有 3/4 来自人体自身的氨基酸。所以，从体外额外补充蛋白质的数量会大幅减少。一般成人每天摄入 60～80g 蛋白质或者每天摄入 0.6～0.8g/kg 体重的蛋白质即可满足人体的需求。

对于正处于生长发育期的儿童、青少年，每天蛋白质的需要量则要高于成人的需要量。7～10（含）岁的儿童蛋白质的需要量为 1.2g/kg 体重，10（不含）～15（含）岁青少年蛋白质需要量为 1.0g/kg 体重，15（不含）～18 岁青少年蛋白质的需要量为 0.9g/kg 体重。

（二）运动人体对蛋白质的需要量

蛋白质并不是人体运动中的主要能量来源，但是一些运动状态或一些特定的运动项目对蛋白质的需要量较大。当运动中糖原储备不足或是运动前没有进食，蛋白质供能的水平会提高 10%，因此需要更多的蛋白质供能，运动后需要补充更多的蛋白质。对于控体重项目的运动员，由于限制热量的摄入，在保证肌肉质量的前提下蛋白质的热量供应能够达到总热量的 18%。对于处于生长发育期的儿童、青少年从事体育运动或训练，受到生长发育以及训练需求的影响，蛋白质的需要量高于普通儿童、青少年。

1. 抗阻训练者的蛋白质需求

抗阻训练对蛋白质代谢有显著的影响。研究表明，在一次抗阻训练课后的24～48h内，肌肉蛋白质合成增加。另有研究表明，不仅肌肉蛋白质合成增加，肌肉蛋白质分解也增加，但其幅度小于肌肉蛋白质合成。而在空腹情况下训练，净蛋白质平衡是负值——肌肉蛋白质分解量大于合成量。因此，运动期间的营养素填充显得格外重要，尤其是抓住运动后的这一合成速率增加的窗口期。

研究证实，与维持期相比，在增肌期，蛋白质的需要量和合成会更多。与静坐少动者相比，抗阻训练者全身蛋白质合成和分解较多，而且在一段时间抗阻训练后，训练者的基础肌肉合成速率较高。此外，经过一段时间的抗阻训练后，急性运动引起的混合肌肉蛋白质合成速率增加幅度降低。与静坐少动者相比，规律抗阻训练者的基础肌肉合成速率的提高与全身蛋白质合成的增加是一致的。但是，与那些刚开始进行抗阻训练的人群相比，规律抗阻训练者对蛋白质需要量要少一些，但仍高于静坐少动者。一项关于中年抗阻训练的研究显示，在进行抗阻训练计划之后，蛋白质的合成速率提高了。

很多健身爱好者存在这样一种认识，人体对吃进去的蛋白质做出反应而增加肌肉合成的能力是无穷的，因此经常在一天中吃了大量的蛋白质。假如这样做行得通，仅仅通过吃大量的蛋白质，每个人都能成为世界级的健美运动员。多年来，大量的营养品公司以此为话题来推销产品。据调查，每天蛋白质摄入量在3～4g/(kg·d）范围内的健身爱好者并不少见。

事与愿违的是，蛋白质超过1.8g/(kg·d）可导致氨基酸氧化速率呈指数形式增加，而不增加蛋白质合成。在抗阻训练期间及之后，超过需要量的蛋白质可导致亮氨酸氧化速率增加，并明显降低肌肉蛋白质合成速率。

在一项研究中，分别让力量项目运动员按照0.86g/(kg·d)、1.4g/(kg·d)、2.4g/(kg·d）的标准摄入膳食蛋白质，结果表明，在1.4g/(kg·d）时，蛋白质合成速率出现平台期；在2.4g/(kg·d）时，亮氨酸氧化速率增加了近2倍。这也证实蛋白质吃多了只能被氧化供能。

因此，健身健美爱好者增肌期蛋白质推荐量为1.5～1.7g/(kg·d)，维持期为1.0～1.2g/(kg·d)。人体在大运动量初期需要增加蛋白质营养，因此，蛋白质的摄入量应该达到2g/(kg·d）以上。人们进行耐力运动期间蛋白质的摄入量应该达到1.2～1.4g/(kg·d)，这与普通人群相比略高。经常进行力量训练的人群，蛋白质的摄入量应该达到1.6～1.7g/(kg·d)。青少年运动员蛋白质的需要量应该达到2～3g/(kg·d)。

2. 有氧训练者的蛋白质需求

相对于其他项目，耐力训练的蛋白质需要量更多吗？很多国家对此并无特殊考虑，因为所有训练者都已经吃了足够多的能量，并且吃到了足够的蛋白质。另外也有观点认为，适度运动不会增加膳食蛋白质的需求量，因此不需要为训练者提出特殊的蛋白质需求量。

尽管如此，仍有一些训练者达不到最低的蛋白质需求量，尤其是那些有规律进行剧烈运动而且限制能量摄入的人——团操教练、减脂人群、马拉松爱好者、自行车爱好者等，相比一般耐力训练者，他们更希望知道，要维持最佳状态，蛋白质最少要吃多少。

目前的运动营养研究及应用表明，中等强度耐力训练（≤50% VO_2max）不必多吃蛋白质。在中等强度时，蛋白质利用增加，而且更能耐受能量亏损。多数研究支持这一观点，1g/(kg·d) 或者略高于该数值的蛋白质对于年轻耐力训练者是足够的。

当运动强度达到65% ~85% VO_2max 时，极有可能会增加蛋白质的需要量，尤其是训练水平较高的耐力训练者。研究表明，这些较高水平的耐力训练者，如果按照静坐个体的蛋白质推荐量[男性 =0.94g/(kg·d)、女性 =0.8g/(kg·d)]，男女运动员都处于负氮平衡。在另一项研究中，研究者确定了高水平耐力训练者的蛋白质需求量为1.6g/(kg·d)。

综观以上研究结论，中低强度的耐力训练者不必增加膳食蛋白质的需求量。在耐力训练计划初期，可能会出现膳食蛋白质需求量的短暂增加，但人体会迅速调整而达到适应。对于训练水平较高的训练者（每周训练4~5天，每次训练时间 >45min，强度 >60% VO_2max)，膳食蛋白质需求量增加20% ~25%。在高水平训练者中，膳食蛋白质需求量增加到1.6g/(kg·d)（或接近静坐者推荐量的2倍）。尽管蛋白质需求量增加，但只要保证能量供应充足并且蛋白质占比为15%，就不需要额外补充。比如，能量摄入约为3500kcal/d（中等训练水平），这相当于蛋白质大约125g/d或1.6~1.8g/(kg·d)。另外，蛋白质需求量也可能存在性别差异，女性耐力训练者的膳食蛋白质推荐量比男性少10% ~20%。

四、蛋白质的食物来源

人体主要通过动物性与植物性两大类食物来源获取蛋白质。根据蛋白质的营养质量将蛋白质分为完全蛋白与不完全蛋白。完全蛋白是指富含必需氨基酸的蛋白质，不完全蛋白是指蛋白中必需氨基酸种类不全或必需氨基酸含量很少的蛋白质。动物性食物中完全蛋白含量高于植物性食物。动物性食物中肉类、蛋类、奶类等是蛋白质的重要来源。肉类中水产品、禽类的蛋白质含量较高且脂肪含量较低，相较于红肉能够更好地提供蛋白质而避免脂肪摄入过量。红肉中牛肉、羊肉蛋白质含量高于猪肉，能够更好地补充蛋白质。

素食人群需要吃一种以上的植物性食物获取蛋白质，以弥补植物蛋白中氨基酸种类缺乏的情况，如谷类食物中缺乏赖氨酸、豆类食物中缺乏蛋氨酸等。

五、蛋白质超量补充的风险

健康人群的每日蛋白质摄入量小于2g/(kg·d) 时几乎没有副作用。超量蛋白质摄入的最明确影响可能是大多数肉制品含有大量脂肪，摄入水平过高，将引起膳食性动脉硬化。

尽管大多数人长期维持超量蛋白质摄入是安全的，但仍有一些警告需要注意：

第一，高蛋白摄入增加尿钙排泄。这需要引起低能量饮食和闭经女性的关注。但近期的研究证实，高蛋白膳食（占能量摄入的20%）与较高的钙吸收有关，可以补偿略微升高的排泄量。

第二，高蛋白摄入与先前存在的肾脏疾病一起可以加快疾病进程。但是，确实没有证据表明，1.8g/(kg·d) 的蛋白质摄入水平有任何有害作用。

第三，有研究声称，给小鼠喂饲超高蛋白质时引起肝脏线粒体发生形态学改变。但是，其蛋白质的摄入量远远超过人类的合理摄入量，而且啮齿动物的肝脏毒性不能直接作用于人类。

六、蛋白质的吸收与代谢

（一）蛋白质的吸收

经过在小肠消化作用后，蛋白质被水解为可被吸收的氨基酸和 2～3 个氨基酸的小分子肽。研究表明，2～3 个氨基酸的小分子肽及多肽类物质较易于被人体吸收。通常认为未被水解的大分子蛋白质的吸收是微量的，无任何营养学意义。

人体摄入的蛋白质经过消化道酶分解为氨基酸后被吸收，但最近的研究表明，蛋白质其实大多数以寡肽（由 10 个以下氨基酸所构成的肽称为小分子肽或者寡肽）的形式被吸收，以游离氨基酸的形式被吸收的比例很小。因为在肠道吸收时肽比氨基酸更有优势。

肽的消化和吸收速度快，是因为小分子肽与游离氨基酸在体内有不同的输送通道。小分子肽吸收速度更快进入血液，而氨基酸吸收系统慢、耗能高。因此肽类在吸收方面可能有更好的应用。

（二）蛋白质的代谢

1. 蛋白质的分解

体内蛋白质处于不断合成和分解的动态平衡中。成人体内的蛋白质有 1%～2% 分解，其中主要是肌肉蛋白。蛋白质分解产生的氨基酸中 70%～80% 又被重新利用合成新的蛋白质。不同蛋白质分解的速率不同，如人体血浆蛋白质半衰期约为 10d，肝脏大部分蛋白质半衰期为 1～8d，而结缔组织中一些蛋白质半衰期可达 180d 以上。

2. 蛋白质的合成

蛋白质分解的同时也不断在体内合成，以补偿分解。体内蛋白质的分解与合成同时进行，在相对稳定状态时，总转换中的分解与合成同时进行，且两者约各占一半。

3. 氨基酸的一般代谢

食物蛋白质经过消化而被吸收的氨基酸（外源性氨基酸）与体内组织蛋白质分解产生的氨基酸（内源性氨基酸）混在一起，分布于体内，参与代谢，成为氨基酸代谢库。氨基酸代谢库通常以游离氨基酸总量计算。由于氨基酸不能自由通过细胞膜，所以在体内的分布也是不均匀的。例如，肌肉中的氨基酸占总代谢库的 50% 以上，肝脏约占总代谢库的 10%，肾脏约占总代谢库的 4%，血浆占总代谢库的 1%～6%。由于肝、肾的体积较小，实际上所含游离氨基酸的浓度很高，氨基酸的代谢很旺盛。消化和吸收的大多数氨基酸，如丙氨酸、芳香族氨基酸（苯丙氨酸、酪氨酸、色氨酸）等主要在肝脏分解，但支链氨基酸等主要在骨骼肌中进行。血浆氨基酸是体内各组织之间氨基酸转运的主要形式。

体内氨基酸的主要功能是合成蛋白和多肽，此外，也可以转变成某些生理活性物质，如嘌呤、嘧啶、肾上腺素等，正常人尿中排出的氨基酸极少。各种氨基酸在结构上具有共同特点，所以存在一些共同的代谢途径；但不同的氨基酸由于结构的差异，也各有其特殊的代谢方式。

氨基酸的分解代谢主要是脱氨基作用及由此而产生的 α－酮酸及氨的代谢，其中最主要的反应是脱氨基作用。脱氨基方式有氧化脱氨基、联合脱氨基和非氧化脱氨基等，其中以联合脱氨基最为主要。

第三节 运动与脂类

脂类是维持人体健康、促进生长发育的七大重要营养素之一，供给机体所需要的能量，提供机体所需要的必需脂肪酸，是人体细胞组织的重要组成成分。脂类摄入过多容易造成高血脂、心脑血管疾病、脂肪肝等慢性病的重要诱因，但脂类也不能摄入太少，脂类缺乏容易造成脂溶性维生素、必需脂肪酸缺乏，影响生长发育等。

一、脂类的概念及分类

（一）脂类的概念

我们经常提起的脂肪和脂类并不是一个意思，脂肪只是脂类的一种。不溶于水而能被乙醚、氯仿、苯等非极性有机溶剂抽提出的化合物，统称脂类。

（二）脂类的分类

脂类包括脂肪和类脂。食物中 95% 的脂类是脂肪，5% 的脂类是类脂，通常说的脂类多是专指脂肪。脂肪主要含有 C、H、O 3 种元素，因其含氧的比例小，可被氧化的成分多，所以脂肪氧化分解产生的能量较高，是一种高能量营养物质。

1. 脂　肪

脂肪即甘油三酯是由 1 分子甘油和 3 分子脂肪酸通过酯键结合构成的。人体内脂肪酸种类很多，生成甘油三酯时可产生不同的排列组合，因此，甘油三酯具有多种形式。

脂肪酸是由 C、H、O 3 种元素组成的一类化合物，是中性脂肪、磷脂、糖脂的主要成分。脂肪酸根据碳链长度的不同分为短链脂肪酸（5 个及以下碳原子）、中链脂肪酸（6～12 个碳原子）和长链脂肪酸（12 个以上碳原子）。一般食物所含的脂肪酸大多是长链脂肪酸。根据碳氢链饱和程度，脂肪酸分为三类，即饱和脂肪酸（saturated fatty acid，SFA）、单不饱和脂肪酸（monounsaturated fatty acid，MUFA）、多不饱和脂肪酸（polyunsaturated fatty acid，PUFA）。

富含 MUFA 和 PUFA 的脂肪在室温下呈液态，大多为植物油，如橄榄油、花生油、玉米油、豆油、坚果油、菜籽油等。以 SFA 为主组成的脂肪在室温下呈固态，多为动物脂肪，如牛油、羊油和猪油等。但也有例外，如深海鱼油虽然是动物脂肪，但它富含 PUFA，如二十碳五烯酸（EPA）和二十二碳六烯酸（DHA），因而在室温下呈液态。食物中 MUFA 有油酸，PUFA 有亚油酸、亚麻酸、花生四烯酸等。人体不能合成亚油酸和亚麻酸，必须通过食物补充。根据碳—碳双键位置及功能又将多不饱和脂肪酸分为 ω－6 系列和 ω－3 系列。亚油酸和花生四烯酸属 ω－6 系列，亚麻酸、DHA、EPA 属 ω－3 系列。（表 3－7、表 3－8）

表 3－7　不同类型脂肪酸的典型代表和来源

脂肪酸类型	典型代表	来源
饱和脂肪酸（SFA）	软脂酸（棕榈酸）	棕榈油、可可油
	硬脂酸	可可油、牛油、羊油
	其他	椰子油
单不饱和脂肪酸（MUFA）	油酸（ω－9）	橄榄油、红花油、油茶籽油
多不饱和脂肪酸（PUFA）	亚油酸（ω－6）	大豆油、玉米油、葵花籽油、芝麻油
	亚麻酸（ω－3）	亚麻籽油（胡麻油）、紫苏油
	EPA、DHA（ω－3）	深海鱼油

表 3－8　常用食用油脂中主要脂肪酸的种类及其所占百分比 %

食用油名称	饱和脂肪酸	不饱和脂肪酸			其他脂肪酸
		油酸（单不饱和脂肪酸）	亚油酸（ω－6 多不饱和脂肪酸）	亚麻酸（ω－3 多不饱和脂肪酸）	
可可油	93	6	1		
椰子油	92		6	2	
橄榄油	10	83	7		
菜籽油	13	20	16	9	42*
花生油	19	41	38	0.4	1
茶油	10	79	10	1	1
葵花籽油	14	19	63	5	
豆油	16	22	52	7	3
棉籽油	24	25	44	0.4	3
大麻油	15	39	45	0.5	1

续表

食用油名称	饱和脂肪酸	不饱和脂肪酸			其他脂肪酸
		油酸（单不饱和脂肪酸）	亚油酸（ω－6 多不饱和脂肪酸）	亚麻酸（ω－3 多不饱和脂肪酸）	
芝麻油	15	38	46	0.3	1
玉米油	15	27	56	0.6	1
棕榈油	42	44	12		
米糠油	20	43	33	3	
文冠果油	8	31	48		14
猪油	43	44	9		3
牛油	62	29	2	1	7
羊油	57	33	3	2	3
黄油	56	32	4	1.3	4

注：＊主要为芥酸。

从营养学角度，脂肪酸又分为必需脂肪酸和非必需脂肪酸。必需脂肪酸是指机体生命活动必不可少，但机体自身又不能合成，必须由食物供给的多不饱和脂肪酸，主要包括两种，一种是ω－3 系列的α－亚麻酸（18:3），一种是ω－6 系列的亚油酸（18:2）。

膳食脂肪酸的饱和度是影响血清总胆固醇、高密度脂蛋白胆固醇和低密度脂蛋白胆固醇水平的重要因素。进食大量饱和脂肪酸后，肝脏胆固醇合成增加。单不饱和脂肪酸可明显降低总胆固醇和低密度脂蛋白胆固醇水平，无性别差异。用富含多不饱和脂肪酸替代膳食中饱和脂肪酸后，血清总胆固醇、低密度脂蛋白胆固醇水平显著降低；多不饱和脂肪酸可使血清甘油三酯水平明显下降。反式脂肪酸是指油脂在加工过程中，加氢、长时间高温等引起脂肪酸结构变化，顺式脂肪酸变为反式脂肪酸。过量摄入反式脂肪酸会对人体健康造成危害，特别是引起血脂代谢紊乱，降低高密度脂蛋白胆固醇水平，提高总胆固醇与低密度脂蛋白胆固醇比例。不同类型脂肪酸对血脂的影响见表3－9。

表3－9　不同类型脂肪酸对血脂的影响

脂肪酸种类		总胆固醇	高密度脂蛋白胆固醇	低密度脂蛋白胆固醇
饱和脂肪酸		↑	↓	↑
单不饱和脂肪酸		↓	↑	↓
多不饱和脂肪酸	ω－6	↓	↓	↓
	ω－3	↓	↑	↓
反式脂肪酸		↑	↓	↑

2. 类　脂

类脂即复合脂类，主要由C、H、O元素构成，有的还含有P（磷）、N、S（硫）等，主要包括磷脂、糖脂、固醇。类脂约占脂类的5%，是细胞组织的基本成分。类脂在体内相当稳定，不受营养状况及机体活动影响。

磷脂是含有磷酸的脂类，几乎存在于所有机体细胞中，是组成细胞膜磷脂双分子层的重要成分，可分为甘油磷脂和鞘磷脂两大类。动物磷脂主要来源于蛋黄、牛奶、脑组织、肝脏、肾脏及肌肉组织部分。植物磷脂主要存在于油料种子，并与蛋白质、糖类、脂肪酸、维生素等物质以结合状态存在，是一类重要的油脂伴随物。在制油过程中，磷脂随油而出，毛油中磷脂含量以大豆毛油最高，所以大豆磷脂是最重要的植物磷脂来源。

糖脂是指含有糖基配体的脂类化合物，是构成细胞膜的成分之一，在细胞黏附、生长、分化、信号转导等过程中发挥着重要作用。依脂质部分的不同，糖脂可以分为甘油糖脂、鞘糖脂、磷酸多萜醇衍生的糖脂和类固醇衍生的糖脂。甘油糖脂具有抗氧化、抗病毒、抗菌、抗肿瘤、抗炎、抗动脉粥样硬化等多种生物活性，存在于动物的神经组织、植物和微生物中。重要的鞘糖脂有脑苷脂和神经节苷脂，在脑和神经组织中含量最丰富。

胆固醇是动物组织细胞不可缺少的重要物质，它不仅参与形成细胞膜，而且是合成胆汁酸、维生素D以及甾体激素的原料。胆固醇经代谢还能转化为胆汁酸、类固醇激素、7-脱氢胆固醇，并且7-脱氢胆固醇经紫外线照射就会转变为维生素D_3，所以胆固醇并不是对人体有害的物质。胆固醇在体内有着广泛的生理作用，但当其过量时便会导致高胆固醇血症，对机体产生不利的影响。现代研究已发现，动脉粥样硬化、静脉血栓形成与胆石症与高胆固醇血症有密切的相关性。胆固醇又分为高密度胆固醇和低密度胆固醇两种。前者对心血管有保护作用，通常称为“好胆固醇”；后者偏高，冠心病的危险性就会增加，通常称为“坏胆固醇”。

二、脂类的功能及过量、缺乏表现

（一）脂类的功能

脂类作为人体的基本营养素，主要具有以下生理功能：①储存与提供能量；②构成人体结构；③脂溶性维生素的载体；④防震与隔热；⑤提供必需脂肪酸。

1. 储存与提供能量

脂肪是人体能量的最佳储存形式与最大储存库，人体的脂肪组织广泛分布于皮下和腹腔间隙，相较储存于肌肉、肝脏等处的糖，脂肪的储存范围更大，另外，脂肪主要以甘油三酯的形式储存于脂肪组织的脂肪细胞中，且脂肪的储存不像糖原一样需要结合水，储存空间受到的限制较小，以上两个原因使脂肪成为最佳的能量储存方式。储存方式的合理，使得脂肪成为人体最大的能量储存库。一般男性体内脂肪的含量为体重的15%~20%，女性体内脂肪的含量为体重的20%~30%。与此相对应的是人体内糖的储量一般仅有500g左右。另外，1g脂肪完全氧化释放的能量为9kcal，是1g糖和蛋白质完全氧化释放能量

（4kcal）的 2 倍多。

2. 构成人体结构

脂肪中的磷脂和胆固醇是人体细胞的主要成分，脑细胞中含量最多。一些固醇则是制造体内固醇类激素的必需物质，如肾上腺皮质激素、性激素等。

3. 脂溶性维生素的载体

食物中的脂肪是维生素 A、D、E、K 等的携带者，这一类维生素通常只有 C、H、O 元素，在食物中多与脂质共存，其在机体内的吸收与肠道中的脂质密切相关，可随脂质吸收进入人体并在体内（主要在肝脏）储存。

4. 防震与隔热

脂肪大部分储存在皮下，用于调节体温，保护对温度敏感的组织，防止热能散失。脂肪分布填充在各内脏器官间隙中，可使其免受震动和机械损伤，并维持皮肤的生长发育。

5. 提供必需脂肪酸

必需脂肪酸是指人体生命活动必不可少，但自身不能合成，必须由食物供给的脂肪酸。

（二）食用脂肪过多和过少的危害

1. 脂肪摄入过量的危害

食用脂肪过多可使过多的脂肪沉积在血管壁上而导致动脉硬化，引发原发性高血压和心脏病；妨碍肠胃消化液的分泌，导致消化不良；还可引发肥胖症。食用脂肪过多还可能导致癌症的发生，有调查显示，结肠癌与过食动物性脂肪有关，吃肉食的人发生结肠癌的危险为吃素食的人的 3 倍，美国人饮食中脂肪高达 40%，其中多为饱和脂肪，所以美国人中结肠癌和乳腺癌的发病率也较高。动物实验发现，高脂肪饮食可增加小鼠的自发性乳腺癌、肝癌和诱发皮肤癌。

2. 脂肪摄入不足的危害

食用脂肪过少可影响脂溶性维生素 A、D、E、K 的吸收，使体内脂溶性维生素缺乏；可使人食欲减退，并且吃多少食物也常有饥饿感；机体常有消瘦怕冷的感觉。有研究还发现，低脂饮食，即脂肪摄取比例低于 20% 的饮食，将会使体内代谢加速，虽可降低“坏胆固醇”，但也会造成“好胆固醇”的减少，这样同样会对身体的健康造成不利的影响。所以专家建议，低脂肪只适合于高胆固醇血症的患者。胆固醇正常的人并不适宜食用低脂饮食。

三、脂类的推荐量与食物来源

脂肪作为膳食中的主要营养素之一，也是膳食能量的主要提供者，脂肪提供能量的比例达到了 25% ~30%。6 个月内的婴儿脂肪供能量应达到其总热量的 45%，6 ~12 个月的婴儿脂肪供能量应达到其总热量的 40%。1 ~17 岁儿童、青少年脂肪供能量占其总热量的比例与成人相同，为 25% ~30%。中国居民膳食脂肪、脂肪酸参考摄入量和可接受范围见

表3－10。

表3－10 中国居民膳食脂肪、脂肪酸参考摄入量和可接受范围

单位：能量百分比/%E

人群	总脂肪 AMDR	饱和脂肪酸 U－AMDR	ω－6 多不饱和脂肪酸[a]		ω－3 多不饱和脂肪酸	
			AI	AMDR	AI[b]	AMDR
0岁～	48[c]	—	7.3	—	0.87	—
0.5岁～	40[c]	—	6.0	—	0.66	—
1岁～	35[c]	—	4.0	—	0.60	—
4岁～	20～30	<8	4.0	—	0.60	—
7岁～	20～30	<8	4.0	—	0.60	—
18岁～	20～30	<10	4.0	2.5～9.0	0.60	0.5～2.0
60岁～	20～30	<10	4.0	2.5～9.0	0.60	0.5～2.0
孕妇和乳母	20～30	<10	4.0	2.5～9.0	0.60	0.5～2.0

注：AMDR指宏量营养素可接受范围，U－AMDR指宏量营养素可接受范围上限，AI指适宜摄入量，[a]指亚油酸的数值，[b]指α－亚麻酸的数值，[c]指AI值，—指未制定。

人体的脂肪来源主要通过膳食获得，膳食中脂肪的来源主要包括动物性脂肪和植物性脂肪两类。

（一）动物性脂肪

动物性脂肪主要是指来源于动物的脂肪组织的脂肪。动物性脂肪常见来源有畜类的动物性脂肪，如猪油、牛油、羊油等。水产品的动物性脂肪如鱼油、蚝油、虾油等。除此以外，畜类脂肪的制成品，包括奶油、黄油等，以及骨髓、蛋黄也是脂肪的重要来源。

（二）植物性脂肪

植物性脂肪主要通过植物种子获得，常见的来源有植物油（花生油、橄榄油、芝麻油等）以及各种坚果（核桃、松子等）。植物性脂肪中含有较多的不饱和脂肪酸，尤以亚油酸含量最多。例如，花生油中亚油酸的含量为40.4%，大豆油中亚油酸的含量为52%。亚油酸是人体必需脂肪酸之一，因此，富含亚油酸的植物性脂肪也成为必需脂肪酸的重要食物来源。

四、脂肪与运动能量代谢

（一）脂肪是运动重要的能量来源

脂肪同糖和极少量的蛋白质为肌肉收缩提供能量。脂肪作为供能物质与糖相比有几个区别：脂肪的单位质量供能比（9kcal/g）要高于葡萄糖（4kcal/g），每分子脂肪酸氧化可比葡萄糖产生更多的 ATP（147∶38）；但要产生相同数量的 ATP，脂肪酸完全氧化要比糖氧化需要更多的氧，每分子葡萄糖完全氧化需要 6 分子的氧，脂肪酸需要 26 分子的氧。使用葡萄糖为氧化燃料时，每升氧可产生 5kcal 能量，而使用脂肪为氧化燃料时，每升氧可产生 4.7kcal 能量，这一点在供氧受到限制时尤其重要。

人体脂肪的储存量要比糖的大得多，一个没有受过训练的健康男性体内可储存 20kg 以上的脂肪，主要储存在脂肪组织中。在比较肥胖的个体中，脂肪储存甚至可以超过 100kg。即使在脂肪水平相当低的运动员人群中，体内脂肪含量也远远超过运动需求。少量生理性脂肪酸以甘油三酯形式储存在肌肉细胞里的脂滴内，大约 300g。

（二）运动强度及时间对脂肪代谢的影响

低强度运动（25% VO_2max）时外周脂肪分解受到强有力的刺激，同时伴随有少量肌内甘油三酯分解。此时，糖的氧化主要由血糖提供，肌糖原仅少量被动用。在 25% VO_2max 强度下运动时，脂肪酸释放入血的速率和氧化率是最高的，随着运动强度的增加，脂肪酸的生成率和氧化率逐渐下降。尽管肌内甘油三酯及肌糖原在低强度运动时消耗不多，但在 65% VO_2max 强度下运动时，脂肪氧化所占供能比例是最高的。在这种强度下运动，脂肪分解全部来自外周脂肪细胞和肌内甘油三酯，并达到其最高程度，这两种能量来源在总的脂肪氧化中所占的比例大致相同，伴随着运动强度达到 85% VO_2max，脂肪氧化总量下降。这主要是由脂肪酸释放入血的速度受到抑制引起的，推测其原因是血液循环中儿茶酚胺升高所致。但儿茶酚胺可以刺激肌肉内的糖原分解和对葡萄糖的摄取。当运动强度从 65% VO_2max 增加到 85% VO_2max 时，肌内甘油三酯的分解并没有增加，这证实了外周脂肪组织和肌内甘油三酯分解的调节机制是不同的。提高高水平受试者脂肪酸摄入（静脉注射脂肪乳剂），研究其在大强度运动（85% VO_2max）时的脂肪酸代谢，进一步证实了这一推断。这些数据显示当血中脂肪酸浓度被人为地维持在超过 1mmol 水平时，脂肪氧化只有部分恢复到中等强度运动（65% VO_2max）时的高水平。概括而言，这些研究证实了在大强度运动时，除了脂肪酸水平，还有其他因素在脂肪酸氧化的调节中扮演着极为重要的角色。（图 3－5）

关于运动时间对脂肪代谢的影响，在 25% VO_2max 运动强度时，运动开始 30min 后与 2h 后相比，总的脂肪和糖氧化率改变很少。但是在 65% VO_2max 运动强度时，脂肪酸释放入血的量及对血糖的利用随着运动时间的延长不断提高。在这种强度下骑行自行车 2h 后，脂肪和糖的供能比例与运动 30min 后比较无改变。在中等强度运动（65% VO_2max）时，

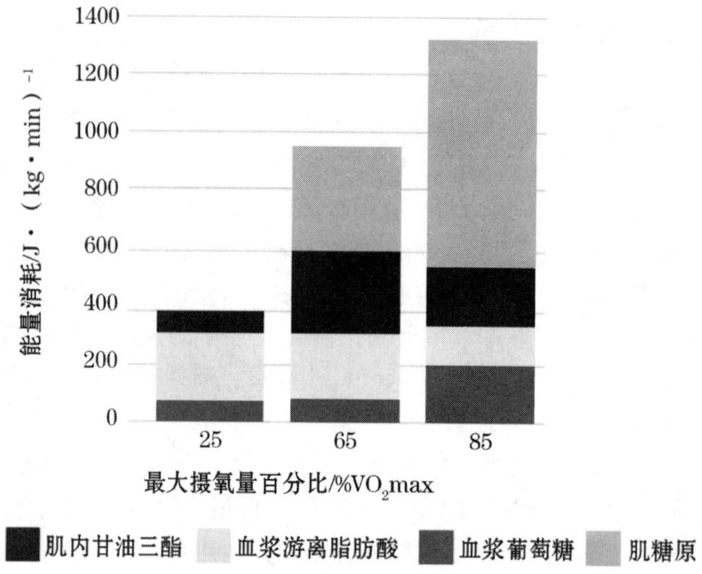

图3－5　运动强度与脂肪氧化代谢

肌肉内的氧化底物（甘油三酯和糖原）在总能量供应中所占的比例随着运动时间的延长（>90min）反而越来越少（图3－6）。

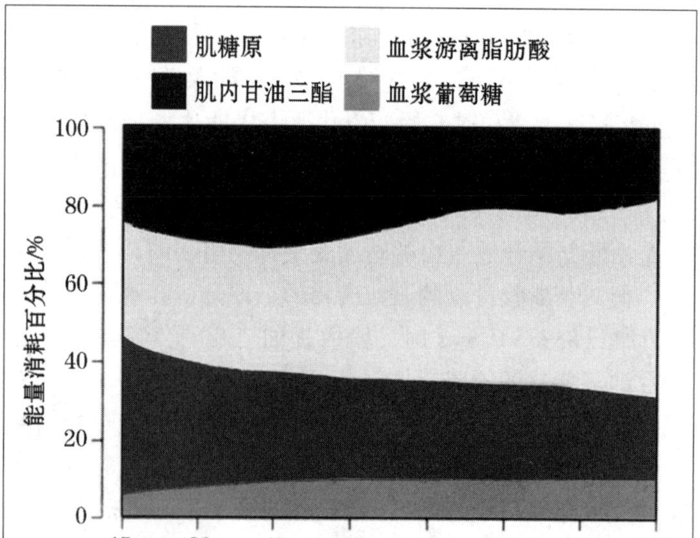

图3－6　运动时间与脂肪氧化代谢

第四节　运动与维生素

维生素是维持机体正常生理活动及细胞内特异代谢反应所必需的一种微量、低分子有机化合物。各类维生素化学结构不同，生理功能也不尽相同，但具有一些共同特点：①都是以本体或可被人体利用的前体形式存在于食物中；②一般不能在体内合成（维生素 D、烟酸等例外）或合成量太少，必须由食物提供；③不构成人体各种组织，同时不能提供能量，但担负着特殊的代谢功能；④生理需求量很少，但绝不能缺少，否则缺乏到一定程度，可引起维生素缺乏症。

维生素对运动员十分重要，它不仅能保证身体健康，而且有的维生素直接影响人体的运动能力。研究表明，体内较高的维生素饱和量与较强的运动能力有着密切的关系，体内维生素缺乏或不足，容易出现运动能力下降等现象。

有些化合物，其活性与维生素相似，曾被列入维生素类，通常被称为类维生素，如牛磺酸、肉碱、生物类黄酮、辅酶 Q、肌醇、硫辛酸和乳清酸等，其中牛磺酸和肉碱的作用在当今营养市场备受关注。牛磺酸在保护视网膜、心肌，促进中枢神经系统发育和增强免疫功能方面起着重要作用。肉碱在能量代谢，特别是长链脂肪酸 β 氧化过程中起关键作用。

在营养学上，根据溶解性，维生素可分为脂溶性维生素和水溶性维生素两大类（表 3－11）。

表 3－11　维生素分类与命名

分类		字母命名	化学结构或功能命名
脂溶性维生素		维生素 A	视黄醇，抗眼干燥症维生素
		维生素 D	钙化醇，抗佝偻病维生素
		维生素 E	生育酚
		维生素 K	叶绿醌，凝血维生素
水溶性维生素	维生素 B 族	维生素 B_1	硫胺素，抗脚气病维生素
		维生素 B_2	核黄素
		维生素 PP	尼克酸，烟酸，抗癞皮病维生素
		维生素 B_6	吡哆醇
		维生素 M	叶酸
		维生素 H/B_7	生物素
		维生素 B_{12}	钴胺素，抗恶性贫血病维生素
	维生素 C		抗坏血酸，抗坏血病维生素

脂溶性和水溶性维生素的基本特征如表3－12所示。

表3－12 维生素的基本特点

特点	脂溶性维生素	水溶性维生素
吸收	吸收类似于脂肪，首先进入淋巴，然后到血液	吸收直接进入血液
转运和储存	须与蛋白质载体结合，在水样体液中转运，储存在肝脏或脂肪组织	在水样体液中自由转运，大多数都不能在体内储存
排泄	不容易排泄，容易积累在组织中	容易随尿液排出
毒性	毒性可能由维生素补充剂产生，但偶尔也会来自食物	不太可能出现中毒现象，但高剂量维生素补充剂可能致中毒
需求	需要定期补充（几周甚至几个月），身体可从它的储存处提取	因大多数身体不能储存，需要频繁补充（1～3d）

由表3－12可知，脂溶性维生素在体内排泄效率不高，摄入过高可在机体内蓄积以至产生有害影响（中毒）；而水溶性维生素在体内排泄效率较高，一般不在体内蓄积产生毒性，但易于被破坏。同时各类维生素存在一定关系，研究表明维生素E能促进维生素A在肝脏内储存；缺乏维生素B_1时，组织内维生素B_2含量下降，而尿液中排出量增多。因此，各类维生素间保持平衡非常重要。

一、脂溶性维生素

脂溶性维生素A、D、E和K存在于脂肪和烹调油中，吸收过程须借助胆汁，储存在体内肝脏和脂肪组织中。因为此类维生素易储存，不需每天摄入含有这些维生素的食物，只要饮食总体的提供量接近推荐量即可。脂肪摄入过少或任何造成脂肪消化不良的疾病均会引起脂溶性维生素缺乏。脂溶性维生素在体内的作用各不相同，维生素A和D作用类似激素，引导细胞中物质间转化，也可能直接影响基因表达来调控蛋白的产生；维生素E遍布全身，起到防止组织过度氧化的作用；维生素K是血液凝聚和骨骼健康所必需的。

（一）维生素A

维生素A是指含有β－白芷酮环的多烯基结构，并具有视黄醇生物活性的物质。视黄醇是维生素A的一种活性形式，在动物和人体内由β－胡萝卜素生成，是抗氧化营养物质，其他活性形式包括视黄醛和视黄酸。β－胡萝卜素是一种具有抗氧化活性的橙色色素，是植物合成并储存在人体脂肪组织中的维生素A前体（部分维生素是以前体的形式出现在食物中的，这些前体一旦进入体内，就会经过化学反应转换成一种或多种活性更高的维生素），据研究，每12分子β－胡萝卜素可在体内转化为1分子维生素A。维生素A简介见表3－13。

表 3-13　维生素 A 简介

主要功能	维持正常视觉 维持皮肤黏膜层的完整性 维持和提高免疫功能 促进生长发育和维护生殖功能 抗氧化作用（仅指类胡萝卜素）
推荐摄入量	800μg RAE/d（18 岁以上男性） 700μg RAE/d（18 岁以上女性） 700μg RAE/d（孕早期）、770μg RAE/d（孕中末期） 1300μg RAE/d（乳母）
可耐受最高摄入量	3000μg RAE/d
缺乏症状	眼部症状：暗适应能力下降、夜盲症、干眼症 骨骼发育受损和易龋齿 皮肤损害：皮肤干燥、增生及角化 食欲降低、血红蛋白代谢障碍、免疫功能低下、儿童发育迟缓
过量（中毒）症状	急性中毒症状：嗜睡、过度兴奋、呕吐、头痛等高颅压症状；皮肤红肿，继而脱皮，以手掌、脚底等厚处最为明显，数周后恢复正常 慢性中毒症状：胃纳减退，体重下降，皮肤干燥、脱屑、皲裂，毛发干枯、脱发，齿龈红肿，唇干裂和鼻出血等损伤表现；长骨肌肉连接处疼痛伴肿胀，体检可见贫血、肝脾大、骨皮质增生、骨膜增厚；肝功能检查可见转氨酶异常增高，严重者肝损伤、肝硬化等
优质来源	动物性食物（提供维生素 A）：动物内脏（肝脏最高）、鱼肝油、鱼卵、牛奶、奶油、禽蛋等 深绿色、红色、橙色、黄色蔬菜和水果（提供类胡萝卜素）：西蓝花、菠菜、胡萝卜、西红柿、辣椒、杧果、杏

注：RAE 为视黄醇当量，是常用表示维生素 A 摄入量的单位，表示食物中全部具有视黄醇活性的物质，包括已形成维生素 A 和维生素 A 前体总量。

食物中的维生素 A 多数以视黄基酯形式存在，其与类胡萝卜素（维生素 A 前体）经过胃蛋白酶消化后从食物中释放，在小肠胆汁和胰脂酶的作用下水解酯键，视黄醇、胡萝卜醇和类胡萝卜素均以胶团形式穿过小肠绒毛吸收上皮细胞的质膜。维生素 A 以酯的形式储存在肝脏内，占总量的 90% 以上，肾储存量约为肝的 1%，眼色素上皮也有储存，是视网膜备用库。摄入的维生素 A 与全身储存可在两周内达到平衡状态。

（二）维生素D

维生素D是指含环戊氢烯菲环结构，并具有钙化醇生物活性的一类物质，以维生素D_2和D_3最为常见。维生素D在营养素中非常独特，因为在阳光照射下机体能合成全部所需。维生素D简介见表3－14。

表3－14　维生素D简介

主要功能	维持机体钙、磷平衡 参加体内免疫调节 预防心血管疾病、2型糖尿病、肺结核等多种疾病
推荐摄入量	10μg（600IU）/d（18～64岁） 15μg（900IU）/d（65岁及以上）
可耐受最高摄入量	成人50μg（3000IU）/d
缺乏症状	儿童佝偻病：骨骼畸形（方头、鸡胸、漏斗胸、O形腿、X形腿等）、低钙血症（惊厥、抽搐） 成人骨软化症：肌肉无力，脊柱、肋骨、臀部和腿部疼痛，严重者全身骨痛，行走时加重 骨质疏松：骨密度降低、骨骼微观结构破坏
过量（中毒）症状	高钙血症：钙、磷在软组织沉积，特别是心脏和肾脏，其次为血管、呼吸系统和其他组织，最终导致软组织钙化和肾结石 中毒早期症状是食欲减退、厌食、烦躁、哭闹、多汗、恶心、呕吐、腹泻或便秘，逐渐出现烦渴、尿频、夜尿多，偶有脱水和酸中毒，严重者出现精神抑郁、肌张力低下、运动失调，甚至昏迷、惊厥、肾衰竭等，长期慢性中毒可致骨骼、肾、血管、皮肤出现钙化，严重者因肾衰竭而死亡
优质来源	维生素D的主要来源是皮肤接受紫外线的照射，其占体内维生素D总量的78%～80% 天然食物维生素D含量低，动物性食物中只有含脂肪高的海鱼（虹鳟鱼、大马哈鱼等）、动物肝脏、蛋黄和奶油中含较多的维生素D_3

注：IU为国际单位，是international unit的简称。

在皮肤中，维生素D_3可由7－脱氢胆固醇经紫外线照射转变而成。饮食中的维生素D_3在胆汁的作用下，在小肠乳化形成胶团被吸收进入血液。从饮食、皮肤两条通路获取的维生素D_3与血浆α－球蛋白结合并被转运至肝脏，在肝内催化生成25－羟基－D_3，然后再被转运至肾脏，进一步被氧化成1，25－二羟基维生素D_3（维生素D_3在体内的活性形式）。人体内维生素D主要储存于脂肪组织中，其次为肝脏，大脑、肺、脾脏、骨骼、皮肤也有少量存在；分解代谢主要在肝脏，排泄主要是在转化为极性较强的代谢产物并结合生成葡萄糖苷酸后，随胆汁排入肠道内，而在尿液中仅排出2%～4%。

（三）维生素E

维生素E是指含苯并二氢吡喃结构，并具有α－生育酚生物活性的一类物质。其具有抗衰老、抗氧化、改善脂代谢、改善免疫机能等作用。维生素E简介见表3－15。

表3－15　维生素E简介

主要功能	抗氧化 抗动脉粥样硬化 维持免疫功能，特别是T淋巴细胞的功能 保护神经系统、骨骼肌、视网膜免受氧化损伤 抗衰老 调节血小板的黏附力和聚集作用 降低血液胆固醇水平
推荐摄入量	14mg α－TE/d（18岁以上成人） 17mg α－TE/d（乳母）
可耐受最高摄入量	700mg α－TE/d
缺乏症状	细胞膜脂质过氧化作用增高：线粒体能量产生下降、脱氧核糖核酸（DNA）氧化与突变、细胞膜功能改变 神经损伤：深层键反射丧失、震颤和位感受损、平衡与协调改变、眼移动障碍（眼肌麻痹）、肌肉软弱和视野障碍 患肿瘤、动脉粥样硬化、白内障等退行性疾病的风险增加
过量（中毒）症状	干扰甲状腺功能及血液凝固（出血倾向） 视觉模糊、头痛和极度疲乏等
优质来源	植物油：橄榄油、胚芽油、葵花籽油、大豆油等 坚果 蛋类

注：α－TE为α－生育酚当量，是维生素E的标示单位。

饮食中维生素E主要由α－生育酚和γ－生育酚组成，吸收率为20%～25%。维生素E须经过胰酯酶和肠黏膜酯酶水解后才能被吸收。游离的α－生育酚、γ－生育酚与膳食脂质的消化产物及由肠道细胞分泌的载脂蛋白共同掺入乳糜微粒，经胸导管进入体循环。当乳糜微粒在血液循环中被脂蛋白酯酶水解时，维生素E会被释放入各组织或转移至高密度脂蛋白中，但大部分维生素E最终会运输至肝脏被利用。维生素E溶解于脂质且由脂蛋白转运，因此血浆维生素E浓度与血浆血脂浓度间存在很强的相关性，但与血浆总胆固醇相关性较弱。肝脏能迅速更新维生素 E 的储存，故其在肝脏内储存不多，主要储存在脂肪组织中。维生素 E 几乎只存在脂肪细胞的脂滴及所有细胞膜和血液循环脂蛋白中。

（四）维生素 K

维生素 K 是含有 2-甲基-1，4-萘醌及其衍生物的一组化合物。植物性食物来源的维生素 K 为叶绿基甲萘醌，它是人体食物中维生素 K 的主要来源。维生素 K 简介见表 3-16。

表 3-16 维生素 K 简介

主要功能	调节凝血蛋白质合成 调节骨组织钙化 抑制血管和尿路钙化 预防认知功能退化（如阿尔茨海默病） 预防肿瘤复发 提高男性胰岛素敏感性，减缓糖尿病发展速度
推荐摄入量	80μg/d（18 岁以上） 85μg/d（母乳）
缺乏症状	凝血缺陷和出血
优质来源	豆类、麦麸、绿色蔬菜（羽衣甘蓝、黄瓜和菠菜）、动物肝脏、鱼类

维生素 K 摄入总量的 40% ~70% 经过十二指肠和回肠时被吸收，与其他脂溶性维生素一样，影响脂肪吸收的因素均可影响其吸收，吸收过程也依赖于胆汁和胰液的正常分泌。吸收的维生素 K 主要经过乳糜微粒由淋巴系统运输至肝脏。人体维生素 K 储存量很少、更新很快，肝脏储存的维生素 K 占叶绿醌的 10% 和各种甲苯醌的 90%。吸收的维生素 K 有 30% ~40% 经过胆汁排出，约 15% 的维生素 K 以水溶性代谢产物的形式排至尿液中。

二、水溶性维生素

维生素 B 族和维生素 C 都是水溶性维生素。食材的处理方式和身体的消化过程都会对此类维生素的吸收产生一定影响。烹调时食物中的水溶性维生素很容易溶解和随汤汁流失，而且如果在加工过程中暴露于阳光、高温或氧气下，此类维生素会被破坏。在体内，水溶性维生素易被吸收，同样易通过尿液排泄掉，任何水溶性维生素都不存在真正的储存组织。目前，在水溶性维生素对促进生长发育、免疫调节、抗氧化、预防和控制慢性非传染性疾病等方面的研究越来越多，成果颇丰。

（一）维生素 B 族

维生素 B 族是辅酶（一类与酶结合并激活其发挥作用的小分子）的组成成分，协助酶参与反应。维生素 B 族在机体内帮助糖、脂类和氨基酸代谢及能量释放，部分维生素 B 族还能帮助细胞繁殖。维生素 B 族是人体内最为庞大的维生素家族，它们的主要作用是提高人体的能量代谢水平，促进糖原、脂肪代谢，促进人体对物质的吸收。维生素 B 族简介见表 3－17。

表 3－17　维生素 B 族简介

名称	主要功能	推荐摄入量	缺乏症状	优质来源
维生素 B_1（硫胺素、抗神经炎素）	辅酶功能：构成线粒体呼吸酶的辅酶，参与能量代谢；作为辅酶，参与支链氨基酸氧化代谢；作为辅酶，参与糖代谢中的磷酸戊糖途径，协助脂肪酸、非必需氨基酸和类固醇激素等的合成 非辅酶功能：在神经系统中促进乙酰胆碱合成，抑制胆碱酯酶活性，乙酰胆碱可以促进胃肠蠕动和腺体分泌	男性 1.4mg/d 女性 1.2mg/d 运动人群（含运动员）3～5mg/d	成人脚气病：疲乏、淡漠、食欲差、恶心、忧郁、急躁、沮丧、腿沉重麻木和心电图异常 长期饮酒者可因酒精中毒而引起维生素 B_1 缺乏，导致韦尼克脑病：神经错乱、共济失调、眼肌麻痹、假记忆和逆行性健忘甚至昏迷，是神经脑病综合征，也称脑型脚气病	谷类、豆类、坚果类、动物内脏、瘦肉、禽蛋
维生素 B_2（核黄素）	参与生物氧化与能量代谢 参与烟酸和维生素 B_6 代谢 参与体内抗氧化防御系统，维持还原型谷胱甘肽的浓度 参与药物代谢 提高机体对环境应激适应能力	男性 1.4mg/d 女性 1.2mg/d 孕中期 1.4mg/d 孕晚期 1.5mg/d 运动人群（含运动员）2～2.5mg/d	眼、口腔和皮肤炎症反应：疲倦、乏力、口腔疼痛，眼睛灼热感，继而出现口腔和阴囊病变，称为“口腔生殖系统综合征”，包括唇炎、口角炎、舌炎、皮炎、阴囊皮炎及角膜血管增生等 干扰体内铁的吸收、储存和动员，严重时造成缺铁性贫血 影响生长发育	绿色蔬菜、豆类、动物内脏、乳汁、蛋类

续表

名称	主要功能	推荐摄入量	缺乏症状	优质来源
维生素 B_6	参与氨基酸代谢：参与构成氨基酸代谢过程中100多种酶的辅酶 参与糖原和脂肪的代谢 参与造血 参与某些营养素的转化和吸收：促进维生素 B_{12}、铁和锌的吸收，促进色氨酸转变为烟酸 维持免疫功能：促进抗体合成 维持神经系统功能 降低血浆同型半胱氨酸水平，降低冠心病发生风险	1.4mg/d（18～49岁） 1.6mg/d（50岁及以上） 2.2mg/d（孕妇） 可耐受最高摄入量为60mg/d	长期缺乏会造成中枢神经系统、造血系统、皮肤等一系列损害：神经递质合成受阻、血红蛋白合成能力减弱造成巨幼红细胞贫血，肠黏膜变性导致铁吸收增加，可造成铁中毒 脂溢性皮炎：常见于眼、鼻及口腔周围的皮肤，可扩张至面部、前额，耳后、阴囊和会阴处，同时会出现小细胞性贫血、癫痫样惊厥、忧郁和精神错乱 高同型半胱氨酸血症，患心脑血管病、肾病风险增大	白色肉类（鸡肉、鱼肉）、肝脏、全谷类食物（小麦）、坚果、蛋黄、水果（香蕉）、蔬菜（卷心菜、菠菜）
维生素PP（烟酸、尼克酸、抗癞皮病因子，体内存在形式为烟酰胺）	参与物质和能量代谢 参与蛋白质等物质的转化 葡萄糖耐量因子的组成成分 保护心血管：降低血胆固醇、甘油三酯、β－脂蛋白浓度，扩张血管	15mg/d（18～49岁男性） 14mg/d（50～79岁男性） 13mg/d（80岁及以上男性） 12mg/d（18～64岁女性） 11mg/d（65～79岁女性） 10mg/d（80岁及以上女性） 12mg/d（孕妇） 15mg/d（乳母） 成人可耐受最高摄入量为35mg/d［80岁及以上者耐受30mg/d］	皮肤症状：肢体暴露部位，如手背、腕、前臂、面部、颈部、足背、踝部出现对称性皮炎 消化系统症状：口角炎、舌炎、腹泻等 神经系统症状：轻者全身乏力、烦躁、抑郁、健忘及失眠等；重者谵妄、狂躁、幻听、幻视、神志不清、木僵，甚至痴呆；慢性病例常有周围神经炎症状，如四肢感觉异常	动物肝脏、肾脏、瘦畜肉、鱼肉及坚果 乳、蛋中含量虽不高，但色氨酸较多，可转化为烟酸 谷类：主要存在于种皮，如玉米和小麦，但玉米的烟酸为结合型，不易被吸收，可以加碱处理，使之转化为游离型烟酸

续表

名称	主要功能	推荐摄入量	缺乏症状	优质来源
叶酸	参与核酸合成 参与氨基酸代谢 参与血红蛋白及重要的甲基化合物合成，如肾上腺素、胆碱、肌酸等 参与神经递质合成 预防恶性贫血 提高免疫力	成人400μgDFE/d 孕妇600μgDFE/d 乳母550μgDFE/d 成人可耐受最高摄入量为1000μgDFE/d	巨幼红细胞贫血：头晕、乏力、精神萎靡、面色苍白，可伴舌痛、食欲下降、腹泻、腹胀、便秘等 胎儿神经管畸形 高同型半胱氨酸血症 肿瘤	肠道功能正常时，肠道细菌可以合成叶酸 食物来源主要有动物肝脏、肾脏、鸡蛋、豆类、酵母、绿叶蔬菜、水果和坚果
维生素 B_{12}（氰钴胺素）	促进血细胞发育和成熟 保护神经系统功能 参与 DNA 合成，参与脂肪、蛋白质、糖的代谢	成人2.4μg/d 孕妇2.9μg/d 乳母3.2μg/d	巨幼红细胞贫血 神经系统损害 高同型半胱氨酸血症 影响叶酸代谢 新生儿生长迟缓和神经系统缺陷 增加流产风险 增加罹患肿瘤等慢性疾病的风险	肉类、动物内脏、鱼、禽、贝壳类及蛋类（植物性食物基本不含）

注：DEF 为膳食叶酸当量。

维生素 B_1 的主要吸收部位是空肠（也是维生素 B_6 的主要吸收部位），低浓度时（2μmol/L）主要靠载体介导的主动转运系统吸收，而高浓度时可由被动扩散吸收，但效率较低。维生素 B_2 在食物中大部分以辅酶黄素单核苷酸还原酶、黄素腺嘌呤二核苷酸（FAD）的形式存在，仅少量以游离维生素 B_2 和黄素酰肽类的形式存在，只有在肠内经过非特异性酶水解并从复合物中释放出来，才会被吸收。维生素 PP 可在胃肠道内迅速被吸收，并在肠黏膜细胞内转化为以辅酶烟酰胺腺嘌呤二核苷酸（NAD）和烟酰胺腺嘌呤二核苷酸磷酸（NADP）的形式存在，低浓度时靠钠离子的易化扩散，高浓度时则靠被动扩散。饮食中叶酸需经小肠黏膜刷状缘上的蝶酰多谷氨酸水解酶作用，以单谷氨酸盐的形式在小肠部位吸收。食物中的维生素 B_{12} 在胃酸及消化酶的作用下被释放，并与胃黏膜细胞分泌的一种糖蛋白内因子结合，运输至回肠后与黏膜细胞上的受体结合，维生素 B_{12} 才被吸收进细胞中。

（二）维生素 C

维生素 C 为含 6 碳的 α－酮基内酯的弱酸，带有明显酸味，极易溶于水，微溶于乙醇。维生素 C 水溶液不稳定，有氧存在或在碱性条件下容易氧化。维生素 C 简介见表 3－18。

表3－18　维生素C简介

主要功能	参与羟化反应：促进胶原蛋白合成，促进神经递质合成，促进类固醇羟化，促进有机物或毒物羟化解毒 抗氧化作用：抵御低密度脂蛋白胆固醇的氧化，防止和延缓维生素A和维生素E的氧化，防止微循环系统的氧化损伤 改善铁、钙和叶酸的利用 促进抗体形成 保护心血管系统，降低患心血管疾病的风险
推荐摄入量	100mg/d（18岁以上成人） 115mg/d（孕中晚期） 150mg/d（乳母）
可耐受最高摄入量	成人2000mg/d
缺乏症状	病程前驱症状：自饮食缺乏维生素C至发展成坏血病，一般历时4～7个月，主要表现为体重减轻、四肢无力、衰弱、肌肉关节疼痛等 出血：最初局限于毛囊周围和牙龈等处，进一步发展为皮下组织、肌肉、关节、腱鞘等处，甚至血肿或瘀斑 牙龈炎：牙龈出血、松肿，尤以牙龈尖端最为显著，稍按即可出血 骨质疏松
过量（中毒）症状	草酸盐（维生素C的分解代谢产物之一）排泄量增加，可能会导致泌尿系统结石 成人每日摄入量超过2g，可引起渗透性腹泻 每日服用4g，尿酸排出量增加一倍，因此形成尿酸盐结石增多
优质来源	新鲜蔬菜（辣椒、茼蒿、苦瓜、白菜、豆角、菠菜、土豆、韭菜） 新鲜水果（酸枣、红枣、草莓、柑橘、柠檬）

维生素C在小肠内被吸收，绝大多数在小肠远端由钠依赖的主动转运系统吸收，而由被动扩散吸收的数量较少。每天维生素C摄入量不足100mg时，其吸收率为80%～90%，吸收率随摄入量的增加而降低。血液中维生素C的水平受肾脏清除率的限制，肾小管对维生素C的最大排出能力（肾阈值）为85μmol/L，故血浆维生素C最高浓度不会超过此值。

根据维生素B族和维生素C的特性，人们在烹调和储存富含水溶性维生素的食物时，可通过一些窍门，每次减少一点维生素损失，效果会日积月累，进而改善营养状况。

减少维生素丢失的方法见表3－19。

表 3-19　减少维生素丢失的方法

目的	措施
防止酶破坏	将水果、蔬菜和果汁冷藏，减缓维生素分解 尽量生吃蔬菜和水果
尽量避开光和空气	将牛奶和谷类食品储藏在不透明的容器中，可保护维生素 B_2 将切好的水果、蔬菜和鲜榨的果汁密封包装储藏在冰箱中，防止受热破坏或损失 在切或削皮之前先将水果和蔬菜彻底清洗，以防止切后再洗造成维生素的损失 用微波炉烹调蔬菜和水果，在旺火中快炒或在少量水上蒸，以降低维生素在烹饪中的损失 避免高温和烹饪时间过长

当了解到维生素对人体健康的重要性以后，大多数人都想要选择富含维生素的食物，但没必要记住每一种维生素的最丰富来源，并且每天都食用，过分强调某几种食物的成分会限制食物的多样性，即最佳饮食模式应当包括各种营养素密度的食物。

第五节　运动与矿物质

人体组织内存在的各种元素，与地球表层元素基本一致，现已发现有几十种元素参与构成人体组织、维持生理功能和生化代谢。矿物质（灰分）是指除主要以有机化合物形式存在的碳、氢、氧、氮之外的其余元素。其机体内含量大于体重的0.01%者，为常量元素（macroelement），如钙、钠、钾、镁；其机体内含量小于0.01%者，为微量元素（microelement），如铁、锌等。与其他营养素不同的是，矿物质不能在体内生成，且只能排出体外，不能在体内自行消失。随着年龄的增长，矿物质在体内不断累积，但元素间比例变动不大。

一、常量元素

常量元素有钙、镁、钾、钠、磷、硫、氯 7 种。常量元素占人体矿物质总质量的60%～90%，本章只介绍人体容易缺乏或过量的钙、镁、钠、钾 4 种元素。

常量元素生理功能主要有以下几点。①构成人体组织的重要成分，如蛋白质中的硫、磷等，骨骼和牙齿中的钙、磷和镁。②存在于细胞内液和细胞外液，调节细胞内、外液的渗透压，控制水分流动，维持体液的稳定性（包括渗透压平衡、酸碱平衡）。如磷、氯等酸性离子与钠、钾、镁等碱性离子的配合，以及重碳酸盐（碳酸氢盐）和蛋白质的缓冲作用，共同维持体液的酸碱平衡；钾、钠、钙、镁等离子保持一定比例，维持神经和肌肉的兴奋性、细胞膜的通透性及细胞的正常功能。③作为酶系统的组成成分、辅基或激活剂参与物质代谢，含磷的三磷酸腺苷（ATP）参与能量代谢和核酸代谢，如氯离子激活唾液淀粉酶，镁离子激活磷酸转移酶等。④参与血液凝固过程，如钙离子。

在人体新陈代谢过程中，每天都有一定量的矿物质随多种途径（如粪、尿、汗、头发、指甲、皮肤及黏膜的脱落）排出体外，因此必须通过饮食进行补充。部分矿物质在体内的生理作用剂量带与毒性剂量带距离较小，所以过量摄入有害身体健康。

（一）钙

钙是人体含量最多的矿物质元素，出生时体内钙总量约为28g，成年时可达850～1200g，相当于体重的1.5%～2.0%。99%的钙存在于骨骼和牙齿（主要以羟磷灰石结晶形式存在，而少量为无定形钙）中，0.5%的钙与柠檬酸螯合或与蛋白质结合，另外0.5%的钙以Ca^{2+}形态存在于软组织、细胞外液及血液中组成混溶钙池，维持骨骼钙的动态平衡。钙是维持体内细胞正常生理状态所必需的矿物质元素，人体内有很强的钙保留机制和细胞外液钙浓度调节机制。钙的简介见表3－20。

表3－20　钙简介

主要功能	构成骨骼和牙齿 维持肌肉收缩和舒张 强化神经系统的传导功能 促进体内某些酶活性 参与血细胞凝集
推荐摄入量	800mg/d（18～50岁） 1000mg/d（51岁及以上） 1000mg/d（孕中晚期）
可耐受最高摄入量	2000mg/d
缺乏症状	儿童时期非正常生长和骨质弱 成年时期骨质流失（骨质疏松）
过量症状	血钙增高 便秘 增加肾结石形成风险
优质来源	牛奶、豆腐、带骨沙丁鱼、奶酪

饮食中钙的吸收部位在小肠，其通过主动转运与被动转运两种形式吸收。主动转运受饮食成分、体内钙、维生素D营养状况和生理状况（如生长、妊娠、哺乳、年龄和性别等）影响，而被动转运则与肠腔内钙浓度有关，吸收率为20%～60%。利于钙吸收的因

素有以下几点。①维生素 D，可在肝肾部被羟化形成骨化三醇，而骨化三醇与小肠黏膜上的维生素 D 受体结合，刺激胃肠道对钙的吸收。②乳糖，可与钙螯合形成低分子量的可溶性络合物，当其被肠道内细菌分解发酵生成酸性物质，降低肠腔内 pH 值，利于钙的吸收。③膳食中充足的蛋白质摄入，可促进钙与某些氨基酸结合，生成可溶性络合物，提高钙吸收的效率。同样存在一些饮食成分可降低钙的吸收：①草酸与植酸，菠菜、苋菜、竹笋等含有较多草酸，易与钙结合生成不溶物，降低钙的吸收率；②膳食纤维，可能是其中醛糖酸残基与钙结合干扰钙的吸收；③脂肪消化不良，产生的脂肪酸与钙形成钙皂，影响钙吸收。此外，钙吸收还与机体状况有关，婴幼儿、孕妇、乳母钙需求量较高，吸收率远大于成年男性。随年龄增加，钙吸收率逐渐下降，60 岁以上人群钙吸收率明显降低。

（二）钠

钠是人体重要的无机元素之一，成人体内钠含量为 6.2 ~ 6.9g 或每千克体重含 5 ~ 106mg，占体重的 0.15%。钠在体内主要存在于细胞外液，占总量的 44% ~ 50%；骨骼中含量高达 40% ~ 47%。细胞内液的钠含量为 9% ~ 10%。正常人血浆钠浓度为 135 ~ 140mmol/L。细胞外液钠含量相对恒定，主要受肾小球滤过率、肾素 – 血管紧张素 – 醛固酮系统、交感神经系统、儿茶酚胺、血压等因素调控。钠的简介见表 3 – 21。

表 3 – 21　钠简介

主要功能	调节体内水分 维持酸碱平衡 维持细胞内、外液渗透压平衡 维持正常血压 提高神经肌肉兴奋性
推荐摄入量	1500mg/d（18 ~ 49 岁） 1300mg/d（50 ~ 79 岁） 1400mg/d（80 岁及以上） 1500mg/d（孕妇及乳母）
缺乏症状	早期症状不明显，当每千克体重丢失达 0.75 ~ 1.2g 时，可出现恶心、呕吐、视线模糊、心跳加速、脉搏细弱、血压下降、肌肉痉挛、反射消失，以至于表情淡漠、昏迷、外周循环衰竭、休克、急性肾衰竭等。持续几天进行剧烈运动，不注意补液，易发展成为低钠血症
过量症状	长期高钠饮食（食盐过多）与患高血压、心脏病和脑卒中概率的增加密切相关
食物来源	人体钠主要来源为食盐、酱油、盐渍和腌制肉、烟熏食品等

钠是人类必需营养素，很容易在肠内被吸收，通过肠管上皮细胞膜“泵”系统和被动

运输进入。当低渗溶液进入十二指肠和空肠时，钠从血浆进入肠内，在回肠部则从低渗溶液中净吸收钠，成人每天从肠道中吸收的氯化钠总量约为44g，但钠吸收并无阈值，摄入量大，吸收也多。钠在小肠上部几近全部吸收，98%以上摄入的钠随尿液排出，排出量为2300～3200mg。尿液中钠排出受醛固酮（肾上腺皮质分泌的类固醇激素）调控，作用于肾远曲小管，当钠摄入多时，血浆钠离子升高，醛固酮分泌减少，增加尿钠排泄；反之，当摄入钠少时，血浆钠离子降低，醛固酮水平升高，尿钠排出减少，甚至零排出。

（三）钾

正常成人体内钾总量约为每千克体重50mmol，儿童体内钾含量约为每千克体重4mmol。体内钾主要存在于细胞内（带正电荷离子，与细胞外带正电荷的钠离子相对应），约占总量的98%，其余存在于细胞外。钾的分布与器官大小、细胞数量和质量有关，其中70%的钾储存在肌肉，而正常人血浆钾浓度为3.5～5.3mmol/L，约占细胞内钾浓度的4%。钾的简介见表3－22。

表3－22　钾简介

主要功能	维持正常的糖类、蛋白质代谢 维持细胞内正常渗透压 维持神经肌肉应激性和生理机能 维持心肌正常功能 维持细胞内外酸碱平衡和离子平衡 降血压
推荐摄入量	成人：2000mg/d
缺乏症状	肌无力、麻痹、意识模糊
过量症状	血钾浓度>5.5mmol/L，高钾血症 呕吐、无力，给婴儿服用钾补品或正常成人静脉注射钾，会造成心跳停止
优质来源	豆类：黄豆、蚕豆、赤小豆、豌豆 蔬菜：竹笋、紫菜 水果

成人每天从食物中摄取钾的量为240～400mg，儿童每天从食物中摄取钾的量为每千克体重2～12mg，摄入的钾大部分由小肠吸收，吸收率约为90%。吸收的钾是通过钠泵进入细胞的，钠泵可利用ATP水解所获得的能量将细胞内3个钠离子转出细胞，同时交换2个钾离子，使得细胞内保持高浓度的钾。细胞内外钠泵受胰岛素、儿茶酚胺等影响。摄入体内的钾约90%由肾脏排出体外，排出量为216～360mg/d，因此肾脏是维持钾平衡的主要调节器官。肾每天滤出钾2400～2800mg，但几乎全部在近端小管和亨勒袢重新吸收，而排出部分由远端小管排泄。

（四）镁

正常人体内镁的含量为20～28g，其中55%存在于骨骼中，约27%存在于肌肉中。镁在红细胞及血浆中以三种形式存在，即游离镁、复合镁与蛋白结合镁，三者所含比例分别为55%、13%、32%。镁的简介见表3－23。

表3－23　镁简介

主要功能	骨矿化 促进蛋白质合成 参与酶的催化反应 维持正常神经肌肉功能 维护牙齿和免疫功能
推荐摄入量	330mg/d（18～64岁） 320mg/d（65～79岁） 310mg/d（80岁及以上） 370mg/d（孕期） 330mg/d（乳母）
缺乏症状	体弱、意识模糊 如果极度缺乏，会出现抽搐、无法控制的肌肉收缩、幻觉和难以吞咽 儿童生长受阻
过量症状	腹泻、pH失调、脱水
优质来源	绿叶蔬菜、粗粮（如麸麦片）、坚果

因为食物中镁含量和人们饮食习惯的不同，故对镁摄入量有差异。除修补组织和补偿从汗液等的丢失而保留的镁外，其余随尿液排出。影响镁吸收因素很多，其中包括与镁总摄入量，食物在肠道通过时间，水的吸收率，水对肠道内镁浓度的影响，以及食物中钙、磷、乳糖含量等有关。正常人通过肠道吸收与肾脏排泄来调节体内镁的平衡。

二、微量元素

人体目前可检出的微量元素已达70种以上，它们在体内的共同特点是浓度很低，这些元素的含量小于人体体重的0.01%。1996年，联合国粮食及农业组织、国际原子能机构、世界卫生组织专家委员会提出，在人体组织中的浓度小于250μg/g含量的元素称为微量元素，并根据以往的研究成果，制定了微量元素的概念。微量元素是人体内的生理活性物质，是有机结构中的必需成分；这种元素必需通过食物摄入，当从饮食中摄入的量减少到某一低限值时，将导致某一种或某些重要生理功能的损伤。该委员会将以往已确定的

“必需微量元素”重新分析归类，共分为三类。第一类是人体必需的微量元素，包括碘（I）、锌（Zn）、硒（Se）、铜（Cu）、钼（Mo）、铬（Cr）、钴（Co）、铁（Fe）八种；第二类是人体可能必需微量元素，包括锰（Mn）、硅（Si）、镍（Ni）、硼（B）、矾（V）五种；第三类为具有潜在毒性微量元素，但在低剂量时，对人体可能具有生理功能的微量元素，包括氟（F）、铅（Pb）、镉（Cd）、汞（Hg）、砷（As）、铝（Al）、锂（Li）、锡（Sn）八种。

人体必需微量元素在体内含量极少，甚至仅有痕量，但具有十分重要的生理功能。①构成酶和维生素的组成成分或辅助因子，如碳酸酐酶含有锌、呼吸酶含有铁和铜、精氨酸含有锰、谷胱甘肽过氧化物酶含有硒、维生素 B_{12} 含有钴等。②构成某些激素或参与激素的作用，如甲状腺素含有碘、胰岛素含有锌，铬是葡萄糖耐量因子的重要组成成分，铜参与肾上腺类固醇的生成等。③参与基因的调控和核酸代谢，如锌是调节基因启动子的金属应答元件结合转录因子和金属反应元件的主要成分，能正向或负向调节多种基因；核酸代谢需要铬、锰、铜、锌等多种微量元素。④其他特殊的生理功能，如铁为血红蛋白的成分，参与氧的运送；锌指蛋白（锌指蛋白是哺乳动物细胞内含量最丰富的蛋白质模体，是各种特异性 DNA 结合蛋白质中最大的一个类别）的发现证实了锌的结构功能等。

本章主要将介绍铁、锌两种微量元素。

（一）铁

铁是人体内必需微量元素中含量最多的，总量为 4 ~5g，体内铁可分为储存铁和功能性铁。储存铁以铁蛋白和血铁黄素的形式存在于肝脏、单核吞噬细胞和骨髓中，约占机体总铁量的 25%。功能性铁存在于血红蛋白、肌红蛋白及含铁酶中：存在于血红蛋白中的铁占总量的 60% ~70%，存在于肌红蛋白中的铁占总量的 3%，存在于含铁酶中的铁占总量的 1%（包括细胞色素、细胞色素氧化酶、过氧化酶与过氧化氢酶等）。铁在体内含量随年龄、性别、营养和健康状况变化，有很大的个体差异。铁的简介见表 3 –24。

表 3 –24　铁简介

主要功能	参与体内氧的运送和组织呼吸过程 维持正常造血功能 参与维持正常的免疫功能
推荐摄入量	12mg/d（18 ~49 岁男性） 20mg/d（18 ~49 岁女性） 12mg/d（50 岁及以上） 20mg/d（孕早期）、24mg/d（孕中期）、29mg/d（孕晚期） 24mg/d（乳母）

续表

可耐受最高摄入量	成人 42mg/d
缺乏症状	缺铁性贫血：面色苍白、口唇黏膜和眼结膜苍白、疲劳、乏力、头晕、心悸、指甲脆薄、反甲等 含铁酶减少或铁依赖酶活性降低，会出现细胞呼吸障碍、食欲下降 免疫能力下降：T 淋巴细胞数量减少、免疫反应缺陷、杀菌能力减弱等
过量（中毒）症状	急性铁中毒：恶心、呕吐、血性腹泻、凝血不良、代谢性酸中毒和休克 慢性铁中毒：与肝病、2 型糖尿病、心脑血管疾病、直肠癌、乳腺癌等的发病率有关
优质来源	动物肝脏、动物全血、动物瘦肉、海产品类、蛋类

饮食中影响铁吸收率的因素有机体内铁的营养状况、饮食中的铁含量及其存在形式、饮食中影响铁吸收的食物成分及含量。食物中的铁主要以三价铁的形式存在，少数食物中含还原性铁（亚铁或二价铁）。饮食中铁分为血红素铁（卟啉铁）和非血红素铁，两者吸收途径相同。肉类食物中的铁约 50% 为血红素铁，其不受饮食中植酸、磷酸的影响；而非血红素铁常受饮食因素干扰，吸收前必须与结合的有机物（蛋白质、氨基酸和有机酸等）分离，即必须转化为亚铁后方能被吸收。非血红素铁常受食物多种成分的影响：起促进作用的是维生素 C（铁与维生素 C 质量比为 1:5 或 1:10，可提高铁吸收率 3 ~ 6 倍）、有机酸、肉类、维生素 B_2 及某些单糖；起抑制作用的是植酸（粮谷类和蔬菜富含）、多酚类物质（茶叶和咖啡富含）、钙、大豆蛋白及胃酸缺乏。通常植物性食物的铁吸收率较动物性食物的低，如大米为 1%、玉米和黑豆为 3%、莴笋为 4%、面粉为 5%、鱼为 11%、动物肉和肝脏为 22%，而蛋类因存在磷酸糖蛋白 - 卵黄高磷蛋白的干扰，吸收率仅为 3%。

（二）锌

人体内锌的含量为 2 ~ 2.5g，主要存在肌肉、骨骼与皮肤中。按组织单位质量含锌量计算，含量最高的是视网膜、脉络膜、前列腺，其次是骨骼、肌肉、皮肤、肝脏、肾脏、心脏、胰、脑和肾上腺等。血液中的锌 75% ~ 88% 分布在血红细胞，12% ~ 22% 分布在血浆。血红细胞膜上锌含量较高，大部分存在于碳酸酐酶及碱性磷酸酶组分；血浆中锌多与蛋白质（清蛋白结合 60%，巨球蛋白结合 30%，组氨酸、半胱氨酸结合 7% 左右）结合。此外，少部分锌与铁蛋白、金属硫蛋白及核蛋白结合，游离锌含量极少。锌的简介见表3 - 25。

表 3-25　锌简介

主要功能	促进生长发育 提高机体免疫功能 维持生物膜结构 促进脑发育与维持认知功能 促进创伤愈合 增进食欲 保护皮肤和视力
推荐摄入量	12.5mg/d（18 岁以上男性） 7.5mg/d（18 岁以上女性） 9.5mg/d（孕妇） 12mg/d（乳母）
可耐受最高摄入量	成人 40mg/d
缺乏症状	味觉障碍、偏食、厌食或异食 生长发育不良、矮小、瘦弱 腹泻（肠病性肢端皮炎） 皮肤干燥、皮疹、伤口愈合不良、反复性口腔溃疡 免疫功能减退、反复感染 性发育或功能障碍、男性不育 认知能力差、精神萎靡、精神发育迟缓 妊娠反应严重、胎儿宫内发育不良、畸形率高、生产低体重儿 产程延长、流产、早产
过量（中毒）症状	摄入 4~8g 锌后观察到的中毒症状有：恶心、呕吐、腹泻、发热和嗜睡
优质来源	贝壳类海产品（生蚝、海蛎肉、扇贝） 红肉 动物内脏 干果类、谷类胚芽和麦麸 干酪、虾、燕麦、花生酱、花生

锌主要在小肠内被吸收，然后与血浆清蛋白或运铁蛋白结合，随血液进入门脉循环，运输至全身各器官组织。同铁的吸收机制相似，锌常受食物多种成分的影响：起促进作用的是动物和奶类蛋白质，起抑制作用的是植酸、草酸、食物纤维、多酚、大豆蛋白及摄入铁、钙当量过高。锌吸收率为 20%~30%。骨骼内的锌不易被机体代谢利用，而体内锌的代谢主要通过胰腺分泌排出，仅小部分随尿液、汗液排出。

第六节　运动与水

一、水的分布与代谢

（一）水的分布

水是人体中含量最多的成分，占一个健康成人体重的60% ~70%。人体水分的来源有三个，即饮水、食物中的水和内生水；而水分排出体外的途径有四个，即呼吸、皮肤蒸发、尿液和粪便。在正常情况下，人体每日水的摄取量和排出量大体相同，因此体内的水处于动态平衡状态。

人体的总体水含量，因年龄、性别和体形的胖瘦而存在明显的个体差异（表3－26）。新生儿总体水含量最高，约占体重的80%；婴幼儿次之，约占体重的70%。随年龄增长，人体总体水含量会逐渐减少，12岁以后，减至成人水平。成人男性总体水含量约占体重的59%，成人女性总体水含量约占体重的50%，女性总体水含量小于男性。40岁以后随着肌肉组织减少，总体水含量也逐渐减少，一般50岁以上男性总体水含量占体重的56%，女性总体水含量占体重的47%。脂肪组织含水量较低，仅为10%左右；而肌肉组织含水量较高，可达75% ~80%。

表3－26　不同年龄、性别人群总体水含量占体重的百分比

年龄/岁	性别	总体水含量占体重的百分比/%	
		均值	范围
0.5以内	不区分性别	74	64 ~ 84
0.5		60	57 ~ 63
12	男性	59	52 ~ 66
	女性	56	49 ~ 63
19	男性	58	43 ~ 73
	女性	50	40 ~ 60
51	男性	57	47 ~ 67
	女性	48	39 ~ 57

水在体内主要分布在细胞内和细胞外。细胞内液含水量约占总体水含量的67%，对维持细胞生理功能具有重要作用，但细胞内液的量及其中所含物质的交换均需要细胞外液的

参与。细胞外液含水量约占总体水含量的33%，细胞外液包括组织间液和血浆，组成了人体的内环境。各组织器官的含水量相差很大，其中，血液中最多，脂肪组织中较少（表3－27）。女性体内脂肪较多，故水含量不如男性高。

表3－27 各组织器官的水含量百分比

组织器官	水含量百分比/%	组织器官	水含量百分比/%
血液	83.0	脑	74.8
肾	82.7	肠	74.5
心	79.2	皮肤	72.0
肺	79.0	肝	68.3
脾	75.8	骨骼	22.0
肌肉	75.6	脂肪组织	10.0

（二）水在体内的平衡

在正常情况下，人每日水的摄入量和排出量大体相同，因此，体内的水处于一种动态平衡状态，机体体液及其组成成分的波动范围很小，以保持体液容量、电解质、渗透压和酸碱度等的相对恒定。炎热、高温作业、剧烈运动、某些疾病、创伤、感染等因素可使机体内环境发生变化，如机体代偿则内环境保持相对稳定，如失代偿则引起体液的代谢紊乱，造成水、电解质和酸碱平衡失调，重者危及生命。

水的摄入量和排出量每天维持在2500ml左右。通常每人每日饮水约1200ml，食物中含水约1000ml，内生水约300ml。内生水的主要来源是蛋白质、脂肪和糖代谢产生的水。每克蛋白质产生的代谢水是0.42ml，每克脂肪产生的代谢水是1.07ml，每克糖产生的代谢水是0.6ml。

体内水的排出量受气候、环境、空气温度和相对湿度的影响。体内水主要经肾脏排出，其约占总排出量的60%；其次是经皮肤、肺和粪便排出，分别占总排出量的20%、14%和6%。一般成人每日尿量为500～4000ml，最低量为300～500ml，低于此量，可引起代谢产生的废物在体内堆积，影响细胞的正常功能。皮肤以出汗的形式排出体内的水。出汗分为非显性和显性两种，前者为不自觉出汗，很少通过汗腺活动产生。一般成人经非显性出汗排出的水量为300～500ml，婴幼儿因体表面积相对较大，故非显性失水也相对较多。显性出汗是汗腺活动的结果，是体温调节的重要机制。显性出汗量与运动量、运动强度、环境温度和湿度等因素有关。在高温或进行体力活动时，机体主要是通过出汗来散热，水作为汗液的组成成分，在皮肤表面通过蒸发起到散热的作用。在某些特殊情况下，每日出汗量可达10L以上。经肺和粪便排出水的比例相对较小，但在高温、高原环境，以及胃肠道炎症引起的呕吐、腹泻时，可发生大量失水。（表3－28）

表3-28　正常成人每日水的摄入量与排出量

摄入来源	摄入量/ml	排出途径	排出量/ml
饮水（或饮料）	1200	肾脏（尿）	1500
食物	1000	皮肤（蒸发）	500
内生水	300	肺（呼气）	350
—	—	大肠（粪便）	150
合计	2500	合计	2500

（三）水平衡的调节机制

体内水的正常平衡主要依赖于渴觉感受器、渗透压感受器、垂体分泌的抗利尿激素及肾脏的调节。水的摄入主要依赖于神经调节。渴觉感受器是调节体内水来源的重要环节。当有效循环血容量减少、高渗压或口腔黏膜干燥时，刺激下丘脑的渴觉感受器或渗透压感受器，引起口渴而激发饮水行为，增加水的摄入，当摄入量达到一定程度后，循环血量增加，细胞外液渗透压下降，渴感消失，机体停止饮水。（图3-7）

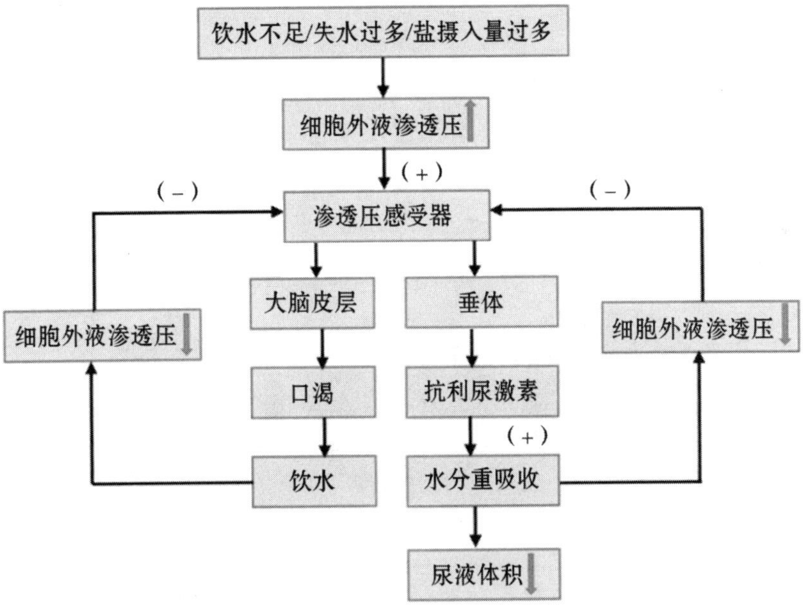

图3-7　水平衡的调节机制

水的排泄主要依赖于抗利尿激素、醛固酮和肾脏的调节。抗利尿激素可改变肾脏远端小管和集合小管对水的通透性，从而影响水分的重吸收，达到调节水排出量的作用。抗利尿激素的分泌受血浆渗透压、循环血量和血压等的调节。肾脏则是水分排出的主要器官，通过调节排尿量和对尿液的稀释、浓缩功能，调节体内水平衡。当水摄入量不足时，抗利尿激素和醛固酮分泌增加，水的重吸收增加，水的排出量减少，细胞外液渗透压下降。当机体失水时，肾脏排出浓缩性尿，使水保留在身体内，防止循环功能衰竭；当体内水分过多时，则排尿增加，减少体内水量。人体内环境的稳态控制机制保证了水在摄入和丢失之间的平衡。

二、水的生理功能

（一） 细胞和体液的组成部分

水是保持细胞形状及构成人体体液必需的物质，是人体内环境构成的重要部分。

在正常情况下，体液在血浆、组织间液及细胞内液这三个区间通过溶质的渗透作用，维持动态的平衡状态，即渗透压平衡。渗透通常是指水分子通过半透膜（比如细胞膜）向溶液扩散的现象。渗透压是溶液促使膜外水分子向膜内渗透的力量，也称渗透吸水力，其数值相当于阻止水向膜内扩散的压强。渗透压是钠离子、镁离子、葡萄糖、蛋白质及其他有机成分对水分子产生的吸引作用——因为水有其特性，即总是从水多的地方到水少的地方运动，即从浓度低的溶液流向浓度高的溶液。在细胞内液和细胞外液的电解质中，阴离子和阳离子之间的平衡主要依靠电解质的活动和交换来维持。

机体水摄入量不足、水丢失过多或者摄入盐过多时，细胞外液的渗透压就会增高，通过神经系统、激素、肾脏等调节机制，启动饮水行为、肾脏重吸收及离子交换来调节水和电解质平衡，使水的摄入量增加、排出量减少，以维持体液的正常渗透压。正常血浆渗透压为280～310mmol/L，低于280mmol/L为低渗，高于310mmol/L为高渗，其中钠离子是维持血浆渗透压的主要因素（图3－8）。

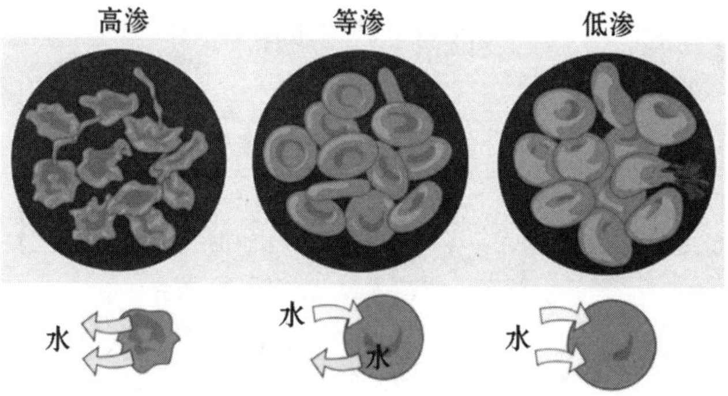

图3－8　渗透压与细胞功能

人体内绝大多数细胞并不与外界环境接触，而是浸浴在机体内部的细胞外液中，因此细胞外液是细胞直接接触和赖以生存的环境，区别于整个机体所处的外环境，生理学将细胞外液称为机体的内环境。内环境的理化性质如温度、渗透压、酸碱度和各种液体成分的相对恒定状态，称为稳态，这是维持机体正常生命活动的必要条件。在运动时，人体内环境发生剧烈变化，如温度升高、排汗增加、代谢产物增多等，使血液的酸碱度、渗透压等发生明显变化，内环境稳态遭到破坏；当运动停止后，机体又逐渐使内环境稳态得到恢复。因此，内环境总是在一定范围内变动，没有绝对的稳态。当然，人体调节内环境稳态的能力也是有限的，当内环境变动超过一定生理限度后，就会导致整个机体的功能发生障碍，如持续的大运动量训练所导致的过度疲劳等。高热、低氧、水盐代谢紊乱、酸碱平衡紊乱等都将导致细胞功能的严重损害，引起疾病，甚至危及生命。

（二） 参与新陈代谢

人的一切生命活动都需要水的参与。细胞的各种代谢活动都是酶促反应，因此，需要细胞外液提供足够的营养物质、氧气和水，以及适宜的温度、离子浓度、酸碱度和渗透压等。水的溶解力很强，并有较大的电解力，是营养物质代谢的载体，可使水溶性物质以溶解状态和电解质离子状态存在。水参与体内物质新陈代谢和生化反应，既是生化反应的原料，也是生化反应的产物。同时，水具有较大的流动性，在消化、吸收、循环、排泄过程中，可加速营养物质的运送和废物的排泄，使人体内新陈代谢和生理化学反应能够顺利进行。

（三） 调节体温

水的比热较大，1g 水每升高 1℃需要约 4. 2J 的热量，大量的水可吸收代谢过程中产生的能量，使体温不至于显著升高。水蒸发消耗的热量也比较大，在 37℃体温的条件下，蒸发 1g 水可带走 2. 4kJ 的热量。因此，在高温下，体热可随水分经皮肤蒸发散热，以维持人体体温的恒定。

（四） 润滑作用

在关节、胸腔、腹腔和胃肠道等部位都存在一定量的水分，水与黏性分子结合可形成关节滑液、消化液，以及呼吸系统、泌尿系统的黏液，对器官、关节、肌肉、组织起到缓冲、润滑、保护的功能。

三、水合状态

（一） 水合状态的定义与分类

如果水的摄入量与排出量大体相等，此时机体中的水处于水平衡状态，即正常水和状态。水摄入的过多或过少会影响水合状态，进而影响机体健康。

1. 失 水

水摄入过少引起的脱水状态会降低机体的认知能力、体能，还会增加肾脏疾病、心血管疾病等的发病风险。

在临床上，将体液丢失所造成的体液容量不足称为失水。根据水和电解质（主要是钠离子）丢失的比例和性质，失水分为高渗性失水、等渗性失水和低渗性失水。根据病史（钠摄入不足、呕吐、腹泻、多尿、大量出汗等）可推测失水的类型和程度，如高热、尿崩症多考虑高渗性失水；呕吐、腹泻多考虑低渗性或等渗性失水；血压下降等提示为重度脱水，但应进行必要的实验室检查。高渗性失水者尿比重、血红蛋白、平均血细胞比容、血钠（>145mmol/L）和血浆渗透压均升高（>310mmol/L），可出现酮症、代谢性酸中毒和氮质血症。等渗性失水者的血钠、血浆渗透压正常，尿量少，尿钠少或正常。低渗性失水者的血钠（<130mmol/L）和血浆渗透压（<280mmol/L）降低，至病情晚期尿少，尿比重低，尿钠减少，血细胞比容（每增高3%相当于钠丢失约150mmol）、红细胞、血红蛋白、尿素氮均增高，血尿素氮/肌酐（单位均为mg/dL）比值>20∶1（正常10∶1）。体液丢失程度及表现见表3－29。

表3－29　体液丢失程度及表现

体液丢失量	脱水分级	临床表现
体重下降1%		机体血浆渗透压升高，出现口渴感，体能开始受到影响
体重下降1%（不含）~4%（含）	轻度脱水	口渴、尿少、尿呈深黄色、尿比重增高、工作效率降低等
体重下降4%（不含）~8%（含）	中度脱水	除上述症状外，还出现极度口渴、皮肤干燥且失去弹性、口舌干裂、声音嘶哑及全身软弱等现象；心率加快、尿量明显减少、眼窝下陷、烦躁不安
体重下降超过8%	重度脱水	精神及神经系统异常，可见皮肤黏膜干燥、高热、烦躁、精神恍惚、神志不清等；如失水达到体重的10%，会出现烦躁、全身无力、体温升高、血压下降、皮肤失去弹性，甚至危及生命；失水超过体重的20%时，会引起死亡

2. 水过多和水中毒

当水摄入或输入过多时，水会在体内潴留，引起血浆渗透压降低和循环血量增多，这种病理状态称为水过多。临床表现为血液稀释，血浆钠离子减少，血浆蛋白质总量、血红蛋白、红细胞比容减少，细胞内液、细胞外液的容量增加等。

若过多的水进入细胞内，导致细胞内水过多则称为水中毒。此时，因脑细胞肿胀、脑组织水肿、颅内压增高而引起头痛、恶心、呕吐、记忆力减退，重者可发生渐进性精神迟钝、恍惚、昏迷、惊厥等，严重者可引起死亡。但正常人的肾脏、汗腺等具有强大的水排泄能力，极少发生水中毒。

水过多和水中毒是高容量性低钠血症的病理表现。

（二）水合状态与健康

1. 水合状态与认知能力

水摄入不足会对人的认知能力带来负面影响。一些研究指出，失水量达体重1%时就可能对认知能力产生负面影响。有关成人的研究表明，因高温和（或）高强度身体活动而丢失的水量达体重的2%或更多时，会引起视觉追踪能力、短期记忆和注意力的下降。与成人相比，儿童更容易脱水。脱水儿童的听觉数字广度、语义灵活性和图像识别能力有降低的倾向，这说明脱水同样会降低儿童的认知能力。另外，轻度脱水的儿童喝下一定量的水后，其视觉注意力和视觉追踪能力等短期记忆力有所提高。

2. 水合状态与体能

人们常有这种体验，在炎热的天气中，感觉已经非常努力了，但运动表现还是不尽如人意。水分丢失仅达体重的2%时，机体也会出现相应的反应，如体能下降和体温调节受到干扰等。在相对较轻的脱水状况下，从事高强度运动的个体会出现体能下降，表现为骨骼肌运动单位募集增多、肌糖原消耗增加、心脏每搏输出量下降、血压下降、肌肉血流量减少、耐力下降（持续运动的时间缩短）、疲劳提前发生、体温调节紊乱和主观体力感觉等级（相关量表评分）提高。

当环境温度高于皮肤温度时，从身体散热的唯一机制是水分从皮肤和呼吸道处蒸发，而个体间出汗率差别很大，且有些人出汗率远远高于最大蒸发能力，在这种情况下，汗水会从皮肤滴下，这样的汗水对体热散发没有多大作用。

当代谢率高时，流向肌肉的血流必须维持在高水平，以提供氧气和营养物质，流向皮肤的高血流量也是必要的，因为可以将热量带到身体表面进行散发。在长时间运动中，当环境温度较高且血流量因出汗而减少时，就难以满足肌肉和皮肤两者的高血流量需求。在这种情况下，皮肤血流量也会减少，尽管可能导致体温升高，但可防止中心静脉压下降。肌肉血流量也会减少，但肌肉摄取会增加，以维持能量代谢。有研究表明，在运动中补液可以增加皮肤血流量，提高体温调节能力，而不增加循环血量。

在适宜温度和寒冷环境中运动，体液不足依然会影响最大强度有氧运动能力。

（三）水合状态与慢性疾病

1. 水合状态与肾脏疾病

研究表明，人体增加总体水的摄入可有效预防复发性肾结石、降低肾结石发生风险。一项在50岁以上成人中开展的研究发现，当总水摄入量达3.2L/d时，可以显著降低慢性肾病的风险。

2. 水合状态与心血管疾病

德米特里耶娃（Dmitrieva）等的研究表明，脱水和高钠状态会刺激内皮细胞炎症信号，并促进动脉粥样硬化的发生和发展；而查恩（Chan）等的研究显示，摄入较多的水有助于预防心血管疾病的发生。

3. 水合状态与糖尿病

国外一项在29名老年人中开展的研究表明，通过12周的饮水干预，即在每餐前饮水

500ml，空腹胰岛素水平有所改善。另一项在 39 名健康人群中开展的饮水干预研究发现，在干预措施为每天饮用 3L 水、干预周期为 1 周的情况下，与对照组相比，实验组的饮水干预有助于降低血糖水平。

4. 水合状态与便秘

当身体不能从体外得到充足的水分时，会从体内获取水分，而直肠就是一个主要的内部水来源。有研究发现，当直肠中水分减少时，营养物质的消化、吸收、循环、排便过程受限，便秘随之而来，正常的排便功能随着水分的补充而得到恢复。曼（Mun）等的研究显示，老年人摄入苏打水可有效预防便秘。杜邦（Dupont）等的研究发现，含镁的硫酸盐天然矿泉水对于功能性便秘患者具有缓解作用。詹吉德（Jangid）等的研究发现，增加水摄入量可以有效缓解功能性便秘。

5. 水合状态与头痛

脱水是引起头痛和偏头痛的主要原因，热应激时的偏头痛常常是脱水的标志。斯皮格特（Spigt）等和普赖斯（Price）等的研究显示摄入较多的水可以缓解头痛。

（四）水合状态的评估

1. 总水摄入量

水合状态与水摄入量密切相关，计算每日总水摄入量，可以帮助判断机体的水合状态。各国和地区大多制定了饮水适宜摄入量。关于我国人群水的适宜摄入量，可参阅本节“五、中国不同年龄人群水的适宜摄入量（AI）”。对于规律运动人群，饮水量要根据运动项目及具体的环境设定，至少按照每千克体重 40ml 的摄入量。

2. 体　重

体重变化通常是急性水合状态的衡量指标，也是不断变化（动态）的水合状态的衡量指标。建议运动者在训练时或比赛前、后监测自己的体重丢失量，保持每节训练课、每场比赛的体重丢失量不多于初始体重的 1% ~2%。这个建议考虑了个体在出汗率和补液行为上的差异。注意，在称重时尽量少穿衣服，用毛巾擦干身上的汗液。

3. 尿液指标

尿液指标包括排尿量、尿比重、尿液颜色、排尿次数等。

（1）排尿量

一般成人排尿量为 500 ~ 4000ml，最低为 300 ~ 500ml，排尿量与水摄入量密切相关。马冠生团队在河北省某高校 68 名男性大学生中开展的研究表明，脱水组平均排尿量为 975ml/d，显著低于适宜水合状态组的 1653ml/d。

（2）尿比重

尿比重是指在 4℃条件下尿液与同体积纯水的质量之比，其取决于尿中溶解物质的浓度。当尿比重 <1.025 时，机体处于正常水合状态；当尿比重≥ 1.025 时，此时机体处于脱水状态。

（3）尿液颜色

正常的尿液颜色是透明浅黄色，而当机体缺水时，尿液颜色会逐渐加深。阿姆斯特朗（Armstrong）教授建立了8个等级尿液颜色比对卡，利用尿液颜色来判断机体水合状态。对于儿童、青少年、成年女性及孕产妇，当尿液颜色在比对卡上的值≥4时，应该增加饮水，改善水合状态。对于运动人群，当尿液颜色在比对卡上的值≥5时，可以有效反映体重2%以上的变化，并可以用来判断运动人群的水合状态。

（4）排尿次数

膀胱中尿液越多，就越有可能引发排尿行为。高度排尿冲动与膀胱中高容量尿液具有相关性，低度排尿冲动与膀胱中低容量尿液具有相关性。研究显示，处于适宜水合状态的女性24h排尿次数（5±2次）高于处于脱水状态者（3±1次），而且24h排尿次数与尿比重、尿液渗透压具有相关性（$r=-0.50$、$r=-0.56$），因此24h排尿次数可以作为判断调查对象水合状态的可靠指标。

4. B60可穿戴设备

国外一家公司开发了一款可穿戴设备（图3-9）。该设备基于人体对于不同波长光线的吸收程度，估算出人体的含水量，同时还能检测出包括体脂率在内的一些其他指标。该公司声称该设备不仅能够应用于医疗，还可以服务于职业赛场，对于长跑和铁人三项爱好者来说，可通过实时测定水合状况来制订补液计划。

图3-9　实时测试人体水合状态的可穿戴设备

四、运动补液策略

（一）运动前补液

脱水是运动中最常见的营养学问题之一，由于在大多数情况下，运动中液体摄入量不能弥补汗液流失，因此运动员在运动前保持充足水合状态至关重要，须确保前期运动丢失的体液能够恢复平衡，特别是在体液丢失较大的情况下，如脱水减重者、炎热环境训练等。

运动前喝一杯水具有非常充足的科学依据。诺克斯（Noakes）等认为，以胃内舒适的液体量开始运动，在运动期间定期摄入液体，保持胃内半空，可以实现胃内液体的最佳输送。显然，这需要运动参与者通过不断训练来确定舒适的胃容积，特别是如何在运动开始时感觉舒适。通常建议运动员在比赛前4h每千克体重饮用5~7ml液体或每千克体重快速静脉推注5ml液体。这种方法可以为运动员提供一个良好的开端。如尿液颜色深，则在最后2h每千克体重多饮用3~5ml液体。如出现口渴症状，则建议补充更多液体。含糖和钠的运动饮料，不仅口感好，而且能更有效地在体内吸收和保留。

（二）运动中补液

运动中补液的原则是：快速补水，水中含有适当的电解质和能够提供能量的糖分，并且不含有其他无用的物质，比如碳酸、磷酸、酒精等。此外，每个人的训练目标、训练时间及强度有所不同，因此运动饮料的补充计划也应有所差异。

2004年，卡特（Carter）团队对自行车运动员进行40km计时测试，让运动员在运动中分别使用含糖饮料（无甜味的麦芽糊精）或安慰剂饮料（水）漱口，但均不咽下。漱口方法如下：受试者在整个运动期间定时用饮料漱口5s，然后将饮料吐回碗中。尽管有微量糖在漱口过程中被吸收，但大量吸收毫无可能，测试结果令人惊讶不已：含糖饮料漱口组的测试成绩比安慰剂饮料组高出了约3%，这一结果与将糖补充到体内，运动能力能够提高2%~3%的前人的研究结果非常相似。有学者认为，这是由于糖饮料（有甜味或无甜味）漱口可以兴奋中枢神经系统，从而抵消来自肌肉、关节等传入的如疼痛、温度升高等可造成疲劳的负面信号。因此，运动中补糖不仅可以通过提供快速能量来维持运动系统的功率输出，也可以中枢系统进行作用，推迟疲劳的发生。

运动饮料中糖的浓度和类型直接影响运动中补充的效果。高浓度的糖会延缓胃排空，从而减少液体的可吸收量，而且会在肠道内形成高渗溶液，使液体进入肠道内，增加脱水风险。高浓度的糖（>10%）可能导致胃肠道紊乱，与高浓度的糖溶液相比，低浓度的葡萄糖-电解质溶液可有效甚至更高效地提高某些运动项目的运动能力。莫恩（Maughan）的研究表明，低至1.6%的葡萄糖溶液可以提高耐力。因此，我们建议，较短时间（30~45min）的运动不必补糖，但使用含糖溶液漱口，可以每隔一段时间含约5s的含糖饮料；持续时间约1h的运动，按30~60g/h的补糖量，补充浓度不超过8%的含糖电解质溶液，尤其是在高温天气下训练或比赛时更需要，如不能通过饮料达到补糖标准，则可以通过食用其他含糖食品；持续时间为1~2.5h的运动，需要补充大量的糖，主要按30~60g/h或0.7g/（kg·h）低浓度（如4%）的含糖电解质饮料，剩余的糖须通过其他食品补充；持续时间超过2.5h的运动，按照30~90g/h补充多种吸收途径的混合糖，包括快速氧化（氧化速率为1g/min）的糖——葡萄糖、蔗糖、麦芽糖、麦芽糊精（葡萄糖聚合物）、支链淀粉和慢速氧化（氧化速率为0.6g/min）的糖——果糖、半乳糖、异麦芽酮糖、直链淀粉、海藻糖，同时还要通过其他食物来补充糖和钠，比如能量棒、能量胶、香蕉、饼干、面包等含糖固体食品及盐丸、榨菜等含钠食品。

运动饮料含有的电解质主要是钠，通常以氯化钠的形式存在。钠会刺激小肠中的糖分和水分吸收，并有助于维持细胞外液的容量。通常，运动饮料含有10~30mmol/L（230~690mg/L）的钠，而对于可导致死亡的腹泻性脱水，用来治疗的口服溶液含有更高浓度的钠，可达到30~90mmol/L（690~2070mg/L）。

运动饮料的温度除了影响饮料味道，还影响运动表现。有研究证实，在热环境、长时间运动前，摄入冷饮料可以降低体温，改善运动能力，一般建议选择10～20℃的凉爽温度。

（三）运动后补液

在理想状态下，一次训练课后，应该补回体液的损失，以确保在体液平衡的状态下，开始下一次训练。普通的健康人可以通过渴感的刺激来饮水，以及通过尿液的排泄，很好地调节并保持体液平衡。然而，在紧张、有压力的条件（如运动、高温、寒冷、高海拔等）下，渴感可能不是一个敏感的刺激感受器，不足以维持正常的体液平衡。

补液量一般根据训练前、后的体重丢失量来确定，即每丢失 1g 体重，补充 1.5g 液体。尽管社会大众和饮料厂商倾向浓度更低的运动饮料（10～25mmol/L），但运动后补液还是以较高浓度电解质为佳，当钠含量达到 50mmol/L（1150mg/L）、钾含量达到 25mmol/L（975mg/L）时，对水分在体内的保留最有利。目前，并没有足够的理由支持在运动后的补液饮料中加入其他电解质（比如镁）。

运动后补液最适合与糖原的填充结合在一起，有学者通过荟萃分析指出：在运动后最初 4h 的恢复期内，当糖的摄入量低于最佳糖原储存目标时［1g/(kg·h)］，联合摄入 20～25g蛋白质可以增加糖原储存；不过，当糖摄入量充足时［1～1.2g/(kg·h)］，蛋白质的联合摄入不再有此效果。但运动后联合摄入蛋白质，对蛋白质合成有刺激作用，对免疫功能恢复有促进作用。

补液饮料是否添加乳清蛋白，取决于补液总量，即当补液量相当于体液丢失量的 150%时，添加乳清蛋白似乎不会增加饮料在体内的保留量；当补液饮料等于体液丢失量时，添加乳清蛋白可以增加体液的保留量。更有趣的是，与添加乳清蛋白相比，添加乳蛋白（包括酪蛋白和乳清蛋白）似乎对饮料在体内的保留效果更好。

人们一直认为咖啡因不是理想的运动后补液饮料成分，但有研究者通过测试发现，未服用咖啡因饮料者和服用中等剂量［3mg/(kg·d)］咖啡因饮料或高剂量［6mg/(kg·d)］咖啡因饮料者在体重、尿液量和血清渗透压方面未出现差别。

乙醇成分对运动后体液恢复没有明显的积极效果，反而会有一系列负面影响运动后的恢复，包括影响抗炎反应、免疫应答、内分泌系统、血管血流量、睡眠的时间和质量、运动后的恢复。

五、中国不同年龄人群水的适宜摄入量（AI）

中国不同年龄人群水的适宜摄入量见表 3－30。

表 3－30　中国不同年龄人群水的适宜摄入量（L/d）

人群	饮水量[a]		总摄入量[b]	
	男性	女性	男性	女性
0～0.5（不含）岁	—		0.7[c]	
0.5～1（不含）岁	—		0.9	
1～4（不含）岁	—		1.3	
4～7（不含）岁	0.8		1.6	
7～11（不含）岁	1		1.8	
11～14（不含）岁	1.3	1.1	2.3	2.0
14～18（不含）岁	1.4	1.2	2.5	2.2
18 岁及以上	1.7	1.5	3.0	2.7
孕妇（早期）	—	+0.2	—	+0.3
孕妇（中期）	—	+0.2	—	+0.3
孕妇（晚期）	—	+0.2	—	+0.3
乳母	—	+0.6	—	+1.1

注：

a：温和气候条件下，轻体力活动水平者；如在高温或进行中等以上身体活动时，应适当增加水摄入量。

b：总摄入量包括食物中的水以及饮水中的水。

c：纯母乳喂养的婴儿不需要额外补充水分。

第七节　运动与膳食纤维

一、膳食纤维的概念与分类

（一）膳食纤维定义

膳食纤维是指植物中天然存在的、提取或合成的糖的聚合物，其聚合度≥3，不能被人体小肠消化吸收，对人体健康有益。其包括了纤维素、半纤维素、果胶、菊粉及其他一些膳食纤维的单体成分。

（二）膳食纤维分类

膳食纤维按溶解度可分为可溶性膳食纤维（soluble dietary fiber，SDF）和不溶性膳食纤维（insoluble dietary fiber，IDF）。可溶性膳食纤维是指可溶于温水或热水，且其水溶液可被4倍体积的95%的乙醇沉淀的那部分纤维。其主要是细胞内的储存物质和分泌物，另外还包括微生物多糖和合成多糖；其组成主要是一些胶类物质，如果胶、树胶等。不溶性膳食纤维是指不溶于温水或热水的那部分纤维，主要是细胞壁的组成部分，包括纤维素、木质素、壳聚糖、原果胶和植物蜡等。

从化学结构和聚合物的角度，膳食纤维的种类包括：

其一，非淀粉多糖，如纤维素、半纤维素、植物多糖（果胶、瓜尔胶等）、微生物多糖（黄胶原等）。

其二，抗性低聚糖，如低聚果糖、低聚半乳糖、其他抗性低聚糖。

其三，抗性淀粉和抗性糊精，抗性淀粉包括物理结构上的包埋淀粉（RS1）、天然淀粉颗粒（RS2）、回生直链淀粉（RS3）、化学（物理）改性淀粉（RS4）。

二、膳食纤维的性质与功能

（一）持水性和增稠性

持水性或水合能力是指食物中膳食纤维结合水的能力。膳食纤维的化学结构中含有很多亲水基团，因此具有较强的持水力。不同膳食纤维的持水性不同，持水性大致为自身质量的1.5～2.5倍。可溶性纤维如果胶和树胶等，比不溶性纤维如纤维素和木质素等持水性强。一些可溶性膳食纤维，如果胶、β－葡聚糖、瓜尔胶和一些抗性淀粉能结合几倍自身质量的水分，可延缓胃排空，增加饱腹感；能减少食糜与消化酶的接触，影响矿物质、脂肪、胆汁酸和葡萄糖等的消化和吸收；改变小肠转运时间，一般来说，可溶性膳食纤维通常会延长小肠转运时间，而不溶性膳食纤维缩短小肠转运时间，食物在小肠留存时间的变化，特别是缩短时，可因营养物质与小肠上皮细胞接触时间短导致吸收减少；增加人体肠道食物残渣的体积，加速排便，缩短直肠内有害化学物存留时间。

（二）溶解性和黏性

可溶性膳食纤维包括低聚糖、部分不能消化的多聚糖，多数可溶性纤维的主碳链或侧链为不规则排列。不溶性膳食纤维包括木质素、纤维素、部分半纤维素、一些抗性淀粉等，多数不溶性纤维为直线结构，如纤维素。不溶性膳食纤维遇水也膨胀，但其溶解性和黏性不如可溶性膳食纤维。可溶性纤维具有良好的黏性和凝胶性，也更易被肠道内的细菌发酵分解，并协助其他食物成分的消化吸收；可推迟胃排空，延长食物通过肠道的时间；

延缓和减少葡萄糖、胆汁酸和胆固醇等的吸收。

（三） 交换和吸附作用

膳食纤维分子表面带有很多活性基团，酸性糖类、木质素等膳食纤维的化学结构中包含羟基等侧链基团，呈现弱酸性阳离子交换树脂的离子交换作用，可与阳离子，尤其是有机阳离子进行可逆的交换。二价的阳离子如钙、铜、铁和锌均可被谷类、玉米中的膳食纤维及分离出的半纤维素、纤维素、果胶和木质素结合。膳食纤维的交换作用不仅可以以结合的方式减少机体对离子的吸收，而且可以改变离子的瞬间浓度，通过稀释离子浓度延长离子的转换时间，在缓冲的环境里进行更有益的消化吸收。膳食纤维对矿物质平衡的影响还与其发酵程度有关，发酵速度较快时产生酸性环境，可促进矿物质的吸收，并和钙离子一起提高转运系统的效率。此外，膳食纤维还具有吸附脂肪酸、胆固醇、胆汁酸的作用，抑制微胶粒的形成，影响脂肪酸的吸收，并可阻断胆汁酸的肝肠循环，使胆汁酸不能被重新吸收，降低血清胆固醇水平。

（四） 发酵特性

膳食纤维不能在肠内被消化，但能被肠内微生物不同程度地发酵分解。食用混合饮食的健康成人，其70%～80%的膳食纤维在肠内被分解。不同来源的膳食纤维被分解的程度也不同，这与持水性、多糖结构等有关。可溶性膳食纤维如果胶和瓜尔胶可完全被细菌酵解，而不溶性膳食纤维则不易被酵解。膳食纤维的发酵，进一步增加了机体对膳食纤维的利用率，通过结肠细菌发酵产生的短链脂肪酸，由结肠吸收并提供能量。

膳食纤维可增加粪便体积，是间接通过促进菌群生长而实现的，如水果、蔬菜和麦麸均有类似的作用。正常菌群占粪便量的一定比例，分解进入大肠的食物残渣和肠黏膜分泌物。膳食纤维对于正常存在于人类大肠中微生物菌群的生长是重要的，一些可发酵的膳食纤维如低聚异麦芽糖、低聚果糖、低聚木糖是肠道内有益菌的底物，可促进双歧杆菌和乳杆菌生长，通过增加菌群数量而增加粪便体积。

三、膳食纤维缺乏的表现

膳食纤维是人体必需营养素之一，长期缺乏会导致肠道受损，延长粪便在肠道内停留的时间，增加便秘风险，导致肠道菌群失衡。从能量的角度分析，缺乏膳食纤维，胃排空加快、容易饥饿。从健康角度分析，缺乏膳食纤维可影响胆汁代谢，增加高胆固醇血症风险。

四、膳食纤维与运动的关系

根据膳食纤维的性质（延缓胃排空时间、延缓葡萄糖吸收、降低GI值），运动人群在中高强度运动前应该避免摄入过多膳食纤维，防止食物在胃中停留时间过长而影响能量供应，进而影响运动表现；减脂人群应增加膳食纤维摄入，这样可以延缓胃排空，延缓胃饥饿素分泌，获得更长时间的饱腹感。

五、膳食纤维的食物来源和推荐量

全谷物、豆类、水果、蔬菜是膳食纤维的主要来源，坚果和种子中的膳食纤维含量也很高。全谷物食物中主要的膳食纤维来源为谷物表皮。燕麦和大麦中的多聚糖、β－葡聚糖、果胶含量很高，并且谷类中的纤维素、半纤维素、低聚糖等膳食纤维经常同时存在，而精加工的谷类食品中含量较少。常见食物中总膳食纤维的含量见表3－31。

表3－31　常见食物中总膳食纤维的含量（g/100g 可食部）

食物	总膳食纤维	食物	总膳食纤维
海苔	46.4	馒头	4.4
山核桃（熟）	20.2	空心菜	4.0
玉米糁（黄）	14.4	甘蓝	3.9
燕麦片	13.2	冬枣	3.8
葵花籽（熟）	12.1	小麦面粉	3.7
杏仁（熟）	10.3	西蓝花	3.7
雪菜	8.3	黄豆芽	3.6
豆腐干	6.8	蚕豆（煮）	3.6
黑贡枣	6.4	韭菜	3.3
籼米	5.9	茄子	3.0
荞麦面	5.5	芦笋（绿）	2.8
荔枝（干）	5.3	辣椒（青）	2.5
西芹	4.8	红薯	2.2
四季豆	4.7	香蕉	1.8
腐竹	4.6	山竹	1.5
小米（黄）	4.6	土豆	1.2

中国居民的膳食纤维的适宜摄入量是根据《平衡膳食宝塔》推算出来的。即低能量膳食（1800kcal）为25g/d；中等能量膳食（2400kcal）为30g/d；高能量膳食（2800kcal）为35g/d，并鼓励每日摄入全谷物食物的量至少为全天谷物摄入量的1/3，蔬菜水果摄入量至少达500g。

第八节　运动与酒精

与大多数糖、蛋白质和脂肪分子不同，酒精不需要消化，也不需要特殊的运输机制或受体进入细胞，通过简单的扩散就能在消化道内被迅速吸收。胃吸收酒精摄入量的20%，十二指肠和空肠吸收其余部分。当食物与酒精一起食用时，酒精吸收就会减慢。含高脂肪的大餐会使胃的消化速度减慢，从而减慢对酒精的吸收。与此相反，空腹饮酒使胃和小肠迅速吸收酒精入血。

酒精很容易到达全身各处，因为酒精能扩散到任何有水分布的地方。酒精很容易透过细胞膜，但会损害膜内的蛋白质。

一、酒精代谢途径

酒精代谢途径有三种。由于酒精不能在人体储存，因此它是新陈代谢中的首选燃料，优先于其他供能物质，但这不是说酒精热量不致胖，饮酒时，人体能量消耗一般不高，摄入的酒精及其他食物所含能量远超于此时的消耗，除了少部分酒精代谢产能，大部分酒精仍会储存为脂肪。

（一）酒精脱氢酶（ADH）途径

少量或适量饮酒时，酒精代谢通过酒精脱氢酶（ADH）途径来完成。该途径先利用乙醇脱氢酶将乙醇转化为有毒的中间物质——乙醛，然后乙醛再利用乙醛脱氢酶转化为乙酰辅酶A。乙酰辅酶A可转化为二氧化碳和水，也可合成脂肪酸（图3－10）。

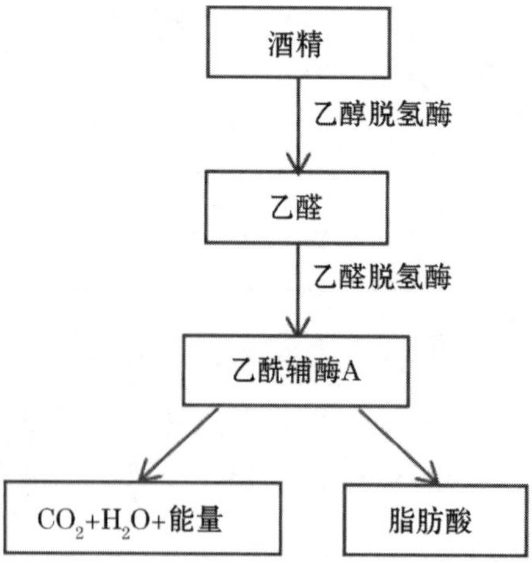

图3－10　酒精的代谢过程

（二）微粒体乙醇氧化体系（MEOS）途径

尽管胃黏膜细胞通过 ADH 途径代谢 10% ~30% 的酒精，但肝脏才是酒精代谢的主要场所。当适量或过量饮酒时，ADH 途径无法满足酒精代谢的需求，在这种情况下，肝脏会激活微粒体乙醇氧化体系（MEOS）促进酒精代谢。MEOS 途径与 ADH 途径产生同样的中间物质，但 MEOS 需要能量支持。随着一个人饮酒量的增大，MEOS 会更活跃，进而提高代谢酒精的速率和耐受力。MEOS 还代谢药物。过量的酒精摄入会激活 MEOS，降低肝脏代谢药物的能力，因为酒精的代谢是首要的。因此，MEOS 的激活增加了药物之间的相互作用和潜在毒性。

（三）过氧化氢酶途径

第三种是过氧化氢酶（CAT）代谢途径，尽管这不是肝脏和其他细胞酒精代谢的主要途径。

三种代谢途径（ADH、MEOS 和 CAT）的代谢几乎消耗了所有的酒精（表 3 -32）。摄入体内的酒精只有一小部分（2% ~10%）是通过肺、尿液和汗液排出的。

表 3 -32　酒精代谢的三种途径

酒精代谢途径	存在的主要部位	酒精摄入量	参与酒精代谢的比例
ADH 途径	胃 肝脏（主要）	少量—适量	90%
MEOS 途径	肝脏	适量—过量	随酒精摄入量增加而增加
CAT 途径	肝脏和其他细胞	适量—过量	少量

二、影响酒精代谢的因素

酒精代谢的关键在于产生酒精脱氢酶的能力，而种族、性别和年龄影响酒精脱氢酶的产生和活性。例如，许多亚洲血统的人的酒精脱氢酶活性较高，使之非常迅速地转化为乙醛，但他们的乙醛脱氢酶很低，不能完成分解酒精。乙醛的累积通常会导致脸红、头晕、恶心、头痛、心跳加速（心动过速）和快速呼吸（换气过度）。这些反应可能会很严重，让人很不舒服，以至于不能多喝，甚至不能喝酒。

与男性相比，女性胃细胞产生的酒精脱氢酶较少，因此，女性从胃中吸收 30% ~35% 的未代谢酒精直接进入血液。另一个与性别有关的因素是，与男性相比，女性通常体型较小，体内脂肪较多，体内总水分较少。因此，与体型相似的男性相比，女性血液和身体组织中的酒精浓度更高，因为酒精可以被水稀释，但不能被人体组织稀释。因此，女性更容易醉酒。

其他影响酒精代谢的因素包括饮料中的酒精含量和个人日常的酒精摄入量。如前所述，经常大量饮酒的人代谢酒精的速率更快，对酒精的耐受力也更强。

三、一次性摄入酒精对人体的影响

肝脏每小时只能分解一定量的酒精。一般情况下，血液中的酒精含量在 30 ~ 45min 达到峰值。当超过了肝脏的吸收容量，酒精就进入了全身循环。酒精迅速扩散，均匀地扩散到所有体液和内脏器官中，包括脑脊液和大脑，在怀孕期间，扩散到胎盘和胎儿中。大约 10% 的循环酒精通过肺、尿液和皮肤排出。因此，尿检和酒精测试都可以反映血液中酒精的浓度及大脑中的酒精含量，反映一个人的精神和运动功能受损情况。

认为人在饮酒后睡着就会没事的想法是错误的，快速饮酒尤其危险，因为受害者在失去意识之前会摄入致命剂量的酒精，即使受害者还活着，过量饮酒也会造成不可逆转的脑损伤。过量饮酒使大脑缺氧，最终会导致大脑停止调节呼吸和心率的功能，进而导致意识丧失，有时昏迷甚至死亡。

人即使停止饮酒，酒精也会通过胃和小肠继续进入血液，并通过血液循环到全身，血液中的酒精浓度持续上升，如果血液中的酒精浓度上升到足够高的水平，就可能导致急性酒精中毒（表 3 – 33、表 3 – 34）。这种情况需要立即治疗，如果治疗不及时，酒精中毒会导致呼吸道疾病甚至死亡。当饮用蒸馏酒时，酒精中毒的风险更大，因为与啤酒或葡萄酒相比，蒸馏酒的酒精含量更高，机体在短时间内就会摄入更多酒精。

表 3 – 33　血液中不同酒精浓度对机体行为的改变及对机体功能的损伤

可能出现的行为和感觉	血液酒精浓度/%	机体损伤
放松，轻微的欣快感、幸福感 抑郁消失，警惕性降低	≤0. 01 ~ 0. 06	判断力、推理能力、记忆力和注意力轻微损伤
自认为比实际中表现得更好，很放松，不那么拘束，更外向 可能出现酒精中毒的症状	>0. 06 ~ 0. 10	深度知觉、反应时、平衡感、视觉、听觉下降，判断力、推理能力、记忆力、表达能力下降
明显喝醉，大脑反应异常，情绪波动，通常会出现呕吐（酒精中毒的症状）	>0. 11 ~ 0. 15	运动协调能力明显受损，反应非常慢；口齿不清，视力和听力受损；判断力、推理能力和记忆力受损
劳动能力极度丧失 可能会出现昏迷、记忆中断 恶心和呕吐很常见	>0. 15 ~ 0. 20	运动协调能力、反应时、记忆力、注意力、平衡感、推理能力、判断力更差了

续表

可能出现的行为和感觉	血液酒精浓度/%	机体损伤
大醉，昏迷 可能感觉不到疼痛 恶心、呕吐 可能会被呕吐物呛到、昏倒	0.20～0.30	所有的心理、生理和感知功能都极度受损
不知道自己在哪，可能会失去意识 癫痫发作 有酒精中毒的危险	>0.30～0.40	许多生理功能严重受损，心率和呼吸减慢、体温过低、低血糖、膀胱功能失控
有生命危险的酒精中毒 可能会死亡	>0.40	

表 3-34　酒精中毒的标志和症状

意识模糊甚至丧失、麻木
呕吐
低血糖
严重脱水
癫痫发作
呼吸和心跳变慢或不规则
皮肤发绀或发白
体温过低

四、长期饮酒对人体的影响

（一）长期饮酒对人体主要系统的影响

有研究表明，年轻人适度饮酒能缓解工作带来的焦虑和压力，老年人适度饮酒可以刺激食欲，中老年人适度饮酒可以降低心血管疾病的风险。红酒中的类黄酮物质——槲皮素可以抑制低密度脂蛋白氧化，提高体内一氧化氮水平，防止血管内皮功能障碍（这是导致动脉粥样硬化的原因），减少急性血小板聚集（形成血栓），抗高血压，抗感染，可降低缺血性心脏病的发病风险。日常食物中含槲皮素较高的有大山楂（产于天津，22.8mg/100g 鲜重）、小山楂（产于天津，18.9mg/100g 鲜重）和金桔（产于广东，10.65mg/100g 鲜重）。槲皮素作为在美国上市的膳食补充剂，其剂量为 200～1200mg。而红酒中的另一种非黄酮类物质——白藜芦醇也与高血压、动脉硬化、中风、心肌梗死和心衰呈负相关关系。国内研究者测定了 346 种食物的白藜芦醇含量，发现白藜芦醇含量最高的前三种食物是葡萄皮（产于武汉，16mg/100g 鲜重）、桑葚（产于天津，104mg/100g 鲜重）、提子皮

(产于武昌，202mg/100g 鲜重)。

虽然酒精对心脏健康的好处已经得到很多关注，但饮酒与2型糖尿病和阿尔茨海默病的风险之间存在J形曲线关系。适量饮酒对身体有保护作用，但过量饮酒会损伤胰腺和大脑（图3-11)。

饮酒对于运动人群的恢复是极为不利的，不仅是因其具有脱水作用，更是因其不利于软组织损伤的修复、肌糖原的合成等。

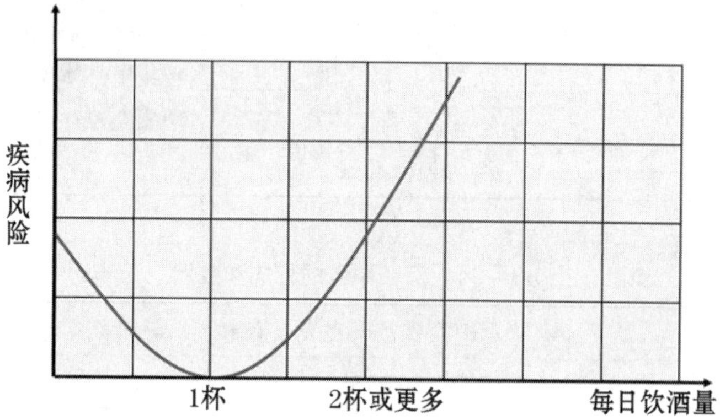

图3-11 饮酒与健康风险之间的关系（J形曲线）

如表3-35所示，过量饮酒几乎会影响身体每个器官和系统。饮酒可能会导致心脏受损，引起心律失常和肺部液体潴留。过量的酒精摄入也会增加高血压和中风的风险。

表3-35 饮酒对人体各器官、系统的影响

器官或系统	影响
大脑	认知受损：记忆力下降、学习和解决问题都困难
血管	血管舒张和皮肤发红
上消化道和呼吸道	口腔癌、喉癌和食道癌
心脏	血压升高、心肌受损、可导致心力衰竭
乳腺	乳腺癌
胃	胃黏膜受刺激（胃炎）和胃癌
肝脏	肝脏脂肪浸润、酒精性肝炎、肝硬化、肝功能衰竭和肝癌
胰脏	胰脏功能受损及相关的低血糖、胰腺癌
小肠	小肠对营养物质的吸收不良
腹腔	腹部脂肪沉积和腹水
大肠	结肠癌和直肠癌
骨骼	骨密度降低和髋部骨折的风险增加

研究表明，在美国，3.5%的癌症死亡与饮酒有关。与饮酒关系最密切的癌症大多位于口腔、咽、喉、食道、肝、乳腺、结肠和直肠等器官组织。长期过量饮酒会导致严重的肝损伤，甚至出现肝硬化。酒精相关的肝损伤也会增加肝癌的风险。其他过度饮酒的负面影响包括骨质疏松、脑损伤和认知损伤、胃炎、肠道出血、胰腺炎、抑制免疫系统、感染的风险增加、睡眠障碍、低血糖（急性过度饮酒导致）、高血糖（慢性过度饮酒对胰腺功能的影响）、腹部肥胖、高甘油三酯和营养不良。

（二）过量饮酒对营养状况的影响

1. 水溶性维生素

过量饮酒会导致维生素 B_1、B_2、B_6、B_{12}、烟酸（维生素 B_3）和叶酸（维生素 B_9）等水溶性维生素缺乏。长期饮酒常常会使人患上韦尼克－科尔萨科夫综合征，一种由维生素 B_1 缺乏引起的脑病。这种疾病导致大脑和神经系统功能出现显著变化，如果不加以治疗，将导致不可逆转的眼肌麻痹，下肢失去知觉、失去平衡、步态异常及记忆力丧失。

由于酒精代谢需要大量的烟酸，因此饮酒者烟酸缺乏的风险会增加。酒精的代谢还会增加维生素 B_6 从尿液中排出，如果饮食中不多加补充，就会增加贫血和周围神经病变（四肢无力或麻木）的风险。过量饮酒还会阻碍维生素 B_{12}的吸收，从而增加贫血和神经病变的风险。

2. 脂溶性维生素

过量饮酒会导致脂溶性维生素 A、D、E 和 K 的缺乏。长期饮酒会损伤肝脏和胰腺，从而损伤肝脏分泌胆汁和胰腺分泌消化脂肪酶的能力，而胆汁和胰脂肪酶分泌减少，会导致脂肪和脂溶性维生素吸收不良。

维生素 A 缺乏在饮酒者中很常见。维生素 A 通常储存在特定的肝细胞中，当这些细胞受损时，维生素 A 就会流失，而且由于肝脏不能产生将维生素 A 输送到身体各个部位所需的蛋白质，因此维生素 A 缺乏会加剧。酒精还会减少肝脏中 β 胡萝卜素（维生素 A 的前体）的含量。饮酒者经常有夜盲的情况，就是因为他们缺乏维生素 A。患有酒精性肝病的人合成维生素 K 的能力较差，而维生素 K 是促进血液凝结的必需物质，这反过来又增加了出血的风险。此外，肝脏受损会导致维生素 D 缺乏，因为肝脏在将维生素 D 转化为具有生物活性的形式方面起着关键作用，而维生素 D 在钙吸收和骨骼健康方面起着重要作用，因此，维生素 D 缺乏会导致骨质流失，增加患骨质疏松症的风险。

3. 矿物质

饮酒者会增加矿物质缺乏的风险，最常见的是缺钙、镁、锌和铁。饮酒者的维生素 D 缺乏会导致钙吸收不良；尿液中镁元素的排泄增加会导致血液中镁元素浓度降低，从而出现缺镁的症状，其中典型的症状是肌肉抽搐、痉挛；锌元素吸收减少和尿液中排泄增加，导致味觉和嗅觉改变、食欲不振和伤口愈合受损。饮酒者还容易缺铁，过量饮酒会损害胃肠道组织，引起出血、吸收不良，并最终导致缺铁。

实践要点：解读食品营养标签

一、食品标签

（一）食品标签的定义

按照《食品安全国家标准 预包装食品标签通则》（GB 7718—2011）的规定，预包装食品是指预先定量包装或者制作在包装材料和容器中的食品，包括预先定量包装以及预先定量制作在包装材料和容器中并且在一定量限范围内具有统一的质量或体积标识的食品。预包装食品必须按照《食品安全国家标准 预包装食品标签通则》（GB 7718—2011）的要求标示食品标签。食品标签是指食品包装上的文字、图形、符号及一切说明物。

食品标签是沟通食品生产者、经销者、消费者的一种信息传播手段。消费者可通过食品标签标注的内容进行识别、保护自我安全卫生和指导消费。根据食品标签提供的专门信息，有关行政管理部门可以据此确认该食品是否符合有关法律、法规的要求，确保广大消费者的食品安全，维护食品生产者、经销者的合法权益。

（二）食品标签的标示内容

直接向消费者提供的预包装食品标签标示应包括食品名称、配料表、净含量和规格、生产者和（或）经销者的名称、地址和联系方式、生产日期和保质期、贮存条件、食品生产许可证编号、产品标准代号及其他需要标示的内容。

1. 食品名称

食品名称应在食品标签的醒目位置，清晰地标示反映食品真实属性的专用名称。当国家标准、行业标准或地方标准中已规定了某食品的一个或几个名称时，应选用其中的一个或等效的名称；无国家标准、行业标准或地方标准规定的名称时，应使用不使消费者误解或混淆的常用名称或通俗名称。

标示“新创名称”“奇特名称”“音译名称”“牌号名称”“地区俚语名称”或“商标名称”时，应在所示名称的同一展示版面标示。当“新创名称”“奇特名称”“音译名称”“牌号名称”“地区俚语名称”或“商标名称”含有易使人误解食品属性的文字或术语（词语）时，应在所示名称的同一展示版面邻近部位使用同一字号标示食品真实属性的专用名称。当食品真实属性的专用名称因字号或字体颜色不同易使人误解食品属性时，也应使用同一字号及同一字体颜色标示食品真实属性的专用名称。

为不使消费者误解或混淆食品的真实属性、物理状态或制作方法，可以在食品名称前或食品名称后附加相应的词或短语。如干燥的、浓缩的、复原的、熏制的、油炸的、粉末的、粒状的等。

2. 配料表

配料表应以“配料”或“配料表”为引导词。当加工过程中所用的原料已改变为其他成分（如酒、酱油、食醋等发酵产品）时，可用“原料”或“原料与辅料”代替“配料”“配料表”，并按要求标示各种原料、辅料和食品添加剂。加工助剂不需要标示。

各种配料应按制造或加工食品时加入量的递减顺序一一排列，加入量不超过2%的配料可以不按递减顺序排列。如果某种配料是由两种或两种以上的其他配料构成的复合配料

(不包括复合食品添加剂)，应在配料表中标示复合配料的名称，随后将复合配料的原始配料在括号内按加入量的递减顺序标示。当某种复合配料已有国家标准、行业标准或地方标准，且其加入量小于食品总量的25%时，不需要标示复合配料的原始配料。在食品制造或加工过程中，加入的水应在配料表中标示。在加工过程中已挥发的水或其他挥发性配料不需要标示。可食用的包装物也应在配料表中标示原始配料，国家另有法律法规规定的除外。

3. 配料的定量标示

如果在食品标签或食品说明书上特别强调添加了含有一种或多种有价值、有特性的配料或成分，应标示所强调配料或成分的添加量或在成品中的含量。如果在食品的标签上特别强调一种或多种配料或成分的含量较低或无时，应标示所强调配料或成分在成品中的含量。食品名称中提及的某种配料或成分而未在标签上特别强调，不需要标示该种配料或成分的添加量或在成品中的含量。

4. 净含量和规格

净含量的标示应由净含量、数字和法定计量单位组成。依据法定计量单位，按以下形式标示包装物（容器）中食品的净含量：a）液态食品，用体积升（L)、毫升（mL 或 ml)，或用质量克（g)、千克（kg)；b）固态食品，用质量克（g)、千克（kg)；c）半固态或黏性食品，用质量克（g)、千克（kg）或体积升（L)、毫升（mL 或 ml)。净含量应与食品名称在包装物或容器的同一展示版面标示。

5. 生产者、经销者的名称、地址和联系方式

生产者名称和地址应当是依法登记注册、能够承担产品安全质量责任的生产者的名称、地址。受其他单位委托加工预包装食品的，应标示委托单位和受委托单位的名称和地址；或仅标示委托单位的名称和地址及产地，产地应当按照行政区划标注到地市级地域。

依法承担法律责任的生产者或经销者的联系方式应标示以下至少一项内容：电话、传真、网络联系方式等，或与地址一并标示的邮政地址。

进口预包装食品应标示原产国国名或地区区名，以及在中国依法登记注册的代理商、进口商或经销者的名称、地址和联系方式，可不标示生产者的名称、地址和联系方式。

6. 日期标示

应清晰标示预包装食品的生产日期和保质期。如日期标示采用“见包装物某部位”的形式，应标示所在包装物的具体部位。日期标示不得另外加贴、补印或篡改。

7. 贮存条件

预包装食品标签应标示贮存条件。

8. 食品生产许可证编号

预包装食品标签应标示食品生产许可证编号的，标示形式按照相关规定执行。

9. 产品标准代号

在国内生产并在国内销售的预包装食品（不包括进口预包装食品）应标示产品所执行的标准代号和顺序号。

（三）标示内容的豁免

下列预包装食品可以免除标示保质期：酒精度大于等于10%的饮料酒、食醋、食用盐、固态食糖类、味精。

当预包装食品包装物或包装容器的最大表面积小于$10cm^2$时，可以只标示产品名称、净含量、生产者（或经销商）的名称和地址。

二、食品营养标签

食品营养标签是食品标签的重要内容，为便于学习，单独划作一个小节进行介绍。

（一）食品营养标签的定义

根据《食品营养标签管理规范》（2008年）的要求，食品营养标签是指向消费者提供食品营养成分信息和特性的说明，包括营养成分表、营养声称和营养成分功能声称。

（二）食品营养标签主要内容和要求

营养成分表是标有食品营养成分名称和含量的表格，表格中可以标示的营养成分包括能量、营养素、水分和膳食纤维等。食品企业在标签上标示食品营养成分、营养声称、营养成分功能声称时，应首先标示能量和蛋白质、脂肪、碳水化合物、钠4种核心营养素及其含量。食品企业对能量和4种核心营养素的标示应当比其他营养成分的标示更为醒目。

1. 营养成分表

食品营养标签实例详见图3－12。

营养成分表

项目	每100g	营养素参考值%
能量	kJ	%
蛋白质	g	%
脂肪	g	%
碳水化合物	g	%
钠	mg	%
维生素C	mg	%
钙	mg	%
铁	mg	%

图3－12　食品营养标签实例

除上述成分外，食品营养标签上还可以标示饱和脂肪（酸）、胆固醇、糖、膳食纤维、维生素和矿物质。

营养标签中营养成分标示应当以每100g（ml）和/或每份食品中的含量数值标示，并同时标示所含营养成分占营养素参考值的百分比。营养素参考值的具体数值应符合《中国食品标签营养素参考值》。

中国食品标签营养素参考值（Nutrient Reference Value，NRV，简称营养素参考值）是食品营养标签上比较食品营养素含量多少的参考标准，是消费者选择食品时的一种营养参照尺度（表3－36）。营养素参考值依据我国居民膳食营养素推荐摄入量（RNI）和适宜摄入量（AI）而制定。NRV仅适用于预包装食品营养标签的标示，但4岁以下的儿童食品和专用于孕妇的食品除外。

表 3－36　营养素参考值（NRV）

营养成分	NRV	营养成分	NRV
能量#	8400kJ	泛酸	5mg
蛋白质	60g	生物素	30μg
脂肪	<60g	胆碱	450mg
饱和脂肪酸	<20g	钙	800mg
胆固醇	<300mg	磷	700mg
碳水化合物	300g	钾	2000mg
膳食纤维##	25g	钠	2000mg
维生素 A	800μg RE	镁	300mg
维生素 D	5μg	铁	15mg
维生素 E	14mg α－TE	锌	15mg
维生素 K	80μg	碘	150μg
维生素 B_1	1.4mg	硒	50μg
维生素 B_2	1.4mg	铜	1.5mg
维生素 B_6	1.4mg	氟	1mg
维生素 B_{12}	2.4μg	铬	50μg
维生素 C	100mg	锰	3mg
烟酸	14mg	钼	40μg
叶酸	400μg DFE		

注：#能量相当于 2000kcal，蛋白质、脂肪、碳水化合物供能分别占总能量的 13%、27% 与 60%。
##膳食纤维暂列为营养成分。

2. 营养声称

营养声称是指对食物营养特性的描述和说明，包括含量声称和比较声称。

（1）含量声称

含量声称是指描述食物中能量或营养成分含量水平的声称。声称用语包括“含有”“高”“低”“无”等（如牛奶是钙的来源、低脂奶、高膳食纤维饼干等）。

（2）比较声称

比较声称是指与消费者熟知同类食品的营养成分含量或能量值进行比较后的声称。声称用语包括“增加”和“减少”等。所声称的能量或营养成分含量差异必须 ≥ 25%（如普通奶粉可作为脱脂奶粉的基准食品，普通酱油可作为强化铁酱油的基准食品等）。

使用含量声称或比较声称，必须满足表 3－37 所给出的能量或任一营养成分的含量要求，并符合其限制性条件。

表3－37　含量声称和比较声称的要求和条件

项目	声称方式	含量要求	限制性条件
能量	减少或减能量	与基准食品相比减少25%以上	基准食品应为消费者熟知的同类食品
	低能量	≤170kJ/100g 固体 ≤80kJ/100ml 液体	
	无或零能量	≤17kJ/100g（固体）或100ml（液体）	
蛋白质	低蛋白	来自蛋白质的能量≤总能量的5%	总能量指每100g或每份
	蛋白质来源或含有蛋白质或提供蛋白质	每100g的含量≥10% NRV 每100ml的含量≥5% NRV 每420kJ的含量≥5% NRV	
	高或富含蛋白质或蛋白质丰富	“来源”的两倍以下	
脂肪	低脂肪	≤3g/100g 固体；≤1.5g/100ml 液体	
	减少或减脂肪	与基准食品相比减少25%以上	基准食品的定义同上
	脱脂	液态奶和酸奶：脂肪含量≤0.5% 奶粉：脂肪含量≤1.5%	仅指乳品类
	零，无或不含脂肪	≤0.5g/100g（固体）或100ml（液体）	
	低饱和脂肪	≤1.5g/100g 固体 ≤0.75g/100ml 液体	1. 指饱和脂肪及反式脂肪的总和 2. 其提供的能量占食品总能量的10%以下
	零，无或不含饱和脂肪	≤0.1g/100g（固体）或100ml（液体）	指饱和脂肪及反式脂肪的总和
	瘦	脂肪含量≤10%	仅指畜肉类和禽肉类
胆固醇	减少或减胆固醇	与基准食品相比减少25%以上	基准食品定义同上
	低胆固醇	≤200mg/100g 固体 ≤100mg/100ml 液体	应同时符合低饱和脂肪声称的含量要求和限制性条件
	无或不含、零胆固醇	≤0.005g/100g（固体）或100ml液体	

续表

项目	声称方式	含量要求	限制性条件
糖	减少或减糖	与基准食品相比减少 25% 以上	基准食品定义同上
	低糖	≤5g/100g（固体）或 100ml 液体	
	无或不含糖	≤0.05g/100g（固体）或 100ml 液体	
钠	低钠	≤120mg/100g（固体）或 100ml 液体	
	极低钠	≤40mg/100g（固体）或 100ml 液体	
	无或不含、零钠	≤5mg/100g（固体）或 100ml 液体	
钙或其他矿物质	钙（××来源） 或含有钙（××） 或提供钙（××）	每 100g≥15% NRV； 每 100ml≥7.5% NRV； 每 420kJ≥5% NRV	
	高或富含××或××的良好来源	“来源”的两倍以上	
	增加、加，或减少、减××	与基准食品相比增加或减少 25% 以上	基准食品的定义如上
维生素	××来源 或含有×× 或提供××	每 100g≥15% NRV 每 100ml≥7.5% NRV 每 420kJ≥5% NRV	
	高或富含××	“来源”的两倍以上	
	增加、增，或减少、减××	与基准食品相比增加或减少 25% 以上	基准食品的定义如上
	多维	含量符合上述相应来源的含量要求	添加 3 种以上的维生素
膳食纤维	膳食纤维来源或含有膳食纤维	≥3g/100g ≥1.5g/100ml	膳食纤维总量符合其含量要求；或者可溶性膳食纤维、不溶性膳食纤维或单体成分任一项符合含量要求
	高或富含膳食纤维或良好来源	“来源”的两倍以上	
碳水化合物	增加、增，或减少、减	与基准食品相比增加或减少 25% 以上	基准食品的定义如上
	减少或减少乳糖	与基准食品相比增加或减少 25% 以上	仅指乳品类
	低乳糖	乳糖含量≤2g/100g（ml）	
	无乳糖	乳糖含量≤0.5g/100g（ml）	

注：使用每份食品的含量时也必须符合 100g（ml）的含量规定。

3. 营养成分功能声称

营养成分功能声称是指某营养成分可以维持人体正常生长、发育和正常生理功能等作用的声称。

当能量或营养素含量符合表3-37有关要求时，根据食品的营养特性，可选用以下一条或多条功能声称的标准用语。以下用语不得删改和添加。

（1）能量

人体需要能量来维持生命活动。

机体的生长发育和一切活动都需要能量。

适当的能量可以保持良好的健康状况。

（2）蛋白质

蛋白质是人体的主要构成物质并提供多种氨基酸。

蛋白质是人体生命活动中必需的重要物质，有助于组织的形成和生长。

蛋白质有助于构成或修复人体组织。

（3）脂肪

脂肪提供高能量。

每日膳食中脂肪提供的能量占总能量的比例不宜超过30%。

脂肪是人体的重要组成成分。

脂肪可辅助脂溶性维生素的吸收。

脂肪提供人体必需脂肪酸。

（4）饱和脂肪

饱和脂肪可促进食物中胆固醇的吸收。

饱和脂肪摄入量应少于每日总脂肪的1/3，过多摄入有害健康。

过多摄入饱和脂肪可使胆固醇增高，摄入量应少于每日总能量的10%。

（4）胆固醇

每日膳食中胆固醇摄入量不宜超过300mg。

（5）碳水化合物

碳水化合物是人类生存的基本物质和能量主要来源。

碳水化合物是人类能量的主要来源。

碳水化合物是血糖生成的主要来源。

膳食中碳水化合物应占能量的60%左右。

（6）钠

钠能调节机体水分，维持酸碱平衡。

中国营养学会建议每日食盐的摄入量不要超过6g。

钠摄入过高有害健康。

（7）钙

钙是人体骨骼和牙齿的主要组成成分，许多生理功能也需要钙的参与。

钙是骨骼和牙齿的主要成分，并维持骨骼密度。

钙有助于骨骼和牙齿的发育。

钙有助于骨骼和牙齿更坚固。

(8) 铁

铁是血红细胞形成的因子。

铁是血红细胞形成的必需元素。

铁对血红蛋白的产生是必需的。

(9) 锌

锌是儿童生长发育必需的元素。

锌有助于改善食欲。

锌有助于皮肤健康。

(10) 镁

镁是能量代谢、组织形成和骨骼发育的重要物质。

(11) 碘

碘是甲状腺发挥正常功能的要素。

(12) 维生素 A

维生素 A 有助于维持暗视力。

维生素 A 有助于维持皮肤和黏膜健康。

(13) 维生素 C

维生素 C 有助于维持皮肤和黏膜健康。

维生素 C 有助于维持骨骼、牙龈的健康。

维生素 C 可以促进铁的吸收。

维生素 C 有抗氧化作用。

(14) 维生素 D

维生素 D 可促进钙的吸收。

维生素 D 有助于骨骼和牙齿的健康。

维生素 D 有助于骨骼形成。

(15) 维生素 E

维生素 E 有抗氧化作用。

(16) 维生素 B_1

维生素 B_1 是能量代谢中不可缺少的成分。

维生素 B_1 有助于维持神经系统的正常生理功能。

(17) 维生素 B_2

维生素 B_2 有助于维持皮肤和黏膜健康。

维生素 B_2 是能量代谢中不可缺少的成分。

(18) 烟酸

烟酸有助于维持皮肤和黏膜健康。

烟酸是能量代谢中不可缺少的成分。

烟酸有助于维持神经系统的健康。

(19) 维生素 B_6

维生素 B_6 有助于蛋白质的代谢和利用。

(20) 维生素 B_{12}

维生素 B_{12} 有助于红细胞形成。

(21) 叶酸

叶酸有助于胎儿大脑和神经系统的正常发育。

叶酸有助于红细胞形成。

叶酸有助于胎儿正常发育。

(22) 泛酸

泛酸是能量代谢和组织形成的要素。

(23) 膳食纤维

膳食纤维有助于维持正常的肠道功能。

第四章　体育运动与健康

第一节　运动的益处与风险

一、运动不足与慢性疾病

随着社会物质文明的进步，人们的生活变得更加便捷和舒适，为生存所必须付出的体力劳动越来越少，然而，体力活动严重不足带来了一系列的公共卫生问题，诸如肥胖、糖尿病、心脑血管疾病发病率上升，进而引起失能问题加剧、寿命损失和经济负担增加。

体力活动不足和静坐少动的生活方式是当今慢性非传染性疾病发生的第一独立危险因素，是21世纪最大的公共卫生问题，已经成为全球范围内死亡的第四大危险因素。

世界卫生组织认为，影响健康的四个主要因素是生活方式、生物因素、环境和医疗保健（图4－1）。在人类遗传特性易发生改变的今天，人们试图通过改变环境和生活方式来促进健康。当前，运动已成为现代生活方式的主要内容之一。运动是预防和治疗疾病的重要措施。大量研究证实：积极进行体力活动和科学运动是降低慢性非传染性疾病治疗成本的有效策略，在预防、延缓、逆转和治疗慢性疾病中发挥着重要作用。

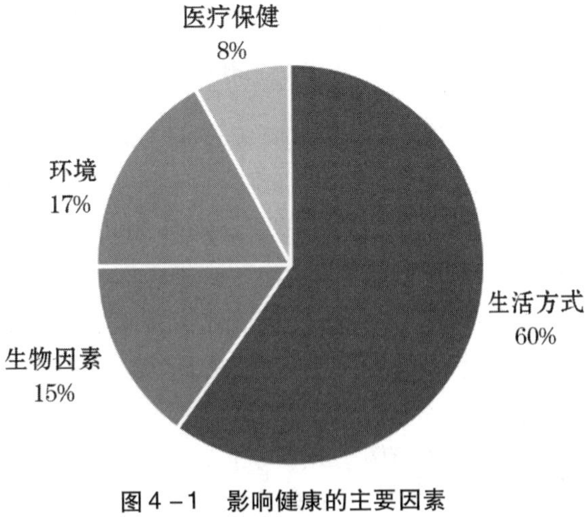

图4－1　影响健康的主要因素

二、科学健身的指导原则

依据世界卫生组织的全球体力活动建议和多国体力活动指南，科学健身应包括适量运动、增加静坐少动间断的次数和增加日常体力活动三部分。

（一）适量运动

适量运动是指每个成人每周应至少完成 150min 中等强度的有氧运动，或每周完成 75min 较大强度的运动、2～3 次抗阻练习、2～3 次柔韧性练习。

有氧运动是指中等强度、大肌肉群、连续不断的较长时间的运动，可以是快走、慢跑、游泳、打球、骑车、划船、广场舞等多种形式。在进行中等强度运动时，运动者的主观感觉应是“稍微有些累”“微微出汗”，步行速度应为 110～120 步/min，运动中应达到和维持的心率为最大心率（最大心率 = 207 − 0.7 × 年龄）的 64% ～76%。

运动者在进行锻炼时，可选择每次 30min、每周 5 次中等强度的有氧运动，也可以选择每次 25min、每周 3 次较大强度的运动，或者两种强度的运动交错进行。每天的运动量可以是 1 次连续不断地完成，也可以是分成若干段完成，但是每段运动时间不得少于 10min。

成人在锻炼时，应选择多种运动方式和器材设备，每周应针对主要肌群进行 2～3 次力量练习。老年人或之前为静坐少动者，在开始力量练习时可采用较轻的阻力练习。在每次练习中，针对每个肌群应进行 2～4 组练习，每组重复 8～12 次（较大阻力）可以改善肌肉力量；每组重复 10～15 次或重复 15～20 次可以改善肌肉耐力。两次力量练习的间歇时间应不少于 48h。

为改善关节活动度，成人每周至少进行 2～3 次柔韧性练习。每次拉伸至拉紧或轻微不适状态时应保持 10～30s，每一个部位的拉伸可以重复 2～4 次，累计 60s。此外，静力性拉伸和动力性拉伸都是有效的，当肌肉温度升高后再进行柔韧性练习，效果会更好，因此，在拉伸前可以通过有氧运动或洗热水澡来使肌肉的温度升高。

（二）增加静坐少动间断的次数

静坐少动是指能量消耗低于 1.5 倍基础代谢的觉醒状态，如坐着、躺着、看电视和其他基于屏幕形式的娱乐活动。在日常生活中，达到前述“适量运动”的人也可能长时间处于静坐少动的状态，如早晨运动 30min 后一直坐着工作 3h；也有的人静坐少动状态表现为每周进行中等强度运动的次数少于 3 次，每次运动的时间少于 30min，而且持续 3 个月以上，这种静坐少动状态等同于体力活动不足或缺乏运动。两种不同形式的静坐少动状态均会对健康造成不良影响，后者的影响会更大。

静坐少动行为所带来的代谢问题和对健康的不良影响与体力活动不足的影响是不同的。改变这一行为的最有效方式是在完成适量运动建议标准的基础上，再鼓励人们多进行较低强度的体力活动和不断增加静坐少动间断的次数，如建议静坐少动状态的工作者应至少每小时站立或从事其他形式的较低强度的体力活动 1 ~5min。

（三）增加生活中的体力活动

体力活动是指因骨骼肌收缩引起能量消耗明显增加的身体活动，包括职业性、交通性、家务性和娱乐性的体力活动。体育活动属于娱乐性体力活动，体育活动是指有计划、有组织、可重复，以增进健康为目的的体力活动。日常生活中有多种形式的体力活动。每个非体力活动者都应该注意增加生活中的体力活动，如步行、骑车、上楼梯、购物、家务等多种形式。

我国将每周运动次数达到 3 次及以上，每次运动时间达到 30min 及以上，进行中等或较大强度运动者称为常运动人口。由 2014 年全民健身活动状况调查公报数据可知，我国 60 ~69 岁年龄段的常运动人口比例最高，但是也仅有 18.2%，因此无论从改善国民体质现状方面考虑，还是从预防慢性疾病低龄化和高发病率方面考虑，都应大力推进科学健身。

三、规律运动的益处

（一）提高心肺耐力

心肺耐力可综合反映人体摄取、转运和利用氧气的能力，是身体健康的保证。2016 年 12 月，美国心脏病协会将心肺耐力列为继体温、脉搏、呼吸和血压之后的第五大临床生命体征。心肺耐力受体力活动水平和/或规律运动的影响较大，体力活动水平较高者的心肺耐力更好，心肺耐力越强，心血管疾病、糖尿病、高血压，甚至某些癌症的发病率会越低，多种疾病的病死率也会降低。

成人心肺耐力会随着年龄增长逐渐下降，在 45 岁后下降速度加快。肥胖和吸烟也会加速心肺耐力的下降。

（二）降低动脉粥样硬化风险

动脉粥样硬化是动脉壁增厚、变硬导致动脉管腔狭窄而引起多个器官的缺血性病变，可发生在全身大中动脉，如冠状动脉性心脏病（冠心病）。

动脉粥样硬化是自儿童时期就开始的一种慢性病变，而静坐少动的生活方式、血脂异常、高血压、高血糖、肥胖、吸烟等是促使其发展的主要危险因素。增加体力活动或者有规律地运动可有效预防动脉粥样硬化和减少风险因素。较高的体力活动水平可降低冠心病诱发的病死率，降低脑血管疾病、糖尿病等病症的发生率。研究发现，体力活动充足的人群患冠心病的风险只有静坐少动者的一半。同时，对于冠心病患者来说，规律运动可以预防心绞痛、心肌梗死等急性心血管事件的发生。

（三）促进骨钙的合成代谢

骨钙在不断分解与合成的过程中维持着动态平衡。运动可以通过对骨骼的机械性应力作用来增加骨骼中的血流量，促进骨骼中钙的沉积。青年时期坚持锻炼，可以提高骨密度水平；从35岁起，人体骨质开始走下坡路，如果不使用任何干预措施，骨质疏松和关节炎将在不久的将来接踵而至。女性由于雌激素分泌随年龄增加而逐渐减少，使得比男性更容易受骨质疏松的威胁。再者，久坐不动的生活方式，使得下肢静脉血回流速度变慢，肌肉的日常代谢受到影响，会出现下肢肌肉萎缩、静脉曲张、运动功能下降，进而坚定了“久坐不动”的意志，形成恶性循环——越不动、越衰退，越衰退、越不愿动。其实在骨质衰减之前，肌肉力量在30岁左右就开始了衰退，通过抗阻训练来维持肌肉力量是一个必然的干预措施。此外，跑步、攀爬、跳跃等运动方式，通过自身重力不断给骨骼造成纵向的应力刺激，骨骼也会因此通过代谢调节来增加自身的硬度、韧度以适应这种刺激，其结果就是使得骨质得以维持或者减缓骨质下降的趋势，达到预防骨质疏松的目的。

（四）维护免疫功能

免疫力是我们与生俱来的防御力，是我们识别和消灭病毒、细菌等外来异物，吞噬或清除机体内衰老、损伤、死亡、变性细胞，以及识别和处理体内突变细胞和病毒感染细胞的能力。其可分为先天免疫力和后天获得性免疫力。免疫力既不能低下，又不能亢进。亢进是免疫系统对外来物质表现出异常的免疫兴奋状态，最重要的表现是过敏。所谓低下，就是免疫系统对抗外来病原菌的能力发生障碍。

运动强度和患病风险之间存在J形曲线关系，在这个模型中，中等强度的运动可以增强免疫功能，降低患病风险。反复高强度运动可短暂地降低免疫功能，增加运动后数小时患病的风险，但通过运动营养的补充，及时摄入促进恢复的膳食，可以快速恢复免疫力。

（五）消耗能量

在运动时，机体内的糖原、脂肪和蛋白质均参与供能，但主要通过分解糖原和脂肪供能。在运动中，人的心率和呼吸加快，摄氧量随运动强度增大而增加，血液循环加快，去甲肾上腺素和胰高血糖素等激素水平升高，进而促进糖原和脂肪的分解，为肌肉工作提供能量。糖原和脂肪供能比例依不同运动强度而变化：在低到中等强度（60% VO_2max）运动时，糖原和脂肪是主要能源物质；当运动强度增加至60%～65% VO_2max时，糖原供能比例增加，而脂肪供能比例下降；当运动强度进一步增大时，肌肉就会通过糖酵解及磷酸原系统这些无氧供能方式来保持供能。因此，在大多数健身运动中，糖原提供最多的能量，脂肪则是低强度运动和运动后恢复过程中重要的供能物质。

长期坚持运动可使脂肪组织更新率加快。运动时脂肪充分分解，脂肪分解速率往往远大于工作肌利用率，在运动停止后，几乎90%分解的脂肪酸都被酯化为甘油三酯；长期坚持有氧运动可使肌内脂肪氧化利用率提高。例如，跑步可调动身体大部分肌肉，尤其是占人体肌肉总量50%以上的下肢肌肉，而且持续时间一般较长，运动强度比较稳定，因而是一项消耗能量较多的运动项目（表4－1）。

表4－1　不同的运动强度及其能量消耗速率

速度类型	具体速度	运动强度	MET	能量消耗速率/kcal·（h·kg）$^{-1}$
步行速度	4km/h（负重小于10kg）	低强度	3	3.1
	5km/h（负重小于10kg）	中等强度	4	4
	6km/h（负重小于10kg）		4.5	4.5
慢跑速度	慢跑，一般	较大强度	7	6.9
	11.3km/h（5.3min/km）		11.5	11.4
	12km/h（5min/km）		12.5	12.4
	12.8km/h（4.7min/km）		13.5	13.3
	13.8km/h（4.3min/km）		14	14
	14.5km/h（4.1min/km）		15	15
	16.1km/h（3.7min/km）		16	15.9
	17.5km/h（3.4min/km）		18	17.8

注：MET指代谢当量，<3MET为低强度、3～6MET为中等强度、≥6MET为较大强度。

（六）提升学习效率，改善心理和情绪状态

国外学者把运动奉为最佳的健脑丸。运动越多，大脑思维能力越强、专注能力越强，神经元之间的联结更丰富，学习和工作效率更高。在改善心理和情绪状态方面，运动特别是耐力运动更有其神奇功效。在英国，医生把运动作为治疗抑郁症的首选；在美国，精神医学的研究人员发现了一种新现象——“内啡肽快感（endorphin rush）”，而且研究人员在一组长跑者的血样内检测到了内啡肽水平的升高。内啡肽可减轻身体疼痛，同时在心理上产生欣慰感，这可以解释长跑上瘾的问题。一项来自美国的研究指出，9年内，较少运动的人患抑郁症的风险是经常运动的人的1.5倍。

（七）延缓衰老，助力儿童长高

当身体接近最大心率，尤其是进入到无氧状态时，脑垂体会分泌生长激素，这被长寿人士称为“青春之泉”。生长激素随着年龄增长而减少分泌，因此无论男性还是女性，到中年时生长激素数量减少至儿童时期的10%；久坐不动的生活方式更会加速这种衰减：高水平的皮质醇、胰岛素抵抗和血液过多的脂肪酸都会进一步抑制生长激素的释放。生长激素可促进腹部脂肪的分解，让肌肉纤维有序层叠，同时增加大脑容量，研究发现，它还能逆转老化引起的脑容量流失。通常，生长激素在血液里只停留几分钟，而一次急速短跑可以维持血液中增加的生长激素达4h。这对于处于生长发育期的儿童少年来讲，无疑是一个好消息，因为生长激素的作用之一就是促进长骨的生长，也就意味着身高的增长。生长激素可以平衡大脑内的神经递质水平，可以激活细胞核内的相关基因，启动神经细胞生长机制。德国明斯特大学神经学家的一项研究显示：间歇训练法可以提高学习能力。快速跑组

在跑步机上先进行40min的锻炼，再进行3min的快速跑，两次跑之间有1～2min的低强度运动，相对于低强度运动对照组，快速跑组的脑源性神经营养因子及去甲肾上腺素都有了明显增加。因此，在紧随跑步之后的认知能力测试中，快速跑组学习词汇的速度快了20%。

规律运动的健康效益见表4－2。

表4－2 规律运动的健康效益

儿童少年［6～18岁（不含）］	
证据充分	• 提高心肺适能和肌肉适能 • 促进骨骼健康 • 提高心血管功能，改善代谢性生物指标 • 改善身体成分
证据中等	减轻抑郁症状
成年及老年人（18岁及以上）	
证据充分	• 降低早逝风险 • 降低冠心病风险 • 降低中风风险 • 降低高血压风险 • 降低血脂异常风险 • 降低2型糖尿病风险 • 降低代谢综合征风险 • 降低结肠癌风险 • 降低乳腺癌风险 • 有效控制体重 • 在合理控制能量摄入的情况下有效降低体重 • 有效提高心肺适能和肌肉适能 • 预防跌倒 • 减轻抑郁状态 • 增强老年人的认知功能
证据中等到充分	• 改善老年人功能性活动 • 减少腹型肥胖
证据中等	• 降低髋部骨折风险 • 降低肺癌风险 • 降低子宫内膜癌风险 • 减重后防止反弹 • 增加骨密度 • 提高睡眠质量

四、运动风险

机体可以从运动中大量获益，但是不合理地进行体力活动和运动也存在一定风险，尽管发生率很低，但仍须防范。运动中的风险可分为健康风险和损伤风险两类。健康风险是指原有疾病或在运动中可能出现的风险，如运动中的心脏病发作、中风、低血糖等。损伤风险是指运动中可能引起腰损伤、骨折、关节扭伤、肌肉拉伤等风险。本节将对运动中的心血管风险进行阐述。

（一）运动中的心血管风险

1. 年龄与运动中的心血管风险

一般来说，30 岁以下的年轻个体发生心源性猝死的风险极低，此类人群心血管疾病的发生率也很低。通常，年轻运动员猝死主要是由于先天性疾病和遗传缺陷所致，包括肥厚型心肌病、马方综合征、冠状动脉异常和主动脉狭窄；偶尔因运动过量或强度过大诱发急性心力衰竭，造成猝死。

在中老年人群中，患高血压、冠心病等心血管疾病的个体发病率较高，同时，中老年人患急性心肌梗死或猝死的风险也要高于年轻个体。

2. 运动强度与运动中的心血管风险

人们在进行较大强度体力活动时，心脏性猝死的绝对风险是每 15000 ~ 18000 人中就有 1 例死亡。静坐少动的个体在进行不常参加的运动或强度较大的运动时，心源性猝死和急性心肌梗死发生率异常增加。

但总体来讲，心血管系统正常的健康个体在进行运动时不会诱发心脏病。健康个体在进行中等强度体力活动时，心脏骤停或心肌梗死的风险也是极低的。但是，对于已经诊断出或有隐匿性心血管疾病的人来说，在较大强度体力活动或运动时心脏性猝死和/或心肌梗死发生的风险就会短暂、快速地上升。

（二）运动风险的防范措施

专业健身指导员及运动营养师应了解运动相关事件的病理基础，接受与心血管疾病相关症状和体征的学习，从而可以对参加体力活动者或运动者进行简单评估；了解运动者的家族史，对其进行运动前的医学检查，并告知其检查结果。专业健身指导员应接受过心肺复苏训练，了解运动现场急救流程及相关急救设备，并有规律地复习和练习。专业健身指导员应能够根据不同个体的运动能力、日常体力活动水平和环境来设计运动指导方案。

体力活动活跃的个体应了解心脏病的前驱症状（如极度不正常的疲劳感、胸部和/或肩背部疼痛），并在类似症状加重时及时就医进行治疗。静坐少动个体或平日不经常运动的个体应以较低强度的活动开始，并以较慢的进度增加运动量；患有确诊或疑似心血管、肺脏、代谢性疾病或肾脏疾病的个体，应在参加较大强度运动计划之前获得医生的许可。

在运动前，运动者应对运动场地和器材设施进行检查，并做好充分的准备活动。

第二节　健康体能的训练原则

一、运动前的健康筛查

体力活动有许多好处，并且常被推荐用于慢性疾病的预防和治疗。然而，有些人担心运动会让自己受伤，甚至引发心脏病。尽管受伤的风险会随着体力活动量的增加而增加，但经常运动的人受伤的风险低于其他人。另外，在做同样的运动时，经常锻炼的人群比不经常锻炼的人群受伤的可能性更小。运动引起的心血管疾病比较罕见，这种情况多发生于运动者在没有热身的情况下突然进行超负荷运动。这就突出强调了循序渐进、逐步提高的锻炼计划的必要性。

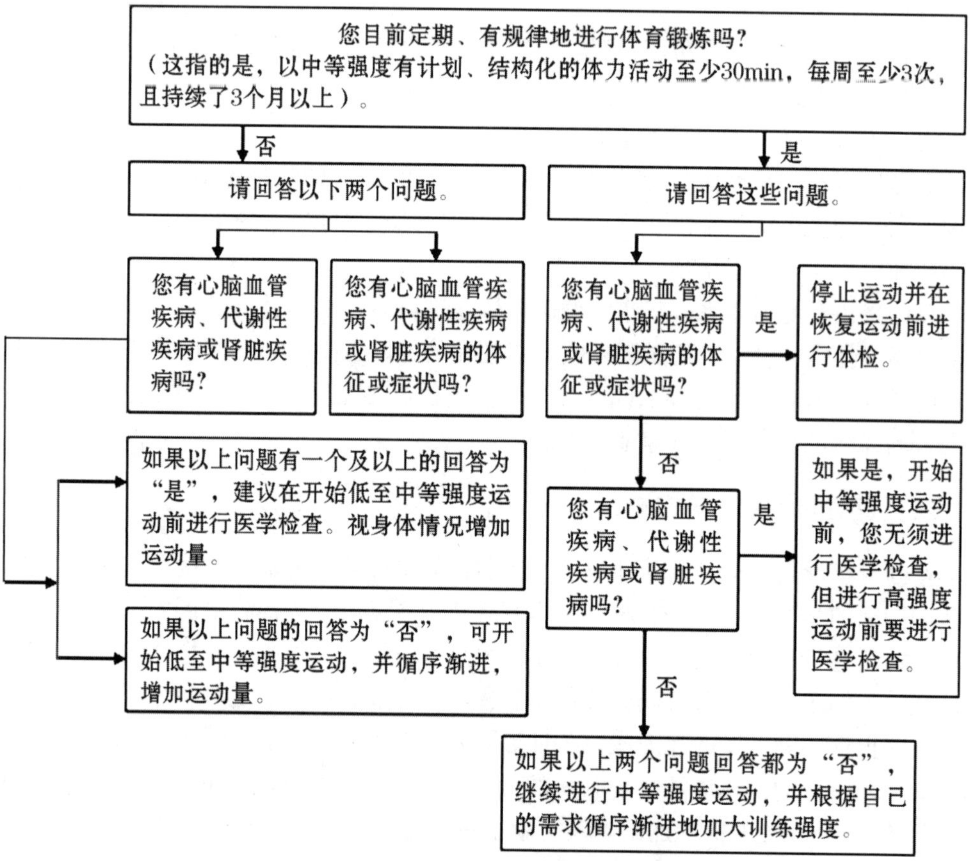

图4－2　运动前健康筛查流程图

在运动过程中，运动者能够最大限度地保证安全，关键在于关注自身当前的健康问题和运动水平。运动前健康筛查是最大限度地提高安全性、确定运动者是否做好开始运动的准备或者是否需要改进锻炼计划的重要一步。美国运动医学会（ACSM）开发了一套筛查运动中或运动后高危人群的详细流程（图4－2）。

图4－2中提到的心脑血管疾病、代谢性疾病或肾脏疾病包括心脏病、外周血管性疾病、脑血管疾病、1型糖尿病和2型糖尿病及肾脏疾病。上述问题中的体征或症状包括：休息和运动时的胸部、颈部、颌部、手臂或其他可能由于缺血（心脏的氧供应受损）而出现异常的疼痛或不适；休息时或轻度劳累时出现的呼吸短促，头晕或晕厥，端坐呼吸或阵发性夜间呼吸困难（躺下时呼吸异常，有不适感，坐起或站立时症状缓解），脚踝水肿（肿胀），心悸或心跳过速（心率过快），间歇性跛行，心脏杂音；在日常活动中感到异常疲劳和呼吸短促。

二、健康体能

合理均衡的健康体能包括四个方面：心肺适能（有氧适能）、肌肉适能、柔韧性和身体成分。这四个方面就像一把结实椅子的四条腿，如果其中一条腿不牢固或太短，那么整把椅子就会不稳固，忽视了运动要素中的任何一项都会使健身计划失去平衡。

（一）心肺适能

心肺适能也称为有氧适能、心肺耐力、有氧耐力等，是指人体长时间进行有氧工作的能力，是评价人体健康水平或体质强弱的重要标志，是健康体能的核心要素。提高心肺适能，需要进行有氧耐力训练。有氧耐力训练主要特点有：中低强度、长时间和长距离、周期性运动、全身大肌肉群参加。常见的有氧运动包括慢跑、快跑、骑行、游泳、跳舞、徒步、网球、篮球等运动项目。

值得注意的是，有氧运动并非只有糖和脂肪的有氧氧化系统提供能量，而是有氧氧化系统占据主导地位，在有氧运动中，也会有比例较小的糖酵解系统、磷酸原系统提供能量。

定期进行有氧训练可降低胆固醇水平异常及患2型糖尿病的风险。减重和增加体力活动，可以有效延迟从糖尿病前期发展到糖尿病的进程，甚至终止糖尿病的发生。体力活动也有助于控制糖尿病患者的血糖水平。

基于体力活动水平的有氧耐力训练目标见表4－3。

表 4-3　基于体力活动水平的有氧耐力训练目标

体力活动水平	有氧耐力训练重点
初级（体力活动不足或几乎没有体力活动，后者被划分为未进行过运动者）	未进行过运动者：重点是每天进行 20 ~ 30min 低至中等强度的活动，也可以每次持续 10min，累计完成；每周总目标为 60 ~ 100min 之前有少量体力活动者（即每周达到 60 ~ 100min）：重点是每天进行 30 ~ 45min 低至中等强度的活动，也可以每次持续 10min，累计完成；每周总目标为 100 ~ 150min
中级（有一定的体力活动，但总体来说还处于中等水平）	重点是每天 30 ~ 60min 中等强度的活动，每周总目标为 150 ~ 250min
有运动习惯（会定期规律地进行中至较高强度的训练）	重点是每天进行 30 ~ 90min 中至较高强度运动；每周总的目标是进行 150 ~ 300min 的活动（持续时间取决于运动强度，详情见表 4-4、表 4-5）

完整的有氧训练课包括热身、正式训练和放松三个主要部分。一般建议如下：每周锻炼 3 ~ 5 天，中至较高强度，每次运动课持续 20 ~ 30min 或更长，进行大肌肉群活动，每周合计消耗 1000kcal 能量，随时间逐渐加量。另外，定期跟踪监测心肺适能，有助于确定当前的体能状态，还可以确定有氧运动方案的有效性。有氧训练方案示例见表 4-4、表 4-5。

表 4-4　步行和慢跑方案示例

阶段	时间点	热身	正式训练	放松
新手	初始周	慢速走几分钟	以低强度（3 ~ 4 级）行走 10min，每天至少 2 次，共计 20min（每周 3 次），每周合计 60min	慢速走几分钟
	进阶	慢速走 5min	每天增加 10min，活动总时间达到 100min（如每天 20min，每周活动 5 天）。可供选择的运动项目有行走、跑步机慢速走、健身单车和爬楼梯。随后几周在保证运动时间的同时，增加强度，从低强度（3 ~ 4 级）到中等强度（5 ~ 6 级）。一旦轻松适应此运动强度和持续时间，并保持几周，就可以继续每周增加 10 ~ 15min，达到 150min	慢速走 5min
	结束周	轻松走 5 ~ 10min	以中等强度（5 ~ 6 级）走 30 ~ 60min（每周 3 ~ 5 天），每周合计达 150min	轻松走 5 ~ 10min

续表

阶段	时间点	热身	正式训练	放松
中级阶段	初始周	轻松走 5～10min	以中等强度（5～6级）走30～60min（每周3～5天）。每周合计150min	轻松走 5～10min
	进阶	轻松走 5～10min	以中等强度运动的同时，每周增加运动时间10～15min，每周总共达200～250min。另一个选择是适当引入一点较高强度活动，如慢跑，这样活动时间可以减少一些（通常2min中等强度活动相当于1min较高强度活动）	轻松走 5～10min
	结束周	轻松走 5～10min	以中等强度（5～6级）走30～60min（每周3～5天）。每周活动总时间为200～250min（中等强度）或者：隔天把中等强度和较高强度行走结合	轻松走 5～10min
高级阶段	继续、保持	轻松走 5～10min	以中等强度（5～6级）走30～60min。每周活动总时间为200～300min（中等强度） 或者：慢跑（7～8级）。每周活动总时间为100～150min（较高强度） 或者：隔天进行中等强度和较高强度混合的运动	轻松走 5～10min

注：表中的强度级别为主观运动强度，等级从0～10（静坐是0，最高强度可判定为10级）。

表4－5　交叉训练方案示例

阶段	时间点	热身	正式训练	放松
初级阶段	初始周	慢速走 几分钟	每天选择一个运动项目，以低强度（3～4级）活动10min，每天2次，每天20min（每周3天）。运动项目可以是行走、跑步机或单车。每周活动总时间达60min	慢速走 几分钟
	进阶	慢速走 5min	在总时间上每周增加10min，直到100min（如每天20min，每周活动5天）。保持这一锻炼时间，在接下来的几周把运动强度从低强度（3～4级）提高到中等强度（5～6级）。一旦轻松适应这一运动强度和持续时间，并保持几周，则可以继续每周增加10～15min，达到150min	慢速走 5min
	结束周	轻松走 5～10min	以中等强度（5～6级）运动30～60min，每周3～5天。活动项目有行走、单车或爬楼梯、椭圆机、划船机和滑雪机，每周活动总时间达到150min	轻松走 5～10min

续表

阶段	时间点	热身	正式训练	放松
中级阶段	初始周	轻松走 5～10min	以中等强度（5～6 级）运动 30～60min，每周 3～5 天。活动项目有行走、单车或爬楼梯、椭圆机、划船机和滑雪机，每周活动总时间达到 150min	轻松走 5～10min
	进阶	轻松走 5～10min	每周继续增加运动时间 10～15min，以中等强度运动，每周活动总时间达 200～250min。另一个选择是每周拿出几天加入一些较高强度活动，如在跑步机上慢跑，增加冲刺跑，参加有氧踏板操课，这样总的活动时间就可以减少（通常中等强度活动 2min 相当于较高强度活动 1min）	轻松走 5～10min
	结束周	轻松走 5～10min	以中等强度（5～6 级）运动 30～60min，每周 3～5 天。每周的总活动时间达 200～250min（中等强度） 或者：隔天进行中等强度和较高强度混合的运动	轻松走 5～10min
高级阶段	继续、保持	轻松走 5～10min	以中等强度（5～6 级）运动 30～60min，每周 3～5 天。每周的总活动时间达 200～300min（中等强度） 或者：以较高强度（7～8 级）运动，每周总活动时间可达 100～150min（较高强度） 或者：隔天进行中等强度和较高强度混合的运动	轻松走 5～10min

（二）肌肉适能

肌肉适能指的是人体对抗阻力的能力，人体姿势的维持、自身肢体的移动和克服阻力以完成重物的举、拉、推和握等动作都是肌肉适能的表现形式，包括肌肉力量、肌肉耐力和爆发力等功能指标。肌肉适能须通过规律的抗阻运动来提高，抗阻训练有很多方式可供选择，包括举重、弹力带、弹力绳、俯卧撑、两头起等。

抗阻训练可让人更轻松地完成工作和爬楼梯、购物等日常活动，改善身体成分、血糖水平和胰岛素敏感性，降低血压，减少心血管危险因素、降低全因死亡率，并改善身体姿态。骨骼肌约占体重的 40%，30 岁后，人体的肌肉质量每 10 年的下降率达 5%，50 岁后，每 10 年的下降率达 10%。肌肉质量和基础代谢的下降，与脂肪含量随年龄增长而逐渐增加有关，以前消耗能量的肌肉组织被脂肪填充。抗阻训练可以促进肌肉组织增加，提高基础代谢；相反，久坐的生活方式会导致肌肉组织的减少，基础代谢也会下降。理论上，肌肉质量增加约 0.91kg，每天的基础代谢可提高约 20%。因此，抗阻训练是维持体重、保持良好身体成分的重要措施。

抗阻训练在增加肌肉力量和体积的同时，还可以有效增加承重骨的骨量（即骨密度和骨矿含量）和骨强度，进而预防、减缓甚至逆转骨质疏松症患者的骨质流失，并改善其疼痛和活动不便。此外，抗阻训练还可以预防和减轻抑郁、焦虑，增强活力，缓解疲劳。

对于以获得健康体能为主要目的的中青年人来说，发展肌肉力量和肌肉耐力更为重要。对于老年人（≥65 岁）来说，除了要进行肌肉力量和肌肉耐力的练习，还可以通过练习爆发力使身体获益，这是由于随着年龄的增长，此项肌肉适能降得最快，而爆发力不足又会增加意外跌倒的风险。

基于体力活动水平的抗阻训练目标见表 4－6。

表 4－6　基于体力活动水平的抗阻训练目标

体力活动水平	抗阻训练重点
初级（体力活动不足或几乎没有体力活动，后者被划分为未进行过运动者）	选择 6 种动作（分别针对以下部位的肌肉：髋部、腿部、胸部、肩部、下背部和腹部）。开始时每周 2 次，每个动作 1 组，每组重复 10～15 次。随着力量的提高，可以把目标定为每周训练 2～3 天。每个动作 8～12 次，1～2 组（注意：对于抗阻训练经验不足的中老年人，建议每组重复 10～15 次）
中级（有一定的体力活动，但总体来说还处于中等水平）	选择 10 种动作（分别针对以下部位的肌肉：髋部和臀部、股四头肌、腘绳肌、胸部、背部、肩部、肱二头肌、肱三头肌、腰部和腹部）。每周训练 2～3 天，每次 2 组，每组重复 8～12 次（注意：对于抗阻训练经验不足的中老年人，建议每组重复 10～15 次）
有运动习惯（会定期规律地进行中至较高强度的训练）	继续中级水平的锻炼方案（一旦适应了负荷，应增加质量），也可以把运动方案拆开练习，在某一天专门练习某一个肌肉群

抗阻训练之前，首先要进行肌肉适能评估。测试肌肉力量普遍使用的肌力测试方法是重复最大值法。其目标是，以正确方法 1 次举起尽可能重的质量，即 1Repetition maximum，简称 1RM。此项测试比较耗时，且须在合格的健身教练监督下进行。测试前熟悉动作是确保测试安全和准确的关键。此外，可以通过举起次最大质量来估算 1RM，最常用的方式是采用多关节运动，如腿推举和卧推，通过简单的计算可以推算出 1RM，并将测试结果与其他同龄、同性别的人进行比较。测试肌耐力的方法很多，包括适合成人的俯卧撑测试、适合青少年的卷腹和俯卧撑测试、适合老年人的椅式站立测试、哑铃臂弯举测试及握力测试。

抗阻训练前还应做 5～10min 热身，包括中低强度的有氧运动和肌耐力活动（如 10～15 次重复），这些活动可以提高体温，使身体条件符合即将开始的抗阻训练要求。训练后做好放松活动，将身体状态转变为从中等强度至低强度的有氧耐力和肌耐力活动。抗阻训练方案示例，见表 4－7。

表 4－7　基于体力活动水平的抗阻训练方案示例

阶段	运动	组数/组	重复次数/次	每周锻炼天数/天	注意事项
初级	完成全部 6 个练习：髋部和臀部、胸部、背部、肩部、腰部、腹部	1～2	8～12（老年人为10～15）	2～3	初级阶段通常需要 2～3 个月时间，直到感觉已经完全适应，才能进入下一阶段训练，否则就需要继续进行初级阶段的训练
中级到高级	完成全部 10 个练习：髋部和臀部、股四头肌、腘绳肌、胸部、背部、肩部、肱二头肌、肱三头肌、腰部、腹部	2	8～12（中老年人为10～15）	2～3	根据训练的连贯性，从中级到高级阶段的训练通常需要花费 3～12 个月时间
更高级	完成上面全部 10 个练习，并选择两个能锻炼以下大肌群的练习：髋部和臀部、股四头肌、腘绳肌、胸部和背部	2～3	8～12	2～3	
	完成全部 5 种练习，分别选择一个能锻炼以下小肌肉群和躯干部位的练习：肩部、肱二头肌、肱三头肌、腰部和腹部	2	8～12	2～3	

注：每一个阶段需要花费的时间根据肌肉适能水平而定。两个阶段的直接过渡则须缓慢（如，初级阶段的抗阻训练者可额外增加训练项目或组数，以便向中级阶段过渡）。针对同一肌群的练习至少间隔 48h。

（三） 柔韧适能

柔韧性是指关节在其最大活动范围内移动的能力，即关节的解剖结构所能够进行的活动范围和活动量。日常生活中诸多活动体现了柔韧性的价值，弯腰系鞋带、扭头看交通情况、拉背后的拉链或者从事游泳、打高尔夫球等体育娱乐活动。柔韧性练习可以提高韧带稳定性和平衡性，特别是与抗阻训练结合时效果更好。规律的柔韧性练习会减少肌肉韧带损伤的发生率、预防腰痛、缓解肌肉酸痛。

柔韧性的影响因素包括年龄、性别、关节结构和体力活动水平。女性大多数部位关节的柔韧性比男性好一些，但躯干除外，男性躯干的活动范围比女性更大。柔韧性通常随着年龄的增长而下降，导致颈部、肩部和躯干部位的活动范围有明显的变化。如果关节不经常活动，则柔韧性逐渐变差，如长时间伏案工作和驾驶汽车导致肩膀前倾（肱骨内旋）及下背疼痛，为了应对这种情况，动态和静态地伸展胸部、肩部、颈部和臀部尤为重要。

常用于评估柔韧性的测试方法有坐位体前屈和背后抓握测试。其可以快速检测躯干、臀部、上臂和肩部的柔韧性。

常规柔韧性训练一般在 5min 的热身活动之后进行，或者在心肺耐力训练或抗阻训练后进行。增加肌肉温度可提高柔韧性。为提高柔韧性，每周至少进行 2 ~3 次的柔韧性练习，每次至少持续 10min，这是最低量。作为热身或整理活动的一部分，每天进行拉伸练习能有效改善关节活动范围。在关节活动范围内进行温和的拉伸，以未感到不适为尺度。如果造成明显疼痛，就应该减小拉伸的幅度。随着时间的推移，当柔韧性提高时，可进一步扩大关节活动范围，但拉伸不应该造成疼痛。

单次柔韧性训练应该持续 10 ~30s。研究表明，保持时间更长的拉伸对提高关节移动范围并没有额外的益处。然而，老年人拉伸的时间保持在 30 ~60s 可能更受益。

最常用的拉伸方法有 2 种：静态拉伸和动态拉伸。静态拉伸时，身体的位置保持不变；而动态拉伸时，关节会连续活动。静态拉伸大多在运动之后进行，因为一些需要力量、爆发力或耐力的活动可能因为在活动之前进行静态拉伸而削弱，而且运动后肌肉骨骼系统的温度较高，是做静态拉伸的有利时机。动态拉伸可以在肌肉进行一般性热身之后，在正式运动之前进行。

静态拉伸指缓慢移动关节达到一个感觉紧张的点，然后保持拉伸 10 ~30s。注意不要把关节拉伸到任何引起疼痛的程度。保持拉伸时，肌肉张力会随着肌肉的伸展而减小。每次静态拉伸应重复 2 ~4 次，每次累计拉伸的时间达到 60s。渐进性静态拉伸示例见表 4 –8。

表 4 –8　渐进性静态拉伸示例

身体部位	拉伸等级		
	1 级	2 级	3 级
颈部	前屈 侧屈 肩胛提肌伸展	前屈 侧屈 肩胛提肌伸展	前屈 侧屈 肩胛提肌伸展
肩部	双臂胸前交叉	双臂胸前交叉 扶墙	双臂胸前交叉 扶墙
上背部	手臂拥抱	猫式	过顶伸展
下背部	仰卧旋转伸展	仰卧旋转伸展	仰卧旋转伸展
胸部	胸部伸展	胸部伸展进阶	胸部伸展进阶
肱二头肌	肱二头肌贴墙伸展	肱二头肌贴墙伸展	肱二头肌贴墙伸展
肱三头肌	肘部在头后	肘部在头后	肘部在头后
髋部和臀部	坐姿髋旋转肌伸展 蝴蝶伸展 跪姿髋屈肌伸展	仰卧髋旋转肌伸展 蝴蝶伸展 站姿髋屈肌伸展	仰卧髋旋转肌伸展 蝴蝶伸展 站姿髋屈肌伸展
腘绳肌	坐姿腘绳肌伸展	站姿腘绳肌伸展	站姿腘绳肌伸展
股四头肌	俯卧股四头肌伸展	侧卧股四头肌伸展	站姿股四头肌伸展
小腿	坐姿小腿伸展	站姿小腿伸展（腓肠肌） 站姿小腿伸展（比目鱼肌）	站姿小腿伸展（腓肠肌） 站姿小腿伸展（比目鱼肌）

动态拉伸指通过全方位的运动来活动身体的各个部位，同时以可控的方式逐渐增加运动的范围和速度。例如，手臂绕环运动，开始时手臂可以缓慢地画小圆，然后逐渐增加到手臂划大圆，并加快速度，直到关节达到最大的活动范围。为避免因做新动作而引起的肌肉酸痛，建议将动态拉伸逐渐加到拉伸运动计划中。在一段时间段内，动态拉伸通常重复5～12次，累计时间30～60s，这也需要根据具体运动而变化。身体各部位动态拉伸练习示例见表4－9。

表4－9　动态拉伸示例

身体部位	拉伸练习
手臂和肩部	手臂绕环 耸肩
髋部和臀部	前后摆腿 向一侧摆腿 髋关节旋内、旋外 髋部绕环 侧滑步
股四头肌	向后踢臀
腘绳肌	高抬腿
脚踝	脚踝转动
全身	直腿行军步 伐木动作 跨步跳

为了提高关节活动范围，建议每个关节进行60s的柔韧性练习。这可以通过重复进行几次、持续时间较短的拉伸来完成，例如，重复2次30s的拉伸或重复4次15s的拉伸。一般来说，常规的全身拉伸练习可以在10min内完成。如果不能将身体拉伸至规定位置，可用毛巾来辅助。

（四）身体成分

身体成分是指身体的构成成分。身体由瘦组织（包括肌肉、骨骼、脏器、体液等）和脂肪组织构成。同样，体重包括瘦体重和脂肪质量两部分。人们应更关注身体成分的构成，而非宏观的体重数字，即更多地关注身体瘦体重和脂肪的相对比例——体脂率。过多的脂肪会导致不良的健康状况，这一点尤其体现在腹部脂肪的堆积上。本书的第三篇将重点讲述体重管理（身体成分管理）的训练原则及运动营养策略。

参考文献

［1］冯美云．运动生物化学［M］．北京：人民体育出版社，1999.

［2］陈吉棣．运动营养学［M］．北京：北京医科大学出版社，2002.

［3］罗纳德·J. 莫恩．运动营养［M］．杨则宜，译．北京：人民体育出版社，2005.

［4］JEUKENDRUP A E，SARIS W H M，WAGENMAKERS A J M. Fat metabolism during exercise：a review. Part I：fatty acid mobilization and muscle metabolism［J］. Int J Sports Med，1998，19（4）：231－244.

［5］ROMIJIN J A，COYLE E F，SIDOSSIS L S，et al. Regulation of endogenous fat and carbohydrate metabolism in relation to exercise intensity and duration［J］. Am J Physiol，1993，265（3Pt1）：E380－391.

［6］蔡东联，糜漫天．营养师必读［M］. 3 版．北京：人民军医出版社，2014.

［7］曹建民．运动营养学［M］．北京：北京体育大学出版社，2016.

［8］KALUZA J，ORSINI N，LEVITAN E B，et al. Dietary calcium and magnesium intake and mortality：a prospective study of men［J］. American Journal of Epidemiology，2010，171（7）：801－807.

［9］HEMILÄ H. The effect of vitamin C on the common cold［J］. Journal of Pharmacy Practice，2011，24（2）：241－242.

［10］杨月欣，葛可佑．中国营养科学全书［M］. 2 版．北京：人民卫生出版社，2019.

［11］葛均波，徐永健，王辰．内科学［M］. 9 版．北京：人民卫生出版社，2018.

［12］BURKE L，DESKIN V. 实用运动营养学：第 5 版［M］．常翠青，艾华，译．北京：科学出版社，2019.

［13］王瑞元，苏全生．运动生理学［M］．北京：人民体育出版社，2014.

［14］杨月欣，何梅，王亚光，等．中国农村地区居民蔬菜的纤维含量和摄入状况的研究［J］．卫生研究，2007，36（6）：698－702.

［15］杨月欣，王竹，洪洁．抗性淀粉结肠内酵解对大鼠肠道健康的影响［J］．世界华人消化杂志，2004，12（11）：104－108.

［16］中国营养学会．中国居民膳食营养素参考摄入量：2013 版［M］．北京：科学出版社，2014.

［17］WILKINSON P K，SEDMAN A J，SAKMAR E，et al. Pharmacokinetics of ethanol after oral administration in the fasting state［J］. Journal of Pharmacokinetics and Pharmacodynamics，1977，5（3）：207－224.

［18］王正珍，徐峻华．运动处方［M］. 2 版．北京：高等教育出版社，2018.

［19］芭芭拉·A. 布什曼. ACSM 体能指导手册：第 2 版［M］．李丹阳，邓士琳，毛永，译．北京：人民邮电出版社，2020.

［20］瑞迪，哈格曼．运动改造大脑［M］．浦溶，译．杭州：浙江人民出版社，2013.

第二篇

运动营养评估

运动营养评估是运动营养师常用的工作技能，是指运用科学手段来了解某一个体或群体的膳食和营养水平，并以此来了解个体或群体的膳食结构、营养代谢状况、健康水平和身体机能，以此规避运动中的潜在风险，并制订合理的运动营养支持计划，监测运动营养支持的效果。

近年来，我国城乡居民的膳食结构、营养状况有了明显的改善，营养不良和营养缺乏病患病率有所下降，但一些与热量过剩有关的疾病，如肥胖、2 型糖尿病、高血压等疾病不断增多。同时因为营养不均衡导致的亚健康症状也给人们尤其是运动人群的健康埋下了隐患。近年来，全国发生的健身事故不胜枚举，这些都提示我们，对健身运动人群进行运动营养评估有极强的必要性和紧迫性。

全面的运动营养评估一般由五部分内容组成：体格测量、身体成分检测、临床检查、实验室检查、膳食调查。这五部分内容是相互联系和相互验证的，一般应同时进行。如果限于条件不能同时进行这五部分检查时，只进行任何一部分，对受检查者的营养状况评估也有一定的参考价值。全面的运动营养评估则是由全面评价这五部分检查所得出来的综合结果，发现其中存在的营养和健康问题，提出相应的解决措施，以预防运动损伤和运动性疾病，辅助治疗代谢性疾病，保障健康。

这里要强调的是，作为运动营养师，我们的工作仅限于通过对个体和群体的运动营养评估来给评估对象进行运动和营养上的指导，不可作为疾病上的诊断和使用药物的依据。

第一章 体格测量和身体成分检测

体格测量和身体成分检测是反映人体膳食营养状况的重要指标。成人常用的体格测量指标有身高、体重、上臂围、腰围、臀围、皮褶厚度等，为更进一步了解个体的健康状况，还应测量人体的血压和脉搏（心率）以及身体成分。

第一节 体格测量

一、身高和体重

身高和体重是体格测量中最重要的指标，因为它们综合反映了蛋白质、能量及其他营养素的摄入、利用和储备情况。对于成人，身高是固定的，而且医学上并没有身高衡量标准，因此在本章不做重点描述。当蛋白质和能量供应不足时，体重的变化比较灵敏，因此常将体重作为了解蛋白质和能量摄入状况的重要观察指标。

（一）体　重

体重是运动营养评估中最简单、直接而又可靠的指标。体重是脂肪组织、瘦组织质量之和。

人体体重受饮食、排便等影响，每天有一定幅度的波动。因此，标准体重的测量应选择晨起空腹，排空大小便后，着内衣裤测定。

在临床上，对流行病学进行研究，观察人体体重与疾病的患病率和病死率的关系，得出了理想体重和病死率的关系呈 U 形曲线，也就是说，体重过高或者过低对健康都不利，并以此为基础，得出了我国理想体重的计算方法。

第一种：

标准体重（kg）=身高（cm）-100（适合成年男性身高<150cm 者）

标准体重（kg）=身高（cm）-105（适合成年男性身高≥150cm 者）

标准体重（kg）=［身高（cm）-100］×0.85（适合成年女性）

第二种：

标准体重（kg）=［身高（m）］^{2}×22.2（适合成年男性）

标准体重（kg）=［身高（m）］^{2}×21.9（适合成年女性）

中小学生和婴幼儿的理想体重可以参考世界卫生组织公布的相关标准，一般来说，用不同的方法得出来的标准体重会有差异，但差异一般不太大。

（二）体重指数

体重指数（body mass index，BMI）是计算人体身高与体重比值大小的指数，用来确定个体的理想体重。具体计算方法是以体重（kg）数除以身高（m）的平方，即 BMI=体重（kg）/身高^2（m^2）。BMI 被认为是蛋白质、热量摄入不足及肥胖症诊断的可靠指标。

国际上通常用世界卫生组织制定的体重指数界限值，对肥胖程度进行分类，即 25.0～29.9kg/m^2 为肥胖前期，30.0～34.9kg/m^2 为Ⅰ级肥胖，35.0～39.9kg/m^2 为Ⅱ级肥胖，而 BMI 在 40.0kg/m^2 以上为Ⅲ级肥胖（表 1-1）。

表 1-1 世界卫生组织制定的体重指数界限表

分类	BMI/(kg·m^{-2})
低体重	<18.5
正常体重	18.5～24.9
超重	25.0～29.9
Ⅰ级肥胖	30.0～34.9
Ⅱ级肥胖	35.0～35.9
Ⅲ级肥胖	>40.0

注：四舍五入，保留小数点后一位。

制定这个标准的数据主要来自欧洲人，而欧洲人与亚洲人在体格上和基因上有很大的不同，因此，世界卫生组织 2000 年提出一个亚太地区人群超重肥胖的标准，即 23.0～24.9kg/m^2 为肥胖前期，25.0～29.9kg/m^2 为Ⅰ级肥胖，大于 30.0kg/m^2 以上为Ⅱ级肥胖（表 1-2）。中国在 BMI 的标准上有一个独立的指标，见表 1-3。青少年的 BMI 评价标准见表 1-4。

表 1－2　世界卫生组织制定的亚太地区体重指数界限表

分类	BMI/(kg·m^{-2})
低体重	<18.5
正常体重	18.5～22.9
肥胖前期	23.0～24.9
Ⅰ级肥胖	25.0～29.9
Ⅱ级肥胖	>30.0

注：四舍五入，保留小数点后一位。

表 1－3　中国的 BMI 评定标准

分类	BMI/(kg·m^{-2})
低体重	<18.5
正常体重	18.5～23.9
肥胖前期	24.0～25.9
Ⅰ级肥胖	26.0～29.9
Ⅱ级肥胖	>30.0

注：四舍五入，保留小数点后一位。

表 1－4　用 BMI 判断青少年超重和肥胖的标准　　单位：kg/m^2

年龄/岁	超重		肥胖	
	男	女	男	女
7	17.4	17.2	19.2	18.9
8	18.1	18.1	20.3	19.9
9	18.9	19.0	21.4	21.0
10	19.6	20.0	22.5	22.1
11	20.3	21.1	23.6	23.3
12	21.0	21.9	24.7	24.5
13	21.9	22.6	25.7	25.6
14	22.6	23.0	26.4	26.3
15	23.1	23.4	26.9	26.9
16	23.5	23.7	27.4	27.4
17	23.8	23.8	27.8	27.8
18	24.0	24.0	28.0	28.0

由于BMI只能反映个体的体重大小，而体重包含瘦组织、脂肪组织，所以，单纯用BMI来衡量人是否肥胖是有局限性的，不适合肌肉型体格的运动人群、孕中晚期女性和残疾人群。

二、上臂围

上臂围可以反映个体的营养状况，与体重关系密切。测量时，被测量者上臂自然下垂，取上臂中点（肩峰与尺骨鹰嘴连线中点），用软尺环绕一周测量。软尺误差不得超过0.1cm。

我国北方地区成人上臂围正常参考值见表1-5。

表1-5 我国北方地区成人上臂围正常参考值

性别	年龄/岁	例数/人	上臂围/cm	变异系数
男	≥18～<26	1902	25.9±2.09	0.08
	26～<46	1676	27.1±2.51	0.09
	≥46	674	26.4±3.05	0.12
女	≥18～<26	1330	24.5±2.08	0.08
	26～<46	1079	25.6±2.63	0.10
	≥46	649	25.6±3.32	0.13

三、皮褶厚度

皮褶厚度是衡量个体营养状况和肥胖程度的指标，主要表示皮下脂肪厚度。皮下脂肪含量约占全身脂肪总量的50%，通过皮下脂肪含量的测定可间接评价人体肥胖程度。WHO推荐选用肩胛下角、肱三头肌和脐旁三个测量点。对于瘦、中等和肥胖的界限，男性分别为<10mm、10～40mm和>40mm，女性分别为<20mm、20～50mm和>50mm。

也可以通过测量皮褶厚度来推算人体的体脂率，我们将在本章的身体成分部分做阐述。

四、腰围和臀围

腰围是指腰部周径的长度。目前普遍认为，腰围是衡量脂肪在腹部蓄积程度最简单、最实用的指标。

腰围的测定标准：空腹，单着内衣裤，身体直立，腹部放松，双足分开30～40cm，测量者沿被测量者腋中线触摸最低肋骨下缘和髂嵴，将皮尺固定在最低肋骨下缘与髂嵴连线中点的水平位置，也可以直接在肚脐上方1cm处水平绕一周，在被测量者呼气时读数，记录腰围。测量时，被测量者不要刻意地挺腹或收腹。

臀围的测量标准：单着内衣裤，在臀部最突起的位置，用皮尺水平绕一周。

两个位置的测量，都要连续测量3次，取平均值，皮尺的精确度为0.1cm。

腰臀比（WHR）＝腰围（cm）/臀围（cm）

腰围正常范围见表1－6，腰臀比正常范围见表1－7。

表1－6　腰围正常范围

单位：cm

性别	WHO标准	中国标准
男性	<94	<90
女性	<80	<80

表1－7　腰臀比正常范围

性别	WHO标准	中国标准
男性	<0.95	<0.9
女性	<0.85	<0.8

腰围与BMI联合使用，可以用来判断疾病风险。由于腹部肥胖是最常见的问题，因此腰围也可作为一种健康风险评价指标单独使用，腰围增加，健康风险也会相应增加。BMI和腰围与健康风险的关系见表1－8。

表1－8　BMI和腰围与健康风险的关系

分类	BMI	腰围/cm		
		男性<85 女性<80	男性85～95 女性80～90	男性≥95 女性≥90
体重过低	<18.5	无影响	无影响	无影响
体重正常	18.5～<24.0	无影响	增加	高
超重	24.0～<28.0	增加	高	极高
肥胖	≥28.0	高	极高	极高

五、血　压

安静血压的测量是运动营养师对运动者做运动前评价的重要内容。测量结果应该取2次或2次以上正确测量结果的平均值，高血压和低血压都对训练和饮食方案的制定有重要的影响。

（一）血压测量的标准方法

血压测量有3种方法：水银柱式血压计、上臂式自动血压计、动态血压监测仪。

水银柱式血压计主要是在诊室由医护人员使用的测量血压工具，测量方法如下。

第一，选择符合标准的水银柱式血压计。

第二，袖带大小适合患者的上臂臂围，至少覆盖上臂的2/3。

第三，被测量者应坐在有靠背的座椅上，裸露右上臂，保持上臂及血压计与心脏处同一水平位置。

第四，袖带紧贴在被测量者的上臂，袖带下缘应在肘弯上2.5cm处，将听诊器胸件置于肘窝肱动脉搏动明显处。

第五，在放气过程中仔细听取柯氏音，观察柯氏音第Ⅰ时相（第1音）和第Ⅴ时相（消失音），收缩压读数读取第Ⅰ音，舒张压读数读取第Ⅴ音。

第六，确定血压读数，所有的读数要以水银柱凸面的顶端为准，读数取偶数。

第七，为了读数准确，应该在间隔1～2min重复测量，取2次读数平均值记录，如果收缩压或者舒张压2次测量数据相差5mmHg以上，应再次测量，以3次测量平均值为测量结果。

上臂式自动血压计和动态血压监测仪需要选用符合国际标准的测量仪器，电子测量仪器在读数时不需要选取偶数，以显示数据为准。

注意：被测量者应该精神放松，排空尿液，测量前1h内应避免剧烈活动、进食、喝含咖啡因的饮料、吸烟、服用降压药等。

（二）血压评价标准

良好的血压应该将收缩压/舒张压控制在120/80mmHg以下，120～<140/80～<90mmHg为高血压前期，如无并发症，不需要药物治疗，通过生活方式调整可以改善。140～<160/90～<100mmHg为1级高血压，160～<180/100～<110mmHg为2级高血压，180/110mmHg及以上为3级高血压。等级越高，对医疗介入的需求越大，运动和饮食干预的效果越差（表1－9）。

表1－9　成人血压分类

分类	收缩压/mmHg	舒张压/mmHg
正常血压	<120和	<80
高血压前期	120～<140和（或）	80～<90
高血压	≥140和（或）	≥90
1级高血压	140～<160和（或）	90～<100
2级高血压	160～<180和（或）	100～<110
3级高血压	≥180和（或）	≥110
单纯收缩期高血压	≥140和	<90

第二节 身体成分检测

在健康水平评估中，BMI 是一个重要指标，但它只能反映人体的体重，无法反映人体的体成分或身体结构。对于一些肌肉发达但脂肪含量少的人，虽然体重指数可能超过正常范围，但实际上并不能将他们归为肥胖人群。因此，为了更准确地了解检测对象的健康状况，往往在 BMI 基础上结合身体成分检测。身体成分检测可以直接反映脂肪含量和瘦体重含量。

一、身体成分的测量方法

（一）直接测定方法

1. 水下称重法

早期水下称重法被视为身体成分测量的“金标准”。人体脂肪和非脂肪成分的密度不同。人体脂肪的密度约为 0.9g/ml，非脂肪成分的密度为 1.10g/ml。以下称重法是身体密度来推算体重中脂肪与瘦体重所占比例的方法（身体的密度可根据体重与体积计算）。但是根据阿基米德原理求得的体积是表面体积，需要测定肺中的多余气体量作补充校正，将表面体积减去余气量，算出体积。这种方法操作难度较大，一般做研究时才用此方法，在临床中很少使用。

2. 双能 X 射线吸收法

近 20 年来，这个方法被视为身体成分测量的“金标准”，测量原理是用 2 种不同能量的弱 X 射线通过脂肪组织吸收法，测定出骨矿物质含量、脂肪含量和瘦体重（包括水、骨骼肌和无机盐）。双能 X 射线吸收法精确度高，可测量全身和局部的脂肪含量，当测量全身脂肪含量时，被测量者呈仰卧体位，用双能量 X 射线探头沿人体长轴方向进行扫描。

3. 气体置换法

该方法需要被测者进入容器内，根据容器内空气量的变化测量身体成分。其原理与水下称重法相同，用身体密度来计算出脂肪含量和瘦体重的百分比。被测量者进入空气置换仓几秒钟，感受器计算压力，测出人体排出的空气量，精确地分析身体成分，确定脂肪含量与瘦体重的基准值，包括密度、脂肪含量、体脂率和瘦体重等。

4. 稀释法

这种方法的前提是脂肪不含水，瘦体重的含水量较恒定，因而测定身体中的总水量即可估算出瘦体重和脂肪含量。通常将能均匀扩散到体液中的某种化学物质，如安替比林、尿素、乙醇等注入人体内，通过这种物质在短时间内被稀释的程度来推算人体的总体液量，再计算出瘦体重和脂肪含量。一般认为，成人的瘦体重含水量占总体液量的72%。目前常用的计算方法是：瘦体重 = 总体液量/0.72。

5. 计算机断层扫描（CT）法、磁共振成像（MRI）法

CT 法即计算机体层摄影法。基本原理是利用 X 射线穿过人体，并对一定厚度的层面进行扫描，由对侧探测器接收透过层面后的 X 射线，按其强度比例转化为可供记录的电信号，然后经过模拟数字转换器转换为数字后进入计算机，计算机会对从各个方面获得的信息进行运算，排列成矩阵，这些数字矩阵可储存于磁盘或光盘中。最后再经过数字/模拟转换器，把数字或矩阵转换成矩阵排列的图像，也就是 CT 图像。利用 CT 测量脂肪面积是迄今为止较准确的评价脂肪区域性分布的方法之一。

MRI 是 20 世纪 80 年代发展起来的一种全新的影像检查技术，其完全不同于传统的 X 射线和 CT，对人体无放射性暴露。其利用人体中的 H 质子在强磁场内受到射频脉冲的激发，产生磁共振现象，经过空间编码技术，把以电磁形式放出的磁共振信号接收转换，最后通过计算机形成图像。身体的脂肪组织有较高的质子密度，它具有非常短的 T1 值，信号强度大，故在常规自旋回波脉冲序列成像中 T1 加权像呈高信号，T2 加权像呈低信号，因此能观察到脂肪的含量、分布及变化。

6. 生物电阻抗法

近年来，生物电阻抗法已经广泛应用于临床工作和大众健身领域中。生物电阻抗法的原理是，人体脂肪组织和瘦组织的含水量有较大差异，使得两种组织的导电性能出现差异。体液的导电性较高，脂肪和骨骼的导电性差。生物电阻抗法提供了一种无创、安全、相对简便和可靠的评价体内成分的方法。这种方法测量的结果，很大程度上受被测量者的水合状态影响，要求测试人员具备丰富的经验，按照标准化步骤操作。

被测量者需要注意以下事项：

其一，测试前 48h 内禁止喝酒。

其二，测试前 12h 内避免剧烈体力活动。

其三，测试前 4h 内禁止饮食。

其四，不准服用利尿剂，包括咖啡因。

其五，排空大、小便。

（二）间接测量方法

BMI、腰围、腰臀比等也作为推算人体肥胖程度的方法，但因为局限性较大，无法推算人体的脂肪含量。较常用的间接推算方法是皮褶厚度法。

皮褶厚度法是测量一定部位的皮褶厚度，表示或计算出体内的脂肪含量的方法。此法比较简便易行，但要求所取部位准确，使用的皮褶计的压力标准要符合规定（$10g/cm^2$），在 2s 内读数，并记录读数至小数点后一位。

1. 肱三头肌皮褶

测量者位于被测量者的后方，使被测量者上肢自然下垂，测量者找出被测量者左上臂背侧中点（左肩峰至尺骨鹰嘴的中点）上约2cm处，用左手拇指、食指和中指将皮肤下皮褶夹提起来，测量皮褶厚度。注意皮褶计与上臂应垂直。

2. 肱二头肌皮褶

被测量者呈站立位，双足并拢，两眼平视前方，充分裸露被测部位，肩部放松，两臂自然下垂，掌心向前。测量者站在被测量者对面或侧面，在其肱二头肌肌腹中点上方1cm处，顺自然皮褶方向用左手拇指、食指和中指将皮肤下皮褶夹提起来，测量其皮褶厚度。注意皮褶计要与上臂垂直。

3. 肩胛下皮褶

被测量者的肩和腕不要用力，上肢自然下垂，然后在左肩胛骨下角下方约2cm处将皮褶纵向捏起，测量其厚度。测量时皮褶计要与水平方向成45°。

4. 腹部皮褶

测量者用左手拇指及食指将被测量者距脐左侧1cm处的皮肤连同皮下组织与正中线平行捏起，不要用力加压，用皮褶计测量距拇指约1cm处的皮褶根部。

5. 髂嵴上皮褶

取髂前上嵴与肋下缘连线中点处，测量时向内下方，与水平方向成45°进行测量。

二、身体成分评价标准

体脂率可以直接反映人体的脂肪堆积程度，但人的体脂率绝不是越低越好。人体的脂肪储备有一部分是必需脂肪，比如我们身体细胞的细胞膜都含有脂质，同时骨髓、心脏、肺、肝脏、脾、肾、肠及含脂质丰富的中枢神经系统都含有必需脂肪，这些脂肪是维持人体正常生理机能所必需的。一般男性的体脂率占其体重的3%及以上，女性的体脂率占其体重的10%～13%。还有一部分是储存脂肪，主要在脂肪组织里，比如内脏脂肪（可保护内脏器官，有缓震作用）和皮下脂肪（有保温作用）。

目前，国内外理想体脂百分比的标准很不一致，主要受到年龄、性别、种族、测量方法的影响，尚无普遍使用的身体成分标准。医学上普遍认为男性的体脂率为10%～20%、女性的体脂率为18%～28%对健康有益，实际上这个范围是比较宽泛的。依据美国运动医学会（ACSM）引用自库珀（Cooper）研究所的数据，运动营养师建议参考表1－10、表1－11的相关标准。

表 1－10　男性不同年龄身体成分评价标准

总数＝39644

百分位数	评价标准	年龄/岁					
		≥20～＜30	30～＜40	40～＜50	50～＜60	60～＜70	≥70
99	非常瘦	4. 2	7. 3	9. 5	11. 0	11. 9	13. 6
95		6. 4	10. 3	12. 9	14. 8	16. 2	15. 5
90	出色	7. 9	12. 4	15. 0	17. 0	18. 1	17. 5
85		9. 1	13. 7	16. 4	18. 3	19. 2	19. 0
80		10. 5	14. 9	17. 5	19. 4	20. 2	20. 1
75	良好	11. 5	15. 9	18. 5	20. 2	21. 0	21. 0
70		12. 6	16. 8	19. 3	21. 0	21. 7	21. 6
65		13. 8	17. 7	20. 1	21. 7	22. 4	22. 3
60		14. 8	18. 4	20. 8	22. 3	23. 0	22. 9
55	一般	15. 8	19. 2	21. 4	23. 0	23. 6	23. 7
50		16. 6	20. 0	22. 4	22. 4	23. 6	24. 2
45		17. 5	20. 7	22. 8	24. 2	24. 9	24. 7
40		18. 6	21. 6	23. 5	24. 9	25. 6	25. 3
35	较胖	19. 7	22. 4	24. 2	25. 6	26. 4	25. 8
30		20. 7	23. 2	24. 9	26. 3	27. 0	26. 5
25		22. 0	24. 1	25. 7	27. 1	27. 9	27. 1
20		23. 3	25. 1	26. 6	28. 1	28. 8	28. 4
15	很胖	24. 9	26. 4	27. 8	29. 2	29. 8	29. 4
10		26. 6	27. 8	29. 2	30. 6	31. 2	30. 7
5		29. 2	30. 2	31. 3	32. 7	33. 3	32. 9
1		33. 4	34. 4	35. 2	36. 4	36. 8	37. 2
数量		1844	10099	15073	9255	2851	522

表 1－11　女性不同年龄身体成分评价标准　　总数＝17145

百分位数	评价标准	年龄/岁					
		≥20～<30	30～<40	40～<50	50～<60	60～<70	≥70
99	非常瘦	11.4	11.2	12.1	13.9	13.9	11.7
95		14.0	13.9	15.2	16.9	17.7	16.4
90	出色	15.1	15.5	16.8	19.1	20.2	18.3
85		16.1	16.5	18.3	20.8	22.0	21.2
80		16.8	17.5	19.5	22.3	23.3	22.5
75	良好	17.6	18.3	20.6	23.6	24.6	23.7
70		18.4	19.2	21.7	24.8	25.7	24.8
65		19.0	20.1	22.7	25.8	26.7	25.7
60		19.8	21.0	23.7	26.7	27.5	26.6
55	一般	20.6	22.0	24.6	27.6	28.3	27.6
50		21.5	22.8	25.5	28.4	29.2	28.2
45		22.2	23.7	26.4	29.3	30.1	28.9
40		23.4	24.8	27.5	30.1	30.8	30.5
35	较胖	24.2	25.8	28.4	30.8	31.5	31.0
30		25.5	26.9	29.5	31.8	32.6	31.9
25		26.7	28.1	30.7	32.9	33.3	32.9
20		28.2	29.6	31.9	33.9	34.4	34.0
15	很胖	30.5	31.5	33.4	35.0	35.6	35.3
10		33.5	33.6	35.1	36.1	36.6	36.4
5		36.6	36.2	37.1	37.6	38.2	38.1
1		38.6	39.0	39.1	39.8	40.3	40.2
数量		1250	4130	5902	4118	1450	295

利用 BMI 与身体成分，也可以对体形进行综合评价。BMI 只能反映身体的整体状态，无法直观地反映出肌肉和脂肪的含量，体脂率可以直观地反映人体脂肪堆积程度。由于肌肉密度远高于脂肪，所以有些超重者虽然 BMI 超过正常范围，但身体成分却在正常范围，不需要减脂。而是有些人 BMI 正常，而身体成分超过正常范围，属于隐性肥胖，需要减脂，但是不需要减重，此时应该将其定为需要优化身体成分的人群，即以增加瘦体重为首要目标。因此，要想准确地判断出人体体重状况，并以此确定体重管理目标，应该将 BMI 和体脂率结合起来评价（表 1－12）。

表 1－12 BMI 和体脂率综合评价表

体脂率	BMI			
	偏低 <18. 5	正常 18. 5 ~ <24	超重 24 ~ <28	肥胖≥28
偏低 男 <10% 女 <18%	偏瘦	低脂肪肌肉型	肌肉型超重	运动型
正常 男 10% ~20% 女 18% ~28%	肌肉较少	标准	肌肉型超重	运动型
偏高 男 >20% 女 >28%	假性/隐性肥胖	临界肥胖	真性肥胖	真性肥胖

参考文献

[1] 顾景范，杜寿玢，郭长江．现代临床营养学［M］.2 版．北京：科学出版社，2009.

[2] 杨月欣，葛可佑．中国营养科学全书［M］．北京：人民卫生出版社，2019.

[3] 美国运动医学会．ACSM 运动测试与运动处方指南［M］.9 版．王正珍，等译．北京：北京体育大学出版社，2014.

[4] 博克，迪肯．临床运动营养学［M］．王启荣，译．西安：世界图书出版西安有限公司，2011.

[5] 王友发，孙明晓，杨月欣．中国肥胖预防和控制蓝皮书［M］．北京：北京大学医学出版社，2019.

[6] 王陇德．健康管理师［M］．北京：人民卫生出版社，2019.

[7] 中国营养学会．中国居民膳食指南［M］．北京：人民卫生出版社，2016.

[8] 杨月欣．中国食物成分表：标准版［M］.6 版．北京：北京大学医学出版社，2018.

[9] 傅宁，邓燕妮，施俊．关于体脂百分比、腰臀比、体重指数及诊断肥胖的研究［J］．中国疗养医学，2011，20（9）：779－780.

[10] 王正珍，徐峻华．运动处方［M］.2 版．北京：高等教育出版社，2018.

第二章　临床检查

临床检查即通过疾病史回顾、体征检查和一些实验室生化检查，发现机体可能的营养素缺乏，以及对某些营养素的特殊需求。

这里要强调的是，作为一名运动营养师，仅仅通过一个单一的指标就断定个体缺乏某种营养素是不可取的。例如，某男士头发稀少，不一定是蛋白质营养不良，有可能是有家族遗传史。因此，我们收集的信息越多，营养评价就越准确。只有将生化指标、膳食调查、临床症状和疾病史一起作为证据时，才能确定一个个体的营养素是否缺乏。

第一节　疾病（家族）史回顾

严格的疾病史应该包括医学诊断、以往的体检结果、症状史、近期患病史、住院史、最新的医学诊断和外科手术史、骨关节异常、用药史、过敏史、其他生活习惯、运动习惯、工作经历和家族史等。结合运动营养师的职责，本节将对相关的部分内容做阐述。

一、医学诊断

与运动营养相关的疾病多数为慢性代谢性疾病和部分退行性疾病，如肥胖症、2 型糖尿病、高血压、高血脂、脂肪肝、胆囊炎、痛风、骨质疏松、肌肉减少症、营养性贫血等。医学诊断可以发现，以上慢性疾病在发病的初期和中期阶段，如果加以合理运动营养干预，会有很好的效果，这些医学诊断为运动营养师制订运动营养计划提供了重要依据。

二、症状史

症状史即最近出现的身体不适，如胸部、下颌、颈部、背部和上肢等处有麻木、疼痛、沉重感、灼烧感、紧缩感、挤压感，轻度头痛、头晕眼花和晕厥，暂时性视觉或语言能力丧失，单侧一过性的麻木或虚弱，呼吸困难，心率加快或心悸，尤其在体力活动、饮食过量、心情沮丧或暴露在寒冷环境中（或这些因素综合作用）时出现。

三、用药史

用药史包括代谢类药物、类固醇、免疫抑制剂、利尿剂、泻药、保健品及营养品。这些用药史将为运动营养师了解客户的健康状况和制订运动营养计划提供重要的指导意见，如使用降糖药，就需要关注其用药时间和训练时间的间隔，并随时注意训练中补糖。

四、生活习惯

喝咖啡、饮酒、抽烟通常归为生活嗜好，这是因为这三种行为不是人体必需的，而且随之摄入的物质如咖啡因、苯并芘、苯并蒽、亚硝胺、重金属、尼古丁、酒精等对人体有害，它们在人体内的代谢排出需要在肝脏内进行，容易导致肝脏负担加重，而肝细胞呼吸旺盛，会消耗大量的维生素 B 族，而且极易产生自由基。因此，喝咖啡、饮酒、抽烟至少增加了人体对维生素 B 族的消耗，使自由基增多，造成身体对维生素 C、维生素 E、β 胡萝卜素等抗氧化营养素的需求量增加。酒精和咖啡有利尿作用，它们的摄入会导致矿物质流失。咖啡在烘焙时可能会产生一些致癌物，酒精和烟草也是某些癌症的危险因素，因此经常喝咖啡、饮酒的人，且饮食、作息不规律，其患癌症的可能性较大；经常饮酒对胃肠黏膜的破坏可引起胃肠的吸收功能减弱，导致营养素缺乏。

第二节　体征检查

体征检查通过观察检查对象的脸色、体形、精神状态可以对其营养状况有一个初步估计，详细检查头发、眼睛、嘴唇、口腔、四肢和皮肤等，进一步推测可能的营养素缺乏。要注意的是营养素缺乏往往是多发性的，在发现一种营养素缺乏的表现时，应考虑伴有其他营养素缺乏的可能性。

一、全　身

消瘦、面色苍白、精神不振可见于能量和蛋白质缺乏。蛋白质缺乏时还可出现水肿，轻者仅见于下肢踝关节，重者可以延至躯干腹壁，还可以出现面部、眼睑水肿，甚至两眼睁不开，严重时可发生腹水、胸腔积液。

二、皮 肤

皮肤干燥、粗糙、无正常光泽、脱屑或毛囊突起，如疙瘩，可能与维生素 A 缺乏有关。皮肤出现点状出血、瘀斑可能与缺乏维生素 C 和维生素 K 有关。皮肤水肿、伤口愈合慢或愈合不良可能与蛋白质、锌、必需脂肪酸和维生素 C 缺乏有关。

三、头 发

头发失去正常色泽、变细、稀疏、干燥、易折断，可能与蛋白质、能量缺乏，以及锌、生物素等微量营养素缺乏有关。

四、眼 睛

角膜周边及周围出现灰白色浑浊环，多见于老年人，称为老年环，是类脂质沉积的结果。巩膜正常时是瓷白色，中年以后在内眦部可出现黄色斑块，为脂肪沉积所致；血液中其他黄色色素成分增多时，如胡萝卜素增多也可引起巩膜黄染，注意与黄疸鉴别。角膜边缘若出现若干黄色或棕褐色的色素环，环的外缘比较清晰，内缘较模糊，称为 Kayser - Fleischer 环，是铜代谢障碍的结果，见于肝豆状核变性。

眼球结膜干燥，暗适应能力下降可能与维生素 A 缺乏有关，贴近角膜两侧和结膜外侧有皱褶，形成大小不等的泡沫状白斑，称为比托斑，是由维生素 A 缺乏后脱落的上皮细胞堆积形成。角膜软化是维生素 A 缺乏时出现的较严重现象，可使角膜发生溃疡、穿孔。

眼球结膜充血、角膜周围血管增生、角膜与结膜相连处有水泡可能与维生素 B_2 缺乏有关。

五、口 腔

口角湿白、裂隙、溃疡，嘴唇肿胀、裂隙、溃疡及色素沉着可能与维生素 B_2 缺乏有关。口腔黏膜下如见大小不等的出血点、瘀斑或牙龈出血，则可能是由维生素 C 缺乏引起的。

牙齿珐琅质破坏，牙齿表面原有光泽消失，出现灰色斑点可能与氟过多有关。牙龈的游离缘出现蓝灰色点线称为铅线，是铅中毒的特征。在铋、汞、砷等中毒时可出现类似的黑褐色点线状色素沉着。

舌乳头萎缩甚至消失，舌表面光滑、无苔，呈粉红色、红色或橙黄色，舌体缩小也叫平滑舌，常见于某些营养不良性疾患，如吸收不良综合征、烟酸缺乏症、维生素 A 及核黄素缺乏症，亦可见于恶性贫血、萎缩性胃炎和胃癌等疾病。

舌肿胀、红斑及舌乳头萎缩，甚至全舌紫红色或红紫相间，出现中央红斑，边缘界限清楚如地图样变化，被称为地图舌，与维生素 B_2 缺乏有关。舌部糜烂及猩红舌、舌面绛红如牛肉状，可能是烟酸缺乏的症状。

正常人呼气时没有特殊气味。气息异常有很多种，常见的有：烂苹果味可能是酮症酸中毒；尿味可能是各种原因导致的肾功能急慢性衰竭；肝臭可能是多种原因所导致的肝昏迷；大蒜味可能是食用大蒜或有机磷中毒；酒味可能是饮酒或酒精中毒；金属味可能是重金属（如铅、铋等）中毒；葱味可能是食用葱或者砷中毒；杏味可能是杏仁、桃仁、琵琶仁、李子核仁等中毒。

六、耳　鼻

鼻唇沟、眉间和耳朵后皮肤褶皱处有皮脂腺分泌过多、皮脂积留的现象，被称为脂溢性皮炎，与维生素 B_2 缺乏有关。

七、颈　部

颈前甲状腺肿大、大脖子病可能是碘缺乏。甲状腺肿大可分为三度。轻度，颈部看不到，但触诊可摸到甲状腺；中度，颈部可以看到肿大的轮廓，甲状腺没有超过胸锁乳突肌的后缘。重度，视诊和触诊都可以发现甲状腺肿大，甲状腺超出了胸锁乳突肌的后缘。

八、四　肢

（一）指　甲

指甲面中部凹陷且变薄，甲面粗糙有条纹，其边缘翘起呈匙状，可能是缺铁导致。

（二）骨　骼

骨骼变形如鸡胸、漏斗胸、念珠形肋骨、X 形或 O 形腿可能与维生素 D 或钙缺乏有关。

九、神　经

指端麻木、肌肉压痛，尤其是腓肠肌压痛可能与维生素 B_1 缺乏有关。情感淡漠和痴呆，伴有肌肉震颤、腱反射过敏或消失可能与烟酸缺乏有关。末梢感觉迟钝、膝反射减弱和消失、肌肉震颤可能与维生素 B_{12} 缺乏有关。

营养素缺乏的体征表现见表2－1。

表2－1 营养素缺乏的体征表现

检查项目	体征	可能缺乏的营养素
全身	消瘦、发育不良	能量、蛋白质、维生素、锌
	贫血	铁、蛋白质、叶酸、维生素 B_{12}、维生素 B_6、维生素C
	水肿	蛋白质、钠
皮肤	干燥、鳞屑	维生素A、锌、必需脂肪酸
	毛囊角化、毛囊丘疹	维生素A
	脂溢性皮炎	维生素 B_6、维生素 B_2
	出血、瘀斑	维生素C、维生素K
	伤口不愈合	蛋白质、必需脂肪酸、锌、维生素C
	阴囊湿疹	维生素 B_2
头发	干燥、稀疏、变细、无光泽	能量、蛋白质、锌、生物素
指甲	匙状指	铁
眼	角膜干燥、夜盲、比托斑	维生素A
	角膜边缘充血、结膜炎	维生素 B_2
唇	口角炎、口唇炎、口角裂	维生素 B_2、烟酸、维生素 B_6
口腔	舌糜烂、舌猩红	烟酸
	地图舌、舌肿胀	维生素 B_2
	牙龈出血	维生素C
	舌乳头萎缩	铁、维生素 B_2、生物素
	味觉减退	锌、维生素A
颈部	甲状腺肿大	碘
腹部	腹泻	烟酸、维生素 B_{12}
四肢	骨骼变形	维生素D、钙
	肌肉压痛、指端麻木	维生素 B_1
	肌肉萎缩	蛋白质、维生素D、硒

续表

检查项目	体征	可能缺乏的营养素
神经	肌肉震颤、感觉异常	维生素 B_1、维生素 B_{12}
	痴呆、情感淡漠	维生素 B_1、烟酸、维生素 B_{12}
	疲倦、失眠	维生素 B_1
胃肠道	胃灼热、反酸、腹胀、口臭、长期慢性腹泻或餐后短暂腹泻、餐后困乏、粪便干结或量少、排便不净感、消化不良	维生素 B 族、益生菌、益生元、维生素 A、谷氨酰胺

第三节 实验室检查

实验室检查是了解人体营养状况最直接的方法，通过收集血液、尿液等生物标本，测定特定的生物标志物，可以客观、灵敏地显示机体营养状况的早期变化，往往还可观察到临床缺乏症出现前代谢功能的变化。本节主要介绍反映营养水平的实验室鉴定参考指标及临界值的生化指标（表 2－2）。

表 2－2 反映营养水平的生化指标及临界值

检查项目	生化检验参考指标及临界值
蛋白质	血清总蛋白 >60g/L
	人血清白蛋白 >36g/L
	血清球蛋白 >13g/L
	人血清白蛋白/球蛋白（1.5～2.5）/1
	空腹血中氨基酸总量/必需氨基酸量 >2
	血液比重 >1.015
	尿羟脯氨酸系数（mmol/L 尿肌酐系数） >2.0～2.5
	游离氨基酸 40～60mg/L（血浆），65～90mg/L（红细胞）
	每日必要氮损失（ONL）：男 58mg/kg，女 55mg/kg

续表

检查项目	生化检验参考指标及临界值
血脂	总脂 4500～7000mg/L
	三酰甘油 200～1000mg/L
	α－脂蛋白 30%～40%
	β－脂蛋白 60%～70%
	胆固醇 1100～2000mg/L，其中胆固醇酯 70%～75%
	游离脂肪酸：男性 0.1～0.6mmol/L，女性 0.1～0.45mmol/L
	血酮＜20mg/L
钙磷	血清钙 90～110mg/L（其中游离钙 45～55mg/L）
	血清无机磷：儿童 40～60mg/L，成人 30～50mg/L
	血清 Ca×P＞30～40
	血清碱性磷酸酶：成人 1.5～4.0，儿童 5～15 菩氏单位
铁	全血血红蛋白浓度（g/L）：成年男性＞130，成年女性＞120，儿童＞120，6 岁以下儿童及孕妇＞110
	血清运铁蛋白饱和度：成人大于 16%，儿童大于 7%～10%
	血清铁蛋白＞10～12mg/L
	血细胞比容（HCT 或 PCV）：男 40%～50%，女 37%～48%
	红细胞游离原卟啉＜70mg/L RBC
	血清铁 500～1940μg/L
	平均红细胞体积 80～90fl
	平均红细胞血红蛋白量 26～32μg
	平均红细胞血红蛋白浓度（34±2）%
锌	血浆锌 800～1100μg/L
	红细胞锌 12～14mg/L
	血清碱性磷酸酶活性：成人 40～150U/L，儿童小于 500U/L
维生素 A	血清视黄醇：儿童＞300μg/L，成人＞400μg/L
	血清胡萝卜素＞800μg/L
维生素 D	血浆 25－OH－D_3，10～30μg/L
	1,25（OH）$_2$－D_3，30～60μg/L

续表

检查项目	生化检验参考指标及临界值			
	24h 尿	4h 尿负荷 5mg 口服	任意一次尿	血
维生素 B_1	>100μg	>80μg	>66μg	TPP 效应<16%
维生素 B_2	≥120μg	≥1.3mg	>80μg	>140μg/L RBC
烟酸	>1.5mg	>2.5mg	>1.6mg	—
维生素 C	>10mg	>3mg	>10mg	>3mg/L
叶酸	(500mg 口服)		>0.16μg/ml 红细胞	
其他	尿肌酐 0.7~1.5g/24h 尿 尿肌酐系数：男 23mg/kg，女 17mg/kg 全血丙酮酸 4~12.3mg/L			

主要指标解读

血清总蛋白：血清总蛋白具有维持血液正常胶体渗透压和 pH 值、运输多种代谢物、免疫以及营养等多种功能。总蛋白本身代谢库较大，而且受球蛋白水平的影响，不够灵敏，参考值为 60~80g/L。

人血清白蛋白：人血清白蛋白是维持血清胶体渗透压、缓冲酸碱平衡的重要营养物质。机体白蛋白代谢库为 3~5g/kg 体重，其中 50% 以上存在于血液。人血清白蛋白只反映血液蛋白水平，不能反映内脏蛋白的变化，而且白蛋白半衰期较长（14~20 天），不能灵敏反映机体蛋白短期的营养状况。肝肾疾病、外伤、手术、败血症、水肿、烧伤、甲状腺功能减退等都会影响白蛋白水平。参考值为 36~55g/L。30~35g/L 为轻度缺乏，25~30g/L 为中度缺乏，≤25g/L 为重度缺乏。

尿羟脯氨酸系数：羟脯氨酸是存在于胶原蛋白中的特异氨基酸，反映机体胶原蛋白合成及代谢情况。其是用于评价儿童蛋白质营养状况的指标，尿羟脯氨酸系数>2.0 为正常，<1.0为严重缺乏，1.0~2.0 为轻度缺乏。

血清运铁蛋白：血清运铁蛋白是一种 β 球蛋白，主要在肝脏合成，半衰期较短，为 8~10 天，但在体内的代谢库非常小（<0.1g/kg 体重），因此血清运铁蛋白能快速反映机体蛋白质的营养状况。运铁蛋白具有运输铁的功能，每个分子的运铁蛋白可运载 2 个铁原子。机体铁缺乏时，可以导致运铁蛋白合成增加，以增加铁的吸收。因此运铁蛋白可以作为人体铁缺乏的一个参考指标。当机体同时存在缺铁性贫血和慢性蛋白质营养不良时，运铁蛋白就不再是评价机体蛋白质营养状况的适宜指标。由于运铁蛋白影响因素多，用于机体蛋白质营养状况评价时，也需多指标、多方面综合分析。血清运铁蛋白的参考值为 2~4 g/L，1.5~2g/L 为轻度缺乏，1~1.5g/L 为中度缺乏，≤1g/L 为重度缺乏。

尿肌酐：尿肌酐是肌肉肌酸的代谢产物，尿肌酐的数量反映肌肉的数量和活动。某些疾病、运动量过大、甲状腺功能下降、外源性肌酸摄入过多等因素可导致尿肌酐增多，但蛋白质摄入量和肌酐水平几乎没有影响。

第四节　运动训练监控方法

训练监控是将运动医学、运动生物力学、运动心理学、运动生理学、运动生物化学等学科的理论和方法应用于训练过程中，运用综合方法和手段研究训练过程和训练效果，其最终目的是帮助教练员和运动员不断调整训练计划，使运动员在体能、心理和技术等方面达到最佳状态，从而最大限度地提高训练效果和运动能力。

运动训练监控是训练过程的一个重要组成部分，利用生理生化方法和技术，测定运动训练过程中人体的生理生化指标，以评价训练课的负荷强度、负荷量，训练方法和手段的合理性与效果，以及人体对运动训练产生的适应信息、恢复效果等，从而了解训练效果，并正确评价和调整训练方案。运动训练监控涵盖了运动训练过程的前、中、后阶段，以及动态的和静态的全方位的监控。本节仅对大众健身方便使用的无创指标进行讲述。

一、心　率

心率是心脏周期性机械活动的频率，即每分钟跳动次数，以次/min 表示，各种运动手环、运动手表、专业的心率带都可作为心率测试设备。在实际训练中，运动员常须测定基础心率、安静心率、运动时心率和运动后恢复期心率。

（一）基础心率

基础心率是清晨起床前空腹卧位心率，基础心率一般较为稳定。在评价运动员机体恢复情况时，常以自身测试结果为纵轴，以测试时间为横轴作图，若数值稳定，则表明机体对训练适应和机能良好。如基础心率高于个人水平的20%，则考虑身体机能状况不良和训练负荷过大。

（二）安静心率

安静心率因身体状态不同及个体间的差异而不同。正常健康成人的心率为 60 ~ 80 次/min，运动员安静时心率范围为 45 ~ 80 次/min。

（三）运动时心率

运动时心率与运动负荷强度有密切关系，极量强度负荷时，心率在 180 次/min 以上，可提高无氧代谢能力；亚极量强度负荷，心率在 170 次/min 左右，可提高混合代谢能力；

中等强度负荷，心率在150次/min以下，可提高有氧能力。运动时心率也可按照最大心率百分比表示，最大心率一般用220－年龄估算。如果运动员经过阶段训练后，完成相同训练负荷时心率有所下降，则表明阶段训练的效果是良好的。

（四）运动后恢复期心率

随运动后恢复时间的不同而不同，如运动后即刻、5min、10min，可反映身体对负荷的恢复速度；次日晨一般能恢复至基础心率。

二、主观体力感觉等级

主观用力等级（rating of perceived exertion，RPE）是判断疲劳的重要指标。运动时来自肌肉、呼吸和心血管方面的刺激，都会传输至大脑皮质，引起感觉系统应激。大脑细胞通过对传入信息的综合分析而对其工作能力做出调整，如感觉到疲劳，往往会产生一种需要停止工作的预兆，因此，疲劳的主观感觉往往是真正疲劳的信号。

RPE具体测定方法是：被测者在功率自行车或跑台上做递增负荷运动，并观察RPE表（表2－3），被测者在运动中每增加一级负荷，应在RPE表指出自我感觉等级，表中的等级乘以10，即为被测者完成该负荷时的心率，如果机体出现疲劳，主观体力感觉等级将会增加。

表2－3　主观用力等级表

<table>
<tr><th>等级</th><th>自我感觉</th></tr>
<tr><td>6</td><td>根本不费力</td></tr>
<tr><td>7</td><td rowspan="2">极其轻松</td></tr>
<tr><td>8</td></tr>
<tr><td>9</td><td rowspan="2">很轻松</td></tr>
<tr><td>10</td></tr>
<tr><td>11</td><td rowspan="2">轻松</td></tr>
<tr><td>12</td></tr>
<tr><td>13</td><td rowspan="2">稍费力</td></tr>
<tr><td>14</td></tr>
<tr><td>15</td><td rowspan="2">费力</td></tr>
<tr><td>16</td></tr>
<tr><td>17</td><td rowspan="2">很费力</td></tr>
<tr><td>18</td></tr>
<tr><td>19</td><td>极其费力</td></tr>
<tr><td>20</td><td>尽最大努力</td></tr>
</table>

三、尿液指标

尿液指标是指通过尿液颜色和尿常规（尿十项）检测得出的指标，包括尿白细胞、尿红细胞、尿胆原、尿维生素 C、尿结晶、尿比重、尿蛋白、尿酮体、尿菌落计数、尿液酸碱度 10 项检测项目，常用以下 7 个指标作为运动机能评定的指标。

（一）尿液颜色

正常的尿液颜色是透明浅黄色，而当机体缺水时，尿液颜色会逐渐加深。阿姆斯特朗（Armstrong）教授建立了 8 个等级尿液颜色比对卡，利用尿液颜色来判断机体水合状态。对于儿童、青少年、成年女性及孕产妇，当尿液颜色在比对卡上的值≥4 时，应该增加饮水量，改善水合状态。对于运动人群，当尿液颜色在比对卡上的值≥5 时，可以有效反映体重 2% 以上的变化，并可以用来判断运动人群的水合状态。

（二）尿蛋白

通常在运动后约 15min 取尿，观察运动后尿蛋白排出量的变化。由于尿蛋白一般在运动后 4h 消失，所以运动后 4h 或次日晨取尿，可观察机体恢复状况。由表 2－4 可见，马拉松赛后尿蛋白出现率很高，在评定运动负荷时，如果运动强度越大，那么尿蛋白生成量越多。在评定运动员机能状态时，如果机能状态好，完成相同负荷运动量或比赛，尿蛋白量相对恒定，运动后 4h 或次日晨基本恢复；如果机能状态不好，则尿蛋白明显增多，且恢复时间延长。

表 2－4　马拉松运动员赛后尿蛋白出现率的参考值

测试对象	性别	人数	尿蛋白量（mg/100g）	赛后尿蛋白出现率/%
马拉松运动员	男	30	5～150	97
马拉松运动员	男	11	5～110	64
马拉松运动员	男	12	71	100

（三）尿胆原

尿胆原是体内血红蛋白代谢分解的产物。剧烈运动或肝脏功能不全时，会影响尿胆原的排泄量。在马拉松训练中，当运动负荷加大或机能下降时，次日晨尿胆原排泄量有可能增加。因此，在马拉松运动员大运动量训练期间，可根据晨尿的尿胆原排泄量了解运动员的身体机能状况。在大运动量训练次日晨尿胆原小于 2mg/100g 时，一般认为机体对训练能够适应，机能恢复良好；若高于 2mg/100g，甚至持续保持在较高水平，提示运动员不适应训练，机能水平下降，须进一步观察或调整训练计划。

（四）尿酮体

正常情况下，尿酮体为阴性。当运动量大时，体内的糖原储备大量消耗，促使脂肪组织释放入血的脂肪酸增多，引起肝内脂肪酸氧化加剧和酮体生成增多，有可能导致运动后和次日晨尿酮体阳性。尿酮体阳性多出现在大运动量训练课后，特别是在天气炎热、不注意补充糖饮料致使体内严重缺糖的情况下。一般来说，经过运动后进餐和积极休息，次日晨的尿酮体阳性会转阴性。避免运动后尿酮体阳性的有效方法是重视运动中适量补糖，在运动后保证糖的供给量。

（五）尿比重

正常人尿比重的参考值为1.015～1.025，运动员尿比重的参考值为1.003～1.030。但在大运动量和长时间训练后，可因脱水引起尿比重增高，尿中盐类结晶明显增多。如果运动后尿比重升高，在次日晨恢复正常，则表明运动员机能良好；如果尿比重持续保持在较高水平，则提示运动员仍处于脱水状态，应引起注意，因为身体脱水会直接影响运动能力。在夏季训练中，马拉松运动员出汗量可高达2kg/h，不仅丢失了大量水分，同时随汗液也丢失了大量电解质，其中包括钠盐。因此，除增加该指标的监测频率，运动员要重视补液，多吃蔬菜和水果，在饮水中增加电解质。

（六）pH 值

安静时尿液的 pH 值平均值为 6.6。在长时间大强度运动后，乳酸生成增多，尿液酸化（表2－5）。运动后监测尿液 pH 值，有助于了解酸碱平衡，为采取有效的恢复手段和膳食营养措施提供依据。

表2－5　马拉松运动员训练后尿液 pH 值参考

	20000m 训练后	30000m 训练后	全程测验后	赛后 24h
pH 值	6.75	6.0	5.7～5.8	5.34～5.36

（七）尿潜血

尿潜血阳性发生率与运动者对训练负荷的反应、身体机能状况有关，同时还可能与寒冷、低氧等环境因素对身体的刺激有关。当运动负荷过大或突然加大运动负荷时，尿潜血阳性发生率相应增加，而且负荷强度比运动量更能增加尿潜血阳性率（表2－6）。长距离跑运动员脚底由于长时间与地面摩擦，以及跑步技术的不合理均可使尿潜血呈阳性。

表 2－6　马拉松运动员尿潜血阳性发生率

报告者	检测人数	尿潜血阳性人数	尿潜血阳性率/%
北京体育大学	36	3	8.3
国家体育总局运动医学研究所	30	11	36.7
安徽医学院	8	8	100
湖南医学院	11	11	100

参考文献

［1］顾景范，杜寿玢，郭长江．现代临床营养学［M］．2 版．北京：北京科学出版社，2009.

［2］杨月欣，葛可佑．中国营养科学全书［M］．北京：人民卫生出版社，2019.

［3］美国运动医学会．ACSM 运动测试与运动处方指南［M］．9 版．王正珍，等译．北京：北京体育大学出版社，2014.

［4］博克，迪肯．临床运动营养学［M］．王启荣，译．西安：世界图书出版西安有限公司，2011.

［5］王友发，孙明晓，杨月欣．中国肥胖预防和控制蓝皮书［M］．北京：北京大学医学出版社，2019.

［6］王陇德．健康管理师［M］．北京：人民卫生出版社，2019.

［7］中国营养学会．中国居民膳食指南［M］．北京：人民卫生出版社，2016.

［8］杨月欣．中国食物成分表：标准版［M］．6 版．北京：北京大学医学出版社，2018.

［9］谢敏豪，严翊，冯炜权．耐力训练监控与营养［M］．北京：北京体育大学出版社，2007.

［10］冯世连，冯美云，冯炜权．优秀运动员身体机能评定方法［M］．北京：人民体育出版社，2003.

第三章 膳食评价

膳食评价是通过对调查对象一段时间内膳食营养素摄入情况的调查，与该调查对象每日膳食营养素推荐摄入量进行比较，以此来评价其营养素需求得到满足的程度，以及发现其膳食不合理的地方。从运动营养角度，膳食评价还可以评价调查对象的运动能力、膳食和健康状况之间的关系，确定营养支持的方案，以及监控营养干预的过程和效果。调查内容包括被调查对象在调查期间所吃的各类食物的品种和数量，了解烹饪方法、饮食规律和餐次分配是否合理。

膳食调查与评价的方法主要有食物称重法、记账法、化学分析法、回顾法和食物频率法，以及以定性评价为目的的饮食习惯问卷法。

第一节 食物称重法

食物称重法能准确地测量食物摄入量。但要想通过称重法反映平时的膳食，通常需要进行多天的记录。如果没有称量的工具，也可以估算食物的摄入量。估算相对简单，容易执行，但是准确性差，为了提高准确性，可使用标准量杯和汤匙，或使用格子、实物照片、食物模型来帮助调查对象准确地评估食物的质量。

称重法可以用于集体食堂、单位、家庭及个人的膳食评价。目前我国的食物成分表是以食物原料为基础，而且不同地域的烹饪方式各异，所以在应用称重法做膳食调查时，要掌握两方面资料，一是不同食物的生重和烹调后的熟重，从而得到各种食物的生熟比（表3－1）；二是称量个人所摄入的熟食质量，然后按生熟比算出所摄入原料的生重。再通过查表、计算，得出每天摄入的营养素，继而进行相关评价。

表 3－1　常见食物类别及烹饪方式的生熟比

食物类别	烹调方法	生熟比
茎叶类蔬菜	炒/烫	2
瓜茄类蔬菜	炒/炖/蒸	1.5
根茎类蔬菜	炒	1.11
	烫/煮	1
	烤	1.25
	炸	1.67
蛋类	蒸/煮/烧	1～1.2
肉类	炖/烤/炸/烧	1.25～1.43

《中国食物成分表：标准版》（2018）分析了熟食成品、加工食品的食物成分含量，馒头、米饭、糕点等可以直接利用熟食的数据。由于每天摄入的食物种类不同，所以称重法只有连续调查一周或不少于3天，才能得到比较准确的摄入量。调查时不要忽略正餐之外的水果、饮料、点心、坚果等零食。

在膳食调查中，要求运动营养师掌握一定的估算能力，因为在工作中可能无法做到跟随客户进行称量，需要凭借客户的描述、图片或者食物模型进行估算。同时了解食物的可食率，因为食物成分表上显示的数据都是以每100g可食部分表述的，所以要把不能吃的皮、壳、骨头等所占质量去掉。这就要求运动营养师在生活中多积累经验，如：北方市场上常见的馒头质量为100～120g，可食率100%；一般中等大小香蕉的质量约为150g，去皮之后的质量为90～100g，可食率在60%左右。

称重法的评价需要用到24h膳食记录表（表3－2），称重法的步骤如下。

一、准备调查工具

准备膳食调查表、食物成分表或有中国食物成分表数据库的软件（如运动营养师APP）、计算器等。

二、确定咨询形式

确定咨询地址，可以是门诊（工作室）也可以是线上。询问评估对象的年龄、性别、身高、体重、平时的体力活动水平，确定每天能量需要水平。

三、确定各餐次食物种类和质量

确定每天的食物种类和质量以及各餐饮就餐地点、各菜肴的烹饪方法。鉴于本部分要与客户详细交流、询问，因此要把握总体时间，以 30min 之内为宜，并且密切注意客户反应，勿因烦琐造成客户反感。当然，如能教会客户使用称重方法，由客户本人称重并准确记录，这是最理想的状态。

表 3－2　24h 膳食记录表

餐次	菜品名称	原料名称	食部（熟）重/g	食部（生）重/g	进餐地点	进餐时间
早餐及加餐	牛奶燕麦粥	纯牛奶	200	200	家	
		麦片	25	25		
		葡萄干	10	10		
	三明治	面包	120	120		
		鸡蛋	50	50		
		生菜	30	30		
		西红柿	60	60		
		卡夫奇妙酱	10	10		
	香蕉	香蕉（去皮）	10	120		
午餐及加餐	鸡腿米饭	米饭	300	300	公司食堂	
		鸡腿（卤）	120	120×1.25＝150		
		包菜（煮）	30	30×1＝30		
		胡萝卜（煮）	50	50×1＝50		
		油	15	15		
	核桃	核桃仁		15		
晚餐及加餐	米饭	米饭	300	300	家	
	菠菜炒鸡蛋	菠菜	70	70×2＝140		
		鸡蛋	40	40×1.2＝48		
		花生油	10	10		
	胡萝卜炖牛肉	胡萝卜	50	50×1＝50		
		牛肉（肥瘦）	80	80×1.25＝100		
		大豆油	20	20		

四、数据整理和计算

24h 膳食记录做完后，要通过《中国食物成分表》查询相应食物的原材料营养成分，并计算出能量和宏量营养素质量。

表3－3是24h膳食记录案例数据整理表。

表3－3　24h膳食记录案例数据整理表

24h膳食记录表				食材营养成分				实际摄入营养成分			
餐次	菜品名称	原料名称	食部（生）重/g	能量/kcal	糖/g	蛋白质/g	脂肪/g	能量/kcal	糖/g	蛋白质/g	脂肪/g
早餐及加餐	牛奶燕麦粥	纯牛奶	200	54	3.4	3	3.2	108	6.8	6	6.4
		麦片	25	368	67.3	12.4	7.4	92	16.8	3.1	1.9
		葡萄干	10	344	83.4	2.5	0.4	34.4	8.3	0.2	0
	三明治	面包	120	313	58.6	8.3	5.1	375	70.3	10	6.1
		鸡蛋	50	144	2.8	13.3	8.8	72	1.4	6.6	4.4
		生菜	30	16	2.1	1.4	0.4	4.8	0.6	0.4	0.1
		西红柿	60	15	3.3	0.9	0.2	9	2	0.5	0.1
		卡夫奇妙酱	10	131	10.9	0.3	9.5	13.1	1.1	0	1
	香蕉	香蕉（去皮）	120	93	22	1.4	0.2	108	26.4	1.7	0.3
午餐及加餐	鸡腿米饭	米饭	300	116	25.9	2.6	0.3	348	77.7	7.8	0.9
		鸡腿（卤）	150	181	0	16	13	271	0	25	19.5
		包菜（煮）	30	24	4.6	1.5	0.2	7.2	1.4	0.5	0.1
		胡萝卜（煮）	50	39	8.8	1	0.2	19.5	4.4	0.5	0
		油	15	900	0	0	100	135	0	0	15
	核桃	核桃仁	15	646	19.1	14.9	59	97	2.9	2.2	8.8
晚餐及加餐	米饭	米饭	300	116	25.9	2.6	0.3	348	77.7	7.8	0.9
	菠菜炒鸡蛋	菠菜	140	28	4.5	2.6	0.3	39.2	6.3	3.4	0.4
		鸡蛋	48	144	2.8	13.3	8.8	69.1	1.3	6.4	4.2
		花生油	10	899	0	0	100	90	0	0	10
	胡萝卜炖牛肉	胡萝卜	50	39	8.8	1	0.2	19.5	4.4	0.5	0
		牛肉（肥瘦）	100	125	2	19.9	4.2	125	2	19.9	4.2
		大豆油	20	900	0	0	100	180	0	0	20
总计			1853	5635	356.2	118.9	421.7	2564.8	311.8	102.5	104.3

经过对数据的整理和计算，得出以下结果，包括摄入总能量、宏量营养素的量以及供能百分比（表3－4）。然后根据该客户的性别、年龄以及咨询目的计算出客户每天实际摄

入的能量以及营养素的需要量，与实际调查结果进行对比，最后给出准确的营养评价。

表 3－4　24h 摄入总能量、宏量营养素及供能百分比数据分析

	糖	蛋白质	脂肪
质量/g	311.8	103	104.3
供能百分比/%	46.6	15.4	38

如果该客户是年龄 30 岁，身高 163cm，体重 70kg 的女性，轻体力活动者。其 BMI = $70/1.63^2 = 26.4 > 23.9$，通过身体成分测试测得体脂率为 30%，该女性属于真性肥胖。其标准体重 = 163 − 105 = 58kg。综合推断，该女士需要减脂，目标体重为 63kg，根据减重人群能量推荐标准（表 3－5），建议其摄入的能量为 20～30kcal/（kg·d）。

表 3－5　各人群能量推荐标准

运动营养目的		能量推荐标准/kcal/（kg·d）
维持体重	轻体力活动	20～30
	中等体力活动	30～40
	重体力活动	40～50
减脂/减重		20～30
增肌/增重		≥40

为了达到目标，推荐能量摄入（kcal·d）= 目标体重（kg）×能量推荐标准［kcal/（kg·d）］，此处取 30kcal/(kg·d)，即 63×30 = 1890kcal。减肥人群推荐的宏量营养素供能比例为糖 40%～55%，蛋白质 15%～25%，脂肪 20%～30%，此处取 50%、25%、25%。依据糖单位质量供能比 4kcal/g，蛋白质单位质量供能比 4kcal/g，脂肪单位质量供能比 9kcal/g，得出表 3－6 糖、蛋白质、脂肪推荐摄入量。

表 3－6　24h 膳食宏量营养素与推荐值的比较

宏量营养素	糖	蛋白质	脂肪
推荐摄入量/g	236.25	118	52.5
实际摄入量/g	311.8	102.5	104.3
营养素差距/g	+75.55	−15.5	+51.8

注：“+”表示实际摄入量比推荐摄入量多，“−”表示实际摄入量比推荐摄入量少。

五、评价和建议

膳食评价的内容包含能量、宏量营养素供能比例、质量、食物种类齐全程度（与膳食宝塔对比）及各类食物摄取量等，并给出合理化建议。

（一）能量评价与建议

为了减重，需要控制能量，推荐摄入能量为1890kcal，实际摄入能量为2564.85kcal，多摄入了674.8kcal，这是导致客户肥胖的根本原因。为了减到健康体重，应该减少能量摄入。

（二）宏量营养素、主要食材及烹调方法评价与建议

该客户糖摄入量超过75.55g，建议将大部分主食换成薯类、粗杂粮，同时减少或不吃含糖高的零食，如葡萄干。蛋白质摄入量基本可以满足适宜摄入量，每日肉类食物摄入充足，但红肉偏多。脂肪摄入量超出较多，应予以控制；建议用去皮鸡肉、鱼、虾、豆制品代替一部分红肉。减少烹调用油，可以改变以炒为主的烹饪方式，采取煮、蒸等比较低油的烹饪方式，如在家用餐时炒鸡蛋换成蒸鸡蛋羹或水煮蛋；也可以用喷油壶、量勺等来减少烹饪时的用油量。

（三）奶类及豆制品摄入评价与建议

该客户牛奶摄入量为200g，达到了普通成人的推荐量，但为了减脂减重，建议摄入量增加到500g，可以一半选择脱脂或半脱脂牛奶，也可替换成低糖酸奶（含糖＜5g/100ml）；没有豆制品摄入，建议增加100g豆制品，如北豆腐、豆腐脑、豆干等。

（四）蔬菜水果及坚果评价与建议

该客户蔬菜摄入量为360g，基本满足300～500g/d的推荐量，在此基础上，建议再增加100～200g，多选择西红柿、青椒、西蓝花等深色蔬菜，以增加膳食纤维摄入，帮助维持饱腹感。水果摄入量适宜，但种类不佳，建议把香蕉换成含糖量较低、可带皮吃的苹果、梨、桃、蓝莓、草莓等。坚果摄入量适中，应选择原味坚果。

（五）饮水评价与建议

经详细询问，该客户饮水量为1000ml，参照1700ml/d（轻体力活动男性，温和气候条件）、1500ml/d（轻体力活动女性，温和气候条件）的适宜摄入量进行评价，建议增加饮水量，可选择温开水、淡茶水、柠檬水、矿泉水、枸杞水、水果茶、花瓣茶（如玫瑰花茶、菊花茶）等，可添加少量冰糖或蜂蜜（每天限10g以下）。如为训练日，至少参考40ml/kg体重进行评价，运动中及运动后可以饮用运动饮料、电解质饮料。

第二节　回顾法与食物频率法

一、24h 膳食回顾法

24h 膳食回顾法是运动营养师通过询问的方式，由调查对象尽可能准确地描述过去 24h 摄入食物（零食、饮料）的量，并且包括进餐和吃零食的时间、进餐地点等。此方法也是目前最常用的一种膳食评价方法，可以在短时间内对调查对象的膳食摄入进行量化估计，是一种比较开放的调查方式，询问方式既可以采用面对面询问，也可以通过电话、社交软件等方式来询问，对调查对象的文化水平没有要求。

24h 膳食回顾法一般从最后一次吃东西开始往前推 24h，可以使用家用量具、食物模型等来估计实物量；同时借助 24h 膳食记录表，参考称重法的计算方法进行评价。在实际工作中，为了能准确地了解调查对象的真实饮食，需进行连续三天的 24h 膳食回顾。此方法对调查对象的短期记忆能力要求较高，一般不适合 7 岁以下儿童和 75 岁以上老年人。

24h 膳食回顾法如果用于家庭中个体的食物摄入量调查时，则要考虑家庭就餐的特点，如果是一家人共用几盘菜肴，则要询问盘子的大小和每道菜实际摄入的比例，以此来推算调查对象的实际摄入量。该方法虽然对调查对象的要求不高，但对运动营养师有较高要求，需要其掌握一定的调查技巧，避免调查对象错报、漏报。

二、食物频率法

食物频率法是收集被调查对象过去一段时间（数周、数月，甚至数年）内各种食物的消费频率及消费量，从而获得个人长期食物和营养素平均摄入量。最常用的是评价调查对象 6 ~ 12 个月的日常膳食。

在各种食物都比较充裕的条件下，通过问卷形式进行膳食调查，以调查个体经常性的食物摄入量。根据每周、每月吃的各种食物的次数或食物的种类来评价膳食摄入情况。在实际使用中，食物频率法可分为定性、定量和半定量。问卷应该包括食物名单和食物消费频率两方面的内容。食物消费频率是指在一定时期内所食用的某种食物的次数。食物名单的确定要根据调查的目的，选择调查对象经常食用的食物、含有所要研究营养成分的食物或被调查者之间摄入状况差异较大的食物。如果要进行综合性膳食摄入状况评价，则采用经常食用的食物；如果要研究与营养有关的疾病和膳食关系，则采用与相关疾病有关的几种食物或含有特殊营养素的食物。

第三节　膳食营养 KAP（知信行）调查问卷

膳食营养调查问卷是定性评价膳食摄入状况的常用方法，操作简便，但准确性较低，适合了解群体的膳食习惯和对营养的认知度。

您好！本次调查是关于膳食营养知识、态度和行为的调查，调查目的是了解您的相关情况，为训练中的营养干预工作提供参考。感谢您的配合！

您的姓名：________

一、膳食营养知识（单选题）

1. 您认为我们所需的能量主要来自？（　）

A. 蛋白质　B. 脂肪　C. 糖　D. 维生素

2. 糖的主要来源是什么？（　）

A. 米饭、面食等主食　B. 含糖运动饮料或其他营养补充品

C. 瘦牛羊肉类　D. 淡水鱼肉、海鲜等

3. 运动训练和比赛结束后加速糖原恢复最佳方式是？（　）

A. 运动训练后前 2h 内服用含糖饮料、高糖膳食

B. 运动后休息 3 ~ 4h 后服用膳食

C. 运动后不宜立即进食，等休息完毕有饥饿感后进食

D. 运动训练后服用低糖膳食

4. 您认为以下何种营养素与营养性贫血有关？（　）

A. 钙　B. 镁　C. 铁　D. 维生素 A

5. 下列含钙最丰富的食物是？（　）

A. 鸡蛋　B. 青菜　C. 瘦肉　D. 牛奶

6. 下列食物中不是优质的蛋白质来源的是？（　）

A. 大豆　B. 蛋奶　C. 瘦肉　D. 谷物

7. 合理的一日三餐中早、中、晚餐的能量供应比为？（　）

A. 30%、40%、30%　B. 30%、30%、40%

C. 20%、50%、30%　D. 20%、30%、50%

8. 下列哪种食物是优质铁的来源？（　）

A. 牛奶　B. 瘦肉　C. 青菜　D. 柑橘

9. 粗粮与细粮相比，哪种物质含量更丰富？（　）

A. 脂肪　B. 维生素和膳食纤维

C. 蛋白质　D. 热量

10. 下列哪种食物富含维生素 C？（　）

A. 牛奶　B. 柑橘　C. 大豆　D. 瘦肉

11. 下面可预防贫血的食物？（　）

A. 动物肝脏、动物血、鸡蛋黄　　B. 咖啡、牛乳、茶

C. 蔬菜、水果　　D. 不知道

12. 下列油脂营养价值最高的是？（　）

A. 植物油　　B. 奶油　　C. 猪油　　D. 牛油

二、膳食营养态度（单选题）

1. 您平时是否关注膳食营养方面的信息？（　）

A. 非常关注　　B. 关注　　C. 偶尔关注　　D. 不关注

2. 您是否同意膳食营养对运动训练很重要？（　）

A. 非常同意　　B. 同意　　C. 基本同意　　D. 不同意

3. 您是否认为每餐只要口味好，营养是否平衡合理无关紧要？（　）

A. 非常同意　　B. 同意　　C. 基本同意　　D. 不同意

4. 您是否愿意改变不合理的饮食习惯？（　）

A. 非常愿意　　B. 愿意　　C. 基本愿意　　D. 不愿意

5. 您是否会把营养学知识用于指导自己日常饮食？（　）

A. 非常愿意　　B. 愿意　　C. 基本愿意　　D. 不愿意

6. 您关注自己的体重吗？（　）

A. 非常关注　　B. 关注　　C. 偶尔关注　　D. 不关注

7. 您认为营养素补充剂在人体营养方面起何种作用？（　）

A. 膳食为主，补充剂为辅　　B. 补充剂为主，膳食为辅

C. 完全不需要营养补充剂　　D. 可以完全替代正常膳食

8. 如果您有不利于训练的饮食行为，是否愿意改正？（　）

A. 非常愿意　　B. 愿意　　C. 基本愿意　　D. 不愿意

9. 为预防肥胖或减肥，您认为应该怎样做？（　）

A. 平衡饮食、多运动　　B. 每天少吃一顿

C. 不吃主食　　D. 吃减肥药

三、膳食营养行为（单选题）

1. 在训练期间，您坚持每天吃早餐吗？（　）

A. 每天吃　　B. 每周多于 3 次　　C. 每周少于 3 次　　D. 从来不吃

2. 您在平时训练过程中注意补液吗？（　）

A. 科学补液　　B. 口渴补液　　C. 基本不补液　　D. 从来不补液

3. 您最常以哪种饮料补液？（　）

A. 水、运动饮料　　B. 咖啡

C. 茶　　D. 可乐、冰红茶等含糖饮料

4. 您吃水果的情况是？（　）

A. 每天吃　　B. 每周多于 3 次

C. 每周少于 3 次　　D. 从来不吃

5. 您喝牛奶或者酸奶的情况是？（ ）

A. 每天喝　　B. 每周多于 3 次

C. 每周少于 3 次　　D. 从来不喝

6. 您是否有挑食、偏食的情况？（ ）

A. 从来没有　　B. 偶尔有　　C. 经常有　　D. 一直都有

7. 您平时如何选择食物？（ ）

A. 食物的营养价值　　B. 食物的价格

C. 食物的色、香、味　　D. 按自己口味

8. 您吃零食吗？（ ）

A. 从来不吃　　B. 基本不吃　　C. 偶尔吃　　D. 经常吃

9. 您食用腌制、油炸、烧烤食品吗？（ ）

A. 从来不吃　　B. 每周少于 3 次

C. 每周多于 3 次　　D. 每天吃

说明：

一、膳食营养知识

正确答案：1. C　2. A　3. A　4. C　5. D　6. D　7. A　8. B　9. B　10. B　11. A　12. A

每道题目选对正确答案得 3 分，其他答案得 0 分。

二、膳食营养态度

选 A 得 3 分，选 B 得 2 分，选 C 得 1 分，选 D 得 0 分。

三、膳食营养行为

选 A 得 3 分，选 B 得 2 分，选 C 得 1 分，选 D 得 0 分。

本问卷最高得分 90 分，总体评价标准如下：

总得分 <58　不及格；

总得分 58 ~68　及格；

总得分 69 ~78　良好；

总得分 79 ~90　优秀。

访谈提纲：

1. 平时爱吃什么，不吃什么？
2. 喜欢什么口味？
3. 是否吃零食及其种类？
4. 最近睡眠怎么样？
5. 是否使用手机？有无微信？
6. 你现在的体重？取得最好成绩时的体重？
7. 是否觉得运动会特别累，难以恢复？
8. 月经大概是哪天？训练中是否正常？
9. 其他有用信息。

实践要点：智能取餐系统简介

随着2022年北京冬奥会的成功举办，体育管理部门越来越深刻地意识到运动营养在日常训练和比赛中的重要性。各体育科研机构也加大了对运动营养方面的研究投入，首钢冬季运动训练基地餐厅就引进了一套智能取餐系统。

智能取餐设备的主要功能是调查运动员日常饮食的状况，包括能量、宏量营养素及主要微量营养素，取代了烦琐的人工调查工作。根据每周或每月的数据汇总，由运动营养师定期向运动员、教练团队反馈，共同为运动员的身体成分管理、训练、伤病预防提供数据支持。

图3-1 智能取餐系统——餐盘领取柜

图3-2 智能取餐系统——取餐台

一、智能取餐系统的组成

智能取餐系统由餐盘领取柜、取餐台、营养数据库组成，三者通过局域网联接在一起。

餐盘领取柜的功能为存放经洗刷过的洁净餐盘，同时具备紫外线消毒功能，保证餐具的安全性。

取餐台功能为存放厨师烹调完成的菜品，外观与常规自助餐取餐台相同，只是增加了实时称重功能、营养数据展示界面。

营养数据库可存放食堂菜肴营养成分、运动员个人资料及其历次营养摄入数据，并可针对运动员个体做纵向跟踪分析和横向数据对比。

二、菜肴营养数据库的建立

智能取餐系统工作的前提是提前录入餐厅菜肴营养成分。这部分工作是由驻餐厅的运动营养师团队完成的，两餐之间的时间相隔为3~4h，厨师团队备齐所有菜肴原料后，营养师团队把每个菜肴的所有原料进行称重，录入营养数据库，营养数据库事先由营养师和软件工程师设定好了算法，实时生成每个菜肴的（生）营养成分；待菜肴成熟后，再称量一次菜肴质量。将总营养成分除以菜肴熟重（g），得出每克菜肴含有的（熟）营养成分。当然，这个过程不需要考虑烹调过程对营养素丢失的影响，因为确实难以计算。北京营养源研究所给一批菜肴出具完整的实验室测试报告需要一周时间，而且成本也很高。因此，驻餐厅运动营养师每餐前的 2～3h 是异常忙碌的时间，运动员餐厅每餐有 20 多道菜肴，这都需要在运动员到达餐厅前全部称量录入完成。

由于运动营养师会将菜肴安排在特定位置，以保证餐台上端的显示屏显示正确菜肴名称及营养成分，餐厅传菜人员也需要格外注意，将对应的菜肴放在取餐台上。

三、取餐流程

（一）办理餐卡

提供个人信息（运动项目、姓名、性别、生日、身高和体重）并进行人脸数据录入，办理实名餐卡。

（二）领取餐盘

有两种取餐方法。

1. 刷卡取餐盘

持本人餐卡，在餐厅门口餐盘领取柜的感应区刷卡取餐盘。

2. 人脸识别取餐盘

使用人脸识别机，在餐厅门口餐盘领取柜取餐盘。

（三）取餐台取餐

1. 将餐盘置于取餐台（图 3－3）滑道的白色“托盘感应区”，确认取餐台显示屏显示个人姓名后开始取餐（取餐前如发现有餐勺在菜盘中，请务必将餐勺复位后再取餐）；

2. 取餐完毕，将餐勺（夹）放回菜品侧面的餐勺（夹）盒中；

3. 取餐台显示屏显示当前菜品质量和累计的营养素数值；

4. 推动餐盘至下一道菜品的白色“托盘感应区”，重复上述 1～3 步骤。

图 3－3 取餐台

四、营养数据查询与反馈

在指定平台（如微信公众号），输入就餐卡卡号信息，绑定后，即可查询当天的营养数据。运动营养师也会定期把运动员的营养数据汇总分析，向运动员、教练组反馈，并根据统计中发现的饮食短板，开发营养教育课程，以纠正运动员的不良饮食习惯，如脂肪供能比例过高，糖摄入不足，钙摄入不足等。

五、智能取餐系统的缺陷及改进建议

（一）菜肴营养成分的准确性

中国菜肴可以说是世界上最复杂的，菜肴的原料在3种以上，尤其是川菜、鲁菜等菜系，称量环节本来就比较烦琐，要求细致，工作量巨大。在前端，运动营养师会尽职尽责做好称量登记工作，厨师也会尽最大程度配合完成，尤其是拟加入的各种含能量的调料的质量，如烹调油、蚝油、糖、蜂蜜、淀粉等。在后端，运动员取餐时，可能会偏好取这道菜里的特定食物；又如总挑咖喱土豆牛肉里的牛肉块，而不选择土豆块，但这道菜的营养成分是按均匀取餐来设定的，如此取餐，肯定会使营养数据低估了本餐的蛋白质摄入量，而高估了糖的摄入量；再如一些带汤汁比较多的菜肴，如萝卜炖羊肉，运动员如总挑选其中的肉，也容易造成类似的结果。

为避免出现此种现象，有必要对供餐形态做出要求，参照西餐的形态，摒弃这些容易造成数据误差的菜肴，如汤汁较多的菜肴、蔬菜与肉类混合的菜肴（如宫保鸡丁、排骨土豆）、调味料远多于食材的菜肴（如辣子鸡、酸菜鱼）。

（二）剩餐产生的数据误差

虽然一直在大力提倡光盘行动，但不可避免还会出现一些剩餐。尤其是主食，多数运动员还是喜欢吃肉、喝果汁，主食往往会剩下一部分，而这部分又无法拿去再次称量，以减掉这部分所含的营养素；更为麻烦的是，如果剩下的食物不只一类，有主食类、有肉类等，如要精确计算，还需分别称量各类食材的剩余质量。

为避免出现这种现象，可以研发一种特制餐盘，把每个餐盘分格都设计上独立的称重芯片，同时要求运动员每个分格只能放一种菜肴，这样可以避免由于食物混合造成的剩餐称量误差。

（三）大人群取餐造成的数据混乱

综上所述，“取餐前如发现有餐勺在菜盘中，请务必将餐勺复位后再取餐”，运动员所取的菜肴质量实际上是取餐前后各餐台的质量变化，所以要求把餐勺（夹）及时放在旁边的盒子里，防止把餐勺（夹）质量计入菜肴质量。而且还要求每个餐盘只能同时允许一个人取餐，因为餐盘下面的芯片要跟餐台的白色区域贴在一起，才能把餐台减少的质量计入这名运动员芯片中。如果同时有其他运动员取餐，由于餐盘是运动员A的，餐台减少的所有质量都会计入A名下，这明显高估了实际摄入量。另外，餐盘放在哪个餐台，就只能取这个餐台的餐，如果故意取其他餐台的餐，后台的营养计算就会出错。因此，一旦人数多，集中取餐，就餐时间紧张，很可能会出现这种混乱事件。

解决措施可参考（二）的解决措施，也就是称重功能设计在餐盘每个独立的格子里，同时，每个餐台可以多放几个有芯片的餐勺，会把菜肴名称及营养成分传递到运动员账号下，并避免误取其他餐台的菜肴（误入餐台会发出警报）。这样，即使多人取同一道菜肴，也不会造成信息误传。

（四）实时指导人群取餐功能

目前智能取餐系统还仅停留在为运动员提供餐后的摄入数据，还未实现指导运动员取餐的功能。这方面还需要根据运动员从事的运动项目等因素，制定不同的营养摄入标准，然后实时反馈至运动员餐盘终端，如设计一个显示屏，显示餐盘所有食物的总能量及宏量营养素，然后经由运动营养师指导，再去取合适的食物或去掉相应的食物；当然，运动员最好自己懂得食物营养知识，这样能快速高效地取到正确的食物。

参考文献

［1］顾景范，杜寿玢，郭长江．现代临床营养学［M］．2 版．北京：科学出版社，2009.

［2］杨月欣，葛可佑．中国营养科学全书［M］．北京：人民卫生出版社，2019.

［3］美国运动医学会．ACSM 运动测试与运动处方指南［M］．9 版．王正珍，等译．北京：北京体育大学出版社，2014.

［4］博克，迪肯．临床运动营养学［M］．王启荣，译．西安：世界图书出版西安有限公司，2011.

［5］王友发，孙明晓，杨月欣．中国肥胖预防和控制蓝皮书［M］．北京：北京大学医学出版社，2019.

［6］王陇德．健康管理师［M］．北京：人民卫生出版社，2019.

［7］中国营养学会．中国居民膳食指南［M］．北京：人民卫生出版社，2016.

［8］杨月欣．中国食物成分表：标准版［M］．6 版．北京：北京大学医学出版社，2018.

第三篇

运动营养与体重管理

体重和健康是直接相关的，而体重的变化又与饮食和运动密不可分。吃得过少或/和运动过量，会导致营养不良、体重过低、乏力，增加疾病风险；吃得过多或/和运动不足，能量摄入过量或/和消耗过少，会导致体重超重、肥胖，增加慢性病风险。《柳叶刀》杂志 2009 年的一篇报道指出：肥胖者的死亡率明显高于体重正常者，BMI 每增加 5 kg/m^2，总死亡率上升 30%，心血管疾病患病风险增加 40%，至少缩短预期寿命 20 年。中国营养学会在 2016 年发布的《中国居民膳食指南》中就提出吃动平衡、健康体重。2017 年发布的《全民健康生活方式行动方案（2017—2025 年）》把健康口腔、健康体重、健康骨骼作为健康生活方式的核心内容，尤其突出了健康体重的重要性。《“健康中国 2030”规划纲要》也同样强调了饮食和运动对肥胖的影响。

体重控制原则是以能量平衡为核心，要真正做到吃动平衡，量出为入。如果体力活动较大，能量消耗多，就要多摄入能量和营养素；如果运动或体力活动少，能量消耗就少，营养素的代谢率相对较低，就要适当控制摄入量。不可为了快速减体重而盲目地使用过低能量或者单一饮食等饮食方法。尤其在实践中，许多人本末倒置，一边进行大强度的运动，一边又极度苛刻地控制摄入量，以此来追求快速的减体重。殊不知，在这个过程中刚开始的体重变化很大，是以瘦体重的大量丢失为代价的，而且身体极易适应低能量摄入，后期减重速度就会放缓，直至反弹。近期研究证明，高能量流通量驱动即高能量消耗加上高能量摄入，体重不容易增加；相反，低能量摄入加上低能量消耗，体重容易增加。

也有一些需要增加体重的人，想当然地去吃一些比较油腻的高热量食物，希望增加体重，却没有考虑营养均衡和吸收的问题，这是收不到增重效果的。在实践中，有许多研究对不同的饮食方法对增重、减重和减脂效果的影响以及对个体健康的影响进行了探索，涉及的内容包括能量、营养素、吸收、菌群、内分泌等。因为人体的适应机制很强大，在实践中，长时间坚持低能量膳食，在刚开始的时候会有较好的减体重效果，但身体会慢慢适应这种低能量摄入，引起一系列的代谢适应，出现越减越困难的现象。因此，体重管理的核心是运用运动营养的理念，既管理能量和营养素摄入，又管理能量和营养素消耗，根据调整后的能量消耗量制定能量及营养素的需求量，做到“量出为入”，科学管理体重，关注身体成分，减重时更多地减少身体脂肪，增重时更多地增加肌肉。

第一章　减控体重人群

第一节　肥胖概述

早在公元前400年，古希腊“医圣”希波克拉底就观察到“胖子猝死比瘦子多”的现象，但长期以来人们并没有意识到肥胖对健康的危害，直到1895年美国国立卫生研究院专家委员会达成一致意见，认为“已有大量证据证明：肥胖对健康和长寿具有不良作用，并将其定义为机体以脂肪形式储存过多的能量”。1997年世界卫生组织（WHO）已明确宣布肥胖是慢性非传染性疾病。随着人们生活水平的提高，超重和肥胖症在一些发达国家和地区的人群中的患病情况已经达到了流行的程度。1999年大约有61%的美国成人达到超重和肥胖的程度；我国目前体重超重者已达22.4%，肥胖者为3.01%，大中城市的肥胖率已超过30%。另外，我国儿童、青少年肥胖现象也十分突出，2000年我国国民体质监测资料表明，城市7~18岁青少年中的肥胖患病率男性高达10%，女性高达5%，分别是1995年的1.7倍和1.6倍。据报道，儿童时期40%的肥胖者成年后将发生肥胖，可预测我国近几十年的肥胖患病率会进一步增加。按上述资料估算，我国拥有超重者可达2亿~3亿，肥胖者可达3千万~4千万，因此，在我国重视和加强对肥胖的研究和防治已势在必行。超重和肥胖会引起一系列健康、社会和心理问题，世界卫生组织将肥胖列为仅次于吸烟和艾滋病的第三大危害人类健康的慢性杀手，预防和控制肥胖症已刻不容缓。

一、肥胖的诊断标准

肥胖一般指人体摄入的热量多于机体消耗的能量，体内脂肪组织积聚过多达到危害健康程度，是多因素引起的慢性疾病。目前判断体重超重和肥胖的标准有很多，常见的指标有体重指数、腰围、体脂百分比等。

（一）体　重

用体重来判断肥胖可以先参照本书第二篇运动营养评估部分，利用公式获得标准体重，再用实际体重推算：（实际体重 - 标准体重）/标准体重 ×100%。其判断标准是：所得值 >10% 为超重，>20% 为轻度肥胖，>30% 为中度肥胖，>40% 为重度肥胖。

人的体重增加与诸多因素有关，其中脂肪组织过多是一个方面。除此之外，组织或体腔中水分过多潴留，以及肌肉发达等，也可以使体重增加。对于运动员尤其是健美运动员，由于肌肉发达，即使体重超过 20%，也不属于肥胖范畴。

（二）体重指数

目前判断体重超重和肥胖的常用方法是世界卫生组织（WHO）推荐的体重指数（BMI）法。BMI 最常用于估计成人的低体重和超重。在流行病学调查及临床上，已有大量证据表明用 BMI 较只用体重更能准确反映体脂的蓄积情况。

在判断肥胖程度时，使用这个指标的目的在于消除不同身高对体重指数的影响，以便于人群或个体之间的比较。研究表明，大多数个体的体重指数与身体脂肪百分比有明显的相关性，能较好地反映集体的肥胖程度。但在具体应用时应该考虑 BMI 的局限性，如对肌肉发达的运动员、水肿的病人，体重指数可能过高估计其肥胖程度。

（三）体脂百分比

体脂百分比为人体脂肪组织质量占体重的百分数，是判断肥胖的直接指标。因为单纯用体重、腰围、腰臀比、BMI 都有其局限性，所以在应用上可以用以上任一指标和体脂率同时使用，来判断个体肥胖程度。

二、肥胖的类型

（一）单纯性肥胖

没有内分泌疾病，或者找不出引起肥胖的特殊病因的肥胖症称为单纯性肥胖。单纯性肥胖人群占肥胖总人数的比例在 95% 以上，其病因目前普遍认为是单纯的能量不平衡导致的。

（二）继发性肥胖

继发性肥胖是指在临床上继发于“神经—内分泌—代谢紊乱”基础上的肥胖病或遗传性疾病所致的肥胖。在病变之前，往往体重及体脂率都在正常范围。引起继发性肥胖的病变多见于下丘脑病变、垂体病变、甲状腺功能减退、皮质醇增多症、胰岛素病变、性腺功能减退等。

（三）遗传性肥胖

虽然说单纯性肥胖和继发性肥胖有遗传因素，但我们依然要把遗传性肥胖单独列出来讨论。研究表明，遗传因素对肥胖形成的作用占20% ~40%。双亲都是肥胖的，子女有70% ~80%的概率表现为肥胖，双亲之一（尤其是母亲）是肥胖的，子女有40%的概率表现为较胖。这些肥胖人群往往是从小就表现出来超重和肥胖的体征，这些体征可以延续到成年。

遗传分为基因的遗传和生活习惯的遗传，遗传对肥胖的影响有以下几点：遗传因素影响肥胖的程度、脂肪的分布类型，能量支出差别可达40%以上，影响过度喂养后体重增加的敏感性。

近年来也有越来越多的与肥胖相关的基因位点被识别，目前已识别的就有超过200个，但这些已识别的基因位点也只能解释2% ~4%的肥胖变异程度。目前被识别的肥胖相关基因根据其主要作用功能分为以下三类：

第一，调节能量消耗的基因，如解耦联蛋白基因家族，肾上腺受体基因家族等。

第二，调节能量摄入的基因，如瘦素、阿黑皮素原基因、黑素皮质素受体4基因等。

第三，调节脂肪细胞储存的基因，如过氧化物酶体增殖物激活受体基因、脂联素基因等。

三、肥胖的危害

成人肥胖可以增加死亡和疾病的危险性，2009年《柳叶刀》杂志的报道显示肥胖者的死亡率明显高于体重正常者。BMI每增加5kg/m^2，总死亡率上升30%，心血管疾病患病风险增加40%，至少缩短预期寿命20年。肥胖对健康的影响是多方面的，包括对心血管系统、内分泌系统、呼吸系统、生殖系统、运动系统的影响，以及对心理的影响等。

（一）肥胖对心血管系统的影响

肥胖者身体脂肪组织增多，耗氧量加大，心脏负担加重，心肌肥厚，易诱发高血压；血管内皮组织容易受损，脂肪沉积在血管壁内，致使管腔狭窄、硬化，发生冠心病、脑卒中的概率增加。

国内外许多的研究已证实，无论是成人还是儿童，肥胖都是高血压、高血脂形成的主要因素，高血压和高血脂又是许多心血管疾病的直接诱因。因此，高血压、高血脂及心血管系统的疾病已经不是成人的特有疾病了，研究发现，有50%的肥胖儿童在动脉血管壁上形成脂肪纹，8%的肥胖儿童可以发现纤维斑块，4%的肥胖儿童动脉狭窄程度 >40%。这些肥胖对动脉血管的损伤如果发生在冠状动脉，则可导致心肌梗死，如果发生在脑血管则可导致脑卒中。

韩国的一项研究显示，BMI每增加1kg/m^2，缺血性脑卒中的风险相应增加11%；澳大利亚的一项研究也表明，超重能够使心脏病患病风险增加92%、脑卒中患病风险增加 83%。

（二）肥胖对内分泌系统、生殖系统及代谢的影响

肥胖人群往往伴随着高胰岛素血症，可引起糖、脂质、核酸代谢异常。当一种物质代谢发生异常的时候，可以通过其他物质进行补偿，但这种补偿行为经常会以增加患病风险为代价。糖代谢异常会引起糖尿病，脂质代谢异常会引起高脂血症，核酸代谢异常会引起高尿酸血症等。

有研究发现，与体脂率正常的同龄人相比，儿童肥胖者生长激素水平明显降低，其原因是儿童肥胖患者血浆游离脂肪酸增加，对生长激素释放有强烈的抑制作用。生长激素可以促进人体长骨生长、蛋白质合成、脂肪分解，因此如果青少年时期体重过大，则会影响生长发育和糖、蛋白质、脂肪的代谢。

男性肥胖与下丘脑—垂体—性腺轴（HPG 轴）的关系非常密切，由于人体白色脂肪组织中的芳香化酶 P450 是雄性激素转化成雌性激素的关键因素，肥胖人群中存在较多的白色脂肪组织，可能导致芳香化酶 P450 表达增加、活性增强，继而雄性激素转化为雌二醇增多，最终导致肥胖男性睾酮水平降低而雌二醇水平升高。多余的雌性激素会影响男性生殖器官功能，还可以通过对性腺轴的负反馈，导致男性促性腺激素释放素的分泌减少，降低睾丸间质细胞的功能，干扰精子的形成和成熟。近年来，多项关于肥胖对性激素的影响研究都证实了肥胖程度和睾酮水平呈负相关。

女性肥胖也会影响内分泌，包括雄性激素、胰岛素、瘦素、黄体生成素、卵泡刺激素等，女性肥胖因卵巢功能障碍导致的月经不调也非常常见。女性肥胖可诱发多种因素，引起女性的雄性激素升高，同时高瘦素水平、伴随胰岛素抵抗的高胰岛素血症都会损害女性的生殖能力以及影响脂肪的代谢。

（三）肥胖对呼吸系统的影响

肥胖会造成颈部脂肪堆积过多，同时咽旁的气道塌陷增加了上呼吸道的阻力，影响正常的呼吸；过多的腹部脂肪增加了腹部压力，同时挤压膈肌，导致其上提，可限制呼吸运动，容易导致呼吸困难，严重的甚至会出现睡眠呼吸暂停。

近年来，国内睡眠呼吸暂停的患病率为 3.5% ~4.81%，不乏因为夜间睡眠呼吸暂停致死的案例。肥胖是睡眠呼吸暂停的重要致病因素。

（四）肥胖对骨骼的影响

肥胖人群的骨关节病发生率比正常人群高出 12% ~43%。肥胖者体重过大，造成腰部及下肢关节负荷过重，易导致关节长期劳损和腰及下肢关节退行性病变。有些因为肥胖导致的体态和肌力不均衡问题会诱发膝内翻/外翻，股骨头骨骺分离、腰背肌和下肢肌肉劳损及慢性疼痛、行动困难、腰椎间盘病变和骨质疏松。

（五） 肥胖对肝胆疾病的影响

肝脏是脂肪代谢的重要场所，脂肪通过小肠吸收进入肝内分解、转化，再转运到组织中利用和储存。当人体需要的时候，储存的脂肪释放出来，又通过肝脏分解，或者被其他组织分解利用，肝脏负责维持这样的动态平衡。肥胖人群因长期能量摄入大于能量消耗，致使肝内脂肪含量增多，尤其是高胰岛素血症患者，脂肪的分解利用减弱，形成脂肪肝。

肥胖人群胆汁酸中的胆固醇浓度较正常人高，超过了胆汁酸中的溶解度，因此肥胖患者并发胆结石的概率很高。有大量研究证实肥胖、体重指数与胆囊疾病发病率呈正相关。

（六） 肥胖对心理的影响

肥胖对心理的影响是多方面的，而且肥胖对心理的影响会随着年龄的增长而增大。母亲孕前肥胖可能会对子代的认知功能和智力发育产生不良影响，并增加子代出现行为问题、注意力缺陷、多动障碍及孤独症谱系障碍等风险。

2019 年，一项针对肥胖与青少年进食障碍的研究发现，青少年的瘦身倾向、不满体形、低自尊感和内心感受缺陷得分与体重指数均呈正相关，并且一系列的心理变化还会增加肥胖儿童患进食障碍的风险。因肥胖导致的自尊心受损、孤独还可能造成情绪障碍，严重的甚至出现焦虑和抑郁，而且这些状况会持续到成年时期。

（七） 肥胖对癌症的影响

大量的流行病学研究证实，肥胖与一些癌症（如结肠癌、直肠癌、乳腺癌、子宫癌和肾癌等）有关系。同时有证据显示中心性肥胖使癌症的患病风险增大。

从社会层面来讲，肥胖还增加了经济负担，影响家庭关系。

第二节　常用的减脂方法

随着人们健康意识的提升，以及国家政策的鼓励和市场的推动，越来越多的人意识到肥胖的危害性，人们开始寻求减脂的方法。尽管国家卫生健康委员会、中国营养学会等机构提出了一些比较适合大众、相对科学的减脂方案，但人们依然会选择各种各样的减脂方法来进行尝试。这反映出人们快速减重的美好愿望和减脂实践中的一系列问题。当然，由于大众对快速减重的需求，市场上出现了各种各样的减脂方法，如针灸减脂、拔罐减脂、运动减脂、哥本哈根饮食、生酮饮食、碳水循环饮食等，每种减脂方法可能都有一定的效果，但也都离不开控制饮食。但是如果仅仅用饮食方法减脂，常常会在开始后的 1 ~ 3 个月出现体重减轻停滞不前的代谢适应现象。本节将介绍一些使用频率较高的减脂方法的原理和优缺点。

一、极低能量法

极低能量法要求每天的能量摄入控制在200～600kcal，最多不超过800kcal，这种方法仅适用于常规的均衡饮食不能达到理想效果的肥胖患者或者顽固性肥胖患者，而且仅建议短期尝试，一般治疗时间为4周，最长不超过8周。在极低能量摄入时，很难保证充足的营养素摄入，需要额外补充一些微量营养素。生长发育期的儿童、孕妇和患有器官功能障碍的人群不可使用这种方法。

临床研究结果显示，使用极低能量法在一周内男性可减重1.5～2kg，女性可减重1～1.5kg，1个月可累计减重7～10kg。前两周减重效果显著，后期的减重速度会随着身体的适应逐渐减慢。前期体重主要丢失的是水分和瘦组织，出现负氮平衡。在正常情况下3～4周负氮平衡逐渐恢复，如果4周后仍为负氮平衡，并且实验室检测前白蛋白、视黄醇结合蛋白在正常值下限以下，则应立即停止使用极低能量法。

极低能量法的副作用非常明显。首先，有较强的饥饿感，让计划难以执行，更无法在执行极低能量时完成训练。其次，在使用初期可能还有头痛、乏力、恶心、呕吐、腹泻、注意力不集中等症状，一周之后可缓解。因为能量过低，身体的负氮平衡还会有低钙血症、电解质紊乱、肝功能异常、贫血等不良反应，所以一般不推荐使用极低能量法，如果使用，需要在临床营养师和医生的严格指导下进行，注意监控生化指标。

减重之后的恢复饮食对极低能量法的使用者非常重要。治疗周期结束后，不可直接恢复正常饮食，应按一定比例（20%～50%）逐渐增加，以免出现身体应激，增加肾脏负担。

极低能量法在短期内减重效果显著，但在1～2年后，半数以上的患者体重出现大幅度的反弹，这也是极低能量法最大的缺点。

二、高蛋白饮食

《中国超重/肥胖医学营养治疗专家共识（2016年版）》一文将高蛋白饮食定义为：蛋白质的供给量占供能比的20%以上或在1.5g/kg以上，同时供能比不超过30%或2.0g/kg的膳食模式。高蛋白饮食不仅能改变肠道菌群的组成结构与肠道微生态的多样性，在肠道内还可被菌群进一步分解产生色氨酸、吲哚、5－羟色胺等一系列代谢产物，对人体的脑—肠轴及肠道黏膜免疫发挥调控作用，可有效降低肥胖患者体重，并改善机体的慢性低度炎症与代谢状态。同时也有一些研究发现：与高糖饮食相比，高蛋白饮食对肥胖者血清中的甘油三酯的改善更明显。对于单纯性肥胖以及合并高血脂、高胆固醇患者，高蛋白膳食较正常蛋白膳食更有利于减脂、减重，而且更能减少反弹。

一些健身健美人群，为了竞技需要，在摄入大量（超过2g/kg）的蛋白质的同时，摄入极低的糖及脂肪，这种膳食与高蛋白膳食不同，不适合大众健身人群使用，更不适合长期坚持。虽然低糖饮食可以更好地减重，但是过低的糖（占供能比的20%以下或摄入量

<100g/d）会带来一系列的负面反应，如低血糖、易怒、运动能力下降、记忆力下降、恶心、注意力不集中等。再加上过高的蛋白质容易导致氨基酸过剩，过剩的氨基酸需要经过脱氨基作用转化成氨，再通过肝脏转化成尿素排出体外，长期使用可能加重肝脏和肾脏的负担。国外有研究显示，超过3g/kg的蛋白质摄入可能对身体有害。同时过高的蛋白质摄入还会导致尿钙排出量增加。

三、低糖高脂肪饮食

以生酮饮食为代表的低糖高脂肪饮食，最早是在20世纪20年代，由美国梅奥医学中心的怀尔德医生提出并用于癫痫病人的治疗，1972年美国的阿特金斯医生个人使用生酮饮食减重，并开创了阿特金斯减脂法。阿特金斯提出肥胖的元凶不是脂肪，而是糖，这种饮食作为减脂饮食一时引起轰动，也受到很多人的追捧，因为在不限制吃肉和脂肪的同时，体重还能持续下降，让许多不好控制食欲的人得到了满足。

生酮饮食减脂法就是模拟人体的饥饿过程。人体在饥饿48h后，血糖趋于降低，引起胰岛素分泌减少，胰高血糖素分泌增加。糖原基本耗竭，糖异生和脂肪动员增强，对葡萄糖的氧化利用降低，酮体生成增加，机体切换为主要以脂肪酸有氧氧化的方式供能，同时肌肉蛋白分解加强，分解后氨基酸释放入血，供肝脏利用。血酮升高后，肌肉组织可以直接利用酮体，在有适量蛋白质补充的前提下，可以抑制肌肉蛋白质的分解，经过多年演变，生酮饮食也衍生出了许多种版本。按营养素比例设计，糖供能比例在10%以下，蛋白质供能比例在20%，脂肪供能比例在70%以上；按营养素摄入量设计：总能量参照基础代谢给予，糖（减掉膳食纤维）为1～2g/(kg·d)，蛋白质为1g/(kg·d)，其他能量全由脂肪提供。其他的还有柔性生酮、循环生酮等饮食方式。酮体增多伴随着食欲下降，口渴、饮水欲望增强。酮体可经过呼吸道、皮肤和泌尿系统排出，表现为呼吸具有烂苹果气味，尿酮检测呈阳性等。

目前生酮饮食治疗癫痫疾病已经被相当多的研究所证实，但在减脂领域争议很大。生酮饮食会有不适应症状，如低血糖反应、饥饿感、面色潮红、便秘、皮肤瘙痒、出现皮疹等。目前关于生酮饮食在减脂领域的应用，要坚持以下原则：生酮饮食，是一种治疗性的饮食；坚持生酮饮食必须在医生/临床营养师指导下进行；生酮饮食快速减重后的恢复饮食非常重要，不可在生酮饮食之后直接恢复到高糖的饮食；生酮饮食并不适合所有人，生酮饮食也没有任何挑战平衡膳食的支点，就目前而言，短期使用尚可，不应该作为终身饮食去推荐。对于其他适应证的拓展应用，我们需持谨慎态度。

四、代餐饮食

代餐是指可以代替常规食物的代餐粉、代餐棒等加工食品，用以替代三餐中的一餐或多餐。常见的代餐一般是在提供蛋白质、膳食纤维和微量营养素的同时控制能量摄入的一类产品，大多声称有减控体重的作用。市场上常见的代餐产品有：蛋白营养粉、蛋白奶昔、果蔬代餐粉等；现在也有代替一餐中的部分食物的代餐，如谷类代餐粉、代餐饼干等可以代替一餐中的主食。

许多研究证实，食用代餐不仅有助于减控体重，而且由于代餐中往往添加有微量元素，因此也不容易引起营养素缺乏。蛋白代餐产品可以增加蛋白质摄入，有的产品配方还会在蛋白代餐里添加膳食纤维，能有效增强饱腹感。肥胖或超重的糖尿病患者食用代餐不仅可以减重，还可以增加胰岛素敏感性，降低胰岛素的需要量。

研究发现，一天食用两次代餐，在减脂初期减重效果比代替一餐更好，当维持体重时可以每天代替一餐。

五、轻断食减脂

轻断食也称间歇式断食，是由英国医学博士麦克尔·莫斯利发起的一种新的减脂方法。通常是用5+2的模式，即每周中不连续的2天每日仅摄取500kcal（女）或600kcal（男）能量的食物，其余5天正常饮食。轻断食模式可以在较短时间内达到减重目的，改善机体代谢状态，并达成专家共识。

轻断食可以增加机体的脂肪动员，减轻机体应激状态，有利于内环境稳定；提高胰岛素敏感性，降低餐后血糖水平；对肥胖患者低密度脂蛋白胆固醇及高密度脂蛋白胆固醇的代谢均有改善；而且轻断食模式无严重不良反应，易于长期坚持。

由于科研人员对轻断食的作用机制和量效关系的研究不足，尚不能提供充分的科学依据，因此使用该方法时，须在运动营养师或临床医生的指导下进行。

六、手术减脂

大部分的肥胖患者可以通过饮食、运动、行为习惯的调整达到减脂的效果，但对于极少部分严重肥胖的人，无法达到治疗肥胖和并发症的效果，此时减重手术成为唯一长期有效的治疗方法。

目前临床上常用的手术类型有4种：腹腔镜胃旁路手术、腹腔镜袖状胃切除术、腹腔镜可调节胃束带术、胆胰分流并十二指肠转位术。

（一）腹腔镜胃旁路手术

在完全和胃底分离的贲门下建一个小胃囊，从屈氏韧带测量胆胰支的长度，离断空肠，根据患者BMI决定食物支长度。食物支近端与小胃囊进行吻合，胆胰支和食物支的远侧进行端侧吻合。该手术对减重、降糖的效果都很好，但是手术相对复杂，改变了胃肠的吸收功能，且风险较大。

（二）腹腔镜袖状胃切除术

完整游离大弯侧胃网膜，充分游离胃底，距幽门2～6cm开始切割，在胃内使用直径

28～46Fr（1Fr≈0.33mm）的胃管作为支撑，保留胃小弯侧管型胃，容积100～200ml，完全切除胃底，移去切除的大弯侧胃囊。这种手术的安全性和有效性都很好，胃肠的基本功能不受影响，术后并发症少。

（三）腹腔镜可调节胃束带术

在贲门后方形成隧道，把可调节束牵引绕过贲门，可调节胃束带有单一方向锁扣，内侧有水囊通过管道连接单向阀埋于腹部皮下，可注水从而收紧束带，在贲门部形成小胃囊，使患者进食减少。该手术操作比较简单，不切割组织，对胃肠功能影响小，但是减肥效果较难维持，糖尿病缓解率也较低。

（四）胆胰分流并十二指肠转位术

保留近端胃囊约100ml，旷置大多数的小肠，仅保留末端回肠50～100cm的消化液和食物共同通道，十二指肠转位是在袖状胃切除的基础上十二指肠近端与远端回肠吻合，其共同通道也是50～100cm，是减重及降糖效果最好的手术，但是因为消化液和食物分流，容易引起营养不良。

七、药物减脂

药物减脂适用于BMI≥30kg/m^2，通过饮食控制、运动及生活习惯调整等方式经过3～6个月仍然不能减重5%，或者BMI≥27kg/m^{2}合并有严重进食障碍、糖尿病、高血压、血脂异常、脂肪肝、负重关节疼痛或由肥胖引起的阻塞性睡眠呼吸暂停综合征的患者。

美国食品药品监督管理局批准用于减脂的药物有奥利司他、氯卡色林、芬特明/托吡酯复方片剂、纳曲酮/安非他酮复方制剂、利拉鲁肽。目前我国仅有奥利司他被批准用于减脂领域，其他的药物或者没有进入国内，或者没有被批准用于减脂。

奥利司他是一种胰脂肪酶抑制剂，可以抑制脂肪的吸收。有数据显示，使用奥利司他可以使饮食中大约30%的被消化脂肪不被吸收，通过肠道排出体外，促进能量负平衡，从而达到减重效果。奥利司他每次的剂量为120mg，用餐时服用。奥利司他吸收入血的量不足1%，大部分都在肠道起作用，因此不会有全身性的副作用，主要的不良反应都在肠道上，如腹痛、腹泻、脂性便以及脂溶性维生素的缺乏等。

在美国食品药品监督管理局批准用于减重而国内没有批准的药物中，氯卡色林是5-羟色胺受体激动剂，可增强饱腹感，降低食物摄入，不良反应有头痛、头晕、疲劳、恶心、口干、便秘。芬特明通过加强去甲肾上腺素和多巴胺的神经传递来抑制食欲，不良反应有失眠、口干、便秘、感觉异常和味觉异常。托吡酯是抗癫痫药物，可通过多种途径减少食欲，产生饱腹感，但是有致畸作用，其他不良反应和芬特明类似。纳曲酮/安非他酮复方制剂是多巴胺和去甲肾上腺素再吸收的抑制剂和阿片类拮抗剂，不良反应有恶心、便秘、头痛、呕吐、眩晕；也有报道称，这类药物增加了与抗抑郁药物相关的自杀想法和行为。利拉鲁肽能够调节胰岛素分泌，抑制食欲，延缓胃排空，增加饱腹感。不良反应有恶心、呕吐、胰腺炎。

还有一些没有被允许，但也曾被用于减脂的药物，如苄非他明、苯丙曲秦、马吲哚、安非拉酮等，对减重有效，但对神经系统和心血管系统有刺激性副作用，属于安非他命的衍生品。西布曲明也是一种有较强减重效果的药物，既能抑制食欲，又可以发挥去甲肾上腺素的产热作用。能够用于减重的药物有很多，但大多药物因为对身体有较强的副作用而被国家禁用，如果要通过药物减重，一定要通过医生来开具处方，注意用药安全。

八、针灸减脂

针灸作为中医理疗、养生的一种重要手段，近年来也大量地在减脂领域应用。目前有关针灸用于减脂领域的研究提出，针灸主要通过对瘦素的良性调节作用改善瘦素抵抗、促进瘦素受体基因表达、抑制 NPY（neuropeptide Y，神经肽 Y）基因表达、激活瘦素信号通路来达到减脂目的。因为瘦素和瘦素受体与人的食欲以及脂肪代谢密切相关，所以针灸对减脂是有一定效果的。在动物实验上，通过针刺足三里、中脘、关元穴、内庭穴均能提升肥胖小鼠下丘脑瘦素的表达、改善瘦素抵抗。观察针刺对单纯性肥胖患者血清瘦素及胰岛素的影响时发现，电针和手针治疗均能显著降低患者血清瘦素和胰岛素含量，以电针疗效为佳。虽然针灸有一定的减脂效果，但市场上出现的用针灸疗法一周可减重 2.5 ~5kg 的说法，多有夸大，而且针灸在短时间内的减重效果大部分是靠配套的饮食方案实现的。

九、运动减脂

近年来，越来越多的人认识到增加体力活动对控制体重的重要性，减控体重人群运动的主观意愿明显增强。运动对减脂减重有着明显的作用，第一，运动可以提升能量的代谢，短期来说，运动过程中消耗体内储存的脂肪等能源物质，运动后过量氧耗可以使机体在运动后的一段时间能量消耗高于平时；长期来说，运动还可以增加瘦体重，增加安静时的能量消耗。第二，运动还可以调节糖、脂肪和蛋白质代谢相关的激素应答反应，如提升胰岛素敏感性，提升相关的酶活性。第三，运动可以提高力量、柔韧性、灵敏性和协调性，提高身体适应能力。第四，适度运动时产生的内啡肽、多巴胺等可以愉悦神经，产生幸福感，减少心理疾病等。

但是不同的运动方式、运动强度、运动时间带来的效果有较大差异。许多运动爱好者由于对运动缺乏科学的认识，导致过量运动身体损伤；运动后控制饮食过于苛刻造成身体伤害；运动后吃得更多，造成体重不减反增；运动强度过低，使减肥效果不明显。因此只有制定科学系统的运动方案，并配合合理的饮食和规律的作息，才能达到预期的减肥效果。

运动减脂的主要形式包括有氧运动、高强度间歇训练、力量训练等。一般地，科学合理的运动方式配合规律的作息和合理的饮食会收到很好的减脂减重效果，而一次性大强度的运动，对减脂减重没有帮助反而容易使机体产生应激反应，应该循序渐进地提高运动强度。如果运动强度过低，减脂减重的效果也不明显。

（一）有氧训练

规律的有氧训练能显著提高中低强度运动时机体氧化长链脂肪酸的能力，这与有氧训练下脂肪代谢的适应性变化有关。有氧训练可以使毛细血管增生，这样就增加了全身的血液流动以及脂肪酸、氧气的交换率；有氧训练可以使肌肉线粒体的体积增大，数量增多，可以大大提高脂肪酸的代谢能力；有氧训练可以增强心血管和呼吸系统的功能，有利于脂肪酸氧化。

总体来说，有氧训练虽然可以增强身体利用脂肪作为燃料的氧化能力，但是由于有氧训练的运动时间和强度不同，会直接影响脂肪的动员和氧化。研究表明，当运动强度在60%～80% VO_2max（心率为145～170次/min）时，人体脂肪供能比例达到50%～60%，即与糖的供能比例相当，在此条件下运动，理论上，使运动持续时间及运动强度达到最佳匹配模式，最终使运动距离达到最大，脂肪燃烧量达到最大。强度过低的慢跑和快走对减脂减重的帮助不大。

（二）高强度间歇训练

目前高强度间歇训练是健身界最热门的运动之一，也被称为最高效的减脂运动之一。高强度间歇训练是指在训练中进行高强度运动（90% VO_2max以上）和低强度运动（慢走或休息）的交替循环。虽然许多研究证实高强度间歇训练有很好的减脂效果，但是高强度间歇训练在运动中并没有更多地消耗脂肪，而是消耗了更多的糖。那么，它是如何消耗脂肪的呢？研究表明，运动后身体有过量氧耗（即能量消耗高于平时）的现象，在同样的运动时间内，运动强度越大，运动后的过量氧耗越高，持续时间越长。高强度间歇训练可使训练者在训练后24h内比进行低强度、恒速、有氧训练多消耗100kcal左右的热量。

高强度间歇训练可促进肌源性细胞因子——鸢尾素及β氨基异丁酸表达，并通过一定的途径增强棕色脂肪组织中线粒体活性和促进血管生成，改善脂肪代谢，激活棕色脂肪细胞的产热功能，甚至在一定程度上促进白色脂肪组织转化为褐色脂肪组织。这对于改善肥胖人群的脂肪代谢有着至关重要的作用。

高强度间歇训练可以提高心肺功能，增加心率储备。高强度间歇训练往往训练时间短，对蛋白质的消耗少，可以减少训练中的肌肉流失。更重要的是这种训练方式可以增强大脑特定区域的神经反应，同时还可以增强瘦素瘦体敏感性，抑制食欲。

高强度间歇训练虽然有许多好处，但需注意的是，高强度间歇训练的人员要有一定的运动训练基础，对于没有运动经历或心肺功能较差的运动者应先从低强度运动开始，循序渐进；对于有心血管疾病及肺部疾病的运动者应遵医嘱。另外，对于空腹以及处于低糖膳食期间的运动者不适合进行高强度间歇训练。

（三）力量训练

力量训练也称抗阻训练，通过对抗一定阻力来完成训练动作，是发展肌肉力量和肌肉体积的主要训练方式。肌肉力量的大小取决于肌肉体积，所以当一个人进行力量训练时，肌肉的体积会随着肌肉力量的增加而增大。

肌肉含量的增加可以提高静息代谢，使机体在静息和运动状态下消耗更多的能量，还可以有效提高骨骼肌的承重能力，预防骨质疏松；同时肌肉力量的增加将提升肌肉对关节的保护能力。力量训练相比有氧训练，明显的优势是可以预防或者减少在减重过程中的肌肉流失。

第三节　科学减脂方式

上述常用的减脂方式都有一定的效果，而且短时间内会有显著的减重效果，但并不适合所有人，甚至盲目使用会对健康产生不利影响。尤其是现在许多减脂者盲目地限制糖摄入，而且长期低糖饮食，很容易导致健康问题。2014 年的一项研究发现，能量负平衡，同时糖摄入不足的女运动员出现生殖激素紊乱、月经失调的概率非常高，在补糖治疗三个月后受试者生殖激素恢复良好，月经周期得到调节。

需要强调的是，减脂减重以维持健康体重为目的，不应该以损害健康为代价一味地追求更低的体重。应该提倡均衡的饮食习惯，因为肥胖很多时候是代谢紊乱和营养不均衡导致的，是某些营养素摄入过多的同时另外某些营养素又极度缺乏，而非传统意义上所说的营养过剩。

一、减脂饮食原则

从膳食营养层面，减脂在控制总能量的同时，一定要改变不均衡的膳食结构，改善身体代谢。营养界普遍推崇的“地中海饮食”就是比较均衡的一类膳食。地中海饮食的结构特点主要包括六个方面，即蔬菜水果、鱼类、五谷杂粮、豆类、橄榄油和红酒。在地中海沿岸的南欧各国，由于其特殊的地理环境，这些国家的人们久而久之形成了自己的饮食习惯及风格，却恰巧符合了健康饮食的要求。

我国地域广阔、民族众多，不同的地理环境、生活习俗等造就了人们饮食结构的地方特色。要让中国人都严格按照“地中海饮食”模式来安排饮食，不仅在物质供给上不能充分保证，而且在经济上也难于负担，推行起来困难重重。但我们可以根据“地中海饮食”的结构特点，设计符合中国人饮食习惯的膳食模式。

（一）蔬菜水果

我国的蔬菜水果丰富，足以与地中海沿岸国家相媲美。生菜、苦菊、甜菜、菠菜、菜花、豆角、土豆、甘蓝、葡萄、西红柿、菠萝等都是地中海地区常见的果蔬，在国内也寻常可见。重要的是我们要像地中海居民一样，只要不是胃肠不适，在充分洗净的条件下，能生吃的水果蔬菜尽量生吃，如黄瓜、西红柿、生菜、大葱等。在地中海沿岸的南欧国家，人们把西红柿洗净切成大块，放在大盆中，基本不放盐，只放大量的橄榄油拌一拌就是一道菜。另外，多用大蒜作调制菜品的佐料，因为大蒜素会对健康起到非常重要的作用。

（二）五谷杂粮

中医养生中提到的“五谷为养”中的五谷，仅指稻、黍、稷、麦、菽。而现代意义上的五谷是一个广泛的概念，泛指精细米面之外的一切粗杂食物，包括谷类、薯类、杂豆三类，如糙米、小米、燕麦、玉米、薏米、藜麦、高粱、荞麦、紫薯、红薯、土豆、芋头、山药、杂豆等。将其制成饼、馒头、糕、粥、饭、面包等食物，减脂人群一定不能只凭自己的口味喜好专食一种或两种，要尽可能地换着品种吃。

（三）鱼虾类

以前受地理环境和其他因素的限制，想要在内陆地区经常吃到新鲜的海鱼有些困难。但现代物流便捷，生鲜运输保质程度高，内陆地区居民吃到新鲜的海鱼已不是问题。运输条件不发达的地区，可通过食用含 ω－3 多不饱和脂肪酸的坚果，如扁桃仁、核桃仁等代替鱼虾类。

（四）橄榄油

世界橄榄油总产量的90%出自地中海沿岸国家，西班牙、意大利是橄榄油数一数二的主要产地。我国橄榄油的产量极低。但亚麻籽油、茶油能够与橄榄油媲美，起到升高“好胆固醇”、降低“坏胆固醇”的作用。

（五）减少红肉的摄入

红肉（如猪肉、牛肉、羊肉、鹿肉等）含有较多的饱和脂肪，“地中海饮食”中牛肉、猪肉等红肉的成分比较少。我国传统的食肉习惯仍是以猪肉等红肉为主，应尽量不吃体积大的动物的肉，应尽量以鱼肉或小动物肉（如鸡肉、鸭肉等）替代。

（六）酸　奶

在地中海地区，奶酪是当地人早餐中必不可少的食物，有时午餐、晚餐也吃，沙拉中也会加入奶酪。我国大多数人没有吃奶酪的习惯，但是经常喝酸奶，酸奶也是经过发酵而成的，易于消化吸收，有助于调理肠道环境。

二、运动营养策略

虽然通过调整膳食或运动会有一定的减重效果，但对于大部分有减重需求的人来说，单纯的膳食营养减脂往往不可持续，尤其是对于轻微超重人群以及隐形肥胖人群。人体具有极强的适应能力，在低能量膳食的过程中，身体会产生对低能量膳食的适应，这种现象被称为“代谢适应”或者叫“能量效率提高”。近年来有许多关于降体重的研究表明，在降体重时，有规律的体力活动可能会预防由于能量摄入不足造成的能量效率提高。而单纯的运动，会受饮食影响而降低减脂减重效果。一次中等强度，持续60min的运动，能量消耗为300~500kcal，这部分能量很容易通过零食、不理智饮食行为抵消掉。运动中对糖的消耗比较多，如果运动后没有得到及时补充，人在一段时间内处在饥饿或者低血糖状态，极易出现食欲控制差甚至暴饮暴食的现象，导致体重不降反增的案例不胜枚举。因此，为了能够持续地减重和促进身心健康，应该选择“适宜运动+合理膳食”的控制体重的方法。既要有饮食上的能量控制，又要有运动带来能量消耗。

（一）运动策略

运动干预是肥胖干预中非常重要的一个环节。运动干预需要有计划、有规律地安排运动，并且达到一定的运动量和运动强度。要根据频率、强度、时间和类型四项基本要素制订运动计划。

1. 运动频率

每周执行运动计划的天数即是运动频率，推荐大多数成人的运动频率是每周5~7天中等强度的有氧运动，或3~5天中等和更大强度的运动。一般不建议运动者每天都进行较大强度的训练，因为肌肉修复需要时间。有数据表明，当运动者每周进行超过5天的较大强度运动时，发生骨骼肌损伤的概率会增加。

2. 运动强度

运动强度有绝对强度和相对强度。一般绝对强度是根据身体活动的绝对物理负荷量测定的强度水平。常用指标为代谢当量（metabolism equivalent，MET）。代谢当量是指相对于安静休息时运动的能量代谢水平，1MET相当于每分钟每千克体重消耗3.5ml的氧，或每千克体重每分钟消耗1.05kcal能量的活动强度。代谢当量是目前国际上反映运动绝对强度的常用指标。相对强度则是根据生理反应情况测定的强度水平，包括最大心率百分比（HRmax%）、最大摄氧量百分比（%VO_2max）、靶心率、主观体力感觉等级（RPE）。运动强度的评估方法如表1-1所示。

表1-1 运动强度的评估方法

强度	最大心率百分比/%	最大摄氧量百分比/%	主观体力感觉等级	代谢当量
低	<57	<30	很轻松（≤9）	<2.0
较低	57~64	30~40	轻松（10~11）	2.0~3.0
中等	64~76	40~60	稍费力（12~13）	3.0~6.0
较大	76~96	60~90	费力到很费力（14~17）	6.0~8.8
大	≥96	≥90	极其费力到尽最大努力（≥18）	≥8.8

其中用最大心率百分比测定运动强度时，要知道最大心率的测定方法。粗略估算最大心率的公式为 HRmax = 220 - 年龄（岁），目前有推荐使用 HRmax = 207 - 0.7 × 年龄（岁），被认为可适用于所有年龄段和体适能水平的成年男女。运动中的心率可以触摸颈动脉测量，也可以用更方便的可穿戴设备来测量。

一般推荐大多数成人进行中等或较大强度的有氧运动，如果身体状态不佳，则选择中等强度或者低强度的有氧运动；也有在训练中采用间歇训练法的，间歇训练法指在一次训练中包含多个不同运动强度的练习，且各个练习之间有固定的间歇时间。间歇训练可以提高一次训练课的总强度和平均强度，但作为体重管理的训练方法，其安全性和长期效果还需进一步评估。

3. 运动时间

运动时间是指一段时间内进行运动的时间总和，包括每次训练课的时间、每天或每周运动的时间。如果仅对健康有益处，那么一般认为是动则有益，甚至每天进行不足 20min 的运动对健康也是有益的。对于减脂减重而言，应保持每周至少 150min 的中等强度运动，或者每天至少 20min 的较大强度运动，或中等和较大强度结合的运动。

4. 运动类型

（1）有氧训练

有氧训练的训练方式有很多种，如跳绳、跑步、椭圆机、动感单车、划船机、游泳等。它们都是很好的有氧训练方式。有氧训练看似简单，但也要注意训练动作的规范，长时间坚持不规范的训练动作不仅运动效果不佳，而且容易导致运动损伤。

跑步是人们最常见的运动方式，注意事项为：跑步时应双眼平视前方，下巴微收；均匀呼吸，采用鼻吸口呼或鼻子和嘴共同呼吸的方式，给身体提供充足氧气；肩关节放松，肩胛骨自然下沉，不耸肩；保持核心稳定，背部平直不弯腰；双手半握拳，摆臂自然；抬腿有力，落地时应脚跟着地过渡到前脚掌，减少下肢关节受到的反作用力。不正确的跑步动作会导致膝关节磨损，形成跑步膝，小腿粗壮，影响美观，影响髋关节功能。

（2）高强度间歇训练

高强度间歇训练的动作是不固定的，仅对训练强度和间歇时间提出要求。可以通过冲刺跑和慢走的形式完成高强度间歇训练，也可以通过爆发性的力量训练与休息相结合的形式完成高强度间歇训练，甚至可以通过对动感单车、壶铃、游泳等不同负荷的设计，完成高强度间歇训练。高强度间歇训练方案示例如表 1 - 2 所示。

表1-2　高强度间歇训练方案示例

时长：10min；高强度与低强度比例1:1	
训练动作	时间/s
波比跳	20
休息	20
波比跳	20
休息	20
波比跳	20
休息	20
深蹲跳	20
休息	20
深蹲跳	20
休息	20
深蹲跳	20
休息	20
箭步蹲跳	20
休息	20
箭步蹲跳	20
休息	20
开合跳	20
休息	20
开合跳	20
休息	20
开合跳	20
休息	20
开合跳	20
休息	20
高抬腿	20
休息	20
高抬腿	20
休息	20
高抬腿	20
休息	20

时长：8min；高强度与低强度比例1:1	
训练动作	时间/s
壶铃摇摆	20
休息	20
壶铃摇摆	20
休息	20
壶铃摇摆	20
休息	20
深蹲跳推举	20
休息	20
深蹲跳推举	20
休息	20
深蹲跳推举	20
休息	20
仰卧两头起	20
休息	20
仰卧两头起	20
休息	20
仰卧两头起	20
休息	20
开合跳	20
休息	20
开合跳	20
休息	20
开合跳	20
休息	20

需注意的是，高强度间歇训练的每一次训练动作都须尽力完成，选用的器械质量不宜过重，也不宜过轻，可以选择在计划时间内较难完成的质量。

（3）力量训练

推荐每周对大肌群（胸部、肩部、手臂、上背部、下背部、腹部、臀部和下肢）至少训练2～3天，同一肌群的练习时间应至少间隔48h，给肌肉修复充分的时间。周期性的力量训练应该每个部位都安排，不可只练某一个或某几个部位，容易导致不同部位的肌肉力量失衡，协调性变差，诱发体态以及疼痛问题，甚至导致严重的运动损伤。

力量训练强度一般用1RM的百分比来表示，也常常根据这个标准来设计训练组数和训练次数。（表1－3）

表1－3　抗阻力运动强度评估方法

强度	低	较低	中等	较大	大
1RM的百分比/%	<30	30～50	50～70	70～85	≥85

对于减脂减重来讲，刚开始训练可以小质量多次数，在肌力和肌耐力有一定提升后，再提升训练强度。例如，刚开始以1RM的30%～50%训练负荷，每组训练15～25次，组间休息1～2min，同一肌群练习2～4组。训练能力提升后，采用1RM的60%～80%训练负荷，每组训练8～15次，适应以后，还可以再增加训练负荷。

力量训练注意事项：力量训练时要注意采取正确的训练动作，注意力集中，控制核心稳定，训练中要进行呼吸的调整和配合（向心阶段呼气，离心阶段吸气，避免憋气），离心收缩时要缓慢而又控制，切忌快起快落。训练前要注意热身，训练后要注意拉伸和放松。这样有助于肌肉功能的恢复和加强，增加关节活动度，预防运动损伤。初学者应在专业人员指导下学习正确的训练动作，避免不当训练或过度训练导致运动损伤。

不管是力量训练、有氧训练还是高强度间歇训练，均对减脂减重有较大益处，在一个周期的训练计划中，力量训练、有氧训练与适当的高强度间歇训练相结合的训练计划相比单纯的有氧训练或者抗阻训练对减脂有更大的益处。

（二）营养策略

好的训练计划应有膳食方案的配合，好的膳食方案可以给训练提供能量支持以及均衡充足的营养，促进身体恢复，减少减重时的瘦体重丢失。科学的运动营养方案应遵循以下原则。

1. 控制总能量

目前主流的建议是如果每天能量负平衡达到500～1000kcal，则每周可以使体重降低0.5～1kg。不建议更高的能量负平衡，能量限制过多不仅难以坚持，而且可能引起机体衰弱、脱发、抑郁，甚至心律失常等。不同人群能量负平衡的程度也应不同，体重更大、体脂更高的人群可以有较高的能量亏空。例如，BMI≥28的肥胖者，每天能量摄入按阶段（一般10kg为一个减重阶段）目标体重为20～25kcal/kg，可以保证有500～1000kcal的能量亏空。而体重基数小一点的，为了保证健康和营养水平，不宜能量亏空过多，可以每天亏空 300～500kcal，这需要每天摄入 20～30kcal/kg 阶段目标体重。对于一些假性肥胖者及有代谢适应者，应先优化身体成分，提高自身代谢水平，推荐摄入 25～35kcal/kg 目标体重。

2. 合理的宏量营养素摄入

主流的减脂建议采用低能量、低脂肪饮食来减掉更多脂肪，同时控制糖摄入，满足充足的蛋白质。近年来许多研究比较了低糖和低脂肪饮食对减脂的影响，发现低糖摄入可减掉更多体重，而低脂肪摄入可减掉更多体脂。因此，糖、蛋白质、脂肪的能量供给比例应该是：（40%～55%）：（15%～25%）：（20%～30%）。其中蛋白质的摄入量应保证 1.2～1.5g/kg 体重，保证减重过程中的正氮平衡。

3. 微量营养素及膳食纤维

维生素和矿物质是维持身体正常代谢的必需营养素，应通过多样化的饮食满足微量营养素的摄入。膳食纤维可以增加饱腹感，减少摄食，改善肠道功能，促进排便，与减脂减重关系密切，推荐每日膳食纤维摄入量达到 14g/1000kcal。

4. 合理安排餐次

一般建议至少保证一日三餐，两餐之间不超过 4h，每餐用时 20～30min，这样有助于控制食量。许多研究证实前一餐吃得过少，会导致后边的补偿性饮食，不利于控制体重。对于训练日的饮食安排，还要做到运动前、运动中和运动后的合理加餐。

5. 科学的减重速度

不追求过快的减重速度，按照世界卫生组织推荐的安全减重速度——每周减重 0.5～1kg。对于大部分人而言，减脂首选的依然是均衡营养配合运动与行为习惯的改善。如经医生诊断，必须通过医疗手段减重来维持生命，则必须接受医疗手段治疗。经医生评定可以运动时，再进行运动减脂。

当体重下降过快、身体出现疲劳和体能下降时，需要适当安排休息，或者降低运动负荷；当体重变化不明显，且身体功能适应良好时，可以增加训练负荷；当体重变化不明显，且身体出现疲劳和体能下降时，可能是由于饮食和作息不规律，应进行运动营养评估，然后调整运动营养方案。

第四节　进食行为

进食是人的本能，也是人体能量摄入的主要形式，在体重控制过程中，进食行为的控制有着很重要的意义。健康的进食行为可以满足人体营养和健康的需要；不健康的进食行为，如水果蔬菜摄入不足，高糖高脂膳食，过多地摄入饮料、加工食品等，会导致营养不良、肥胖、非传染性疾病等，严重的可发展为进食紊乱，甚至进食障碍。人的进食行为受许多因素的影响，其内环境受激素、激素受体、类激素因子、大脑神经系统和胃肠感受器等的影响，其外环境受社会习惯、心情、食物本身的视觉和味觉诱惑等的影响。

目前关于进食行为的研究比较多，有病态的进食障碍，如神经性厌食症、神经性贪食症、暴食症等；非病态的进食紊乱，如瘦素抵抗。大部分的进食障碍出现在节食之后，又与情绪因素互相作用。进食障碍患者刚开始只是想通过节食来控制体重，因为本身可能存在自卑、社交恐惧、对肥胖过度恐惧等心理，逐步发展到对进食行为无法控制的程度，表现出心理状态异常、营养不良，甚至引发心血管、胃肠道、内分泌等多系统并发症，严重的可导致死亡。进食障碍仅靠营养治疗往往无法解决问题，还需要通过医疗、心理辅导、行为改变等手段进行干预。对于非病态的进食紊乱，往往通过运动、营养、行为改变的方法可以得到较好的改善。

一、神经性厌食症

神经性厌食症又名精神性厌食症，是个体有意节制饮食，致使体重明显低于正常标准的一种进食障碍，其显著特征为患者拒绝保持最低正常体重、对肥胖的过度恐惧。体重减轻是神经性厌食症诊断标准的必要组成部分，CCMD－3（《中国精神障碍分类与诊断标准》第3版）的标准中称："明显的体重减轻比正常平均体重减15%以上，或者体重指数为17.5以下。"虽然体重已经很低了，但厌食症患者仍然认为自己过胖，担心体重增加，拒绝正常进食，进食后会采用自我诱导的呕吐、使用泻药或者利尿剂、过量运动等抵消行为。

发现神经性厌食症患者时，应劝告他们尽早就医。巴西女模赖丝顿2007年11月14日因厌食症并发症死亡。法国演员伊莎贝尔·卡罗13岁时患厌食症，2007年，她因以骨瘦如柴如同干尸的形象现身一系列警惕厌食症的公益广告而出名，2010年去世，年仅28岁。

二、神经性贪食症

神经性贪食症是指发作性的难以控制的进食欲望，进食量较大，并采取一些极端方式，如自我诱导呕吐、使用泻药或利尿剂、过度运动等消除暴食后的心理恐惧，患者经常担心自身的体重和体形。DSM－IV（《精神疾病的诊断和统计手册》第四版）神经性贪食症诊断标准如表1－4所示。

表1－4　DSM－IV神经性贪食症诊断标准

序号	诊断标准
1	反复发作的发作性贪食，每次发作具备以下两个特征：①在一个独立的时间内（如在任何2h内）吃掉大量食物，且多于大多数人在类似的时间和类似的环境下的进食量；②发作期缺乏对进食的控制感（如无法停止进食，或无法控制吃什么、吃多少）

续表

序号	诊断标准
2	反复采用不适当的抵消行为以防止增重，如自我诱导呕吐，滥用泻药、利尿剂或其他药物，禁食，过度运动
3	发作性进食和不适当的抵消行为平均至少每周 2 次，持续 3 个月
4	自我评价过分受到体形和体重的影响
5	神经性厌食症发作期间，不排除神经性贪食症发作。具体分型如下：①导泻型，患者常自我诱吐或滥用导泻剂、利尿剂；② 非导泻型，病人采用其他不适当抵消行为，如禁食或过度体育锻炼，但不经常自我诱吐或滥用导泻剂或利尿剂

有报告称，30% ~50% 的贪食症患者患有厌食症，需要为其制定心理治疗、药物治疗、营养治疗等综合的治疗方案。

三、暴食症

暴食症患者进食速度比正常人要快，一直吃到感觉撑得难受为止；不饿的时候也进食，由于对大量进食感到难堪，常单独进食；大量进食后感到恶心、抑郁或内疚，并且在 3 个月以内，每周至少有 1 次暴食行为。暴食症有别于神经性贪食症的是，暴食症患者并不会有大量进食后的抵消行为。暴食症患者平时的饮食可能看起来很节制，一旦暴食发作，就会出现不可抗拒的摄食欲望和行为，一次可进大量食物，且不分时间、地点，也不在乎食物本身，只要能吃就会往嘴里塞，一直吃到感觉撑得难受为止。

四、非病态进食紊乱——瘦素抵抗

（一） 正常的进食调控机制

在进食行为的研究中，发现许多激素与人的进食行为关系密切。产生饥饿信号的胃饥饿素和增食欲素与产生饱足信号的胆囊收缩素、类胰高血糖素因子、酪酪肽、瘦素等通过下丘脑的调节作用来调节人的进食行为。

人在低血糖、胃排空或者看到美食的时候，会有饥饿感和进食的欲望，进食之后，人会产生满足的感觉，对食物的兴趣慢慢减弱至停止进食，并在一定时间内没有想吃东西的欲望，直到再次因为各种原因产生饥饿感。下丘脑在这个过程中起着重要的调节作用，它根据来自神经系统、激素水平、胃肠器官信号等多方面的信息来调节人的进食行为。

正常情况下，胃排空或者血糖水平趋于下降，胃产生的饥饿激素含量增加，人体产生饥饿感；精神紧张会刺激皮质醇释放，有促进人体进食的作用，这就解释了人体在精神压力大的时候，食量和体重增加的原因。人在进食的时候，咀嚼促进神经递质组胺生成，刺激下丘脑饱足中枢；同时唾液消化食物产生的小分子产物也间接产生抑制食欲的信号。食物进入胃内，胃肠道会发出饱足的信号；食物在消化过程中刺激饱足信号的释放，增加饱腹感和饱足感，同时抑制胃产生饥饿激素。因此，人在一次进食后几小时，会再次感觉饥饿。

目前，国内外关于进食紊乱和食欲调节的研究较多的是瘦素功能紊乱。瘦素是脂肪组织分泌的蛋白类激素，有对抗饥饿激素，减少食欲，促进脂肪分解，增加能量消耗的作用。瘦素水平低下的肥胖人群可以通过提高瘦素水平来帮助减脂。但研究发现，只有5%的肥胖患者瘦素水平低下，大部分的肥胖患者表现出血浆瘦素水平上升，却发挥不了瘦素本身抑制食欲、增加能量消耗、促进脂肪分解的作用，这被称为瘦素抵抗。很多时候也正是因为瘦素抵抗，导致人们管不住嘴，容易吃多，对食欲的控制变差。

（二） 瘦素抵抗的机制

已知的瘦素抵抗的机制有：瘦素受体不能充分感知循环瘦素水平、下丘脑能量与代谢瘦素信号转导障碍。

1. 果糖及甜味剂

果糖喂养、甜味剂的食用是已知的直接导致瘦素抵抗的饮食因素。对大鼠的实验发现，果糖和甜味剂喂养导致下丘脑瘦素水平下降，血浆瘦素水平上升，提示果糖和甜味剂可能影响瘦素通过血脑屏障进入下丘脑，因此进食果糖和甜味剂后无明显的饱腹感，甚至有人吃完果糖之后饥饿感更强。

2. 胰岛素抵抗

内分泌层面上，胰岛素抵抗也是诱发瘦素抵抗的原因，因此，久坐少动、高糖高脂膳食可能间接引起瘦素受体不敏感，导致瘦素抵抗；女性的生理周期会对瘦素水平有影响，因此，女性的食欲会在生理周期有较大波动。

3. 熬夜

熬夜不利于瘦素合成，因为瘦素分泌的昼夜节律显示，晚上12点左右，是瘦素自然分泌的高峰期，但此时的瘦素分泌需要在睡眠状态下。不规律的作息可能导致异常的瘦素节律，这也是导致瘦素抵抗的重要原因。夜间的瘦素水平增高与睡眠时的食欲抑制有关，瘦素抵抗的人会有低钝的夜间瘦素波峰，导致夜间的食欲抑制解除。

（三） 改善瘦素抵抗的策略

对于进食紊乱者，如果有病态的进食障碍，应积极接受治疗。如果排除进食障碍，则应考虑瘦素抵抗的可能性。为改善进食紊乱，应该积极地从改善瘦素抵抗开始。瘦素抵抗通常可以通过表1-5的策略来解决。

表 1－5　改善瘦素抵抗的策略

1	避免熬夜，恢复瘦素的自然分泌节律，逐步改善低钝的夜间瘦素波峰
2	规避高果糖、高甜味剂食物。如果有成瘾性，先在现有基础上减量，配合其他改善手段，循序渐进地改善
3	细嚼慢咽，增加咀嚼次数，促进神经递质组胺生成刺激饱足中枢
4	有规律地运动，目前虽然单次运动对瘦素的影响的研究还没有定论，但长期的运动可以通过调节肥胖基因（mRNA）表达，降低瘦素抵抗者的血浆瘦素水平，同时可以提升瘦素受体敏感性
5	适当增加蛋白质摄入，避免高脂饮食
6	增加膳食纤维摄入，膳食纤维在胃里可以延缓胃排空，维持饱腹感，对瘦素抵抗人群减缓饥饿感有帮助
7	放慢进餐速度，从进食开始到大脑充分收集到饱足信号通常需要 20～30min
8	植物化合物的合理使用，槲皮素、芦丁等对瘦素抵抗有很好的改善效果

实践要点：减脂饮食干预案例

周女士，35 岁，身高 160cm，现体重 65kg，理想体重 55kg。现体重与目标体重有 10kg 的差距，可以分阶段进行，第一阶段目标体重 60kg。经了解，周女士每天上班以静坐为主，上午 9：00 上班，下午 5：00 下班，之前没有运动习惯，喜欢吃西式餐品，如沙拉。爱喝含糖饮料，有不好控制食欲的现象，晚上睡觉在 12：00 以后。现在为了完成减肥计划，下班后在家附近健身房健身，一周 3～5 次，大约下午 6：00 开始训练。

根据客户情况，其属于轻体力活动人群，减脂能量推荐标准 25kcal/kg 阶段目标体重。结合其生活习惯，可能有瘦素功能减弱的情况。因此在饮食上，控制其精制糖的摄入，同时适当增加蛋白质和膳食纤维的摄入；在食物选择上，水果摄入量控制在一天 200g 以内，引导其严格限制饮料、甜品等。在作息上，要求其尽量早睡早起，可以先控制在晚上 12：00以前休息，慢慢再往前调整。

为了循序渐进地提升周女士的训练水平，同时促进其训练后恢复，减轻训练后的不适症状，要加强周女士训练前、训练中、训练后的能量补充。（表 1－6 至表 1－11）

餐单

姓名 周女士　性别 女　年龄 35 岁　身高 160cm　现体重 65kg

运动目的 减脂　本阶段目标体重 60kg　日能量摄入 1500kcal

三大产能营养素比例为糖：蛋白质：脂肪＝5：2.5：2.5

三大产能营养素质量：糖 187g　蛋白质 93.7g　脂肪 42g

表1-6 早餐

食物	质量/g	糖/g	蛋白质/g	脂肪/g
全麦面包	80	40	5.1	0.8
鸡蛋	50	1.4	6.6	4.4
西生菜	35	0.7	0.3	0.0
番茄	50	1.6	0.5	0.1
黄瓜	50	1.5	0.4	0.1
沙拉酱	10	1.6	0.1	4
蛋白粉	10	0.5	8	0
油	2	0	0	2
总计	287	47.3	21	11.4

表1-7 午餐

食物	质量/g	糖/g	蛋白质/g	脂肪/g
杂粮米饭	130	39.5	4.2	0.9
去皮鸡腿	100	0	19.7	3.9
香菇（鲜）	50	2.6	1.2	0.2
海鲜酱	15	3.3	1.5	4.5
西蓝花	100	4.3	4.1	0.6
橄榄油	5	0.0	0.0	5.0
总计	400	49.7	30.7	15.1

表1-8 训练前30min加餐

食物	质量/g	糖/g	蛋白质/g	脂肪/g
苹果	100	13.7	0.4	0.2
总计	100	13.7	0.4	0.2

表1-9 训练中加餐

食物	质量/g	糖/g	蛋白质/g	脂肪/g
固体运动饮料	30	26.8	0.2	0
总计	30	26.8	0.2	0

表 1-10　训练后加餐

食物	质量/g	糖/g	蛋白质/g	脂肪/g
香蕉	100	22	1.4	0.2
蛋白粉	20	1	16	0
总计	120	23	17.4	0.2

注：可补充维生素 C 0.1g，谷氨酰胺 2g，运动益生菌 2g。

表 1-11　晚餐

食物	质量/g	糖/g	蛋白质/g	脂肪/g
紫薯	50	12.6	0.8	0.1
鸡胸肉	100	0	19.8	5
生菜	50	2.1	0.7	0.2
圣女果	30	1.7	0.3	0
西蓝花	100	4.3	4.1	0.6
黑胡椒酱	50	8.5	0.8	0.8
食用油	5	0	0	5
总计	385	29.2	24.1	11.7

经过计算，一天的总能量摄入 1481.4kcal。糖摄入 189.7g，蛋白质摄入 93.8g，脂肪摄入 38.6g，由于周女士是晚上训练，同时考虑中午正餐与训练后的晚餐之间间隔时间较长，为了周女士有好的训练状态，以及训练后更好地恢复，强调周女士训练前、训练中、训练后的补糖。由于训练后的晚餐时间比较晚，因此晚上正餐的总能量和糖的摄入量有所减少。

参考文献

[1] 顾景范，杜寿玢，郭长江．现代临床营养学［M］．2 版．北京：科学出版社，2009.

[2] 杨月欣，葛可佑．中国营养科学全书［M］．北京：人民卫生出版社，2019.

[3] 美国运动医学会．ACSM 运动测试与运动处方指南［M］．9 版．王正珍，等译．北京：北京体育大学出版社，2014.

[4] 博克，迪肯．临床运动营养学［M］．王启荣，译．西安：世界图书出版西安有限公司，2011.

[5] 王友发，孙明晓，杨月欣．中国肥胖预防和控制蓝皮书［M］．北京：北京大学医学出版社，2019.

[6] 林涅，袁坤，陈桂兰，等．高蛋白饮食通过调控肠道菌群影响肥胖相关研究进展［J］．医学综述，2019，25（10）：1960-1964.

[7] 中国超重/肥胖医学营养治疗专家共识编写委员会．中国超重/肥胖医学营养治疗专家共识

（2016 年版）［J］．中华糖尿病杂志，2016，8（9）：525－540.

［8］低碳水饮食增加全因死亡率［J］．中国循证心血管医学杂志，2019，11（9）：1117.

［9］朱春景，刘春燕，陈云霞，等．肥胖与男性性激素水平的相关性研究［J］．河北医药，2019，41（12）：1856－1859.

［10］刘丹青，秦贵军．肥胖与男性生殖功能［J］．河南医学研究，2018，27（23）：4281－4283.

［11］董向让．临床胆囊疾患及其与肥胖、身体活动及其它因素关系的前瞻性研究［J］．国外医学（内科学分册），1993（4）：188.

［12］牛欣，朱婉秋，白英龙，等．孕前母亲肥胖对子代神经心理发育影响研究进展［J］．实用预防医学，2019，26（9）：1150－1153.

［13］谢敏豪，冯炜权，严翊．运动内分泌学［M］．北京：北京体育大学出版社，2008.

［14］黄晴，方丽，高兴，等．蚌埠市青少年超重肥胖与进食障碍的关系［J］．中国学校卫生，2019，40（7）：1021－1023，1027.

［15］何宇纳，FESKENS E J M，李艳平，等．高脂肪－低碳水化合物与Ⅱ型糖尿病的关系研究［C］//中国营养学会公共营养分会．中国营养学会公共营养分会第十次会议公共营养研究进展学术研讨会资料汇编，2010：68.

［16］江波．生酮减脂法［J］．肿瘤代谢与营养电子杂志，2017，4（3）：263－266.

［17］蔡鼎男，陈明华．采用生酮饮食进行减肥的流行病学实验［J］．泰山医学院学报，2019，40（9）：672－675.

［18］江波．生酮饮食前景可期，论证过程漫长［J］．实用临床医学杂志，2019，23（7）：1，15.

［19］金娜娜，项琦，马莉，等．轻断食模式对超重者代谢作用的影响研究［J］．中国全科医学，2019，22（16）：1945－1948.

［20］张明国，楚天舒，朱国富，等．轻断食治疗糖耐量异常的临床效果［J］．心脏杂志，2016，28（2）：192－193，196.

［21］陈啸峰．电针治疗单纯性肥胖及对血清瘦素和胰岛素影响的研究［J］．针灸临床杂志，2009，25（8）：3－5.

［22］郝伟，于欣．精神病学［M］.7 版．北京：人民卫生出版社，2013：147－148.

［23］陈千红．补糖对运动性月经失调运动员生殖激素及能量代谢的影响［D］．上海：上海体育学院，2014.

［24］李丹茂，杨铭，南文泽．神经性贪食症案［J］．中国针灸，2019，39（2）：201－202.

［25］刘巧桂．进食障碍综述［J］．科技资讯，2018，16（29）：237－238.

［26］贾诗．HIIT 对进食障碍倾向女大学生可利用能量的影响［D］．北京：北京体育大学，2019.

［27］戚宇琪，郭杰，郭晓霞．基于 POMC/AgRP 神经元探讨瘦素调节食欲的作用机制［J］．医学综述，2019，25（23）：4646－4651.

［28］李建梅，王闯，胡庆华，等．果糖引起大鼠瘦素功能失调及槲皮素和芦丁的改善作用（英文）［J］．中国天然药物，2008（6）：466－473.

［29］曹艳强，魏守刚．瘦素信号转导与瘦素抵抗研究进展［J］．中国公共卫生，2019，35（6）：789－792.

［30］杨晓宁，张辰雨，王炳蔚，等．瘦素信号与瘦素抵抗机制研究进展［J］．生理科学进展，2015，46（5）：327－333.

［31］赵芳芳．八周能量摄入限制对单纯性肥胖儿童的减脂效果分析［C］//中国体育科学学会运动生理与生物化学分会．第四届（2016）全国运动生理与生物化学学术会议——运动·体质·健康论文摘

要汇编. 2016：432 - 433.

［32］潘娣. 运动与饮食干预下肥胖儿童体重变化的能量平衡与失衡［D］. 北京：北京体育大学，2017.

［33］张军. 有氧运动结合抗阻力量练习对中年人身体成分和骨密度的影响［D］. 上海：上海体育学院，2017.

［34］王兰兰，李菊连，魏玉婷. 针灸调节瘦素在单纯性肥胖中的作用机制研究进展［J］. 现代临床医学，2019，45（5）：396 - 398.

［35］研究发现减肥成效无关基因，健康饮食最重要［J］. 中国食品学报，2018，18（3）：277.

［36］王陇德. 健康管理师［M］. 北京：人民卫生出版社，2019.

［37］蔡雯雯. 人工甜味剂长期暴露引起葡萄糖耐受性的改变及其分子机制研究［D］. 杭州：浙江工商大学，2015.

［38］吴若琪. 关注 OTC 减肥药的安全性［N］. 中国医药报，2016 - 04 - 08（002）.

［39］孙骏，赵起，李明，等. 关注减肥药西布曲明的安全性［J］. 药学与临床研究，2010，18（2）：118 - 119.

［40］RANKINEN T，IUBERI A，CHAGNON Y C，et al. The human obesitygene map：the 2005 update［J］. Obesity，2006，14（4）：529 - 644.

第二章　增肌增重人群

人体成分分为脂肪和瘦组织，而瘦组织的核心就是肌肉部分。事实上，现在人们都知道增肌需要能量盈余。而具体需要什么样的营养素来提供这部分盈余，营养素的比例怎么安排，包括在不同时间该怎么合理补充、怎样在增肌的时候尽可能地减少脂肪增加，是运动营养师需注意的问题。另外，要排除疾病的潜在影响，如甲状腺、肾上腺、消化系统疾病及糖尿病等都容易导致人体体重过轻。

第一节　肌肉增长的原理

一、抗阻训练对肌肉增长的作用

长期、系统、科学的运动对肌肉的影响相当明显，可引起肌肉的适应性改变。实际上肌肉增加就是肌肉对抗阻训练的适应。抗阻训练，可以明显使肌肉体积增大，主要表现在各种围度的增加，不同专项运动对不同部位肌肉体积增大的影响不同。肌肉体积的增大是由肌纤维增粗导致的，其实质是肌肉收缩蛋白合成增加，因而肌肉生理横断面增大，肌肉质量增加，肌力也得到增大，使得细胞内容物增多和增大。

正常人骨骼肌质量，男性的占其体重的40%～45%，女性的占其体重的35%～40%。这一比例可以通过适当的运动训练和营养方案显著增加，运动员可达50%～60%。

抗阻训练适应既有神经学上的，又有生理学上的。在力量训练开始的2～3个月，力量的增加主要是由结缔组织和神经系统变化引起的。由于抗阻训练，肌腱、韧带和内部结缔组织的强度增加。肌腱内有固定的监控肌肉张力的传感器，这些传感器是为了防止肌肉产生超过结缔组织能够安全承受的张力。如果肌肉产生了过大的张力，这些传感器便被激活并减弱对肌肉的神经刺激。这就使得肌肉力量减弱并防止损伤到结缔组织。当结缔组织变得更有力时，激活这些传感器便需要更大的肌肉张力（意味着能够举起更重的重物）。同时，还有肌纤维募集协同性增强的因素，这使得肌纤维收缩和力量增强更加同步，即在尽最大努力的情况下，同一时间内被激活肌纤维的数量越多，肌肉产生的力量也就越大。肌肉组织经过早期神经适应之后，开始明显地增加，这是由于细胞浆体积、肌原纤维和收缩蛋白丝增加引起某些肌纤维细胞体积增大所致的。有报道称，快肌纤维比慢肌纤维增大更加明显，但绝大多数研究并未支持这一说法。

二、合理营养对肌肉增长的作用

增肌不同于简单的发胖，增肌指的是肌肉组织的增长，可能伴随着皮下脂肪层的堆积。因此，增肌不能只是盲目地多吃，而是要合理地安排热量和营养素的摄入。在增肌增重的过程中，合理的饮食结构、充足的能量摄入至关重要。

（一）增肌与饮食结构

合理的饮食结构是保障能量及营养素摄入的前提。非训练日要规律地安排三餐。餐前1h内尽量不吃零食，以免影响食欲。如无特殊活动，晚上不吃宵夜。每餐不宜过饱，以利于胃肠的消化吸收。渐进式地增加食量，避免强迫性供给，破坏食欲。

（二）增肌与能量

为了达到最佳的肌肉修复和生长效果，应当采用能量正平衡膳食。总能量的规划可以依据不同的目标以及每天的能量消耗来确定能量的摄入。如果仅仅希望增加肌肉力量，而不需要增加体重，每天摄入的能量超过能量消耗的50～100kcal即可。如果要增加肌肉含量和体重，那么能量摄入就要超过能量消耗的300～500kcal。

此外，可以按每千克体重来规划总能量，考虑人群的差异，中国成人膳食能量推荐摄入量为30～35kcal/kg体重，这是维持体重的标准。每千克体重的能量供应因人而异，女士根据不同的体力活动消耗水平可以规划35～45kcal/kg体重。男士根据不同的体力活动水平可以规划40～50kcal/kg体重，对于训练强度大的可以更高。

（三）增肌与蛋白质

在保证能量供应充足的情况下，要保证充足的蛋白质摄入。蛋白质的摄入量在学术界的争论也比较多。一般认为增肌人群蛋白质摄入量为1.6～2g/kg体重即可满足增肌的需要。剧烈的抗阻训练者，2.0～2.6g/kg体重的蛋白质摄入量对增肌增重可能有较大的益处。具体的蛋白质摄入量可以根据训练强度及身体成分变化进行调整。

（四）增肌与糖

糖为抗阻训练提供主要的能量，同时是营养时相系统中影响胰岛素生成最主要的营养素。不仅如此，糖与人的体重在短时间内的变化关系密切。因为每合成1g肌糖原，将结合3g左右的水进入肌细胞。如果一个人在一段时间的训练中，流失了300g肌糖原，同时也会丢失大约1L糖原结合的水分。为了尽快恢复肌糖原，同时恢复身体的水合状态，一般要按照5～8g/kg体重摄入糖，健身健美的人会选择5g糖的标准。如果是增肌困难的人群可以试着把糖的量增加到8～10g/kg体重。

三、激素对肌肉增长的影响

激素是人体的化学信使，对一定的刺激产生应答，从内分泌器官通过血液循环到达靶器官，并引起特定的细胞反应。对于运动来讲，可以将相关的激素分为以促分解代谢为主的分解激素和以促合成代谢为主的合成激素。系统的训练、合理的营养及充分的睡眠可以为身体创造良好的激素环境，使肌肉生长最大化。

（一）分解激素

分解激素刺激体内储存的糖、蛋白质、脂肪的分解，以给身体提供能量。（表2－1）

表2－1 分解激素对代谢的作用

分解激素	主要分泌器官	作用
胰高血糖素	胰腺	促进脂肪和肝糖原分解，促进糖异生
肾上腺素	肾上腺髓质	促进脂肪、肝糖原、肌糖原分解
去甲肾上腺素	血管神经末梢	促进脂肪和肝糖原分解
皮质醇	肾上腺皮质	促进脂肪、肝糖原和肌肉蛋白分解

1. 胰高血糖素

胰高血糖素常被称作“胰岛素的拮抗激素”。胰岛素是在高血糖刺激下分泌的。胰岛素在血液和肌肉之间来回穿梭，把血液中的葡萄糖带进肌肉，降低血糖水平。胰高血糖素正好相反，是在低血糖的情况下分泌的。其主要功能是通过增加肝糖的释放和激活糖异生作用（将氨基酸和其他小分子化合物如乳酸转化成葡萄糖）升高血糖浓度。另外，胰高血糖素还有增加对脂肪的分解作用。在运动中，胰高血糖素通常会升高。

2. 肾上腺素和去甲肾上腺激素

肾上腺素是机体对低血糖浓度或抗阻力运动产生应答的激素。去甲肾上腺素主要是在对运动产生应答情况下，由血管神经末梢分泌。运动强度越大，去甲肾上腺激素分泌越多。两种激素均能促进肝糖原分解成葡萄糖释放入血，增加脂肪分解，增加血流到肌肉组织，增加呼吸频率和心跳速率。肾上腺素还刺激肌糖原分解。

3. 皮质醇

皮质醇对于力量型运动员来说十分熟悉。该激素是在血糖水平低和高强度运动（如举重运动）中由肾上腺分泌的。皮质醇的主要功能是为运动肌肉生成燃料。在运动中，特别是在有氧运动中肌肉用一种代谢优先系统生成能量，首先使用糖，然后是脂肪，最后是蛋白质。由于抗阻力运动给肌肉带来很大压力，代谢优先系统被忽视。皮质醇释放时，蛋白质、糖、脂肪分解增加，血浆氨基酸水平特别是谷氨酰胺和支链氨基酸水平升高。皮质醇水平升高对于力量型运动员来说意味深长。运动越艰苦，皮质醇释放越多，蛋白质分解也越多。皮质醇是许多力量型运动员产生平台现象的原因所在。运动带来的促合成代谢的好处实际上可以被皮质醇的分解代谢作用抵消。

（二）合成激素

合成激素刺激肌肉重建和损伤肌肉的修复，为肌肉细胞的重塑创造环境（表2－2）。合成激素包括睾酮、生长激素、胰岛素样生长因子Ⅰ（IGF－1）和胰岛素。

表2－2　合成激素对代谢的作用

合成激素	主要分泌器官	作用
睾酮	睾丸/卵巢 肾上腺皮质	拮抗皮质醇，促进蛋白质合成
生长激素	垂体	促进蛋白质合成，促进生长，促进脂肪分解
胰岛素样生长因子Ⅰ	肝脏	促进骨、软骨、肌肉生长
胰岛素	胰腺	减少蛋白质分解，促进糖原、蛋白质、脂肪合成，抑制皮质醇

1. 睾　酮

睾酮是由男性的睾丸、女性卵巢及肾上腺皮质分泌的具有很强促合成代谢功能的激素。睾酮的释放由黄体素的激素控制，黄体素是由大脑基底的一个腺体垂体所分泌的。睾酮有许多功能，可以分成雄性化作用和促合成代谢作用。其雄性化作用包括性器官发育男性化、声腔男性化、脸上和身体其他部位毛发增生以及心理学效应（如攻击性增强）等。睾酮的促合成作用包括加速肌肉组织、骨骼和血红细胞的生长。

睾酮通过抑制皮质醇分泌而具有抗分解代谢的作用。正因为如此，睾酮可以加速肌肉恢复。使用睾酮或其衍生物（包括合成的类固醇）的运动员声称，这些药物帮助他们训练后恢复更快，训练更刻苦。然而，这些作用持续时间十分短暂。其中一个原因是，当睾酮抑制皮质醇分泌一段时间后，更高水平的皮质醇将在此之后产生。因此，当运动员一旦停止服用合成激素（如睾酮）时，皮质醇分解作用随即显著性增强，肌肉含量和肌肉力量会迅速地减小。

睾酮还影响净蛋白的合成作用。研究显示，连续5天注射睾酮后，蛋白质合成增加2倍，而蛋白质分解没有改变。研究显示，睾酮的主要作用是减少蛋白质的分解。研究结果表明，睾酮对于蛋白质合成的特殊作用或许就是服药期间的一种功能（仅在服药期间才有）。

在运动中，睾酮会有轻微升高，而这种升高是短暂的。绝大多数研究者认为，这不会在运动后的肌肉合成代谢反应中发挥重要作用。

2. 生长激素

生长激素由垂体分泌。生长激素的分泌释放受许多因素控制。生长激素的功能有：刺激肌肉生长，促进脂肪分解，抑制糖代谢。在运动中，生长激素短暂升高随后下降。研究显示，耐力运动员在运动中血液生长激素水平比未经训练的普通人有轻微升高。

3. 胰岛素样生长因子Ⅰ

多种器官包括垂体、肌肉和肝脏均分泌 IGF－1。IGF－1 的主要作用是刺激骨、软骨和肌肉中的蛋白质合成。IGF－1 的释放受肌肉收缩的强度调节。在运动中，IGF－1 短暂升高，运动后即恢复至安静时的水平。

4. 胰岛素

胰岛素是力量型运动员误解最多的激素，因为它与糖之间联系十分密切。随着高浓度糖摄入，胰岛素水平升高，而胰岛素具有增加脂肪合成和减少脂肪分解的作用。血液胰岛素水平持续数年的慢性升高并引起体脂堆积与2型糖尿病的发生有关。然而，尽管胰岛素水平升高促进脂肪合成是一个不争的事实，但是并不一定在所有情况下的作用程度都一样。胰岛素同样有促进糖燃料储存和肌肉蛋白质合成的作用。在任何特定的时刻，胰岛素促进脂肪储存、糖储存及蛋白质合成的作用程度取决于不同个体身体状态的特定情况。然而，最重要的问题是，脂肪细胞对胰岛素的敏感程度与肌肉细胞对胰岛素的敏感程度之比。脂肪细胞对胰岛素越敏感，胰岛素刺激脂肪储存的能力就越强；肌肉细胞对胰岛素就越敏感，胰岛素促进肌糖原储存和蛋白质合成的作用就越强。运动后肌肉细胞对胰岛素的敏感性提高。如果这时能够获得葡萄糖和氨基酸，胰岛素将非常迅速地帮助合成肌肉蛋白质和肌糖原，同时仅极少量的脂肪将被合成并储存在脂肪组织中。科学合理的生活方式也能增强肌肉细胞对胰岛素的敏感性，从而重塑一个肌肉蛋白质增多同时又不会导致太多脂肪储存的身体。运动和中等适量糖并富含膳食纤维的膳食，能够提高肌肉细胞对胰岛素的敏感性；而低糖或高脂肪膳食均能降低肌肉细胞对胰岛素的敏感性，对肌肉含量和肌肉力量都可能产生负面影响。胰岛素有许多功能，因此有“肌肉合成调控者”的称谓，胰岛素是促进肌肉生长和增强肌肉力量的最重要激素。在营养时相系统中，胰岛素也是处于核心的地位。胰岛素除了具有促进葡萄糖向肌肉细胞转运的作用之外，还有许多其他功能。

（1）胰岛素可增加蛋白质合成

胰岛素通过多种途径增强蛋白质的合成作用。许多研究都为胰岛素对蛋白质合成作用的影响提供了证据。美国宾夕法尼亚州立大学医学院的研究者提示，胰岛素对负责蛋白质合成的细胞器——核糖体有刺激作用。另外，美国得克萨斯大学健康科学中心的研究人员发现，注入胰岛素后，肌肉细胞里的蛋白质合成作用增强近67%。

（2）胰岛素可增加氨基酸转运

胰岛素可增加肌肉细胞对氨基酸的摄取，这点非常重要。因为氨基酸是蛋白质合成的必需营养素，肌肉细胞中的酶需要在提供足够氨基酸的情况下才能促进蛋白质的合成。美国得克萨斯大学健康科学中心的研究表明，胰岛素注入健康志愿者体内后，重要氨基酸转运到肌肉细胞的速率增加20%～50%，且这种增加与蛋白合成作用的增强有关。

（3）胰岛素可减少蛋白质分解

蛋白质净增加是蛋白质合成和蛋白质分解共同作用的结果，发生于蛋白质合成作用强于蛋白质分解作用之时。尽管运动后蛋白质合成有明显增加，但蛋白质分解作用也很明显。事实上，此时的蛋白质是净减少的。如果我们减少蛋白质分解，便可以从蛋白质净减少转变成蛋白质净增加。研究显示，胰岛素具有抑制运动后的蛋白质分解的作用，从而促使蛋白质净增加。

（4）胰岛素可增强葡萄糖摄取

胰岛素可增强人体对葡萄糖的摄取能力广为人知。运动后的代谢过程包括肌糖原的恢复。胰岛素携带葡萄糖进入肌肉组织，并在那里通过肌肉细胞里的酶作用转变为糖原。运动后，肌肉组织很容易受胰岛素刺激而增加葡萄糖的摄入。

（5）胰岛素可增加肌糖原储存

在抗阻力运动中，人体储存的肌糖原显著降低。除磷酸肌酸外，糖原是补充ATP的重要燃料。葡萄糖转变成糖原须在激活糖原合成酶后才能完成。运动后，胰岛素使糖原合成酶活性增强70%，只有在摄入足量糖的情况下，才可引起糖原储量大幅度增加。

（6）胰岛素可抑制皮质醇释放

在长时间的有氧运动中，诱导皮质醇释放的主要因素是低血糖，即血中葡萄糖水平低下，这是可以想到的，因为低血糖是针对神经系统的一种代谢应激。因此，运动中补充糖会减弱皮质醇水平的升高。研究显示，这种减弱皮质醇水平升高的作用是通过胰岛素调节的，血液胰岛素水平升高将保护肌肉蛋白质免于皮质醇分解作用的影响。胰岛素对皮质醇分泌的抑制作用还有助于维护机体的免疫系统功能。进行大强度训练的运动员容易患感冒和其他病毒感染，这是十分常见的。研究表明，皮质醇对免疫系统和抗体的产生有抑制作用。因此，胰岛素抑制皮质醇释放的作用有利于运动员保持身体健康。

（7）胰岛素可增加肌肉血流量

研究显示，人体注入胰岛素后，骨骼肌和肢体血流量增加100%以上。胰岛素不仅可以增加肌肉血流量，而且可以增加运动过的特定肌肉的血流量。血流量增加促使机体快速清除代谢废物，如乳酸和二氧化碳，增加氨基酸、葡萄糖和氧的转运，从而促使运动后更快地恢复。

四、睡眠对肌肉增长的作用

睡眠以及睡眠时的激素变化是人生物钟的一部分，生长激素、睾酮往往在夜间睡眠的时候出现自然分泌的高峰，肾上腺素、皮质醇等分解激素在夜间睡眠时下降。这样的激素变化实际上是给身体肌肉修复建好了流水线，如果流水线没建好，再好的原材料也起不了作用。如果夜间没有正常入睡，可能会导致分解激素继续活跃，使生长激素、睾酮的分泌受到影响，出现水平下降的情况，导致肌肉合成受阻。规律充足的睡眠可以保证人精力充沛，也是完成训练计划甚至饮食计划的保证。

如果上午进行训练，建议中午有 2h 左右的午睡。这样既有利于疲劳的恢复，也可以给生长激素充足的生成时间。生长激素不仅在运动中加速生成，在睡眠时也很活跃。但一般需要 2h 才能达到分泌的高峰，所以，增肌人群午睡时间不宜过短。

对于一般健身运动者而言，睡前不建议吃高热量食物，因为多余热量可能转化成脂肪；而对于增肌增重的健身人群而言，午睡前的午餐和晚上睡觉前的晚餐都应摄入足够的营养，如鱼、蛋、乳酪、含铁丰富的瘦肉和花椰菜等，或者摄入蛋白粉。这样做的目的是为损伤的肌肉在睡眠中借生长激素合成肌肉蛋白提供充足的原料。

小　结

激素是肌肉发育的驱动因子。激素分为分解代谢激素和合成代谢激素两大类。分解代谢激素包括胰高血糖素、肾上腺素、去甲肾上腺素和皮质醇，主要功能是分解营养素使之作为能量供机体利用。合成代谢激素包括睾酮、生长激素、胰岛素样生长因子（IGF－1）和胰岛素，主要作用是恢复燃料储备，促进肌肉组织的修复、重建和生长。

胰岛素是功能最强的合成激素，是所有与肌肉生长有关的激素中最重要的激素。但是，它并不是任何时候都起好的作用。如果不运动，并摄取高糖膳食，那么胰岛素会增加脂肪储存。

第二节　基于时相营养学的增肌营养策略

运动营养师应该与教练或体能训练师共同制订短期和长期的体重增长目标，并制订可行的增肌营养计划。正常的体重增长速度可以按每周 0.25～1.5kg，具体要以个体的遗传特性和力量训练史来确定。

近年来，“营养时间选择”的运动营养概念提出，并得到广大运动营养从业者的认可。这个概念结合了运动与恢复的激素变化，以及营养在这些激素变化中的重要作用。肌肉能根据需要和各种刺激的变化在任何特定时刻调整自身代谢的活性，这被称为“代谢敏感性”。营养时相系统分为：能量相、合成相和生长相。我们依据能量时相系统，把训练周期的能量规划分为四个阶段，即训练前营养、训练中营养、训练后营养和训练后一日营养。

一、训练前营养策略

当训练计划制定好之后，营养计划应该从训练前就开始执行。训练前的营养需要对机体进行水分和能量的储备，为训练做准备。训练前的饮食还要考虑胃的排空，因为中高强度（≥70% VO_2max）运动显著延缓胃排空，如果训练前一顿正餐吃得过饱，或者吃的食物不利于胃排空，将会影响运动表现，甚至在运动中出现胃部不适。

训练前正餐或加餐的要求是速效，并能在训练中起作用。

（一）满足热量和体液平衡需求

大强度训练会有较多的热量消耗和较多的体液丢失，而且是以糖原消耗为主，为了安全、高效的训练，应该在训练前的正餐中注意补充热量，尤其是糖的补充。研究显示，充足的糖原储备可以延长运动时间。

因为大强度运动中会有大量的水分丢失，为了避免运动中脱水，可以在运动前增加液体食物的摄入，预防脱水。

（二）摄入体积小的食物，避免摄入高脂肪、过高纤维的食物

中高强度运动本身会显著延缓胃排空，如果吃的食物不利于胃排空，有可能会出现运动中呕吐的现象。所以运动前应摄入体积小、易消化的食物。如果脂肪和膳食纤维摄入过多，会在胃里停留时间较长，影响胃排空；也容易产生胀气，引发胃部不适。

（三）微量营养素丰富

运动时的能量生成需要许多微量营养素参与，如维生素 B 族等；肌肉收缩需要钾、钠、钙、镁等。虽然运动时需要人体对这些营养素有一定的储备，但训练前的营养补充对训练依然有一定的积极意义。

二、训练中营养策略（能量相）

抗阻训练的目的是使肌肉反复、高强度地用力，需要快速的能量释放。为了让身体获得在更大强度运动时所需要的能量，减少运动中的肌肉损伤，营造一个使肌肉在运动后更快恢复的营养环境，需要在运动中进行合理的营养补充。

在抗阻力运动中，肌肉需要迅速补充能量。虽然 ATP 和 CP 为肌肉收缩提供了一部分能量，但糖酵解途径也起着十分重要的作用。在两组运动之间，肌肉细胞利用糖酵解途径再生 ATP。运动强度加大，肌糖原分解也相应增加。在运动中摄入含糖的运动饮料，可以保持肌糖原的储量，使人体在整个运动过程中保持很强的运动能力。研究显示，运动中摄入糖补充剂，肌糖原下降速度减慢 50%，补充糖比补充水的受试者完成的运动量更大。更新的研究显示，在抗阻力运动中摄入添加了蛋白质（主要指支链氨基酸）的糖补充剂可以

产生更大的好处，如保护肌肉蛋白质，增强蛋白质合成，甚至增强运动耐力。

在中等强度运动时，免疫功能提高，抗感染能力增强，但抗阻力运动强度越大，免疫系统越会受到抑制，感染的风险也会增加。免疫系统和内分泌系统关系非常密切，在持续的剧烈运动中，皮质醇释放量增多，可导致许多重要的抗感染免疫细胞的浓度和活性降低。如果在运动中补糖，血液皮质醇可以得到很大的控制。研究显示，运动中补充6%糖溶液的受试者，比运动中补水的受试者皮质醇水平下降近80%。在抗阻训练中，血液皮质醇水平可以提高5倍，如果没有合理补充糖，有可能因为皮质醇升高而导致免疫抑制。过分限制每天的糖摄入的力量型运动员更容易受到感染。(图2－1)

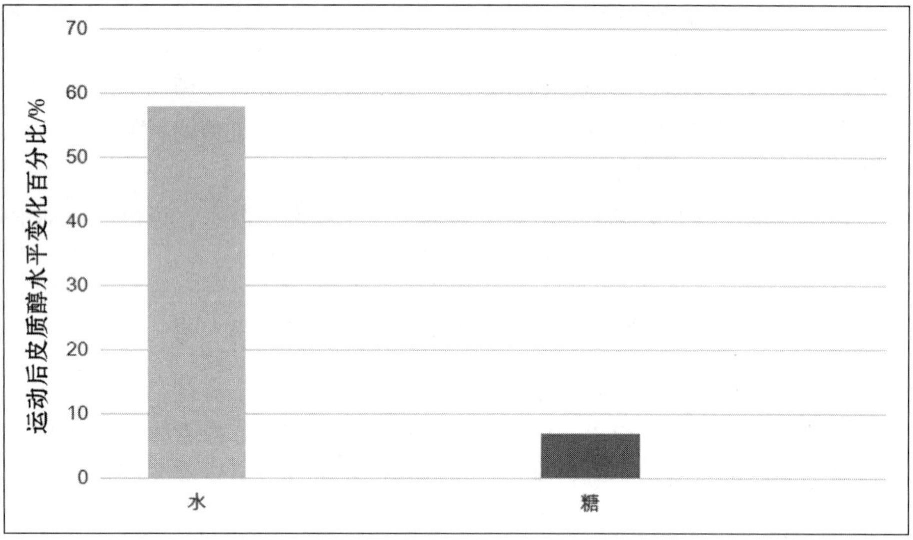

图2－1 运动中补糖对皮质醇水平的影响

增加肌肉含量是肌肉刺激、肌肉分解和肌肉重建的不断循环。许多运动员包括健身爱好者都会说“No pain，no gain”（一分耕耘，一分收获）。训练必须要有一定的强度以达到对肌肉的破坏，但皮质醇升高会导致某些特定的炎症因子含量增加。补充糖可以抑制皮质醇水平，降低某些特定炎症因子的含量；含有抗氧化剂维生素E和维生素C以及支链氨基酸的营养品也有助于减轻肌肉损伤。尽管在运动中补充抗氧化剂对运动能力的好处没有被证实，但有研究证实补充含有这些抗氧化剂的补充剂使马拉松运动员运动后肌肉损伤标志物——肌酸激酶（CK）水平降低。美国阿肯色州立大学的一项研究显示，抗氧化剂可以减少自由基引起的肌肉损伤，且抗氧化剂使机体对运动所有的应答与适应都是有益的。

如果训练后没有适当的营养干预，那么刻苦训练可能让机体恢复的时间更长，对训练的应答也相应减弱。当然，想通过营养补充完全阻止肌肉的损伤和能量储存的消耗是做不到的，但可以减轻肌肉损伤的影响，为机体更快的恢复营造条件。

运动中的补充也要考虑许多实际的因素，如运动中的食欲抑制、胃的排空、补充剂的呈现形式等。因为运动本身会使胃的排空速度减缓，如果所吃食物不利于胃排空，可能导致胃部不适，甚至呕吐。因此，在运动中进食应该尽可能地选择液体补充，如运动饮料或者一些冲剂。运动中摄入的糖为葡萄糖，在长时间运动中摄入葡萄糖、蔗糖和低聚糖都被证实对维持血糖浓度和耐力的提高有帮助。用葡萄糖的高聚物替代葡萄糖可增加糖的量而不增加渗透压。如果饮料的渗透压过高，那么大量的水可能没有在胃里被快速吸收而是进入肠道，这样如果在运动中不能快速补水，那么还有可能增加肠道不适。运动时的食欲抑制也是需要注意的，钠、钾和氯在运动饮料里也是必要的电解质，不仅可以补充由于出汗导致的电解质丢失，咸味的刺激还可以引发口渴，增强饮水的欲望。

综合来讲，为了获得更好的训练状态以及训练效果，运动中理想的营养补充剂应该包含易于吸收的糖，可快速吸收的蛋白质，一定量的电解质和抗氧化剂维生素 C、维生素 E。这样的营养补充能够促进营养向肌肉转运，节省肌糖原和蛋白质，减轻免疫抑制，减少可能的肌肉损伤；为运动后尽快恢复营造好的内环境。（表 2－3）

表 2－3　运动中理想的营养膳食

营养素	质量（每 350ml 水）
糖	20～26g
乳清蛋白	5～6g
亮氨酸	1g
维生素 C	30～120mg
维生素 E	20～60IU（13～40mg）
钠	100～250mg
钾	60～100mg
镁	60～120mg

三、训练后营养策略（合成相）

训练后营养是指训练后 45min 内的营养补充，这是训练周期非常关键的部分。在不加干预的情况下，运动后皮质醇水平升高的情况会持续一段时间，肾上腺素和去甲肾上腺素水平也会维持升高状态到运动后的 30～60min，这也意味着肌肉组织仍然会维持分解代谢状态。但是在运动后的 45min 内，肌肉组织的代谢敏感性是最强的，肌细胞对胰岛素的合成活性十分敏感。所以，运动后的 45min 内可以通过刺激胰岛素的释放来降低分解激素的水平，将身体从分解代谢转化为合成代谢。

有大量的研究证实，运动后不同时间补充糖对肌糖原储存效率有非常显著的影响。运动后即刻摄入糖的受试者，在 2h 的恢复期内储存的肌糖原是 2h 后摄入同样补充剂储存肌糖原的 2 倍。虽然有一些研究发现即使运动后 2h 内不进食，肌糖原也可以恢复，且在运动结束后 24h 左右基本恢复到训练前水平，但是在 45min 窗口期补充可以使肌糖原更快地恢复，同时减少肌肉蛋白分解和炎症反应。同时，持续的高糖膳食可以让身体在 48h 内达到肌糖原超量恢复。

虽然补充糖可以增加肌糖原合成，但是肌肉增长需要蛋白质，因此抗阻训练后，立即补充氨基酸，对蛋白质合成的激活作用最强。研究发现，运动后即刻补充糖和蛋白质混合的补充剂使受试者的蛋白质合成作用比那些运动后 2h 才补充的受试者增强了近 25%；美国的范德比尔特大学的研究也证实，他们将受试者分为两组，连续运动 60min 后，其中一组即刻补充糖和蛋白质的补充剂，而另一组在 3h 后摄入同样的补充剂。结果显示，即刻补充的受试者蛋白质合成作用是 3h 后才补充的 3 倍。

有研究人员比较了训练后糖、氨基酸及糖和氨基酸混合补充对氨基酸合成的作用。结果发现：糖和氨基酸混合补充促进蛋白质合成的作用最强，比单纯补充糖补充剂强 1 倍，比单纯补充氨基酸补充剂强 38%。

不同营养补充剂对运动后蛋白质合成作用的影响如图 2－2 所示。

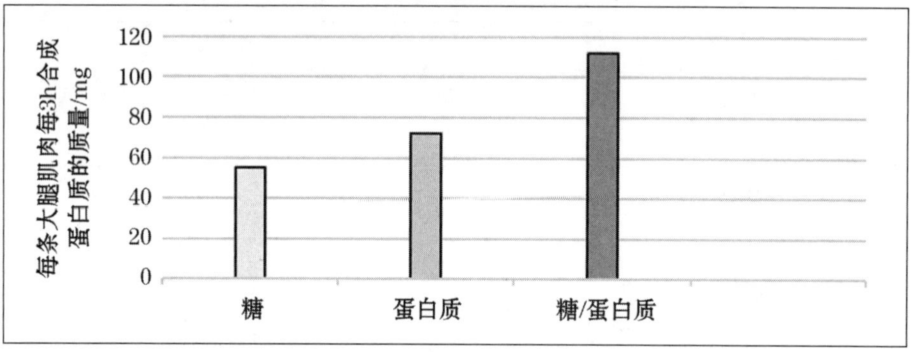

图 2－2　不同营养补充剂对运动后蛋白质合成作用的影响

注：图中表示的是在力竭性运动后糖、蛋白质、糖/蛋白质膳食对血液胰岛素水平的影响。

究其原因，研究者发现训练后 45min 内补充糖和蛋白质混合的补充剂除了可以给身体补充糖原和氨基酸所需的原料，还有一个很重要的因素——更强的胰岛素应答。虽然单纯补充糖也可以刺激胰岛素释放，但只能达到一个较低的程度，实际上，补充剂中糖的浓度超过每小时每千克体重 1g 时，胰岛素应答和肌糖原合成速率增长速度减慢。

在训练后补充糖和蛋白质的剂量，目前的研究并没有统一的结论，可能研究对象的性别、体重、训练项目和训练强度等对结论都有影响。其中一项研究发现，在抗阻训练后即刻补充高质量的蛋白质，不超过 20g 的蛋白质就足以引起肌肉合成速率的增加最大化，超出的摄入量仅会增加蛋白质氧化。而另外一项针对耐力训练运动员的研究发现，在糖 1.2g/(kg·d) 补充剂中加入蛋白质 0.4g/(kg·d) 可以提高耐力运动后肌肉合成速率和全身蛋白质平衡，但糖原合成并没有额外增加。在糖和蛋白质的比例分配上，也没有达成共识，但更多人推荐 3∶1～4∶1 的比例。

表 2－4 示例了一个对 70～75kg 健身爱好者增肌期效果非常好的模板，按约 0.6g/kg 体重的糖搭配约 0.2g/kg 体重的蛋白质。

表2－4　训练后45min内理想的营养膳食

营养素	质量
乳清蛋白	13～15g
高血糖指数糖，如葡萄糖、蔗糖和麦芽糊精	45～50g
亮氨酸	1～2g
谷氨酰胺	1～2g
维生素C	60～120mg
维生素E	80～400IU（54～270mg）

四、训练后一日营养（生长相）

训练后的45min肌肉代谢敏感性最强，在这之后的18～24h是肌肉含量和肌肉力量获得的时间，而这段时间身体的激素水平及肌肉代谢会经历一系列的变化。

这段时间身体的合成代谢经历了两个明显的时期，首先是快速期，其次是维持期。快速期是一个高合成代谢活性的时期，主要目标是维持增强肌肉细胞对胰岛素的敏感性和维持机体的合成代谢状态；维持期的主要目标则是维持正氮平衡，促进蛋白质合成和肌肉增长。

如果在训练后45min没有进行任何营养补充，机体的合成代谢没有被激活，则快速期可能只有2h。肌肉从训练刚结束时的对胰岛素的高度敏感性缓慢下降到正常水平，甚至在2h后出现胰岛素敏感性低于正常水平的状态。如果继续不摄入营养，这种状态可维持到运动后16h。如果在45min内进行合理的营养补充，机体合成代谢被激活，可以使肌肉细胞保持较高水平的合成代谢，这个快速期可以持续到运动后3～4h。而且，如果在训练后45min将合成代谢激活，糖原就可以快速恢复到一定程度，此时在快速期里食用较低浓度的糖混合蛋白质就可以提供足够的刺激以维持胰岛素在一个较高的水平（图2－3、图2－4）。因此，在快速期，可以使用1g糖配5～8g蛋白质的比例来搭配快速期的补充剂。快速期的这一餐在训练后1h进餐对肌肉的增长的刺激比训练后4h进餐效果好。

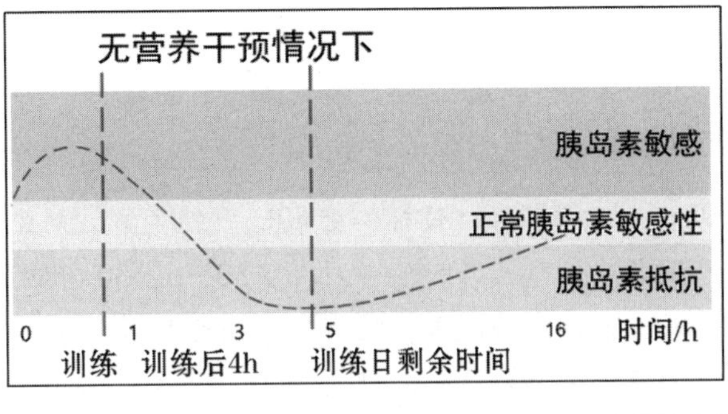

图2－3　运动和恢复对肌肉的胰岛素应答的影响（无营养补充情况下）

训练后，随着时间的推移，胰岛素敏感性也会下降，所以，增肌增重饮食的目的绝不是要在整个24h内都保持高胰岛素水平，因为在肌肉敏感性下降时，过高的胰岛素并不能带来更好的肌肉合成效果，相反，可能增加脂肪的合成。

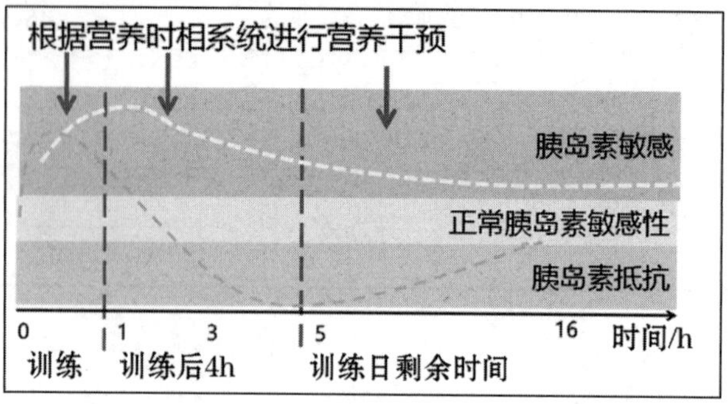

图2－4　不同时间营养干预对肌肉胰岛素应答敏感性的影响

小　结

营养素比例其实也没有适合所有人的金标准，一般增肌饮食的比例根据训练强度不同以及能量摄入不同可以在以下比例区间进行调整：45%～65%糖、15%～26%蛋白质、20%～30%脂肪。

例如，体重70kg的健身爱好者可以以40kcal/kg体重安排一天的总能量，营养素比例可以用简单易记的比例5∶2∶3，这样安排下来一天摄入350g糖、140g蛋白质、93g脂肪。如果一段时间之后，肌肉增长不理想或者进入平台期，可以在此基础上增加一定的能量摄入。如果是一个体力活动特别大、训练水平和强度特别高的训练者，可以增加每千克体重的能量摄入，增加至45kcal/kg、50kcal/kg，甚至更高。当然更高的能量应该主要来自糖，因为过多的蛋白质并不会带来更高的刺激肌肉增长的效果，反而增加氨基酸的氧化比例；而糖可以在给身体提供能量、刺激胰岛素释放、维持免疫力等方面提供正面的帮助。如果训练量较大，为了保证能量的正平衡，而把能量提高到50kcal/kg，可以将营养素比例调整至6.5∶1.5∶2.5或者6∶2∶2。

实践要点：增肌训练日营养案例

刘先生，身高180cm，体重70kg，目标体重80kg。经了解，刘先生每天上班以静坐为主，早上9：00上班，下午5：00点下班，晚上5：30—6：30可以锻炼。既往病史有慢性肠炎，吃刺激性食物或吃太撑容易腹泻，没有饮食偏好和不良生活嗜好，作息较规律。

根据客户情况，属于轻体力活动者，增肌能量推荐标准可以从40kcal/kg开始。既往病史有慢性肠炎，须在食材选择时规避刺激性食材；吃得太撑容易腹泻，应该注意少食多餐，按照营养时相原理合理分餐，减轻肠胃负担。在营养素比例上，脂肪按推荐比例上限搭配，增加食物能量密度。

姓名 刘先生　性别 男　年龄 29 岁　身高 180cm　现体重 70kg

运动目的 增肌　本阶段目标体重 75kg　日能量摄入 2800kcal

三大产能营养素比例，糖∶蛋白质∶脂肪 =5∶2∶3

训练时间：晚上 5：30—6：30

三大产能营养素质量糖 350g　蛋白质 140g　脂肪 93g

根据营养时相原理，计划在训练中用 350ml 水冲服含有 25g 糖、5g 蛋白质的能量相饮料；训练后 45min 冲服含有 45g 糖、15g 蛋白质的合成相饮料。运动中和运动后共安排 70g 糖和 20g 蛋白质。（表 2－5 至表 2－9）

因为是下午训练，为了减少增肌时的脂肪堆积，晚餐正餐的能量摄入比例适当降低。去掉运动中和运动后的糖和蛋白质，剩余的 280g 糖、120g 蛋白质和 93g 脂肪按 4∶4∶2 安排到三餐中。这样安排到三餐的糖、蛋白质、脂肪分别是：

早餐：糖 112g　蛋白质 48g　脂肪 37g

午餐：糖 112g　蛋白质 48g　脂肪 37g

晚餐：糖 56g　蛋白质 24g　脂肪 19g

表 2－5　早餐（8：30）

食物名称	质量/g	糖/g	蛋白质/g	脂肪/g
馒头	100	47.0	7.0	1.1
小米粥	300	25.2	4.2	2.1
鸡蛋	100	2.8	13.3	8.8
蛋白粉	20	1.0	16	0
西红柿	150	6.6	1.8	0.4
苹果	150	20.5	0.6	0.3
腰果	25	10.4	4.3	9.1
油	15	0	0	15
合计	860	113.5	47.2	36.8

注：腰果可以换成混合坚果。

表 2－6　午餐（12：00）

食物名称	质量/g	糖/g	蛋白质/g	脂肪/g
米饭	300	77.7	7.8	0.9
鸡腿	200	0	32	26

续表

食物名称	质量/g	糖/g	蛋白质/g	脂肪/g
圆白菜	60	2.8	0.9	0.1
胡萝卜	40	3.5	0.4	0.1
木耳	30	1.8	0.5	0
油	10	0	0	10
香蕉	120	26.4	1.7	0.2
合计	760	112.2	43.3	37.3

注：香蕉可以安排到训练前当加餐吃。

表 2－7 训练中（晚上 5：30—6：30）

食物名称	质量/g	糖/g	蛋白质/g	脂肪/g
固体运动饮料	25	24	0	0
乳清蛋白粉	7	0.4	5.6	0
合计	32	24.4	5.6	0

注：可补充维生素 C 0.1g，谷氨酰胺 2g，运动益生菌 2g。

表 2－8 训练后（晚上 6：45）

食物名称	质量/g	糖/g	蛋白质/g	脂肪/g
能量饮料	40	37.7	0	0
乳清蛋白粉	30	7.9	17.4	0
合计	70	45.6	17.4	0

表 2－9 晚餐（晚上 7：30）

食物名称	质量/g	糖/g	蛋白质/g	脂肪/g
意大利面（生）	60	47.4	4.8	0.2
牛肉	100	1.3	21.3	2.5
蛋清	15	0.4	1.7	0
洋葱	30	0	0.3	0.1
西蓝花	40	1.5	0	0.2
红椒	50	3.2	1.6	0.1
青椒	50	3.2	1.6	0.1
油	17	0	0	16
合计	362	57	31.3	19.2

经核算，为刘先生设计的食谱，日能量摄入为2833.4kcal，共摄入糖352.7g，蛋白质144.8g，脂肪93.3g。

根据营养时相原理，首先需要保证每天足够的能量摄入，依据胰岛素敏感性变化，确定补充营养素的种类和数量。距离训练更近的时间，为其安排提升胰岛素最明显的膳食，如本案例中的固体运动饮料与乳清蛋白粉接近3∶1的比例；而离训练越远或者离睡觉更近的时间，则糖的摄入适当减少，应以中低升糖指数的膳食为主，如本案例中的晚餐，虽然安排了面条，属于高升糖指数，但配合肉和蔬菜，使总体的升糖指数有所降低。

参考文献

[1] 美国运动医学会.ACSM运动测试与运动处方指南［M］.9版.王正珍，等译.北京：北京体育大学出版社，2014.

[2] 博克，迪肯.临床运动营养学［M］.王启荣，译.西安：世界图书出版西安有限公司，2011.

[3] 运动生物化学编写组.运动生物化学［M］.北京：北京体育大学出版社，2013.

[4] 王陇德.健康管理师［M］.北京：人民卫生出版社，2019.

[5] 中国营养学会.中国居民膳食指南［M］.北京：人民卫生出版社，2016.

[6] 杨月欣.中国食物成分表：标准版［M］.6版.北京：北京大学医学出版社，2018.

[7] 谢敏豪，冯炜权，严翊.运动内分泌学［M］.北京：北京体育大学出版社，2008.

[8] BURKE L，DESKIN V. 实用运动营养学：第5版［M］.常翠青，艾华，译.北京：科学出版社，2019.

[9] 张钧，张蕴琨.运动营养学［M］.2版.北京：高等教育出版社，2010.

[10] 郑陆，潘力平，陶大浪，等.睾酮、骨骼肌雄激素受体与运动的关系［J］.武汉体育学院学报，2004（2）：65－68.

[11] 文安.摄入糖—蛋白质饮料对男性力量项目运动员抗阻运动后雄激素代谢的影响［D］.上海：上海体育学院，2012.

[12] 克里斯蒂安·冯·勒芬霍茨.健身营养全书：关于力量与肌肉的营养策略［M］.庄仲华，译.北京：北京科学技术出版社，2018.

[13] 张辉.浅谈乳清蛋白与增肌运动［J］.才智，2009（33）：297.

[14] 张颖，张立.血睾酮与运动［J］.武汉体育学院学报.2005（3）.

[15] 谢敏豪，冯炜权，杨天乐，等.血睾酮与运动［J］.体育科学，1999（2）：80－83.

[16] 林文弢，宋雪，赵芳芳.血睾酮、皮质醇与运动负荷评定［J］.中国体育教练员，2017，25（2）：14－15，17.

[17] 赵少华.抗阻运动对成年男性血睾酮的影响［J］.当代体育科技，2015，5（10）：21－22.

[18] 李晓，刘丽红，马力宏.肌肉生长抑制素基因多态性与肌肉生长敏感性的关联［J］.中国组织工程研究与临床康复，2011，15（28）：5262－5264.

[19] 付锐.睾酮通过不同信号通路影响骨骼肌成肌细胞增殖和分化［C］//中国畜牧兽医学会动物生理生化学分会.全国动物生理生化第十二次学术交流会论文摘要汇编，2012：164.

第四篇

运动营养品

随着竞技体育的发展，运动员竞争日趋激烈，只有不断地承受超负荷的训练刺激，才能进一步提升运动表现，突破自己。大强度运动后必须有对应的营养补充才能促进运动能力的提升和身体机能的快速恢复。尤其是在训练前、训练中、训练后，只有根据不同的训练项目进行合理的营养补充，才能最大程度地提高运动表现，预防运动损伤，促进身体机能恢复。但大强度训练前、训练中、训练后的生理特点都要求运动员摄入营养素密度更高、更高效、更方便的食物。单纯地依赖合理膳食营养不能解决运动员的特殊需求，因此需要运动营养品的参与。

近年来，大众健身发展迅速，越来越多的人投身于各种各样的健身活动中，其中不乏一些大强度的健身运动。大众健身的形式和需求是多元化的，对运动营养的需求也更加多样化。

然而，与大量的需求对应的是，大部分人包括运动员，对运动营养品缺乏客观科学的认知。例如，运动营养品无用论，对运动营养品有过高的期望；分不清运动营养品和违禁成分，导致误服兴奋剂；不知道如何合理地选择运动营养品，不知道如何合理地使用运动营养品。因此，需要运动营养师掌握运动营养品的合理使用，指导更多的人通过合理地使用运动营养品来完善膳食结构、提高运动表现、强化训练效果、提高健康水平。

第一章　运动营养品概述

随着竞技体育的飞速发展，竞争日趋激烈，运动员只有不断地承受超负荷的刺激，才有可能迅速提高运动能力。运动员在进行大负荷的运动训练过程中需要消耗大量的能量和各种营养素，为了维持运动能力和促进运动后身体机能快速恢复，必须及时补充各种营养物质。因此，合理营养膳食与科学训练相结合，能够明显提高运动员运动中能量的供应水平和运动后的恢复能力，提高运动员持续承受运动负荷的能力，从而明显提高运动能力。但是单纯依赖合理的膳食营养并不能解决运动员和健身人群面临的身体机能快速恢复的要求，随之在运动界和健身界出现了普遍服用特殊运动营养品的现象，这些特殊运动营养品或者其在体内的中间代谢体不但具有能够直接参与机体的物质能量代谢的功能，而且有些还具有调节机体物质能量代谢和生理机能的功能。随着运动员和健身人群使用的特殊运动营养品的种类和数量不断扩大，运动营养的范畴也在不断地扩大。随着体育运动产业在全球的蓬勃发展，“健康中国”战略的实施，运动营养品也渗透到生活的方方面面。因此，现在的运动营养学不仅涉及膳食营养，而且涵盖了运动营养品。因此，运动营养师有必要了解运动员和健身人群应用的运动营养品。

第一节　运动营养品与膳食的关系

膳食保证着全人类的健康，随着体育产业的发展，体育与健康产业、教育行业、文化旅游产业、军民融合产业、康养产业等不断融合，使运动营养品发生了多样化衍变。例如，登山时便于携带的能量棒、长距离跑步中的能量胶、老年人健身所需的减少肌肉分解的全营养素产品及青少年人群快速补充蛋白质的蛋白棒等。

一、运动营养品的定义

运动营养品的经典定义，即狭义定义，为满足运动人群（指每周参加体育锻炼 3 次及以上、每次持续时间 30min 及以上且每次运动强度达到中等及以上的人群）的生理代谢状态、运动能力及对某些营养成分的特殊需求而专门加工的食品。广义的运动营养品概念其实已扩展到各种有运动经历的人群、缺乏运动人群、慢病人群使用的旨在改善身体成分，提高运动系统、免疫系统、心血管系统机能的各类营养品。

二、运动营养品的发展历史

运动营养品的发展要追溯到战争时期，为了让战士在前线获取食物方便，支援部队制作了更为方便、容易携带、易储存的食物来保证战士的补给，如压缩饼干。在现代，竞技体育运动员为了取得好成绩，在比赛及日常训练中常常摄取一些营养品，如运动饮料、能量胶、能量棒，运动营养品从此应运而生。

三、膳食的优势和不足

膳食可以极大满足人体需要营养素的全面性，吃一种食物可以摄取多种营养素，同时，同一种食物中的营养素有协同吸收的作用，可增加人体的利用率。膳食在获取上更容易，种类更丰富，口味选择更全面。膳食在人体特殊情况下的表现是不足的。例如，在运动训练及比赛中，膳食的营养素含量及吸收速度无法满足机体高功率输出的需求；在高寒地区登山、在开放水域游泳、野外军事活动等，都无法通过膳食来补充能量和营养素。

第二节　运动营养品与兴奋剂

一、兴奋剂的定义、分类及危害

（一）兴奋剂的定义

兴奋剂，是指世界反兴奋剂机构（World Anti-Doping Agency，WADA）每年公布的《禁用清单》中所列禁用物质和方法。兴奋剂英文为 doping，原意指非洲人用于宗教仪式、具有兴奋作用的酒。运动员最早服用的兴奋剂药物属于刺激剂类，所以尽管后来被禁用的其他类型药物并不都具有兴奋性（如利尿剂），甚至有的还具有抑制性（如 β－阻断剂），国际上对禁用药物仍习惯沿用兴奋剂的称谓。

WADA是国际反兴奋剂组织。WADA会根据需要，至少每年公布一次用作国际标准的《禁用清单》。《禁用清单》每年的版本和所有改动会由WADA迅速寄发给每个签约方和政府，并会公布在WADA网站上。

（二）兴奋剂的分类

兴奋剂的分类见表1－1。

表1－1　兴奋剂的分类

禁用物质（赛内和赛外）	
S1	蛋白同化制剂（合成类固醇：雄性激素、THG等）
S2	肽类激素和相关物质（促红细胞生成素－EPO、生长激素－hGH等）
S3	β2－激动剂（福莫特罗、沙丁胺醇、沙美特罗和特布他林）
S4	激素及代谢调节剂（阿那曲唑、那洛西芬、氯米芬等）
S5	利尿剂和其他掩蔽剂（噻嗪类和表睾酮等）
禁用物质（赛内）	
S6	刺激剂（士的宁、苯丙胺—“冰毒”等）
S7	麻醉剂（吗啡、二醋吗啡—海洛因等）
S8	大麻（酚）类（哈希什、玛利华纳等）
S9	糖皮质激素
禁用方法	
M1	篡改血液和血液成分（血液兴奋剂，人为提高氧气的摄入、运输或释放）
M2	化学和物理篡改（静脉注射、导管插入术、置换尿样等）
M3	基因兴奋剂
特殊项目禁用物质（赛内）	
P1	酒精（空中运动、射箭、汽车运动、动力艇）
P2	β－阻断剂等（射箭*、汽车运动、台球、飞镖、高尔夫、射击*、滑雪/单板滑雪、水下运动）

注：*表示赛外也禁用。

（三）兴奋剂的危害

兴奋剂的危害包括以下五方面。

1. 医学角度

对运动员身体和心理健康造成影响，严重的导致猝死。例如，蛋白同化制剂造成男女性出现痤疮、秃头、肝损伤；男性出现乳腺组织发育异常、睾丸变小、阳萎、精子生成减少；女性出现声音低沉、乳房发育停止、面部及身上毛发加重、阴蒂增大、月经异常，并可产生永久性影响。刺激剂导致失眠、焦虑、体重降低、依赖和成瘾、脱水、四肢震颤、心率和血压升高、中风概率升高。利尿剂可导致脱水、肌肉痉挛、头晕或昏厥、血压下降、破坏自身的协调和平衡。β2－激动剂可导致心悸、头痛、盗汗、恶心、肌肉痉挛、情绪紧张。

2. 伦理道德

违背公平竞争的比赛原则。

3. 政治角度

严重损害国家的形象和声誉，影响社会风气，浪费社会资源。

4. 体育工作角度

干扰科学训练，影响体育行业的健康可持续发展，助长投机取巧、弄虚作假等不良风气。

5. 心理危害

兴奋剂的心理危害有：蛋白同化制剂可增加侵略性，男性有时会出现不正常的性犯罪行为，通常称为“类固醇癫狂”（以心情狂躁、喜怒无常为特征）；麻醉剂有致幻作用，药物失效后带来焦虑、沮丧；使用麻醉剂会成瘾，会引起严重的性格改变。

二、运动营养品与兴奋剂的区别

运动营养品是指适用于专业和业余运动人群食用的能满足运动人体的特殊营养需要或具有特定运动营养保健功能的食品及口服制品（可含药食两用中药功效成分）。运动营养品的主要作用在于提高运动能力、促进疲劳恢复以及防治运动引起的机体功能紊乱和疾病等。

兴奋剂是体育比赛中禁用的药物或者方法，是在提高身体机能的同时损害健康或者致残致死的一类物质。运动员服用兴奋剂主要是为了获得更好的成绩而无视健康。

保健品是指声称具有特定保健功能或者以补充维生素、矿物质为目的的食品，即适宜于特定人群食用，具有调节机体功能，不以治疗疾病为目的，并且对人体不产生任何急性、亚急性或者慢性危害的食品。

运动营养食品按特征营养素可分为补充能量类、控制能量类、补充蛋白类，按照运动项目分为速度类、力量类、耐力类、运动后恢复类。中国体育科学学会运动营养品分类标准如表 1－2 所示。

表1－2　中国体育科学学会运动营养品分类标准

维生素矿物质
预防关节及软骨损伤
补充能量
运动后恢复
预防运动性贫血
控制能量
抗氧化及增强免疫力
速度力量

结合以上两种分类方法与运动营养品市场对产品的分类方法，本书进行了归类，即蛋白及氨基酸类，能量类，减控体重类，抗氧化及维护免疫力类，促进恢复类，维生素、矿物质类，保护关节类等七大类。

第二章　运动人群常用的运动营养品

第一节　蛋白质及氨基酸类

蛋白质是人体最重要的营养素，它参与机体组织的基本构成，维持机体的基本生命活动。与人体运动能力有关的许多因素，如肌肉收缩、氧的运输与储存、物质代谢与生理机能调节等都与蛋白质有密切的关系。增大肌肉体积和增加肌肉力量需要机体蛋白质合成代谢的增加，但是普通的膳食蛋白质的质量已不能满足需求。近年来，高生物活性的蛋白质和氨基酸包括乳清蛋白、酪蛋白、大豆蛋白、卵白蛋白以及这些蛋白质水解产物——包括某些寡肽和氨基酸等，作为促进运动员蛋白质合成的营养品成分，不但可以促进蛋白质的合成代谢，而且还具有其他的生物学功能，如调节中枢神经系统兴奋性。

一、蛋白粉及其衍生品

蛋白粉有其重要的优势：浓度高、体积小、易吸收等。常见的蛋白粉有乳清蛋白粉、大豆蛋白粉、酪蛋白粉等，以及不同口味的蛋白食品。

（一）乳清蛋白粉

乳清蛋白是利用现代生产工艺由牛奶提取出来的蛋白质，牛奶中87%是水，13%为乳固体；其中37%是乳糖、30%是脂肪、27%是乳蛋白、6%是矿物质。而乳蛋白中只有20%是乳清蛋白，80%都是酪蛋白。乳清蛋白的胆固醇、脂肪及乳糖含量低，易消化、易吸收，与其他蛋白质相比，具有最高的生物利用价值。

1. 乳清蛋白的成分

乳清蛋白主要由β－乳球蛋白、α－乳白蛋白、免疫球蛋白、乳铁蛋白等组成，此外还含有一些具有生物活性的微量成分，包括乳铁蛋白、乳过氧化物酶、溶酶菌、酪蛋白巨肽、生长因子等。正是这些成分提供了乳清蛋白卓越的价值。（表2－1、表2－2）

表2－1　主要蛋白质的PDCAAS（蛋白质消化率校正后氨基酸评分）值

蛋白质的来源	PDCAAS值
乳清蛋白	1.14
酪蛋白	1.0
大豆分离蛋白	1.0
蛋清粉	1.0
牛肉粉	1.0
花生粉	0.52
小麦麸质	0.52

表2－2　主要蛋白质的必需氨基酸组成与含量（mg/g蛋白质）

氨基酸含量	乳清蛋白	大豆	鸡蛋	小麦
亮氨酸	105	85	86	63
赖氨酸	93	63	70	27
苯丙氨酸＋酪氨酸	32	97	93	78
蛋氨酸＋半胱氨酸	21	24	57	39
异亮氨酸	63	47	54	33
缬氨酸	58	49	66	43
苏氨酸	69	38	47	29
色氨酸	18	11	17	11
组氨酸	17	—	22	—

（1）β－乳球蛋白

β－乳球蛋白是乳清蛋白的主要成分，它具备最佳的氨基酸比例，支链氨基酸含量极高。支链氨基酸是必需氨基酸，包括亮氨酸、异亮氨酸、缬氨酸，其中生物效应最强的是亮氨酸，可作为谷氨酰胺的前体物质，也可直接做细胞燃料。

（2）α－乳白蛋白

α－乳白蛋白也是必需氨基酸和支链氨基酸的极好来源。富含胱氨酸残基，能安全通过消化道和血液进入细胞膜，还原成两个半胱氨酸，以合成谷胱甘肽，维持细胞和组织最佳的谷胱甘肽水平。

（3）免疫球蛋白

牛奶中的免疫球蛋白与人乳免疫球蛋白有相同的特性，具有人类抵抗疾病的活性。

（4）乳铁蛋白

乳铁蛋白含量较低，但生物活性高。其在机体中的生物学作用表现为：抗细菌性，并对几种人体病毒有抵抗作用；乳铁蛋白能够牢固地与铁结合，是膳食中铁质转移的一种有效形式；乳铁蛋白能刺激人体免疫系统细胞，可作为老年人或免疫功能低下人群的补充剂；乳铁蛋白具有抗氧化性等。

2. 乳清蛋白的生物学功能

（1）促进机体蛋白质合成

由于乳清蛋白中含有大量的支链氨基酸，研究证实支链氨基酸对促进肌肉蛋白合成和减少蛋白分解起着重要作用。亮氨酸及其氧化物抑制蛋白水解酶活性，有利于肌肉蛋白合成，使瘦体重增加。同时乳清蛋白中含有丰富的赖氨酸、精氨酸，而精氨酸具有刺激生长激素分泌和释放的作用，从而促进肌肉蛋白质合成代谢，有利于肌肉的生长，并且促进脂肪分解代谢，降低脂肪含量。

（2）维护机体免疫功能

谷氨酰胺是淋巴细胞和巨噬细胞在免疫反应过程中的重要底物，高速利用谷氨酰胺生成嘌呤和嘧啶核苷酸有利于合成更多的DNA，使免疫细胞增殖加速。长时间大强度运动后期血糖降低，此时谷氨酰胺主要参与糖异生以维持血糖浓度，谷氨酰胺不能满足免疫细胞需求，这是运动造成机体免疫力下降的主要原因。

乳清蛋白中含有丰富的支链氨基酸和谷氨酸，谷氨酸转化为谷氨酰胺，而且亮氨酸可作为合成谷氨酰胺的前体。同时支链氨基酸为糖异生提供原料，具有减少机体免疫功能提高的作用，并且乳铁蛋白能够抑制和杀死引起胃肠道感染和食物中毒的细菌。

（3）延缓中枢疲劳的发生和发展

乳清蛋白中含有丰富的支链氨基酸，摄入一定量的乳清蛋白可以提高机体血液中支链氨基酸的浓度，降低色氨酸与支链氨基酸的比值，减少色氨酸进入中枢神经细胞的比例，降低中枢神经细胞中5－羟色胺（5－HT）的浓度，延缓中枢疲劳的发生和发展。

（4）提高机体的抗氧化能力

乳清蛋白中的α－乳白蛋白、牛血清蛋白、乳铁蛋白富含胱氨酸残基，能安全通过消化道和血流进入细胞膜，还原成2个半胱氨酸，合成谷胱甘肽，维持细胞和组织谷胱甘肽水平。谷胱甘肽是细胞内最重要的抗氧化剂，是机体抗氧化系统、细胞免疫系统和骨骼肌细胞必需的物质，具有增强机体抗氧化的能力，提高肌肉耐力和做功能力及延缓疲劳的发生。

（5）提供能量

乳清蛋白是易消化的优质蛋白。摄入乳清蛋白可以为机体提供能量，减少肌肉蛋白降解。

3. 乳清蛋白摄入量

乳清蛋白对维持和提高运动员的身体机能具有良好的作用，因而成为运动员经常补充的重要蛋白营养品。在大负荷运动训练期间，乳清蛋白的摄入量可以提高到总蛋白摄入量的50%及以上；而在一般训练期，乳清蛋白补充量维持在20g/d左右，乳清蛋白就可表现出对机体的有利作用。研究表明，乳清蛋白是那些对体重要求严格的运动项目（如摔跤、柔道、体操等）的运动员在控体重期间最佳的蛋白质来源。由于在控体重期间运动员要求严格限制饮食，不能大量摄入膳食蛋白，以避免脂肪和能量过多引起的体重增加，这样，蛋白质摄入不足势必会影响运动员身体机能及运动能力；而乳清蛋白的补充不但可以为控体重运动员提供优质蛋白质，以维持机体正常蛋白质的合成、减少身体脂肪含量，而且对维持运动员的运动能力具有积极意义。另外，研究表明，在高原训练期间乳清蛋白的适量补充对维持运动员身体机能水平、促进高原训练的效果具有重要作用。

对于健身健美爱好者来说，为了尽快壮大肌肉，使得肌肉具有良好的形态和体积，补充乳清蛋白是一个很好的选择。一般摄入量在25g/d以上，甚至超过50g/d。但是值得注意的是，过量摄入蛋白质包括乳清蛋白对壮大肌肉和提高肌肉的质量并没有好处，容易造成血氨升高，对机体产生不利的影响。关于过量摄入蛋白质对机体的影响，已在第一篇运动营养学基础第三章第二节做过讨论，此处不再赘述。

（二） 大豆蛋白粉

大豆蛋白是一种植物性蛋白质，其氨基酸组成与牛奶蛋白质相近，除了蛋氨酸略低外，其余必需氨基酸含量均较丰富，是植物性的完全蛋白质。在营养价值上，可与动物蛋白等同，是营养值较高的植物蛋白质。大豆蛋白有着动物蛋白不可匹敌的优点，大豆蛋白不含胆固醇，其特有的生理活性物质——异黄酮具有降低胆固醇的作用。

（三） 酪蛋白粉

酪蛋白是牛奶中的主要蛋白质成分，牛奶经过分离后可以得到酪蛋白粉，酪蛋白对酸敏感，容易凝集，不容易消化吸收，适合在早上或者晚上蛋白需要缓释时服用。

（四） 植物蛋白粉

肉类、蛋类、奶类、豆类是人体获取优质蛋白质的主要食物，植物蛋白粉是以大豆蛋白为基础，增加了其他植物蛋白来弥补大豆蛋白氨基酸模式的弱点，从而提高了植物蛋白的利用率。植物蛋白有其本身的优势，植物蛋白不含乳糖，避免了因乳糖不耐受而导致的腹泻，不含胆固醇，心血管疾病患者可以放心食用，素食人群更倾向于选择植物蛋白粉。

（五） 蛋白棒

蛋白棒是一种零食，它不同于普通零食的主要原因是强调了蛋白质的含量。普通棒类零食以糖为主，蛋白质含量为3%～10%；而蛋白棒含糖量为2%～40%，蛋白质含量为3%～50%，明显增加了蛋白质含量；同时蛋白棒又添加了维生素、肌酸、氨基酸等功能成分，适合运动人群的便捷补充。

（六）蛋白饮料

蛋白饮料是在原有饮料的基础上强化了蛋白质，在保留原有饮料风味基础上添加乳清蛋白、乳酪蛋白或是大豆蛋白来提高其蛋白质含量。人们可以根据其含有的蛋白性质选择在不同场景饮用，如平时代餐可食用蛋白纤维饮料，在抗阻训练后可食用糖和蛋白质配比合适的促进肌肉合成的蛋白饮料等。

（七）增肌粉

增肌粉是一款辅助增肌的复合营养粉，增肌粉是在高 GI 糖的基础上搭配一定比例的乳清蛋白等蛋白组合而成。为了促进身体的肌糖原和肌肉蛋白的修复，应根据个人身体情况、运动项目、运动强度来选择增肌粉。市场上的增肌粉有许多种口味，是因为在其中添加了不同口味的香精等来增加饮用口感。

二、氨基酸类

（一）支链氨基酸

1. 支链氨基酸

支链氨基酸（BCAA）是蛋白质合成的基础材料，且可以作为骨骼肌运动时的能源物质。当休息时或必需氨基酸摄入量相对较少（如 15g）时，蛋白质合成也会发生。BCAA 在有氧耐力运动中流行是因为它潜在的供能优势。BCAA 能氧化产能，为肌肉提供能量。食物蛋白中 BCAA 的平均含量大约为总氨基酸含量的15%。因此，个人规律地摄取富含高品质蛋白的食物则可能摄入足够的 BCAA，从而维持每日机体蛋白质需要。有氧耐力运动期间，BCAA 池通过肌肉蛋白质的分解来维持。在更长时间的有氧耐力运动中，骨骼肌中 BCAA 的氧化通常超过它来自食物的供给，这使得血液中 BCAA 下降，推动机体走向中枢疲劳。依据中枢疲劳的假设，当色氨酸穿过血脑屏障，增加脑中 5 - 羟色胺的生成，从而产生了中枢疲劳。该假设推测：运动中，游离脂肪酸（FFA）从脂肪组织中动员出来，转运到肌肉中作能量使用。因为动员的 FFA 速率大于其被摄入到肌肉中的速率，造成血液中 FFA 浓度增加。FFA 和色氨酸竞争白蛋白中同样的结合位点，因为 FFA 在血液中大量出现，它们首先结合白蛋白，这样阻止了来结合的色氨酸，并导致血液中游离色氨酸的浓度增加，使得游离色氨酸与 BCAA 的比值增加，促使增加的游离色氨酸通过血脑屏障转运。一旦游离色氨酸进入大脑，就会在情绪和睡眠启动中发挥作用，这样，大脑中 5 - 羟色胺增加的最终结果可能是中枢疲劳，迫使个人停止训练或降低训练强度。虽然有研究显示在力竭运动中、力竭运动后血液中 BCAA 浓度下降，且 BCAA 有助于增强神经系统功能，但 BCAA 补充对实际的有氧耐力运动成绩只有很小的影响。有研究检测了力竭运动后氨基酸浓度的变化：22 名受试者完成马拉松跑，8 名受试者完成 1.5h 的军训计划，两组受试者血清中 BCAA 浓度均显著下降，虽然马拉松组显示游离色氨酸显著增加，导致游离色氨酸/BACC 比率升高，但各组总体色氨酸浓度均没有改变。其他研究显示，疲劳运动后 BCAA 浓度下降、游离和总色氨酸浓度增加。有双盲实验检测 BCAA 对色氨酸的直接影响，10 名有氧耐力训练男性，以 70% ~75% 最大功率蹬车，摄入的饮料含有 6% 蔗糖（对照组），或是 6% 蔗糖加下列之一：3g 色氨酸、6gBCAA 或 18gBCAA。研究显示，色氨酸摄取导致大脑色氨酸值增加 7 ~20 倍，而 BCAA 的补充带来疲劳时大脑中色氨酸水平下降 8% ~12%，但是各组运动至疲劳的时间没有差异，表明氨基酸浓度变化不影响有氧耐力运动成绩。

除了研究氨基酸浓度的变化，检测认知能力是否有足够的改变也很有意义。在检验中枢疲劳假设和认知改变的一项研究中，受试者接受糖中加入 BCAA 或是安慰剂饮料，在 30km 跑步前和跑步后测定认知能力。从跑步前到跑步后，接受 BCAA 的受试者表现出在某部分颜色—词汇测试中进步，安慰剂组没有改变。BCAA 组也维持了他们在旋转形状和疲劳识别任务中的能力，而安慰剂组显示出在跑步后两项测试成绩明显下降。作者提到，BCAA 补充对完成更为复杂的任务能力有更好的效果。在另一篇对疲劳运动后认知能力的研究中，参与者进行 42. 2km 的越野跑，期间他们补充 BCAA 或安慰剂，BCAA 的补充仅能提高较慢跑步者的跑步能力，更为有趣的是 BCAA 对神经系统功能产生积极影响，BCAA 组与运动前相比，能显著提高受试者运动后的认知能力。

BCAA 的补充也影响运动恢复。超长时间运动将减少体内氨基酸池，这样对维持更高的氨基酸水平，尤其是 BCAA 水平及抑制促进蛋白质分解的细胞级联信号很重要。通过 BCAA 的使用，创建一个合成代谢的环境，有助于更快地从运动中恢复。

BCAA 也对减轻肌肉损伤起积极作用。在一项研究中，非训练男性完成 3 组 90min55%强度的自行车运动，在运动前和运动后 60min 摄入 200kcal 含有糖、BCAA 或安慰剂的饮料，与安慰剂组相比，在运动后 4h、24h 和 48h，BCAA 组减少了由运动引起的肌肉损伤的数量；与糖组相比，在运动后 24h，BCAA 组减少了由运动引起的肌肉损伤的数量。

（二） 牛磺酸

牛磺酸，又名牛胆碱、牛胆素，属于一种含硫 β－氨基酸。化学名为 2－氨基乙磺酸，主要存在于动物的组织、细胞内，特别是神经、肌肉和腺体中的含量较高。以海洋生物中含量为最高，贝类、章鱼及鱼类中含量特别丰富，贝类中含量高达 1536 mg/100g、章鱼中含量为 871mg/100g，畜肉中含量为 30 ~160mg/100g，蛋类及绝大部分植物食物中未检出牛磺酸（而在坚果和豆科植物籽实中含量较多）。

1. 生理功能

（1）促进脑细胞发育

牛磺酸是胎儿和婴幼儿的条件性必需营养素。新生儿、早产儿由于体内半胱氨酸亚磺酸脱氢酶（CSAD）尚未完全成熟，导致体内牛磺酸合成不足。牛磺酸对脑细胞的增殖分化起促进作用。脑组织是牛磺酸含量最高的部位。牛磺酸对婴幼儿大脑发育、神经传导、视觉功能的完善和钙的吸收有良好作用，是一种对婴幼儿生长发育至关重要的营养素。

（2）提高神经传导和视觉功能

早期研究发现，若猫饲料中缺少牛磺酸，则会导致猫的视网膜变性；若长期缺乏牛磺酸，则最终会导致猫失明。人类研究发现，牛磺酸可保护视网膜，有利于视觉感受器发育，并能改善视力。

（3）调节血脂

牛磺酸在循环系统中可抑制血小板凝集，降低血脂，保持人体正常血压和防止动脉硬化，对心肌细胞有保护作用。牛磺酸有上调一氧化氮含量、下调血管紧张素Ⅱ（AngⅡ）含量和抑制血管紧张素转化酶（ACE）活性的作用，从而在预防动脉硬化、增加心脏收缩力、改善心血管系统功能方面有一定的功效。

（4）结合胆汁酸

牛磺酸有结合胆汁酸的作用。牛磺酸是消化道中脂类吸收所必需的。牛磺酸能增加脂质和胆固醇的溶解性，解除胆汁阻塞，降低某些游离胆汁酸的细胞毒性，抑制胆固醇结石的形成，增加胆汁酸流量等。

（5）抗氧化作用

牛磺酸与抗氧化系统牛磺酸的前体（如半胱氨酸、半胱胺、亚牛磺酸）具有抗氧化作用。研究表明，亚牛磺酸和半胱胺能自发地氧化，两者都是羟自由基和次氯酸良好的清除剂。亚牛磺酸和半胱氨酸还能减少丙二醛的形成，提示亚牛磺酸和半胱氨酸具有对抗脂质过氧化的作用。生物膜系统含有丰富的不饱和脂肪酸，在自由基与其他氧引发剂作用下生成丙二醛，丙二醛与膜蛋白和膜脂上氨基（NH_2）交联，导致膜分子运动力发生变化，细胞膜结构发生改变，膜流动性下降。因此，丙二醛作为自由基与不饱和脂肪酸的产物，被用来间接反映机体内自由基的变化。脂质过氧化物对生物膜系统造成不良影响，而运动可导致体内脂质过氧化水平增高。实验表明，大鼠耗竭运动后，心肌组织间和血浆，骨骼肌和红细胞浆中的丙二醛显著升高，牛磺酸可以减少丙二醛的产出；牛磺酸可以抑制大鼠运动后氧自由基生成，保护内皮细胞。因此，牛磺酸抑制自由基和其代谢产物丙二醛生成，减少丙二醛与膜蛋白和膜脂发生交联，对细胞膜起到保护作用。

2. 牛磺酸作为运动营养补充剂的应用

大量研究表明，运动可以使自由基生成增加，脂质过氧化反应增强，损伤组织细胞膜，补充抗氧化剂能阻抑这种改变，因此，抗氧化剂已成为一类重要的运动营养补充剂，牛磺酸及前体是良好的抗氧化剂。

大强度运动导致骨骼肌、心肌损伤，受损伤细胞出现膨胀、破裂和溶解，说明在此过程中，细胞受到了渗透张力的影响。牛磺酸通过钠/牛磺酸跨膜协同转运及与钙、钾、镁等的相互影响，来维持渗透压平衡。

（三）L－谷氨酰胺

L－谷氨酰胺（以下简称谷氨酰胺）是人体肌肉、血液和氨基酸池中含量最丰富的氨基酸，它占人体游离氨基酸总量的60%。空腹血浆谷氨酰胺浓度为500～750umol/L。谷氨酰胺是蛋白质、核酸、谷胱甘肽以及其他重要生物大分子合成的必需营养素，但是它不是必需氨基酸，其在人体内可由谷氨酸、缬氨酸、异亮氨酸合成。在疾病、营养状态不佳或高强度运动等应激状态下，机体对谷氨酰胺的需求量增加，以致机体自身合成不能满足。

谷氨酰胺的补充对运动能力的作用主要表现为以下五方面。

1. 提高免疫力

补充谷氨酰胺可以维持和提高机体免疫机能水平，有利于运动员抗感染能力的提高，减少患病概率。

2. 提高学习能力

谷氨酸是主要的中枢兴奋性递质，具有增强记忆力的作用。谷氨酰胺作为谷胱甘肽的前体，可以自由通过血脑屏障，补充谷氨酰胺具有提高学习能力、增强记忆力的重要作用，有利于运动技能的形成。

3. 提高抗氧化能力

补充谷氨酰胺可以提高机体的抗氧化能力，谷氨酰胺是谷胱甘肽的前体，补充谷氨酰胺可以促进机体谷胱甘肽的合成，而谷胱甘肽是机体中强有力的抗氧化剂。

4. 促进合成

补充谷氨酰胺可以补充机体胰岛素的分泌，有利于机体能源物质的快速恢复。

5. 修复黏膜

谷氨酰胺是胃肠道上皮细胞的基本能量来源，其含量对维持胃肠道管腔细胞的生物学功能极为重要。因此，谷氨酰胺是运动员维持身体机能水平、促进恢复、提高机体免疫机能的重要营养补充剂。然而大量补充谷氨酰胺具有一定的副作用，主要表现为大量补充谷氨酰胺会导致血氨的升高，从而对运动能力产生一定的影响。为了避免服用谷氨酰胺产生副作用，建议谷氨酰胺服用量为5～10g/d，在运动或比赛后及睡前服用。

（四）β羟基-β甲基丁酸（HMβ）

β-羟基-β甲基丁酸（以下简称HMβ），它是亮氨酸代谢的中间产物。亮氨酸是人体必需氨基酸之一，在体内不能合成，必须由外源性食物补充获得。HMβ在1988年被科学家奈森发现，亚特兰大奥运会获得金牌的游泳运动员披露其在训练中补充HMβ，自此之后，作为增加力量的营养补充剂——HMβ在国外得到广泛的关注和应用。

多年的研究和实践发现，HMβ可能有更广泛的作用。HMβ可以增加饮食控制人群脂肪燃烧效率，并减少因饮食控制导致的瘦体重丢失。可能的机制是补充HMβ可以改善3T3-L1脂肪细胞和骨骼肌细胞中的脂肪酸氧化、腺苷酸活化蛋白激酶（AMPK）、沉默信息调节因子（Sirt）1和Sirt3活性。这些蛋白共同作用于改善线粒体生物发生、脂肪氧化、能量代谢和活性氧防御系统。HMβ还可以通过刺激蛋白质合成和抑制蛋白质分解，使骨骼肌蛋白质的转化率达到正平衡。HMβ通过上调哺乳动物雷帕霉素靶蛋白（mTOR）通路诱导蛋白质合成，而HMβ通过抑制泛素-蛋白酶体通路和半胱氨酸蛋白酶活性减弱蛋白分解。此外，HMβ刺激骨骼肌细胞活化，潜在地增加骨骼肌再生能力。

一些针对大强度训练补充 HMβ 的研究证实，HMβ 可以促进大强度训练后的知觉恢复，并且明显抑制了受试者训练后肌酸激酶（CK）水平的上升和蛋白质的分解，由此可见，HMβ 可以促进恢复，减少运动损伤，延缓运动性疲劳，改善运动表现。

在使用剂量上，大多数的研究支持 3g/d 的使用量，其对进行高强度训练或训练量大的人群有较大益处。虽然 1.5g/d 即可表现出有效性，但 3g/d 表现出更大的增益，当剂量提高到 6g/d 时，并未表现出比 3g/d 更高的有效性。补充 HMβ 的短期效应可以通过运动前补充来体现，每天 3g 分 3 次补充可带来长期的效应。

HMβ 是亮氨酸的中间代谢产物，只有约 5% 的亮氨酸被转化为 HMβ。从这个角度来看，一个人需要摄入超过 600g 蛋白质，才能产生 60g 的亮氨酸，最终产生 3g 的 HMβ。通过膳食无法摄入足够的 HMβ，因此需要以补充剂的形式摄入。

HMβ 补充剂大部分以 HMβ－Ca 的形式出现，也有以 HMβ－FA 的形式出现。摄入后的效果取决于剂量、时机及是否与其他营养素一起摄入。如果服用 HMβ－Ca，建议至少在剧烈运动前 60min 服用 3g；如果其与葡萄糖一起服用，可能需要在训练前 2h 就服用，因为研究发现，当 HMβ 和葡萄糖联合使用时，HMβ 的峰值浓度会延迟 1h。

HMβ－FA 形式的补充剂可能对机体产生更快和更大的影响。因此，运动员可以在运动前 30～60min 服用 HMB－FA 形式的补充剂。

第二节　能量类

一、肌　酸

肌酸（Creatine，Cr）于 1832 年由法国科学家谢弗勒尔（Chevreul）发现，至今已有 100 多年的历史，是目前研究最充分、最有效的促力补充剂之一，目前被运动员和健身爱好者广泛使用。肌酸作为合成磷酸肌酸（CP）的重要原料，与磷酸肌酸的储量、能量代谢及机体的运动能力有着密切的关系。大量研究表明，补充肌酸能够提高短距离跑、高强度有氧运动的能力。肌肉内充足的肌酸不仅能保证运动中消耗的 CP 和 ATP 得到及时的补充，维持体内高水平的能源储备，减少肌肉或体内的乳酸生成和堆积，而且能增加肌肉蛋白质的合成。

人体可通过食物和体内合成两条渠道获得肌酸，即外源性肌酸和内源性肌酸。外源性肌酸只存在于肉类食物中。肌酸在体内的合成以甘氨酸、蛋氨酸、精氨酸为原料，在肝脏、胰脏、肾脏中合成，合成后随血液循环进入骨骼肌细胞内，其中一部分被磷酸化，以磷酸肌酸形式存在，其余的以非磷酸化形式存在。肌酸主要存在于人体的骨骼肌、心肌、大脑、睾丸、肾脏、肝脏等器官中，以骨骼肌含量最多，大约占人体肌酸总量的 95%，Ⅱ型肌纤维中的肌酸含量要比Ⅰ型肌纤维中的含量多。不同年龄、性别含量差别不大。肌酸的作用主要表现在以下方面：运动前补充肌酸会使肌肉内磷酸肌酸的含量增加，有利于运动成绩的提高；在运动后补充肌酸，有助于恢复期磷酸肌酸的再合成，弥补了磷酸肌酸用于 ATP 再合成而导致含量的下降，从而起到了抗疲劳、促恢复的作用。

许多资料表明，补充肌酸可以使肌肉内磷酸肌酸的含量增加，这样在运动中有更多的磷酸肌酸可以利用，在运动后恢复期还有助于磷酸肌酸的再合成。ATP 是人体细胞能够直接利用的能源物质，而骨骼肌内 ATP 的贮量少，运动训练又不能明显增加 ATP 贮量。肌细胞也不能直接吸收血液或邻近细胞的 ATP，所以运动时骨骼肌消耗的 ATP 必须随时得到补足，方能维持正常的能量平衡，特别是在短距离大强度运动中。ATP 在肌肉中的含量急剧下降，必须迅速再合成，才能维持运动能力。当 ATP 水平下降时，磷酸肌酸可迅速转变为 ATP，转变的方式是在肌酸激酶（CK）的催化下，从磷酸肌酸脱掉一个磷酸根与 ADP 合成 ATP，同时释放出肌酸，肌肉中的这种能量转换反应式如下：$CP + ADP \rightarrow ATP + Cr$；Cr 由其他途径提供能量（可能来自线粒体的有氧代谢）再合成 CP，反应式如下：$Cr + ATP \rightarrow CP + ADP$。在多回合的大强度运动中，CP 的迅速合成对维持运动能力是至关重要的。

研究显示，肌酸补充是一个有效和安全的营养策略，能在抗阻训练中促进力量和肌肉质量的增加，这对于运动员的力量和爆发力训练是非常重要的。关于增加瘦体重，相关研究也已经表明，肌酸对包括成年男性、成年女性和老年人在内的几类人群都是有效的。短时间肌酸补充可以增加瘦体重为 0.8～1.7kg，长时间肌酸补充结合抗阻训练可以增加瘦体重为2.8～3.2kg。

因此，肌酸补充最明显的效果之一是体重增加。对力量和爆发力强的运动员而言，若增加的体重仅是瘦体重，那么体重增加将带来益处。幸运的是，几个科学调查已经证实体重增加部分归因于肌肉组织中细胞蛋白质含量的实际增加。有研究已经在临床上证实了肌酸补充后机体在细胞水平的适应情况。

肌酸在临床上的显著副作用是体重的增加；其他方面的副作用包括脱水、痉挛、肾脏和肝脏危害、骨骼肌损伤、肠胃不适、前肌间隙综合征等也有报道，但补充肌酸的运动者并不意味着其面临以上风险的概率就一定增加。

由于以前的研究均用 20g/d，4～6d 的肌酸补充剂量，因此大多数研究采用这个剂量。但以很低的剂量（3g/d）也会使总肌酸含量升到采用 20g/d，5d 剂量时的值，不过需要的时间相对延长，故要使肌肉总肌酸含量升高，20g/d 的高剂量不是必须的。肌肉肌酸含量升高后，每天摄入 2g 足以保持肌酸储备。肌酸补充停止后，肌肉中肌酸储备大约在 4 周后逐渐恢复到口服肌酸前的基础水平。

二、补糖类

（一）运动饮料

1. 运动饮料的定义

1994 年我国颁布了运动饮料的国家标准，其将运动饮料定义为：营养素的组成和含量能适应运动员或参加体育锻炼、体力劳动人群的生理特点，是特殊营养需要的饮料。

2. 运动饮料的构成和原理

理想的运动饮料应具备的功能：促进饮用，迅速恢复和维持酸碱平衡；提供能量，增强运动能力。因此符合运动饮料必须具备的条件是糖的浓度、糖的种类、电解质含量等。

（1）电解质

运动引起的出汗导致钾、钠等电解质大量丢失，引起运动能力降低，甚至出现肌肉痉挛；而运动饮料中加入适当的钠、钾不仅有助于补充汗液中丢失的钠、钾，还有助于水在血管中的停留，使机体得到更充足的水分。

（2）低渗透压

人体血液的渗透压范围为 280 ~ 310mmol/L，要使饮料中的水及其他营养成分尽快通过胃，并充分被吸收，运动饮料的渗透压要比血浆渗透压低或与血浆渗透压相等，即低渗饮料或等渗饮料。

（3）糖的浓度

糖是人体运动时最重要的能源物质。由于体内的糖储备有限，在运动时大量消耗而没有得到及时补充，就会造成运动能力的下降。同时糖是中枢神经的重要燃料，大脑 90% 以上的能量来自血糖，血糖的下降使人体对运动的调节能力减弱，从而造成中枢疲劳；并且红细胞的唯一能源物质是血糖，当糖储备消耗较大时，可能出现低血糖，从而影响红细胞的能量代谢，使红细胞转运氧的能力下降，使运动能力进一步降低。因此科学配方的运动饮料中必须含有一定量的糖。

饮料中的糖浓度、渗透压等因素影响胃排空速度。有研究报道，补水与 4% ~6% 糖溶液对胃液体排空速度的影响无统计学意义，当糖浓度超过 6% 时，胃内液体的排空量随糖浓度的增加而减少。糖和水的吸收与溶液糖浓度密切相关。高浓度的糖溶液能提高糖吸收率，有利于能量的补充，然而高浓度的糖会降低胃排空和小肠吸收速度，低浓度的糖溶液有利于液体的吸收，在运动中为运动肌提供充足的能量。目前理想的运动饮料糖浓度为 5% ~7%，但是糖的浓度还与糖的种类、糖分子及其渗透压有关。

（4）糖的种类

从构成运动饮料的渗透压和吸收速度考虑，运动饮料中糖的种类应选择包括多种可转运糖。目前运动饮料中选用糖的种类如表 2 -3 所示。

表 2 -3　运动饮料中糖的种类与效果

效果 \ 种类	葡萄糖	果糖	低聚糖	中链淀粉
甜度	高	最甜	低，口感好	低，口感好
吸收速度	最快	快，但要在肝脏修饰	分解成葡萄糖	分解成葡萄糖
胰岛素反应	高，间歇性降低血糖	较低	低	低
渗透压	高	高	低	低
胃肠道反应	无	摄入过多，有	无	无

目前运动饮料多选用葡萄糖、果糖、低聚糖或中链淀粉为主要原料。不同种类的糖在小肠内具有不同的转运机制。例如，葡萄糖利用钠—葡萄糖转运体通过小肠壁，果糖依靠葡萄糖载体5（GULT5）穿过小肠上皮细胞。低聚糖和中链淀粉具有甜度低、口感好、渗透压低、胰岛素反应低以及无肠胃反应等优点，是运动饮料的首选，这样可以提高运动饮料中糖的含量，从而为运动提供更多的能源物质，同时辅以少量的葡萄糖、果糖，以尽快使糖吸收进入体内，参与能量代谢。

关于运动饮料的补充方法，可参考第一篇第三章第六节运动与水的内容。

（二）磷酸果糖

自20世纪70年代起，磷酸果糖就被广泛地应用于心脏骤停、心肌梗死、心肌缺血及肾缺血等治疗上。近年来的研究发现，磷酸果糖对运动能力的提高具有十分积极的意义。运动时糖是主要能量来源，糖在分解供能过程中首先要进行磷酸化，逐步变为1，6－二磷酸果糖，然后进行分解代谢，提供能量。目前的研究认为，磷酸果糖促进运动能力的机制包括以下四方面。

1. 促进无氧和有氧代谢能力

研究表明，外源性磷酸果糖促进细胞内磷酸果糖、1，3－二磷酸甘油酸（每个分子含有1个高能磷酸键，可直接转给ADP合成ATP）、ATP含量成倍增加。补充磷酸果糖可增强运动时的有氧代谢，改善骨骼肌和心血管系统利用氧的能力。磷酸果糖在糖代谢中主要有两方面的作用：一是作为能量较高的物质参与代谢供能。1mol磷酸果糖经糖酵解能生成4mol ATP，而1mol葡萄糖仅能（净）生成2mol ATP；二是磷酸果糖调节多种糖酵解酶的活性，尤为重要的是它能反馈刺激糖酵解限速酶磷酸果糖激酶（FPK）和丙酮酸激酶（PK）的活性，促进糖酵解，并能绕过FPK反应步骤直接进入糖代谢途径，通过改善和增强糖无氧代谢的调节能力，加速糖酵解合成ATP，从而改善细胞在缺氧后的生理机能和应激适应水平。因此是国际上公认的细胞强壮剂。

2. 维护细胞膜的功能

磷酸果糖具有抗氧化的作用，服用磷酸果糖可以促进自由基的消除，从而避免自由基对组织、红细胞等细胞膜的破坏（即脂质过氧化作用），维护细胞膜完整，这对维持细胞的生物学功能极为重要，对于维持运动能力同样重要。

3. 促进红细胞向组织中释放氧

供氧能力是限制运动能力的重要因素。磷酸果糖具有促进红细胞释放氧的作用，从而保障了各个组织细胞中氧的供应，促进了组织能量代谢的进行，故对运动能力的提高具有重要作用。

4. 改善心肌功能

外源性补充磷酸果糖能为心肌细胞膜提供能量，有保护心肌细胞膜离子泵的功能，抑制氧自由基的产生，从而保护心肌细胞功能。磷酸果糖作为代谢底物增加了心脏的有氧和无氧产能，促进了细胞内高能磷酸键的生成，改善了心肌的能量供应，且磷酸果糖能提高红细胞内1，3－二磷酸甘油酸的含量，促进了血红蛋白与组织之间的氧交换，增加了氧的利用。对离体大鼠的心脏实验表明，补充不同浓度的磷酸果糖，离体心肌细胞表现出与剂量相关的心肌氧耗量减少，并伴有做功能力提高，使左心室功能得到明显改善。此外，磷酸果糖促进血液中的氧释放到组织中，改善了心肌营养，减轻了心肌缺血缺氧，使心肌做功更有效。

口服磷酸果糖比葡萄糖或淀粉引起的胰岛素反应更低，故在运动中、前、后任何时间都可以服用，做到随时通过补糖来提供能源。

三、β-丙氨酸

在过去几年，β-丙氨酸逐渐出现在运动营养品市场。它以胶囊或粉末的形式存在，配合液体（通常是水）服用。研究显示，β-丙氨酸可增加有氧耐力、瘦体重和力量；也有研究认为它没有这些效果。

β-丙氨酸通过与组氨酸合成肌肽来起作用。天然的肌肽存在于大脑、心肌、肾脏、胃，在骨骼肌中含量相对较多（主要是Ⅱ型肌纤维）。Ⅱ型肌纤维是快肌纤维，用于完成爆发力强的动作，如举重和短跑。无氧运动能力较强的运动员含有更高的肌肽浓度，肌肽能有效缓冲 H^+ 升高，从而削弱高强度运动产生的乳酸的负面作用。理论上，可以通过补充肌肽来缓冲由高强度训练引起的 pH 值下降，从而维持更长时间的高强度训练。然而，摄入的肌肽进入血液后会被肌肽酶迅速降解为β-丙氨酸和组氨酸。这样，摄取肌肽就没有任何帮助。但是，分别补充β-丙氨酸和组氨酸，它们进入骨骼肌可再合成肌肽。β-丙氨酸是最影响肌肉内肌肽水平的氨基酸，因为β-丙氨酸是合成肌肽的限速底物，已有研究证实，补充 28 天（4～6g/d）β-丙氨酸使肌肉内肌肽增加近 60%。

同时补充肌酸和β-丙氨酸可增强运动能力和延缓运动疲劳。有研究者在橄榄球运动员 10 周抗阻训练期间，同时补充肌酸（10.5g/d）+β-丙氨酸（3.2g/d），通过观察力量、爆发力、体成分和激素的变化发现，补充肌酸+β-丙氨酸能够显著提高受试者的力量，且对瘦体重增长和体脂组成的影响也比单独补充肌酸更加显著。另一项研究评估了补充β-丙氨酸（6.4g/d）对 26 名男性（越南体育教育系的学生）的整体肌肉力量和体成分的影响，发现 10 周后试验组的整体肌肉力量和体成分与对照组相比没有明显差异。

多数研究发现，补充β-丙氨酸用于潜在地改善身体机能的做法相对较新。它具有积极的改善作用，剂量范围通常为 3～6g/d。有些研究发现，高剂量会带来副作用，副作用发生的可能性与剂量有关。补充相对高的单剂量β-丙氨酸会导致身体感觉异常（皮肤麻刺感），可能会持续 1h；如果最大单剂量是 10mg/kg 体重，这种感觉会消除，这相当于一次性服用β-丙氨酸约 800mg。

第三节　减控体重类

一、咖啡因

咖啡因主要存在于咖啡豆和茶叶中，咖啡因是心肌激动剂、平滑肌松弛剂和中枢神经系统兴奋剂，具有利尿、刺激胃酸分泌、增加血葡萄糖和游离脂肪酸的作用。预测咖啡因的人体经口 LD50（半致死剂量）为 192mg/kg。咖啡因可作为食品添加剂用于咖啡、训练前配方（氮泵）、可乐、茶和巧克力等食品，也可以应用于保健食品和药品。我国规定咖啡因可用于可乐类饮料，可应用于保健食品和药品。美国食品药品监督管理局将其列入 GRAS（美国食品药品监督管理局评价食品添加剂的安全性指标）的名单，欧盟规定咖啡因可用于可乐类饮料。

咖啡因存在于 60 多种植物中，主要存在于咖啡和茶叶中，巧克力、可可籽、槟榔和可乐果也含有一定量的咖啡因。咖啡因对大脑皮层具有选择性兴奋作用，服用小剂量咖啡因能增强大脑皮层兴奋过程、改善思维活动、振奋精神、消除疲劳，使动作敏捷、工作效率提高；服用大剂量咖啡因能直接兴奋延脑呼吸中枢及血管中枢，使呼吸加快、血压升高，且有一定的利尿作用。

咖啡因还具有刺激胃酸分泌，增加血葡萄糖和游离脂肪酸的作用，可于运动减脂时期使用。

在体育运动中，咖啡因是一种多层面使用的强化剂，也在从事有氧耐力训练的运动员中广为流行。研究显示，咖啡因有许多潜在的运动应用，4mg/kg 剂量的咖啡因能增加头脑敏捷性、改善逻辑推理、自由回忆和认知记忆任务。另外，咖啡因能帮助延长运动员有氧耐力运动至力竭的时间，在次最大强度有氧耐力运动中降低运动员主观用力程度、提高睡眠缺乏期间机体的能力。咖啡因也具有潜在性地减少肌肉疼痛和节省糖原的作用。

咖啡因是作用于中枢神经系统的刺激剂，通过穿过血脑屏障并结合腺苷受体，引起结合这些受体的腺苷减少，带来循环的多巴胺活性增加，这是咖啡因改善机能作用的主要理论依据。咖啡因能急剧增加脂肪分解并有生热作用，且在一定时间内潜在性地持续作用。咖啡因可以发挥节约糖原的效果。咖啡因吸收迅速，1h 内就会在血液中达到最大值。因为降解慢（半衰期为 4 ~6h），浓度通常能维持 3 ~4h。

剂量范围为 3 ~9mg/kg（体重 70kg 的人，1.5 ~3.5 杯自动滴滤咖啡）的咖啡因就会产生效果。运动前 60min 内摄入咖啡因通常效果明显，长时间运动中摄入咖啡因也备受推崇。

小　结

对于大多数参与有氧耐力训练的运动员来说，运动前1h，剂量范围为3～9mg/kg的咖啡因有改善身体机能的作用。

二、膳食纤维

膳食纤维是植物中天然存在的、提取的或合成的糖聚合物，不能被人体小肠消化吸收，对人体有健康意义，包括纤维素、半纤维素、果胶、菊粉及其他一些膳食纤维单体成分等。膳食纤维比重小、体积大，进食后充填胃腔，延长胃排时间，使人容易产生饱腹感，减少热量摄取。同时膳食纤维减少了摄入食物中的热量比值，膳食纤维在肠内会吸引脂肪而随之排出体外，有助于减少脂肪积聚。因此提高膳食中膳食纤维含量，可使摄入的热能减少，在肠道内营养的消化吸收也下降，最终使体内脂肪消耗而起到减肥的作用。

利用膳食纤维的这些功效，市场上出现了大量的代餐食品（粉剂、棒、饼干等），除了膳食纤维，还会添加蛋白质粉及某些具有减肥功能的其他成分，如咖啡因、左旋肉碱、传统药食同源的食品。

三、左旋肉碱

左旋肉碱是一种类似维生素的营养物质。在人体内，赖氨酸、蛋氨酸、烟酸等物质可以合成少量的肉碱。红肉及动物产品是肉碱的主要食物来源，而一般人只能从膳食中吸收50mg。为使身体达到理想的健康状态，每日膳食应含250～500mg的肉碱。运动人群、精神高度紧张的人群和其他缺乏左旋肉碱的人（如老人、素食者）均需要额外补充，尤其对于从事大运动量训练的运动员。

L－肉碱是目前运动界常用的一种运动营养品。L－肉碱在体内的作用主要体现在以下几个方面：L－肉碱是活化的长链脂肪酸穿过线粒体内膜的载体，可以促进长链脂肪酸进入线粒体基质被高活性的β－氧化酶系统所氧化，有利于节省肌糖原；可以通过降低乙酰辅酶A/辅酶A的比值，促进丙酮酸脱氧酶的活性，从而加速丙酮酸的氧化利用，减少乳酸的堆积；促进支链氨基酸的氧化利用，维持运动时的能量平衡；促进乳酸和氨的消除，有利于疲劳的恢复，等等。研究表明，L－肉碱服用有利于有氧和无氧代谢能力的提高，但其具体效果仍有争论。由于L－肉碱可以促进脂肪酸的利用，L－肉碱常作为控体重项目运动员减少脂肪含量的营养品。L－肉碱富含于动物性食物中，由于在运动训练过程中肉碱的消耗量增加，食物是否能够提供充足的L－肉碱目前尚无定论。因此，运动员需要补充一定量的L－肉碱，对提高运动能力具有一定的作用。

运动实践中一般采用口服肉碱2～6g/d，分两次服用，便可显著提高血浆和肌肉内肉碱的浓度。由于肉碱是肌肉的天然成分，小剂量的补充未发现任何副作用，但大剂量补充会引起腹泻等不良反应。补充肉碱应注意其构型，D－肉碱有毒，会影响L－肉碱的合成和利用，导致L－肉碱的缺乏。但是对L－肉碱的补充在提高运动能力的效果以及补充剂量和补充维持时间方面仍需进一步研究。

第四节　抗氧化及维护免疫力类

运动时机体对能量的需求迅猛增加，骨骼肌细胞的耗氧量急剧增加，此时组织中自由基的产生急剧增多，且超过了机体自身清除自由基的能力，组织的抗氧化能力下降，产生氧化应激状态。运动性氧化应激是组织损伤、肌肉疲劳、免疫力下降的主要原因之一。

自由基生成增加导致身体机能状况下降、运动性疲劳产生的原因可能是：使细胞膜和其他生物膜发生脂质过氧化损伤，从而改变膜的流动性、通透性和完整性，进而使细胞以及亚细胞的功能紊乱；进攻机体的大分子，如蛋白质及DNA的结构受到破坏、功能丧失；使呼吸链的功能下降，等等。

因此，补充抗氧化剂以对抗运动中生成的大量自由基是延缓运动疲劳发生、促进运动后疲劳消除和身体机能恢复的重要手段之一。

补充外源性抗氧化剂控制和降低运动性内源自由基生成及脂质过氧化方面的作用，已经在许多研究中得到证实。目前运动界比较常用而且有效的抗氧化剂有：维生素C、维生素E、谷氨酰胺、类胡萝卜素、辅酶Q_{10}、番茄红素、牛磺酸，N－乙酰半胱氨酸、硒及某些中药成分（如人参、黄芪）等，其中效果较好的是维生素C、维生素E和番茄红素。抗氧化剂分为脂溶性和水溶性两种，如维生素C、牛磺酸、谷氨酰胺等为水溶性的抗氧化剂；对于非水溶性抗氧化剂来说，补充时应注意与油脂同服，以促进机体对这类抗氧化剂的摄入。抗氧化剂的补充最为重要的形式是从食物中摄入，当食补满足不了需要时才应以补充剂的形式摄入。在维护免疫力方面，蛋白质、锌、维生素D也具有显著的作用，由于前文已着重介绍了蛋白质及氨基酸类和维生素矿物质类，本节只重点介绍维生素C与维生素E、类胡萝卜素、番茄红素、硫辛酸、辅酶Q_{10}、儿茶酚、硒、运动益生菌。

一、维生素C与维生素E

维生素C是温和的还原剂，在体内维生素C容易被氧化，从而保护其他物质不被氧化。蔬菜、水果中富含维生素C，但是水溶性维生素大多不耐高温，在高温下极容易被氧化而破坏，由于我国烹调方式中蔬菜大都经过高温油的烹炒或长时间炖煮，从而造成蔬菜中大量维生素C被氧化破坏，降低了蔬菜的营养价值，因此应额外补充抗氧化剂。维生素C含量丰富的蔬菜和水果有：桔子、柠檬、葡萄柚、酸橙、番茄、草莓、猕猴桃及大部分绿色蔬菜。但是补充维生素C应以生吃的蔬菜和水果为主，在大强度训练期间还应以片剂的形式摄入一定量的维生素C。

维生素E是机体内最主要的生物自由基清除剂之一。维生素E是脂溶性的，它能插入含不饱和脂肪酸的生物膜中，使生物膜自由基还原成非自由基，而自身被氧化，防止不饱和脂肪酸的氧化。富含维生素E的食物有：麦芽、麦胚油、全谷（糙米、全麦、燕麦、玉米等）、深海鱼油等。维生素E的含量随着储存时间、烹饪方法、生长地和收获的方法的不同而变化。在大强度训练期、高原训练期、减重期，运动员补充维生素E胶囊剂可有效弥补饮食中维生素E的不足。

二、类胡萝卜素与番茄红素

类胡萝卜素是脂溶性维生素，为维生素A的前体，在人体内可转变为活性维生素A。类胡萝卜素耐高温、不易被破坏，且可以在体内储存。含有类胡萝卜素丰富的食物是南瓜、胡萝卜、花茎甘蓝、羽衣甘蓝、番茄、莴苣、菠菜和新鲜的热带水果（番木瓜、罗马甜瓜、杧果等）。

番茄红素是近几年国际上新发现的一种强有力的抗氧化剂。番茄红素具有的独特化学结构可消除自由基，尤其是氧自由基，从而预防人体细胞的损伤，同时番茄红素具有修复已损伤的人体细胞的功能。近年来研究结果表明，番茄红素还具有增强人体免疫功能的作用，是一种提高免疫机能效果非常好的天然物质。

三、硫辛酸

硫辛酸（LA）具有很强的清除活性氧自由基的能力，能清除除超氧自由基、过氧化物自由基以外的其他自由基和活性氧；二氢硫辛酸能力更强，能清除除单线态氧以外其他所有自由基和活性氧，LA在生物体内可以转化为还原型的二氢硫辛酸，两者协同作用，几乎能清除所有的自由基和活性氧，如羟基自由基、过氧化氢、次氯酸、单线态氧、过氧化亚硝基、烷基过氧化物自由基等。也可以作为氧化还原反应链中的阻断剂参与抗氧化，如与自由基的中间体反应，使这些活性基团无法从周围的脂质中获取H，阻断氧化过程。

LA和二氢硫辛酸的相互转化能再生（还原）细胞中一些主要抗氧化剂，如维生素E、维生素C、谷胱甘肽、硫氧还原蛋白及泛醌等，从而激活了生物体内其他抗氧化剂的代谢循环，使这些抗氧化剂由氧化型转化为还原型，共同发挥生物抗氧化作用。实验证明，严重缺乏维生素E的裸鼠补充LA后，其维生素E缺乏综合征的症状消失，实验动物体重可以恢复至正常，肌肉营养不良症被解除。二氢硫辛酸将胱氨酸还原为半胱氨酸，细胞对半胱氨酸的吸收速率比对胱氨酸的吸收速率快10倍，因而加快了谷胱甘肽的生物合成，二氢硫辛酸可使谷胱甘肽的浓度增加30%～70%。

四、辅酶Q_{10}

辅酶Q_{10}的主要作用是线粒体参与电子传递及能量转换，与机体能量代谢及自由基的产生有关。辅酶 Q_{10} 的抗氧化作用表现在参与调控线粒体氧化速率和自由基产生的中心环节，补充辅酶 Q_{10} 具有增进线粒体功能，减少线粒体质子漏，减少自由基的生成，具有抗氧化的积极作用，且辅酶 Q_{10} 还可以保证细胞膜的完整性，降低自由基对细胞膜的破坏。对外源性辅酶 Q_{10} 的补充对于提高运动员有氧运动能力具有积极作用，对于提高其他项目运动员的抗氧化能力也具有积极的作用。

五、儿茶酚

儿茶酚又称茶单宁、儿茶素，是茶叶中黄烷醇类物质的总称。儿茶酚是茶多酚中最重要的一种，占茶多酚含量的75%～80%。绿茶（不发酵茶）中儿茶酚类化合物种类较全、含量最高，约占干重的30%～40%。乌龙茶（半发酵茶）和红茶（全发酵茶）加工过程使儿茶酚总量减少约75%。研究表明，儿茶酚具有较强的抗氧化作用，其抗氧化能力来自酚羟基。儿茶酚可增强机体多种抗氧化酶活性，如谷胱甘肽过氧化酶、超氧化物歧化酶等。儿茶酚还可以直接捕捉自由基，降低血浆过氧化物丙二醛的含量，降低8－羟基脱氧鸟苷水平，保护DNA免受氧化损伤。

六、硒

微量元素硒是抑制自由基形成的几种酶的成分，在人体内有重要作用；硒的安全生理需要量为50μg/d，适宜摄入量范围为50～250μg/d，大量补充可致中毒。富含硒的食物有全谷和谷类食物、麦芽、酿制酵母、新鲜的水果和蔬菜、大蒜、洋葱等，但在一些贫硒土壤种植的农作物硒含量可能会很低。因此在一定的时机人体可以选择服用一些含硒的补充制剂。

七、运动益生菌

世界卫生组织将益生菌定义为，一类适量摄入后对宿主有益的活体微生物。当这类微生物被我们摄入定植于肠道后便成为共生菌，与人体建立互利共生的关系，维持肠道菌群的平衡。目前调节肠道菌群的方法主要包括口服益生菌、益生元、合生元以及粪菌移植。益生元是微生物可选择性利用的营养成分，能促进肠道内有益菌的活性或生长繁殖，从而促进宿主健康。合生元是益生菌和益生元的合剂。

大肠的细菌组成在人的一生中不断变化，人与人之间也有不同。根据人类肠道菌群与宿主的关系可将其分为有益菌、双向菌和有害菌。有益菌，也称为益生菌，主要有双歧杆菌、乳杆菌等，一般为专性厌氧菌，是肠道菌群的主体。双向菌一般数量较少，在正常条件下不会危害人体，当益生菌和致病菌之间的正常平衡被破坏，即肠道菌群失调，则具有侵入性。当有害菌在肠道过度繁殖时，菌群失调也会导致各种疾病的发生。多数研究者认为，硬壁菌属和拟杆菌属的比值是肠道菌群失调的标志。

大量的研究表明，特定益生菌对促进运动人群的肠胃健康、运动表现、免疫力和整体情绪状态有很大作用。

1. 维护免疫力

免疫力是人体识别和消灭外来入侵病毒、细菌等异物，吞噬或清除机体内衰老、损伤、死亡、变性细胞，以及识别和处理体内突变细胞和病毒感染细胞的能力，可分为先天免疫力和后天获得性免疫力。对于长期运动，运动强度和免疫反应的关系是一条 J 形曲线，即坚持中等强度训练对维护免疫力的作用最强，高强度训练会削弱人体免疫力（运动员经常进行高强度训练，身体长期处在高应激状态，国内外相关研究结果发现，长期剧烈运动会削弱机体免疫力）。需要指出的是，每次运动后的一段时间内（如 24h 以内），上呼吸道感染风险会显著增加，免疫学称为“开窗期”，即免疫能力下降。在“开窗期”，运动员上呼吸道感染的风险会增加 2～6 倍，如果在这期间接触到某些病原微生物，就容易发生上呼吸道感染，常见的症状有流鼻涕、咽痛、咳嗽、身体酸痛、疲劳和发烧。有报告指出，感染率为 30%～40%，这会严重影响运动训练质量、生活质量，尤其是在气候干燥的季节、运动量较大的冬训期和运动强度较大的赛前训练期。另外，旅途劳累、睡眠质量差、饮食不合理等因素也可以造成人体免疫力下降。

需要强调的是，运动训练后机体如能得到有效的恢复，免疫力是可以恢复的。运动人群普遍认识到，运动后要用含水、电解质、糖、蛋白质、氨基酸及抗氧化剂的营养方案来恢复机体水合状态、填充肌糖原、修复肌肉损伤、清除自由基，其实一直忽视的是对免疫力的恢复，益生菌可以帮助机体恢复免疫机能，防止上呼吸道感染。

王友湘等用瑞士乳杆菌和大肠杆菌对小鼠进行灌胃发现，瑞士乳杆菌促进肠道乳酸菌和双歧杆菌增殖，抑制大肠杆菌和肠球菌等致病菌的生长，降低肠道内大肠杆菌的数量，起到免疫作用。研究发现，瑞士乳杆菌的胞外多糖具有抗氧化性，特别是清除羟基和超氧自由基的能力；此外，还能抑制细菌生临床研究表明，物膜的形成。口服鼠李糖乳杆菌可增强体液免疫反应，对梭状芽孢杆菌和轮状病毒感染导致的腹泻、旅行者腹泻也都有较好的治疗效果，给予鼠李糖乳杆菌治疗的受试者分泌型免疫球蛋白（Ig）M、IgA 和 IgG 含量比安慰剂对照组高。分泌型免疫球蛋白能抑制病原体和有害抗原粘附在黏膜上，阻挡其进入体内，增强了肠黏膜屏障作用。

离体研究表明，对于过敏性疾病，某些益生菌，如植物乳杆菌 L67 可以促进宿主产生白介素－12 和干扰素－γ，因而具有预防过敏性疾病的潜力。动物实验表明，经植物乳杆菌 06CC2 干预后，卵清蛋白致敏小鼠的过敏症状显著缓解，血清中的总 IgE 和卵清白蛋白特异性 IgE 水平显著降低。对于患特应性皮炎而牛奶过敏的婴幼儿，补充鼠李糖乳杆菌使特应性皮炎的反应程度降低、临床病程缩短。这是因为益生菌中的蛋白酶可水解牛奶酪蛋白产生多肽，可抑制健康人淋巴细胞的增殖。这些结果提示，益生菌可下调肠道炎症和有过敏反应的婴儿的食物过敏和过敏性湿疹。

2. 维护胃肠道健康

Meta 分析表明，益生菌对于改善肠易激综合征（irritable bowel syndrome，IBS）具有较大潜力。几乎所有的益生菌产品都含有双歧杆菌和乳酸菌，这可能是因为两者具有协同作用。乔凯蒂（Giochetti）等研发的益生菌制剂可降低结肠炎风险，其中包含 4 株乳杆菌（干酪乳杆菌、植物乳杆菌、嗜酸乳杆菌和比利时乳杆菌）和 3 株双歧杆菌（长双歧杆菌、短双歧杆菌和婴儿双歧杆菌）。将患 IBS 的儿童随机分为三组，给予 5×10^9 CFU 双歧杆菌 B94 和 900mg 菊粉进行治疗，一天 2 次，4 周后可见双歧杆菌、双歧杆菌和菊粉组合对 IBS 的治疗效果较为明显，表现为对腹胀、餐后腹胀、便秘都有显著改善。双歧杆菌和菊粉组合还能显著降低粪便中黏液比例，对腹泻型 IBS 有治疗效果，且该组中 IBS 完全康复的人数比例（39.1%）显著高于菊粉治疗组的人数比例（12.5%）（$p = 0.036$）。

在运动过程中，血液供应主要在肌肉、心脏和肺部，肠道平滑肌可被剥夺高达 80% 的血流量，缺血意味着缺氧以及能量物质，这样会导致肠道蠕动的扰乱以及肠道上皮细胞的损害，肠道通透性升高（肠道出血，铁的流失，炎症的产生），益生菌可以帮助平衡和恢复肠道微生态系统。因为益生菌可以黏附到肠道上皮细胞，防止致病菌的黏附，维护肠道屏障的完整性。鼠李糖乳杆菌 Rosell 0011（下文简称 R11）可以抑制致病菌的生长，同时还可以与致病菌竞争性争夺黏膜位点；可以刺激肠上皮细胞的增殖，增强肠道自身的物理屏障保护功能，还能防止上皮细胞框架受损重排，提高空肠及回肠黏蛋白的表达。R11 的体外研究表明，可以抑制藤黄微球菌、柠檬酸杆菌等致病菌的生长。大幅度降低炎症反应，降低转化因子和肿瘤细胞因子（TGF－β，TNF－α）的产生，降低白细胞介素 IL－8 的产生。此外，R11 的动物实验表明，可以显著降低巴西钩虫感染的大鼠的免疫应答反应，减轻炎症。R11 和 R52 是拉曼集团的明星菌株之一，在肠道、免疫、女性、口腔健康方面具有良好的优势，有大量的研究及终端产品应用案例，R11 用于女性健康的研究多达 600 例受试者。鼠李糖 R11 和 R52 可降低偶发性肠胃不适的严重程度，如腹痛、腹胀、烧心、呕吐、痉挛、腹泻和脱水等，益生菌可以降低剧烈运动对胃肠道造成的损伤。

3. 改善代谢类疾病

抗生素治疗常常会损伤内源性肠道菌群，导致腹泻。在多数情况下，这种腹泻由梭状芽胞杆菌引起，因此也被称为艰难梭菌相关腹泻（CDAD）。临床研究表明，益生菌（主要是鼠李糖乳杆菌和布拉迪酵母）在防治 CDAD 复发方面有效。如果持续使用抗生素或者存在相关的并发症，建议服用益生菌来预防与抗生素相关的腹泻发生，欧洲小儿胃肠营养学会推荐服用鼠李糖乳杆菌和布拉迪酵母。尽管使用抗生素会使益生菌在肠道的存活率降低，但研究表明鼠李糖乳杆菌对许多常用抗生素具有耐药性，包括美洛哌啶、厄他培南、头孢西丁、头孢替坦、头孢哌酮、头孢曲辛、巴克特里姆和甲硝唑。长双歧杆菌 BB536 可明显促进住院老年人的肠道蠕动。

双歧杆菌和乳杆菌还能有效控制高血压、肥胖和高血脂等代谢疾病。大量研究表明，肥胖受试者肠道中的双歧杆菌数量低于正常体重受试者，而正常体重孩子的粪便中双歧杆菌数量增加了两倍。肾素－血管紧张素系统（RAS）在血压调节和钠代谢过程中发挥重要作用，双歧杆菌和乳杆菌中可通过产生血管紧张素转换酶（ACE）抑制肽、短链脂肪酸、共轭亚油酸和 γ－氨基丁酸等调控 RAS 系统，从而起到降血压作用。例如，瑞士乳杆菌可通过水解乳酪蛋白释放大量的肽，如通过服用抗高血压肽 Val－Pro－Pro（VPP）、Ile－Pro－Pro（IPP）和 ACE 抑制肽来降血压。动物实验表明，鼠李糖乳杆菌在降低高脂饮食仓鼠血清总胆固醇、甘油三酯含量、升高血清高密度脂蛋白胆固醇含量作用最强。在降血糖方面，鼠李糖乳杆菌和双歧杆菌在控制妊娠血糖波动、提高胰岛素敏感性和降低老年人血糖方面均有良好的效果。随着肥胖、胰岛素抵抗和高脂血症的流行，非酒精性脂肪肝炎（non-alcoholic steatohepatitis，NASH）的患病率也在增加。肠道菌群可能通过增加乙醇的产生，或通过直接激活管腔上皮细胞、肝巨噬细胞中的细胞因子，或通过释放脂多糖（LPS）来促进 NASH 的发生。改变饮食结构和增加锻炼能调节肠道菌群，与仅仅调整生活方式相比，在此基础上补充长双歧杆菌和低聚果糖能显著降低肿瘤坏死因子（TNF－α）、C 反应蛋白（CRP）、血清天冬氨酸转氨酶（AST）、胰岛素抵抗指数、血清内毒素和非酒精性脂肪性肝活动指数。益生菌治疗 NASH 没有不良反应的报告，其耐受性好，适合长期使用。

4. 改善睡眠

山村（Yamamura）等的研究表明，即使是短期（3 周）饮用瑞士乳杆菌发酵乳也能对健康老年人的睡眠质量产生积极影响，该研究者认为，这可能是因为瑞士乳杆菌发酵乳中含有可起到降血压作用的 ACE 抑制肽，而 ACE 抑制剂（如卡托普利）作为抗抑郁的精神药物，可提升睡眠质量。

5. 调节神经及改善情绪

内脏痛和下丘脑－垂体－肾上腺轴（HPA）调节障碍是 IBS 患者的共同特征。小鼠实验中，益生菌组合配方（瑞士乳杆菌 R0052 和长双歧杆菌 R0175）可调节糖皮质激素在 HPA 轴上的负反馈，防止慢性应激介导的脑功能异常，比单一益生菌治疗效果更明显。主要表现为降低慢性应激性内脏超敏反应，减轻应激性内脏痛。并且，糖皮质激素受体 mRNA 的表达在几个脑区持续上调。长期的压力应激会减弱糖皮质激素的负反馈，破坏糖皮质激素受体在大脑相关区域的表达，引起慢性腹痛。瑞士乳杆菌的抗炎症特性可能是由于它能够减少病原体对上皮细胞的黏附。而长双歧杆菌通过降低小鼠的焦虑感，增强了其对认知的积极影响。每种益生菌在外周和中枢神经系统的特异性作用表明，这两种益生菌的组合对中枢神经系统功能有积极的影响。益生菌组合配方（瑞士乳杆菌 R0052 和鼠李糖乳杆菌 R0011）肠道菌群影响记忆形成，感染病原体的小鼠暴露在急性应激状态下会出现记忆功能障碍，证实了脑肠轴假说。

益生菌组合配方（瑞士乳杆菌 R0052、植物乳杆菌 R1012 和长双歧杆菌 R0175）可改善慢性轻度应激（chronic mild stress，CMS）小鼠的抑郁表现。CMS 小鼠与非应激小鼠相比，肠道菌群显著变化，其特征是菌群高度多样化且乳杆菌种类显著减少。益生菌治疗 4 周减轻 CMS 诱导的焦虑和抑郁样行为，显著增加乳酸菌丰度。益生菌还逆转了 CMS 诱导的海马区免疫变化：促炎细胞因子 TNF－α 和 INF－γ 水平显著降低；IDO1 蛋白水平显著降低（IDO1 活性的增加与抑郁评分的严重程度呈正相关）。这提示乳杆菌的抗抑郁样活性可能通过肠道菌群—炎症—脑轴起作用。心肌梗死大鼠模型伴随抑郁症状，在强迫游泳和被动回避降低测试中表现出行为缺陷、社交互动较少。瑞士乳杆菌 R0052 和长双歧杆菌 R0175 组合配方可减轻心肌梗死大鼠的抑郁症状，恢复其肠道屏障的完整性。临床研究也表明该配方对心理健康有益，服用益生菌组的受试者在 HSCL－90 症状自评表的抑郁、敌对和总症状评分方面、HADS 医院焦虑抑郁量表的总评分、焦虑评分都较安慰剂对照组低

($p<0.05$)，尿游离皮质醇水平也较对照组低 ($p<0.05$)。

由于促炎细胞因子可改变色氨酸代谢，增加犬尿氨酸的水平，而犬尿氨酸可诱导焦虑样行为。因此，炎症与情绪改变有关。动物研究显示，急性和慢性胃肠道感染和炎症均可导致宿主行为和中枢神经系统生化反应的改变，而长双歧杆菌 NCC3001 使感染性结肠炎小鼠的焦虑样行为恢复正常。贝西克（Bercik）等利用化学结肠炎模型阐明益生菌影响脑肠轴的机制，其研究表明焦虑样行为是由迷走神经介导的，长双歧杆菌降低肠神经元的兴奋性，可能通过激活肠神经系统水平上的迷走神经通路向中枢神经系统发出信号。人体研究也发现，长双歧杆菌 NCC3001 可减轻 IBS 伴随的抑郁症状，改善患者的生活质量，降低大脑杏仁体和前缘区对负面情绪刺激的反应。但在粪便菌群、血清炎症标志物（CRP、TNF-α）、神经营养样子和神经递质水平方面，和对照组无显著差异。提示长双歧杆菌 NCC3001 可能是通过调节宿主儿茶酚胺的产生，从而达到治疗的效果。

第五节　促进恢复类

促进恢复类运动营养品与前文提及的蛋白质及氨基酸类、抗氧化及维护免疫力类有重合内容，本节主要介绍除此之外的促进恢复类营养品。

一、蒺藜皂甙

睾酮是雄性激素，在人体内具有广泛的生理学作用，尤其是与运动能力有关，主要表现在强烈的促合成作用和促进促红细胞生成素（EPO）的分泌进而有利于血红蛋白的合成。睾酮在体内的分泌主要受到下丘脑—垂体—性腺轴的调节，长期的大负荷运动训练易造成运动员的睾酮降低，从而导致运动员身体机能降低和恢复能力下降。因此对于长期从事大负荷运动训练的运动员来说，保持和提高睾酮水平至关重要。

蒺藜皂甙是刺蒺藜的主要有效成分。补充蒺藜皂甙可能是通过缓解和改善由于运动训练造成的下丘脑—垂体—性腺轴的功能降低，提高了机体睾酮的合成能力，同时降低睾酮的降解速率，从而提高睾酮水平。

二、红景天

有许多研究探索了红景天对机体的有益作用，如可以帮助保护心血管、抗氧化、生理调节和应激保护、调节中枢神经系统、促进认知功能、抗疲劳、抗抑郁和焦虑、调节内分泌功能、延长寿命。

红景天当中的活性物质是红景天甙和红景天芬，属于酚类物质，具有极强的抗氧化性。此外，一些研究表明它能够刺激内啡肽的分泌，因而具有抗疲劳、提高运动能力的作用。德博克（DeBock）等让24名受试者运动前1h分别服用200mg红景天提取物（含有3%红景天芬，1%红景天甙）和安慰剂，然后进行递增负荷蹬车至疲劳，进行力量、速度、反应时间和保持注意力等测试发现，运动前1h补充红景天延长了运动至力竭的时间，有氧供能比例上升，无氧供能比例下降，肺通气量也有所上升。这说明受试者服用200mg提取物后有氧耐力得到提高。另一个实验是分别让高水平冬季两项运动员运动前1h服用红景天和安慰剂，红景天组手臂颤抖发生率低，动作协调性好；此外运动时平均心率为正常状态下的104%，而安慰剂组要高达129%。

此外，红景天提取物可改善情绪、缓解疲劳。在一些双盲随机分组的临床试验表明，口服红景天提取物2~6周，每天摄取量为288~680mg，在给予一定压力的情况下能够促进情绪改善，提高认知能力及注意力，缓解疲劳，口服红景天提取物1~2h后可出现剂量反应。红景天主要从两方面来发生作用：一是刺激神经递质，如肾上腺素、多巴胺、5-羟色胺和胆碱对中枢神经系统的调节作用；二是增强了这些神经递质通过血脑屏障的渗透性。

红景天具有非常高的安全性。在小鼠毒性试验中，红景天LD50为28.6ml/kg，相当于3360mg/kg，相当于一名70kg体重男性进食235g的红景天。而实际临床上推荐用量通常为200~600mg/d，因此具有非常高的安全性。尚未发现红景天提取物与其他补充剂成分发生反应，因此可以添加到其他补充剂中共同服用，红景天的最佳吸收时间为空腹或饭前30min。

三、人　参

人参为五加科多年生草本植物，人参的主要化学成分包括人参皂甙、人参多糖和多种活性肽等，其中人参皂甙是人参最重要的活性成分。

人参被广泛用以缓解中枢疲劳、促进有氧训练、力量训练、心理机敏性和免疫恢复。中枢疲劳的产生与5-羟色胺、多巴胺、乙酰胆碱、氨、一氧化氮及神经细胞的衰亡有关。人参皂甙可以通过作用于一氧化氮、乙酰胆碱、氨基酸代谢，达到保护中枢神经系统及抗中枢疲劳的作用。人参皂甙可以通过增加乙酰胆碱转移酶活性，抑制乙酰胆碱酯酶活性，使脑内乙酰胆碱合成、含量增加，从而缓解大鼠中枢疲劳状态，人参皂甙对机体有氧运动耐力具有一定程度的影响。人参皂甙能够通过增加乳酸脱氢酶（LDH）活性加速乳酸清除，从而减少乳酸的堆积，促进疲劳的恢复。

人参皂甙单体对减缓运动性骨骼肌疲劳、促进体能恢复、增强机体有氧耐力和对抗运动性中枢疲劳均有显著的效果，因此认为人参皂甙单体具有较好的抗疲劳作用。

四、玛　咖

玛咖为十字花科独行菜属植物，原产于海拔3500~4500m的南美安第斯山区，现在主要分布在秘鲁的中部和东南部城市。我国2002年引入了玛咖保健食品，但自主研发的该类产品仅针对抗疲劳这一功效。

1999年缪拉（Miura）等发表了玛咖对抗低血糖作用的研究，研究表明通过喂食玛咖可以对抗血糖降低。玛咖对抗低血糖的作用对运动员抗疲劳和增加耐力具有促进作用。

国内外已对玛咖在增强运动能力和改善运动性低血睾酮方面的效果做出报道。研究者发现，让男性自行车运动员进行为期 14 天的玛咖营养胶囊补充（2000mg/d，每颗 400mg），补充组 40km 自行车计时能力和睾酮水平均高于对照组。

第六节　维生素、矿物质类

一、复合维生素 B

复合维生素 B 包含了水溶性维生素中的 B_1、B_2、B_6、B_{12}、烟酸、叶酸、泛酸、生物素等，这些维生素绝大多数以辅酶或辅基的形式参加各种酶系统，在代谢的很多重要环节，特别是能量代谢环节（如呼吸、羧化、一碳单位转移等）发挥作用，在高强度运动后或大量流失汗液后，人体也会加速消耗或流失这些维生素，运动人群须关注复合维生素 B 的及时补充。

二、旨在增强骨质的维生素 D_3、维生素 K_2 与钙镁的复合物

维生素 D 是矿物质代谢和骨正常钙化所必需的，维生素 D 是保证钙、磷有效吸收的基础，供给充足的维生素 D 可降低机体对钙、磷比的严格要求，保证钙、磷的有效吸收和利用。近年来，许多研究表明，日常中的钙、磷和维生素 D 的缺乏或比例不当是引起骨营养不良的主要原因。

维生素 D 是保证钙、磷有效吸收的基础。维生素 D 缺乏时，机体对钙、磷吸收减少，血清钙、磷降低，在成骨细胞合成骨基质和胶原纤维时不能进行钙化。骨骺端出现膨大和变宽的骨样组织，骨结构变软不能支持体重而发生畸形。幼儿在生长时期及成人缺乏维生素 D，钙、磷吸收障碍可分别发生佝偻病和骨软化症。所以维生素 D 最主要的生理功能是在钙、磷吸收过程中具有决定性的调节作用，其主要的靶器官是肾脏、小肠和骨骼。

人体骨健康涉及复杂的多因素骨代谢过程，维生素 K 独有的促进骨形成及骨矿化、抑制骨吸收的复合调节作用，与上述各类一线临床用药联合使用具有显著的协同增效作用。

日本进行了大量的维生素 K 促进骨健康的研究。亚临床维生素 K 缺乏在老年人群，特别是骨质疏松症患者中尤其普遍，维生素 K 缺乏是骨质疏松及骨折的独立危险因素。维生素 K，对人体骨钙流失具有显著的抑制作用。破骨细胞是造成骨吸收的唯一细胞，维生素 K，可诱导破骨细胞凋亡，但对骨基质细胞无影响。同时维生素 K 通过抑制溶体酶 mRNA 防止溶体酶降解骨基质。

钙是骨矿化的底物，各种无机及有机钙剂是骨钙素在维生素 K 作用下形成的 γ－羧化

骨钙素的捕捉对象，人体钙摄入不足，维生素 K 的骨矿化作用将受到限制，钙与维生素 K，具有协同的增效作用。保证骨骼与心脑血管健康的钙代谢的关键因子是维生素 K，足量的维生素 K 能够抑制并逆转非正常组织钙化。

三、电解质钠与钾

维持高体能表现相关的关键因素是维持运动中的体液平衡。尽管如此，在训练和比赛中，大多数运动员仍会出现脱水（导致血容量下降），从而导致运动能力下降。研究表明，即便能补充液体，运动员也可能存在一定程度的脱水，从而不可避免地对成绩产生负面影响。运动中产生的大量热量必须通过汗液的蒸发散发出去，因此运动者除了寻求维持水合状态的策略，没有其他能够维持运动能力备选方案。如果不能维持水合状态，运动者会提前出现疲劳，还可能发生威胁生命的中暑。

血液、汗液、细胞液中含有电解质，其中以钠、钾、钙、镁、氯化物、碳酸氢盐、磷酸盐、硫酸盐为主，汗液中电解质的浓度与血浆和细胞内液的电解质浓度不同，伴随着剧烈的体育运动，可能会出现电解质不平衡的情况。每丢失 1L 含有 50mmol/L 钠的汗液等于丢失近 3g 的氯化钠。运动员每小时丢失 2.5L 汗液，这样 2h 会丢失约 15g 氯化钠，超过了氯化钠每日的正常摄入量 6g。

在以上丢失体液的情况下，要适当地关注电解质饮料或者电解质胶丸的摄入，增加体内的水分储存从而保持更好的水合状态。

四、钙镁片

运动训练和比赛需要很好的灵敏素质、反应速度、心脏泵血能力和肌肉力量。这些运动能力的提高都与钙离子存在有十分重要的关系。而训练和比赛中的钙离子丢失非常大，导致血钙浓度下降。因此高钙摄入对运动能力的保持和提高有积极意义。许多研究发现，自一定运动强度开始起，血钙浓度上升持续到运动终止。运动停止后，血钙逐渐下降至低于安静值再恢复。运动停止后 24h，组织间质钙上升，肌浆钙、线粒体钙也上升，三个环境中的钙在一段时间同时上升，说明动员的钙量很大。另外运动时的排汗使钙流失增多，运动促进骨骼增长和钙代谢增强，都会使钙的需求增加。肌细胞内钙不仅是其兴奋与收缩耦联因子，也是增强肌纤维收缩速率及输出功率的关键环节，当肌细胞游离钙浓度下降时，肌球蛋白 ATP 酶活性下降，肌肉收缩力下降，导致疲劳出现。研究发现，极量运动可使小鼠骨骼肌中钙和镁元素含量明显下降。研究发现，缺钙动物在剧烈运动后，易造成体内钙稳态的失衡，不利于运动后恢复，适宜的高钙摄入对运动小鼠的运动能力提高、运动后内环境稳态的恢复和亚细胞结构与功能的保护，都具有明显促进作用。

（一）运动与镁

持续训练会引起肌肉痉挛现象，检验发现血清镁水平低下，为 0.65mmol/L，正常范围为0.8～1.2mmol/L。经过一段时间的补镁（500mg/d），解决了肌肉痉挛的问题。在血液循环中，镁的分配情况受运动强度的影响，依靠无氧供能越多，镁从血浆转移到红细胞越多。另外，尿液中镁的排泄在运动当天比不运动的一天增加21%。镁的另一条丢失途径是运动出汗和细胞表皮的脱落。运动对血浆镁的影响主要取决于运动持续时间，10～40min体育活动使血浆镁显著升高，而进行较长时间活动使其明显下降。镁是Na-K-ATP酶的激活剂，保证钠泵功能，使钾进入细胞内。长时间剧烈运动导致保钾机制紊乱。镁在热环境下丢失较多，使运动能力低下，发生中暑等。

（二）补镁与运动能力

补镁可提高肌肉代谢和工作效率。但对体内镁含量正常的运动员补镁不能促进运动能力的进一步提高和发展，或者说补镁对运动能力的提高没有单独的作用。尿液中镁的丢失不随补镁和运动而改变。补镁还要注意吸收，如30g和90g蛋白质相比，增加蛋白质的摄入量可促进镁的吸收。每日超过500mg的补镁量易引起腹泻等不适反应，还会增加体内磷酸盐的丢失。

综上，运动营养师需要评价膳食是否能够满足运动时对钙镁的需求，在不同强度和环境中运动人群要合理地安排钙镁营养补充品达到合理的需求。

五、铁 剂

铁在血液运输氧和维持骨骼肌生理功能方面起着重要作用，铁会影响机体的某些代谢过程，包括线粒体的电子传递、骨骼肌的有氧氧化能力、神经递质的合成及蛋白的合成等。适度运动增加血清中的铁储存，满足运动时机体对铁的需求，而过度运动使铁存量减少，可能会影响运动时对铁的需求。中长期训练或者耐力训练会导致体内铁含量降低，在长跑运动员中，估计每天铁丢失的量，男性为1.5～1.7mg/d，女性为2.2～2.3mg/d。为了满足长跑运动员铁丢失后补充的需求，推荐男性摄入铁量为17.5mg/d，在正常新陈代谢下的女性大约为23mg/d。

对于血清铁蛋白已经出现低下的运动员，尼尔森（Nielsen）等提出，有充足的数据支持用治疗剂量的铁补充剂给低血清铁蛋白的运动员作为补充。为了填满铁储备的耗竭，需要进行长于3个月、剂量为铁元素100mg/d（可吸收的热量）补充。虽然在血清铁蛋白水平达到多少时（从12μg/L到35μg/L）开始使用补充剂仍然存在争议，但是在严重的个案中可以使用剂量为300mg/d的铁补充量，这一剂量是高于正常生理水平的。欣顿（Hinton，2007）对血清铁蛋白偏低、血红蛋白正常的运动员（血清铁蛋白<16μg/L，血红蛋白>130g/L，男子）进行铁制剂干预（30mg/d硫酸亚铁，时间为6周）后，血清铁蛋白含量显著升高，血红蛋白和红细胞比容没有显著变化。鲍威尔（Powell，1991）研究表明，进行两星期高剂量（650mg硫酸亚铁，130mg铁）铁制剂干预，对血清铁蛋白偏低、血红蛋白正常的竞技运动员没有显著的作用。在大多数情况下，当个体运动员中血清铁蛋白或血清转铁蛋白受体的测量值回到正常水平时减少使用铁补充剂，而饮食治疗仍需持续，习惯性地摄入富含铁生物利用率高的食物在接下来的康复中是有决定性作用的。

在运动营养品中传统的铁补充剂最常见的为硫酸亚铁，但传统的铁补充剂对胃肠的刺激性大，容易造成胃肠道的不适。新型的铁补充剂主要有甘氨酸亚铁、血红素铁。甘氨酸亚铁是一种螯合物，与其他补铁强化剂相比较具有适口性好、副作用小、吸收率高的特点，容易被人体吸收，是一种理想的铁营养强化剂。补充甘氨酸亚铁可使贫血大鼠的血红蛋白水平显著升高，补充甘氨酸亚铁组的脾脏铁含量和总铁含量均显著高于低铁对照组，并且与相同剂量的乳酸亚铁相比没有显著差异。国内外有不少研究发现，氨基酸微量元素螯合物作为饲料添加剂，在动物饲养中显著提高了微量元素在小肠内的吸收，提高其生物学效价，如芬格（Feng）研究了24只断奶仔猪在补充甘氨酸铁后的铁水平，在摄入甘氨酸铁40天后发现心脏（$p<0.05$）、肝脏（$p<0.05$）、肾脏（$p<0.05$）、脾脏（$p<0.05$）和排泄物（$p<0.01$）中铁浓度显著上升。

血红素铁是一种生物态铁，可以直接被肠黏膜细胞吸收，不会产生任何消化道刺激症状，生物利用效率高（吸收率达15%～25%），血红素铁有良好的促进骨髓造血和治疗动物溶血性和失血性贫血的作用。一项对山东省田径队中低血红蛋白运动员进行的氯化血红素铁剂补充的实验研究，连续五周每天给予实验组32mg，实验前后血红蛋白有显著差异，平均提高了15.7g/L，补充氯化血红素铁剂对增加运动员铁储备、改善铁缺乏有明显的促进作用，在大强度赛前训练阶段持续给予氯化血红素铁的补充，不能提高血红蛋白含量，但能够使血红蛋白在正常范围且保持稳定，使运动员保持较好的机能状态。

六、锌

锌作为人体必需微量元素，广泛分布在人体所有组织和器官中，成人体内锌含量为2.0～2.5g，正常人体锌约60%存在于肌肉中，30%存在于骨骼中，其余存在于肝、肾、视网膜、前列腺等部位。血液中75%~85%的锌分布在红细胞，3%~5%分布于白细胞，其余在血浆中。锌对生长发育、免疫功能、物质代谢和生殖功能均有重要作用。

研究表明，锌有降低脂质过氧化作用，能改善黏膜上皮的营养代谢和抵抗力，稳定并保护细胞膜。

锌影响口腔上皮黏膜细胞功能。味觉素是一种与味觉有关的蛋白质，具有营养和促进味蕾增长的作用。唾液中的味觉素分子中含有一个锌离子（Zn^{2+}）。锌离子是其活性中心的关键成分，参与味蕾细胞的分化和味觉信号传导。体内缺锌时便会出现味觉异常而出现“异食癖”，同时缺锌时唾液中的磷酸酶含量减少，味蕾功能减退。同时锌对口腔黏膜上皮细胞的结构与代谢是一个重要的营养因素。缺锌易造成黏膜增生、角化不全、阻塞味蕾小孔等，从而影响味觉。

第七节　保护关节类

一、氨基葡萄糖

氨基葡萄糖又称葡萄糖胺或葡糖胺，是葡萄糖的 1 个羟基被氨基取代后的化合物。氨基葡萄糖是自然界含量最丰富的单糖之一，主要存在于甲壳类动物外骨中。

（一）生理功能

氨基葡萄糖具有促进软骨代谢、再生和抗炎作用。由于氨基葡萄糖是葡糖胺多糖的前体，葡糖胺多糖是关节软骨的主要成分，因此补充的氨基葡萄糖可以帮助重建软骨和辅助治疗骨关节炎。众多研究证明氨基葡萄糖对关节炎症有症状缓解活性，并能减缓膝关节炎患者的关节退变。

外源性摄入氨基葡萄糖，使关节内氨基葡萄糖含量恢复平衡状态，刺激软骨细胞合成蛋白多糖和胶原纤维，生成软骨基质，修复破损软骨，使关节软骨自身修复能力提高，通过氨基葡萄糖修复关节软骨、催生关节滑液、对骨质增生性关节炎有一定作用。氨基葡萄糖硫酸盐具有抗炎活性。

（二）安全性研究

在持续 4 周至 3 年的众多临床试验中，口服一定量的氨基葡萄糖，未见毒性反应。当每周 2 次持续 6 周肌内注射氨基葡萄糖时，受试者可以较好耐受。局部应用氨基葡萄糖硫酸盐配合硫酸软骨素、鲨鱼软骨素和莰酮持续 8 周，也未见毒性反应。有人认为过多地摄取氨基葡萄糖可能会影响体内正常的氨基酸及糖的生成物合成，但是目前的研究还没有表明存在这样的影响，共计 18 项直接或间接研究报告，每日摄入 1500mg 氨基葡萄糖盐基本上对人体空腹血糖水平无影响。在较瘦和肥胖被试者中进行的其他研究可以得出结论，标准剂量的口服氨基葡萄糖不会引起或显著恶化胰岛素耐受性或内皮机能障碍。服用氨基葡萄糖持续 3 年未显著增加血糖或脂肪水平或引起其他代谢紊乱。

于经常运动人群，软骨的使用频率、强度都高于普通人，适当补充氨基葡萄糖可预防软骨磨损。

二、硫酸软骨素

硫酸软骨素（chondroitin sulfate，CS）是一种存在于人和动物结缔组织中的酸性粘多糖，主要分布在软骨、骨、肌腱、肌膜和血管壁中，通常通过酶解从动物骨骼中提取。硫酸软骨素有免疫抑制的作用，调节血脂和抗动脉粥样硬化作用，抗凝作用，神经元保护和修复作用，抗关节炎作用等。目前主要在保健食品和药品中使用。硫酸软骨素摄入量达到1000mg/d被认为是最佳的有效补充剂量。在我国可以作为保健食品原料，美国批准为膳食补充剂。

三、透明质酸

透明质酸（hyaluronic acid，HA）是构成关节软骨和滑液的主要成分，在疾病发展阶段，膝关节滑液的黏弹性和分子量的改变是导致关节功能障碍及疼痛的主要原因。透明质酸是一种由N-乙酰氨基葡萄糖和葡萄糖醛酸重复序列组成的高分子量粘多糖，由B型滑膜细胞和滑膜成纤维细胞产生并分泌到关节。

透明质酸具有润滑、减震、保护软骨、抗炎、镇痛、促进蛋白多糖和糖胺聚糖合成的作用，但支持这些作用的研究资料都来源于关节内透明质酸注射途径，因此口服透明质酸效果有待于进一步研究。近年的研究结果认为，透明质酸的使用是安全的，应用于药品和保健食品领域，我国批准保健食品透明质酸用量每天<200mg。

实践要点1：人群差异与运动营养品效果

运动员或者健身爱好者广泛使用着各种不同类型和品牌的补充剂产品。他们想通过摄入特殊营养品来达到快速提升效果的目的，但使用补充剂也同时存在着利与弊。运动员或健身爱好者在决定使用补充剂前应当考虑几个问题，包括产品的安全性、有效性和合法性等。

运动补充品对于运动表现确实有益处。一些产品通过直接增强运动能力来产生效果；另外一些产品则通过达到运动员的营养目标，作为一种间接的结果，使运动员实现最佳的健康、恢复和运动表现。在一些情况下，使用补充剂和运动食品的益处是众所周知和容易被证实的。例如，很多研究结果支持在运动中摄入运动饮料以提供糖和液体的益处。即使使用补充剂所带来的间接营养效益或当下的强力作用不大，但在竞技体育中也有价值。当然，运动员需要意识到，为了达到有益的结果，产品的使用与产品本身同样重要。因此，针对使用补充剂和运动食品的特定条件和策略开展教育，与产品的配方同样重要。

优点：安慰剂效应

即使运动食品没有产生真正的生理或者强力效应，但运动员也可能因为心理促进或安慰剂效应而改善运动表现。安慰剂效应表现了某一个个体仅仅因为相信自己接受了有益的治疗而得到的有利的结果。在临床上，安慰剂经常是通过一种无害但无效的物质或治疗方式给予，以满足患者接受“治疗”的象征性需求。在体育运动环境中，假如运动员曾获得关于一种新补充剂的煽动性营销资料，或者听到其他使用过该产品的运动员的热情推荐，那么此人则更有可能也报告自己有阳性的该补充剂使用效果。

缺点1：费用增加

补充剂使用的一个显而易见的问题是费用增加，在极端的情况下可能等于甚至超过运动员每周食物的经费预算。这种极端情况包括许多项调查中发现少数运动员“重复过量”使用补充剂。在长长的产品清单中常常出现产品成分和功能声称的重叠。例如，澳大利亚400m跑运动员凯茜·弗里曼（Cahty Freeman）在最高法院的一个案件中状告她的前任经理，在她提交的一份文件中，显示她在2000年悉尼奥运会获得金牌前4个月中，在健康食品商店一共花费了3480澳元用于购买补充剂。即使只对少数补充剂感兴趣，其费用可能也是很高昂，某些个别产品的费用可能超过每周50澳元，只有这样，才能达到制造商所推荐的剂量或者在科学研究中心发现的具有真正强力效果的剂量。费用对于团队和集体运动项目来说更是一个头疼的问题，因为要满足整个队伍运动员的需求。

当科学证据不足以支持某产品对运动表现具有直接或间接益处的供能声称时，必须慎重考虑费用问题。

缺点2：副作用

由于监管机构认为大多数补充剂是相对安全的，因此在一些国家并没有官方的或者强制性报告程序说明或记录使用这些产品带来的不良作用。但是来自医疗登记机构的信息显示，尽管使用补充剂、草药和传统疗法对公共健康带来的总体风险很小，但也存在一些副作用的案例，如对某些产品的过敏反应、自我用药导致的药物使用过量和污染物引起的毒性作用。在20世纪80年代，使用色氨酸补充剂曾导致死亡和医学问题。含有麻黄的产品有时会引起易感个体死亡，后来成为医学关注的焦点，在2004年被美国食品药品监督管理局禁止使用。最近，包括死亡在内的重大卫生事件与使用含有兴奋剂二甲基丙烯酰胺（dimethylacrylamide）的补充剂有关。而流行的减肥补充剂，如燃脂杀手（hydroxycut）和减脂精英（OxyElite Pro），可能导致严重肝中毒事件。许多研究报告要求对补充剂和草药产品进行更好的监督和管理，并提高对潜在危害的认识。

缺点3：兴奋剂后果

在补充剂中可以发现一些成分被世界反兴奋剂机构和其他体育机构列入禁药名单中。这些成分包括激素原（类固醇相关化合物，如雄烯二酮、脱氢表雄酮和19－去甲雄烯二酮）、刺激剂（如麻黄碱、二甲基丙烯酰胺、西布曲明）和多肽类激素（如生长激素释放肽2）。尽管这些物质中的一部分严禁在澳大利亚等国家销售，但是在美国等其他地方可以作为非处方药来购买。即使运动员采取了预防措施，仍然可能会无意中从补充剂产品中摄入违禁物质。这是因为一些补充剂中含有违禁物质，但没有将它们作为成分公布。这通常是在不严格的制造过程中产品受到污染或标签中不公开这些成分造成的结果。如在一些案例中，已经在补充剂中检测到治疗剂量的类固醇化合物，但当产品使用确实有效的口头证明不断传出时，制造商有意采取商标瞒报策略以积攒产品的人气。

对补充剂的依赖会造成一个更加微妙的后果，就是运动员舍重就轻。出众的运动能力是优良的基因、长期的训练、理想的营养、充足的睡眠和恢复、先进的训练设施和坚定的意志品质等因素的综合产物。这些因素不可能被补充剂所取代，但与许多补充剂和运动食品商标上热情洋溢和煽动人心的功能宣传相比，这些因素往往显得不那么让人关注，甚至过于苛刻。运动员有时候会岔开真正的成功之路，从补充剂和运动食品的瓶瓶袋袋中寻找捷径。大多数运动营养师都很熟悉一些运动员，他们太过依赖运动补充剂，却没能在良好的训练和生活习惯方面去强化有利于提高运动成绩的那些基本素质。

科学实验是检验膳食补充剂和营养补充品对运动表现影响的标准。开展科学试验的科学家应该在尽可能模拟运动表现的情况下测试补充剂的效果，可能还需要另外的研究来阐明这些效果产生的机制，但总体来说，运动科学研究必须能够对现实生活中有关运动的问题给出答案。

运动补充剂和运动食品功效研究中心应考虑的因素还有：

◎受试者的变量。年龄、性别、训练水平、营养状况。

◎测量变量。技术的有效性和可重复性、费用、设备的可用性、主观性和客观性测量指标、可验证试验假设的测定指标。

◎研究设计。短期或长期补充、实验室或者现场、研究者和受试者的“双盲”、交叉或者平行组别设计、安慰剂对照。

◎补充方案。补充的时间和剂量、补充期的持续时间。

实践要点2：为运动减脂人群制订运动营养品补充计划（训练日/非训练日的补充方式）

运动减脂的核心是能量负平衡，摄入的热量小于消耗的热量，减脂具体实施有多种途径，运动可增加消耗、增加基础代谢、减少进食、增加脂肪动员等。

一般情况的减脂以有氧运动为主，在有氧减脂运动中补充剂的选择见表2－4。

表2－4　运动减脂可应用补充剂类型

时期	补充剂种类	补充剂作用
运动前	左旋肉碱 咖啡因 支链氨基酸	增加脂肪动员 增加神经肌肉敏感 预防神经疲劳
运动中	电解质饮料 支链氨基酸 牛磺酸饮料	保持水合状态 预防神经疲劳、抗分解 缓解神经肌肉疲劳
运动后	乳清蛋白粉 谷氨酰胺 抗氧化剂（番茄红素） 运动饮料	修复受损肌肉 预防免疫抑制 恢复水合状态

参考文献

[1] 陈吉棣．运动营养学［M］．北京：北京医科大学出版社，2002.

[2] 田野．运动生理学高级教程［M］．北京：高等教育出版社，2003.

[3] 张爱芳．实用运动生物化学［M］．北京：北京体育大学出版社，2005.

[4] 罗纳德·J. 莫恩．运动营养［M］．杨则宜，译．北京：人民体育出版社，2005.

[5] 冯炜权，冯美云，谢敏豪，等．当前运动生化与营养的几个问题：运动生物化学动态之四［J］．北京体育大学学报，2001，24（1）：64－68.

[6] 曹建民．运动性贫血的研究进展与防止措施［Z］．第三界世界养生大会，2005.

[7] 王启荣，杨则宜．HMβ与运动能力［J］．体育科学，2000，20（6）：47－50.

[8] 博克，迪肯．临床运动营养学［M］．王启荣，译．西安：世界图书出版西安有限公司，2011.

[9] 杨月欣，李宁．营养功能成分应用指南［M］．北京：北京大学医学出版社，2011：18－19.

[10] 麻春雁，张晓青．牛磺酸与运动能力［J］．阴山学刊（自然科学版），2005，19（4）：52－53，55.

[11] 徐锋鹏．肌酸与运动研究进展［J］．湛江师范学院学报，2012（6）：134－141.

[12] 汤林．补充肌酸对运动能力的影响［J］．科技致富向导，2012（29）：85.

[13] 冯瑞．苹果酸代谢和运动能力［J］．当代体育科技，2011（5）：7－8.

[14] 李金兰，蔚兵，梅郁．补充L－苹果酸对竞走运动员做功能力的影响［J］．山东体育学院学报，2009，25（4）：41－43.

[15] 付强，刘源．钙、磷与维生素D对动物骨代谢的影响研究进展［J］．中国比较医学杂志，2006，（8）：58－61.

[16] 方瑞斌，雷泽，刘忠厚．维生素 K_2 与骨健康［J］．中国骨质疏松杂志，2013，19（2）：191－198.

[17] 何静，林华．钙和维生素D，你补对了吗［J］．健康世界，2018（2）：10－12.

[18] 王新欣，刘建华，祝英，等．运动与元素钙、铁、锌、镁、铜的研究［J］．辽宁体育科技，2006（4）：19－21.

[19] 丁伟，康治臣，谢天奇，等．透明质酸对骨性关节炎作用的研究进展［J］．中国实验诊断学，2014，18（3）：512－514.

[20] 杨俊龙，王艳娉，张源，等．透明质酸治疗膝骨关节炎相关机制的研究进展［J］．中国疼痛医学杂志，2017，23（6）：451－454.

[21] 邹志强．维生素 K_2 的研究进展［J］．中国骨质疏松杂志，2005，11（3）：389－392.

[22] 王理明，李巧云．维生素 K_2 与骨质疏松［J］．四川省卫生管理干部学院学报，2007，26（4）：293－295.

[23] 雷泽，付正启，木晓云，等．维生素 K_2：新型骨质疏松防治药物［J］．中国骨质疏松杂志，2010，16（1）：60－63.

[24] 谢湘玉．钙的代谢机理探讨［J］．安庆师范学院学报（自然科学版），1997，3（1）：93.

[25] 张岚，蔡美琴．钙、微量元素与老年痴呆的预防和治疗［J］．中国临床营养杂志，2004，12（2）：149.

[26] 刘波，李萍．极量运动对小鼠骨骼肌八种元素含量的影响［J］．东北师范大学学报（自然科学版），2002，34（2）：111.

[27] 吕丹云，周未艾，王启荣．钙摄入量与运动能力的实验研究［J］．体育科学，1999，19（2）：

63 - 67.

[28] 陈炜林，胡余明，李梓民. 血红素铁改善缺铁性贫血效果观察 [J]. 中国食品卫生杂志，2012，24 (4)：309 - 311.

[29] 王红蓓，孔宪涛，张玲珍，等. 硫酸软骨素 A 对正常人及慢性乙肝患者 NK、ADCC 活性影响的体外实验 [J]. 中国免疫学杂志. 1993，9 (6)：361.

[30] 金艳，崔慧斐，曹吉超. 硫酸软骨素对鸡胚绒毛尿囊膜的血管生成抑制作用 [J]. 中国生化药物杂志，2004，25 (2)：84 - 85.

[31] BURKE L，DESKIN V. 实用运动营养学：第 5 版 [M]. 常翠青，艾华，译. 北京：科学出版社，2019.

[32] 张文栋，杨则宜. 实用体能训练营养学 [M]. 北京：人民体育出版社，2014：241 - 244.

[33] 陈敏雄. 运动饮料对人体运动能力的影响 [J]. 体育研究与教育，2002，17 (4)：64 - 65.

第五篇

运动健身人群配餐方法

运动健身人群的配餐是参照用餐者的运动生理特点和运动营养需求特点，根据各种食物中的营养成分含量设计分量合适且可操作的食谱，保证一日乃至一段时期内提供的营养素数量和比例基本合理，满足运动代谢需求。配餐是运动营养师必须掌握的一项技能，是运动营养方案的最终呈现，是餐饮提供者保证用餐者实现平衡膳食的重要措施。

但配餐绝不是机械的数学计算，还要考虑用餐者的饮食禁忌；在食材选择时兼顾用餐者的饮食习惯和偏好；在分餐时充分考虑不同运动营养时相特点，补充合适的食物。

另外，优秀的运动营养师也要了解中式和西式膳食的烹饪特点，这样才能在用餐者外食时为其更合理地选择食物，也可以让食谱的设计更落地。了解烹饪特点，就可以在实践中对中西方烹饪文化中好的方面加以发扬，对不合适的予以改良或者摒弃，同时避免让大众产生“健康的饮食不好吃，好吃的饮食不健康”的误解，有助于人们建立健康的饮食模式。

第一章　营养食谱制定

运动营养配餐是按照用餐者的运动生理特点和运动营养需求特点，根据食物中各种营养成分的含量，设计成可操作的食谱，保证一日乃至一段时期内提供的营养素数量和比例基本合理，满足运动代谢需求。因此，运动营养配餐是餐饮提供者保证用餐者实现平衡膳食的重要措施。

营养配餐不仅需要考虑食物中的营养素的种类和数量，而且还要满足运动营养代谢需求，使食物有合理的消化吸收，充分利用食物的消化时间匹配运动时间和强度，运动是营养的规划师，只有把握运动营养的最佳摄入种类和时机，才能达到最大效果。同时要保证食物的卫生和口味等，使用餐者吃着舒服，容易坚持。运动营养配餐是运动营养师的必备技能。

第一节　营养食谱编制原则

一、保证营养平衡

膳食均衡主要是指营养素齐全，食物种类丰富，数量和口味兼具，合理地安排膳食能持久地保持人体健康，人体必需的营养素有 40 余种，这些营养素均需要从食物中获得。人类需要的基本食物可分为谷薯类、蔬菜水果类、畜禽鱼蛋奶类、大豆坚果类和油脂类五大类，不同食物中的营养素及有益膳食成分的种类和含量不同。除供 6 月龄内婴儿的母乳外，没有任何一种食物可以满足人体所需的能量及全部营养素。因此，只有多种食物组成的膳食才能满足人体对能量和各种营养素的需要。只有食物多样化，才有可能达到平衡膳食。对于运动人群，运动营养师还要了解不同运动项目对营养素的特殊需求，如长距离项目运动员会相对缺乏铁，对糖的需求很高，在保证膳食均衡的前提下我们还要考虑运动项目的特殊性。

二、照顾饮食习惯

国家之间、国家中的地区之间、不同的家庭之间都有各自的饮食喜好、饮食传统、饮食习惯，我们在尊重膳食均衡基础上，还要考虑就餐者的饮食习惯，注重烹调方式，保留更多营养素，尽力做到色、香、味俱全，刺激味蕾，引起食欲。

三、食物供应品类调查

食物供应的品类是膳食均衡的一大要素，如果一些特殊地区的某些产品供应受限，运动营养师就要提前考虑好替代食物或者是营养补充剂等。例如：在我国的甘肃地区，鱼的供应相对少，我们提前准备鱼油补充剂、牛肉就可以替代其当地缺乏的鱼类食物。

四、考虑经济因素

营养对于大众具有广泛性，普通人的健康状况可以通过膳食改善，运动员的健康状况和运动能力可以通过膳食改善，疾病人群同样也可以通过营养改善健康状况，但是每个人的经济条件有差异，摄入食物受经济因素限制。由于食物具有多样性，运动营养师正是利用食物的多样性进行调整搭配，保证营养素均衡同时不升高经济成本。

五、考虑运动场景和便捷性

对于运动员及其他运动人群来说，户外比赛、长距离运动、赛场等客观条件会限制吃正常的餐食，肠胃消化时间等也会限制吃正常的餐食。我们了解运动项目后，可以针对性地给予更加合理的食物。例如：跑步中饮用的运动饮料，具备便携、容易吸收、补水补能量的特点。越野滑雪食用的能量棒，具备了便携性。防止神经疲劳的氨基酸饮料，具备了其他食物无法比拟的功能和便捷性等。

第二节　营养食谱制定方法

一、计算法

（一）确定用餐对象全日能量供给量

能量是维持生命活动的基本保证。能量不足，人体血糖下降，会感觉疲劳无力，进而影响工作和学习的效率；对于运动员的运动能力，低能量膳食会引起肌肉流失，导致运动能力下降。然而，能量若摄入过多则会在体内储存，使人体发胖，运动人群运动水平下降，也会引起多种疾病。因此，编制食谱首先应该考虑的是保证能从食物中摄入适宜的能量。

用餐者一日三餐的能量供给量可参照 WS/T 578《中国居民膳食营养素参考摄入量》（附录），根据用餐对象的劳动强度、年龄、性别等确定，例如办公室男性职员按轻体力活动计，其能量供给量为 2250kcal；对于运动人群，要参考表 1－1。

表 1－1　各人群热量推荐标准

营养目的		能量推荐标准/kcal·（kg·d）$^{-1}$
维持体重	轻体力活动	20～30
	中体力活动	30～40
	重体力活动	40～50
减重/减脂		20～30
增肌		≥40

集体就餐对象的能量供给量标准可以以就餐人群的基本情况平均数值为依据，包括人员的平均年龄、平均体重，以及 80% 以上就餐人员的活动强度。如就餐人员的 80% 以上为中等体力活动的男性，平均体重为 75kg，则每日所需能量供给量标准为 75kg × 35 kcal/kg = 2625kcal。

能量供给量标准只是提供了一个参考的目标，实际应用中还须参照用餐人员的具体情况加以调整，如根据用餐对象的胖瘦情况制定不同的能量供给量。因此，在编制食谱前应对用餐对象的基本情况有一个全面的了解，应当清楚就餐者的人数、性别、年龄、身体条件、劳动强度、工作性质及饮食习惯等。

（二）计算宏量营养素全日应提供的能量

能量的来源为蛋白质、脂肪和糖，为了维持人体健康，这三种能量营养素占总能量比例应当适宜，一般蛋白质占总体的10%～15%，脂肪占总体的20%～30%，糖占总体的55%～65%，具体可根据本地生活条件，调整上述三类能量营养素占总能量的比例，由此可求得三种能量营养素的一日能量供给量。

例如，已知某人每日能量需要量为2600kcal，若三种产能营养所占总能量的比例取中等值分别为蛋白质占总体的15%、脂肪占总体的25%、糖占总体的60%，则三种能量营养素各应提供的能量如下：

蛋白质应提供的能量＝2600kcal×15%＝390kcal

脂肪应提供的能量＝2600kcal×25%＝650kcal

糖应提供的能量＝2600kcal×60%＝1560kcal

（三）计算三种能量营养素每日需要数量

知道了三种产能营养素的能量供给量，还需将其折算为需要量，即具体的质量，这是确定食物品种和数量的重要依据。由于食物中的产能营养素不可能全部被消化吸收，且消化率也各不相同，消化吸收后，在体内也不一定完全彻底被氧化分解产生能量。因此，食物中产能营养素产生能量的多少按如下关系换算：即1g糖产生的能量为4.0kcal，1g脂肪产生的能量为9.0kcal，1g蛋白质产生的能量为4.0kcal。根据三大产能营养素的能量供给量及其能量折算系数，可求出全日蛋白质、脂肪、糖的需要量。

根据上一步的计算结果，可算出三种能量营养素全日需要量如下：

蛋白质全日需要量＝390kcal÷4kcal/g＝97.5g

脂肪全日需要量＝650kcal÷9kcal/g＝72.2g

糖全日需要量＝1560kcal÷4kcal/g＝390g

（四）计算三种能量营养素每餐需要量

知道了三种能量营养素全日需要量后，接下来需要把每日营养素分配成各餐营养素，分配方法取决多种因素，例如：训练和比赛安排、个人食量、工作情况等，因此餐次的数量和比例要根据具体个人情况调整。一般非训练日三餐能量的适宜分配比例为：早餐占总体的30%，午餐占总体的40%，晚餐占总体的30%，如因个人食量、特殊时期（比如孕期）及其肠胃适应性等原因，可以调整为4餐以上，比例根据个人情况调整。训练日或比赛日，应当根据训练需求安排餐次。具体来说，先把训练中、训练后合成期（训练结束后45min内）、训练后快速生长期（训练后4h内），这三个时间段所需的营养素分配完成，剩余的营养素根据作息规律平均分配在未来的16～20h。如果上午训练，可以分配下午加餐、晚餐、睡前加餐和次日早餐。如果中午或下午训练，可以分配一次晚餐、睡前加餐和次日早餐。

如根据上一步的计算结果，按照30%、40%、30%的三餐供能比例，其早、中、晚三餐各需要摄入的三种能量营养素质量如下：

早餐：

蛋白质质量97.5g×30% =29.3g

脂肪质量72.2g×30% =21.7g

糖质量390g× 30% =117g

中餐：

蛋白质质量97.5g×40% =39g

脂肪质量72.2g× 40% =28.9g

糖质量390g× 40% =156g

晚餐：

蛋白质质量97.5g× 30% = 29.3g

脂肪质量72.2g×30% =21.7g

糖质量390g× 30% =117g

（五） 主副食品种和数量的确定

已知三种能量营养素的需要量，根据食物成分表，就可以确定主食和副食的品种和数量了。

1. 主食品种、数量的确定

由于粮谷类是糖的主要来源，因此主食的品种、数量主要根据各类主食原料中糖的含量确定。

主食的品种主要根据用餐者的饮食习惯来确定，北方习惯以面食为主，南方则以大米居多。根据上一步的计算，早餐中应含有糖117g，若以小米粥和馒头为主食，并分别提供20%和80%的糖。查食物成分表得知，每100g小米粥含糖8.4g，每100g馒头含糖47g，则：

所需小米粥质量 =117g×20% ÷ （8.4/100） =278.6g

所需馒头质量 =117g×80% ÷ （47/100） =199.1g

2. 副食品种、数量的确定

根据三种产能营养素的需要量，首先确定了主食的品种和数量，接下来就需要考虑蛋白质的食物来源了。蛋白质广泛存在于动植物性食物中，除了谷类食物能提供的蛋白质，各类动物性食物和豆制品是优质蛋白质的主要来源。因此副食品种和数量的确定应在确定主食用量的基础上，依据副食应提供的蛋白质质量确定。

计算步骤如下：

第一步，计算主食中含有的蛋白质质量。

第二步，用应摄入的蛋白质质量减去主食中蛋白质质量，即为副食应提供的蛋白质质量。

第三步，设定副食中蛋白质的2/3由动物性食物供给，1/3由豆制品供给，据此可求出各自的蛋白质供给量。

第四步，查表并计算各类动物性食物及豆制品的供给量。

第五步，设计蔬菜的品种和数量。

仍以上一步的计算结果为例，已知该用餐者早餐应含蛋白质 29.3g、糖 117g。假设以馒头（富强粉）、米饭（大米）为主食，并分别提供 50% 的糖，每 100g 馒头和米饭含糖分别为 47g 和 26g，按上一步的方法，可算得馒头和米饭所需质量分别为 124.5g 和 225g。

100g 馒头含蛋白质 7g，100g 米饭含蛋白质 2.6g，则：

主食中蛋白质含量 = 124.5g ×（7/100）+ 225g ×（2.6/100）= 14.6g

副食中蛋白质含量 = 29.3g − 14.6g = 14.7g

设定副食中蛋白质的 2/3 应由动物性食物供给，1/3 应由豆制品供给，则：

动物性食物应含蛋白质质量 = 14.7g × 66.7% = 9.8g

豆制品应含蛋白质质量 = 14.7g × 33.3% = 4.9g

若选择的动物性食物和豆制品分别为猪肉（脊背）和豆腐干（熏），由食物成分表可知，每 100g 猪肉（脊背）中蛋白质含量为 20.2g，每 100g 豆腐干（熏）的蛋白质含量为 15.8g，则：

猪肉（脊背）质量 = 9.8g ÷（20.2/100）= 49g

豆腐干（熏）质量 = 4.9g ÷（15.8/100）= 31g

确定了动物性食物和豆制品的质量，就可以保证蛋白质的摄入。最后是选择蔬菜的品种和数量。蔬菜的品种和数量可根据不同季节市场的蔬菜供应情况，以及考虑与动物性食物和豆制品配菜的需要来确定。

3. 确定纯能量食物油脂的量

以植物油作为纯能量食物油脂的来源。由食物成分表可知每日摄入各类食物提供的脂肪含量，将需要的脂肪总含量减去食物提供的脂肪含量即为每日植物油供应量。

4. 食谱的评价与调整

根据以上步骤设计出营养食谱后，还应该对食谱进行评价，确定编制的食谱是否科学合理。应参照食物成分表初步核算该食谱提供的能量和各种营养素的含量，与 WS/T 578《中国居民膳食营养素参考摄入量》进行比较，相差在 10% 上下，可认为合乎要求，否则要增减或更换食品的种类或数量。值得注意的是，制定食谱时，不必严格要求每份营养餐食谱的能量和各类营养素均与 WS/T 578《中国居民膳食营养素参考摄入量》保持一致。一般情况下，每天的能量、蛋白质、脂肪和糖的量出入不应该很大，其他营养素以一周为单位进行计算、评价即可。

根据食谱的制定原则，食谱的评价应该包括以下方面：

第一，食谱中所含五大类食物是否齐全，是否做到了食物种类多样化。

第二，各类食物的量是否充足。

第三，全天能量和营养素摄入是否适宜。

第四，三餐能量摄入分配是否合理，早餐是否保证了能量和蛋白质的供应。

第五，优质蛋白质占总蛋白质的比例是否恰当。

第六，三种产能营养素（蛋白质、脂肪、糖）的供能比例是否适宜。

以下是评价食谱是否科学、合理的过程：首先，按类别将食物归类排序，并列出每种食物的数量。其次，从食物成分表中查出每100g食物所含营养素的量，算出每种食物所含营养素的量，计算公式为：

食物中某营养素含量=食物量（g）×可食部分比例×100g食物中营养素含量/100

◎将所用食物中的各种营养素分别累计相加，计算出一日食谱中三种能量营养素及其他营养素的量。

◎将计算结果与中国营养学会制定的WS/T 578《中国居民膳食中营养素参考摄入量》中同年龄同性别人群的水平或运动人群能量及营养素摄入推荐数据比较，进行评价。

◎根据蛋白质、脂肪、糖的能量折算系数，分别计算出蛋白质、脂肪、糖三种营养素提供的热量及占总能量的比例。

◎计算三餐提供能量的比例。

二、食物交换份法

食物交换份法简单易行，易于被非专业人员掌握。该法是将常用食物按其所含营养素量的近似值归类，计算出每类食物每份所含的营养素值和食物质量，然后将每类食物的内容列出表格供交换使用，最后根据不同能量的需要，按蛋白质、脂肪和糖的合理分配比例，计算出各类食物的交换份数和实际质量，并按每份食物等值交换表选择食物。本法对病人和正常人都适用，此处仅介绍正常人食谱的编制。

1. 根据膳食指南，按常用食物所含营养素的特点划分为五大类食物

（1）谷类和薯类

谷类包括米、面、杂粮；薯类包括马铃薯、甘薯、木薯等，其主要提供糖、蛋白质、膳食纤维、B族维生素。

（2）动物性食物

动物性食物包括肉、禽、鱼、奶、蛋等，主要提供蛋白质、脂肪、矿物质、维生素A和B族维生素。

（3）豆类及制品

豆类及制品包括大豆及其他干豆类，主要提供蛋白质、脂肪、膳食纤维、矿物质和B族维生素。

（4）蔬菜、水果类

蔬菜、水果类包括鲜豆、根茎、叶菜、茄果等，主要提供膳食纤维、矿物质。

（5）纯能量食物

纯能量食物包括动植物油、淀粉、食用糖和酒类，主要提供能量。植物油还可提供维生素E和必需脂肪酸。

2. 各类食物的每单位食物交换代量表

谷类、薯类：表1－2每份谷、薯类食物大约可提供能量180kcal、蛋白质4g、糖38g。

蔬菜、水果类：表1－3每份蔬菜、水果大约可提供能量80kcal、蛋白质5g、糖15g。

豆类：表 1－4 每份豆类大约可提供能量 45kcal、蛋白质 5g、脂肪 1.5g、糖 3g。
肉类：表 1－5 每份肉类大约可以提供能量 90kcal、蛋白质 10g、脂肪 5g、糖 2g。
纯能量食物：表 1－6 每份食物大约可提供能量 45kcal、脂肪 5g。

表 1－2　谷类和薯类食物交换代量表

食物	质量/g
面粉	50
大米	50
玉米粉	50
小米	50
高粱米	50
挂面	50
面包	75
干粉条（皮、条）	40
土豆（可食部分）	250
凉粉	750

表 1－3　蔬菜、水果类食物交换代量表

食物	质量/g
大白菜、油菜、圆白菜、韭菜、菠菜等	500～750
芹菜、莴笋、雪里蕻（鲜）、空心菜等	500～750
西葫芦、西红柿、茄子、苦瓜、冬瓜、南瓜	500～750
菜花、绿豆芽、茭白、蘑菇（鲜）等	500～750
柿子椒	350
鲜豇豆	100
倭瓜	350
胡萝卜	200
萝卜	350
蒜苗	200
水浸海带	350
李子、葡萄、香蕉、苹果、桃、橙子、橘子	200～250

表 1-4　豆类食物交换代量表

食物	质量/g
豆浆	125
豆腐（南）	70
豆腐（北）	42
油豆腐	20
豆腐干	25
熏干	25
腐竹	5
千张	14
豆腐皮	10
豆腐丝	25

表 1-5　动物性食物交换代量表

食物（食部）	质量/g
瘦猪肉	50
瘦羊肉	50
瘦牛肉	50
鸡蛋	500
禽	50
肥瘦猪肉	25
肥瘦牛肉	25
肥瘦羊肉	25
鱼虾	50
酸奶	200
牛奶	250
牛奶粉	30

表 1-6　纯能量食物交换代量表

食物	质量/g
菜籽油	5
豆油、花生油、棉籽油、芝麻油	5
牛肉、羊油、猪油（全未炼）	5

3. 根据不同能量的各种食物需要量，参考食物交换代量表，确定不同能量供给量的食物交换份数

平衡膳食宝塔建议不同能量膳食的各类食物参考摄入量见表1－7。

表1－7　平衡膳食宝塔建议不同能量膳食的各类食物参考摄入量　单位：g/d

食物	低能量 约7.6MJ（1800kcal）	中等能量 约10MJ（2400kcal）	高能量 约11.7MJ（2800kcal）
谷类	300	400	500
蔬菜	400	450	500
水果	100	150	200
肉、禽	50	75	100
蛋类	25	40	50
鱼虾	50	50	50
豆类及豆制品	50	50	50
奶类及奶制品	100	100	100
油脂	25	25	25

如对于在办公室工作的男性职员，根据中等能量膳食各类食物的参考摄入量需要摄入谷类400g、蔬菜450g、水果150g、肉及禽类75g、蛋类40g、鱼虾类50g、豆类及豆制品50g、奶类及奶制品100g、油脂25g，这相当于8（400/50）份谷物类食物交换份、1份果蔬类交换份、3份动物性食物交换份、1份豆类食物交换份、5份油脂类食物交换份。值得注意的是，食物交换代量表的交换单位不同，折合的食物交换份数也不同，这些食物分配到一日三餐中可以这样安排：

早餐：牛奶250g、白糖20g、面包150g、大米粥25g。

午餐：饺子200g（面粉100g、瘦猪肉末50g、白菜50g）、小米粥25g、炝芹菜200g。

加餐：苹果200g。

晚餐：米饭150g、鸡蛋2个、炒莴笋150g（全日烹调用油25g）。

还可以根据食物交换表改变其中的食物种类，这样安排：

早餐：糖三角150g、高粱米粥25g、煎鸡蛋2个、咸花生米15g。

午餐：米饭200g、瘦猪肉丝50g、炒菠菜250g。

加餐：梨200g。

晚餐：烙饼100g、大米粥25g、炖大白菜250g、北豆腐100g（全日烹调用油20g）。

食物交换份法是个比较粗略的方法，实际应用中，可将计算法与食物交换份法结合使用，首先用计算法确定食物的需要量，然后用食物交换法确定是食物种类及数量。通过食物的同类互换，可以以一日食谱为模本，设计出一周、一月食谱。

食谱举例：由于运动健身人群（每周3次，每次1h的中等以上强度的训练课）、某些项目运动员（如马拉松、铁人三项等耐力运动）的能量和营养素需求都比普通人多，因此食谱能量跨度比较大。而且与性别、年龄、身高、体重、项目和所处的训练和比赛阶段密切相关，健身运动人群每天的热量摄入的水平也有较大的差异。一般来说，最低的每日热能摄入量可能仅2000kcal，最高时可以达到5000kcal。表1－8至表1－19是2000、3000、4000和5000kcal的食谱案例。

表1－8　2000kcal的食谱举例

餐别	食物名称	摄入量/g
早餐	烙饼	40
	苹果酱	5
	花生油	3
	面包	20
	盐	1
早加餐	香蕉	200
	鸡蛋	100
	无花果	10
午餐	面条	200
	大白菜	100
	苹果	100
	猪肉（瘦）	30
	花生油	10
	盐	2
	黄瓜	100
	甜面酱	20
午加餐	梨	100
	菠萝	100
晚餐	米饭	100
	绿豆芽	100
	马铃薯	30
	牛乳（鲜牛奶）	500
	带鱼	100
	花生油	10
	盐	2

表 1－9　2000kcal 食谱各餐热量分配比例及推荐值

热量及推荐值	早餐	午餐	晚餐	加餐	全日合计
热量/kcal	522. 3	794. 5	594. 5	103. 9	2015. 2
供能百分比/%	25. 9	39. 4	29. 5	5. 2	100
推荐值/%	25～30	35～40	25～30	0～10	100

表 1－10　2000kcal 食谱中各餐三大营养素供热比例　%

营养素	早餐	午餐	晚餐	加餐	全日合计
蛋白质	15. 5	13. 3	26. 8	3. 3	17. 4
脂肪	27. 8	17. 3	31. 2	5. 3	23. 5
糖	56. 7	69. 4	42	91. 4	59. 1

表 1－11　3000kcal 的食谱举例

餐别	食物名称	摄入量/g
早餐	花生油	3
	面包	100
	盐	1
	燕麦片	10
	香蕉	200
	酸奶（高蛋白酸奶）	250
	鸡蛋	50
早加餐	饼干（奶油）	50
	葡萄	100
午餐	鸡腿	57
	花生油	10
	面包	100
	胡萝卜	100
	盐	2
	米饭	100
	牛乳（鲜牛奶）	250
	苹果酱	20
午加餐	奶片	10
	蛋糕	50

续表

餐别	食物名称	摄入量/g
晚餐	牛肉（瘦）	80
	花生油	10
	盐	2
	米饭	100
	马铃薯	30
	菜花	150
	草莓	150
	黄油（奶油）	5
	牛乳（鲜牛奶）	500

表 1－12　3000kcal 食谱各餐热量分配比例及推荐值

热量及推荐值	早餐	午餐	晚餐	加餐	全日合计
热量/kcal	985	1098.7	667.7	347.6	3099
供能百分比/%	31.8	35.5	21.5	11.2	100

表 1－13　3000kcal 食谱中各餐三大营养素供热比例　%

营养素	早餐	午餐	晚餐	加餐	全日合计
蛋白质	12.7	11.8	22.4	5.4	13.7
脂肪	23.3	22.2	35.4	30.6	26.3
糖	64	66	42.2	64	60

表 1－14　4000kcal 的食谱举例

餐别	食物名称	摄入量/g
早餐	烙饼	100
	馒头	100
	花生油	3
	盐	1
	香蕉	200
	牛乳（鲜牛奶）	250
	酸奶（脱脂）	250
	鸡蛋	100

续表

餐别	食物名称	摄入量/g
早加餐	葡萄	100
	巧克力豆奶	200
	蛋糕	100
午餐	面条	150
	大白菜	200
	牛肉（瘦）	100
	花生油	15
	面包	100
	胡萝卜	100
	盐	2
午加餐	花生酱	10
	橙子	150
	无花果	50
	面包	50
晚餐	玉米（鲜）	150
	鸡腿	200
	酸奶	250
	花生油	15
	盐	2
	米饭	100
	四季豆	150
	苹果罐头	200

表 1－15　4000kcal 食谱各餐热量分配比例及推荐值

热量及推荐值	早餐	午餐	晚餐	加餐	全日合计
热量/kcal	1097	1133	1067	785.9	4082.9
供能百分比/%	26.9	27.7	26.1	19.3	100

表 1－16　4000kcal 食谱各餐三大营养素供热比例　　%

营养素	早餐	午餐	晚餐	加餐	全日合计
蛋白质	16.8	15.6	18.9	9.8	15.7
脂肪	18.6	20	42.5	17.2	25
糖	64.6	64.4	38.6	73	59.3

表 1 – 17　5000kcal 的食谱举例

餐别	食物名称	摄入量/g
早餐	草莓酱	50
	花生油	30
	盐	1
	牛乳（鲜牛奶）	250
	鸡蛋	50
	饼干（奶油）	100
	鲜桃果汁	150
早加餐	苹果	150
	葡萄	100
午餐	菜花、花椰菜	150
	芹菜（茎）	150
	香蕉	250
	牛肉（瘦）	150
	花生油	15
	烧饼 – 北京	100
	盐	2
	绿豆芽	100
	牛肉（鲜牛奶）	250
	淀粉（马铃薯粉）	200
午加餐	酸奶	250
	饼干（曲奇饼）	50
晚餐	豆腐干（香干）	100
	花生油	15
	盐	2
	烙饼（标准粉）	50
	米饭（蒸）（粳米）	150
	梨（莱阳梨） – 山东乳山	300
	黄油（奶油）	25
	带鱼	150
	冰激凌（巧克力）	150

表 1 – 18　5000kcal 食谱各餐热量分配比例及推荐值

热量及推荐值	早餐	午餐	晚餐	加餐	全日合计
热量/kcal	1380	1758	1240	563.5	4941.5
供能百分比/%	27.9	35.6	25.1	11.4	100

表 1－19　5000kcal 食谱各餐三大营养素供热比例　　%

营养素	早餐	午餐	晚餐	加餐	全日合计
蛋白质	6.4	14	17.3	8	12
脂肪	15.9	17.8	41.5	37.5	25.5
糖	77.7	68.2	41.2	54.5	62.5

三、平衡餐盘法

（一）平衡餐盘法概念

平衡餐盘法学名为平衡膳食模式，指一段时间内膳食组成中的食物种类和比例可以最大限度地满足不同年龄、不同能量水平的健康人群的营养和健康需求。它涵盖了五大类基本食物：谷薯杂豆类，统称主食；蔬菜和水果类，统称蔬果类；动物性食物，包括鱼禽蛋畜奶，统称肉类；大豆坚果类；纯能量食物类。

人体的正常生长发育需要各种营养素维持生长发育，平衡餐盘法含有人体所需的各种营养素（表 1－20）。

表 1－20　人体所需营养素

必需营养素	宏量营养素	蛋白质、脂肪、糖
	常量元素	钙、磷、钾、镁、硫、氯、钠
	微量元素	铁、碘、锌、硒、铜、铬、钼、钴等
	维生素	脂溶性维生素：Va、Vd、Ve、Vk 水溶性维生素：VB_1、VB_2、VB_6、VB_{12}、VC、叶酸、生物素、泛酸、胆碱
	水	
	膳食纤维	可溶性膳食纤维 不溶性膳食纤维
其他成分		番茄红素、植物甾醇、原花青素、姜黄素、大豆异黄酮、叶黄素、氨糖等

为了更加简单方便地做好食物多样化，建议按照表 1－21 选择食物种类。

表 1－21　平衡餐盘法食物种类

食物种类	平均每天种类数	每周至少种类数
谷薯杂豆类	3	5
蔬菜、水果类	4	10
鱼禽蛋畜奶	4	6
大豆及坚果类	1	4
合计	12	25

注：纯能量食物的种类单论。

各类食物都有自己的营养优势（表 1－22），没有所谓的超级食物，因此要用平衡餐盘法食物种类选择食物。

表 1－22　不同类别食物富含营养素

营养素名称	谷薯杂豆类	蔬菜水果类	鱼禽蛋畜奶	大豆坚果	油脂类
蛋白质			+	+	
脂肪			+	+	+
糖	+				
膳食纤维	+	+			
维生素 A		+	+		
维生素 E				+	+
维生素 B_1	+		+		
维生素 B_2	+		+		
叶酸	+	+			
烟酸	+				
维生素 B_{12}			+		
维生素 C		+			
钙		+	+	+	
镁	+	+		+	
钾	+	+		+	
铁	+		+	+	
锌	+		+	+	
硒			+		

平衡餐盘法可以预防慢性疾病，与动物性食物膳食模式、植物性食物膳食模式相比，

平衡餐盘法具有明显的优势。（表1－23）

表1－23　不同膳食模式优缺点对照

膳食模式	营养特点	优点	缺点
动物性食物为主	“三高一低”：高能量、高蛋白、高脂肪、低纤维	蛋白质、矿物质、维生素丰富	容易诱发肥胖、三高、冠心病、脂肪肝等疾病，提高人体炎症反应、加速衰老
植物性食物为主	蛋白质、饱和脂肪低；某些维生素和矿物质不足	糖充足	优质蛋白、铁、维生素 B_{12} 不足，易患营养素缺乏病，比如贫血；缺乏胆固醇，性激素水平可能较低
平衡餐盘法	全谷类食材、高膳食纤维、低脂肪	糖、蛋白质、脂肪等宏量营养素与微量营养素比较均衡，可预防各种慢性疾病	减重效果慢

社会上屡被炒作的以低糖为特点的膳食模式，如生酮饮食、低碳饮食、低能量膳食，都具有比较高的疾病风险（图1－1）。

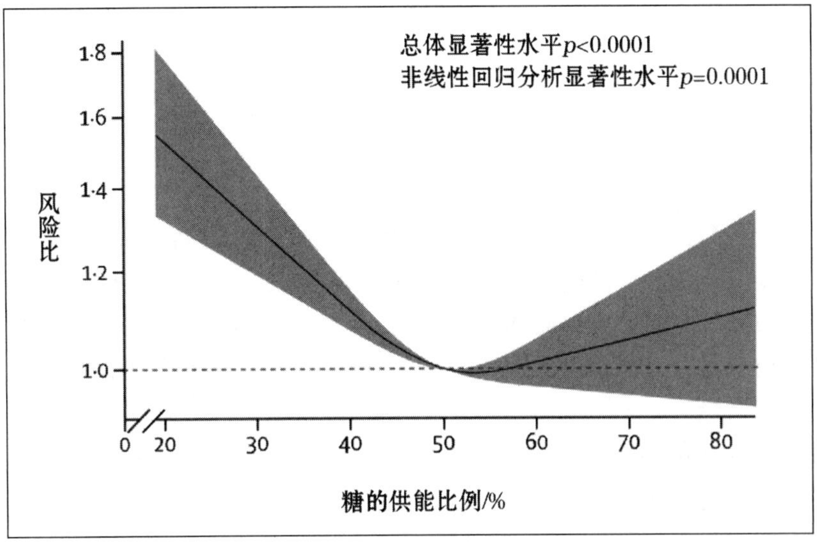

图1－1　不同比例糖饮食模式与死亡风险的研究

（二）平衡餐盘法各类食物的营养价值

1. 主食类

主食类包括全谷物、杂豆类、薯类。

（1）全谷物食物

全谷物食物的糖含量为 70% ~80%（干重），利用率高，是最经济高效的能量来源。如果烹调得当，也是运动人群最佳的能量来源。全谷物蛋白质含量为 8% ~12%，因谷类摄入量比较大，也是蛋白质的重要来源，但谷类蛋白质多属于半完全蛋白，这种蛋白质只能提供能量、构成身体组织，不能促进人体生长发育。全谷物膳食纤维含量高，可促进肠道蠕动，预防和改善便秘。

全谷物营养——全谷物谷皮、谷胚（胚芽）、糊粉层部分富含膳食纤维、B 族维生素、维生素 E 和矿物质。全谷物食材的营养优势见图 1 -2。

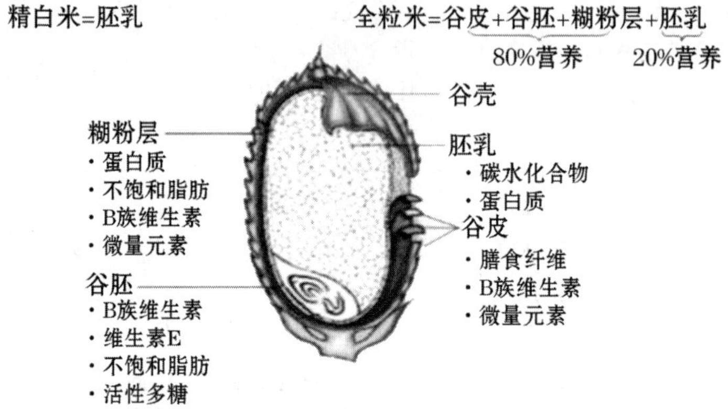

图 1 -2　全谷物食材的营养优势

（2）杂豆类

杂豆类糖含量为 50% ~60%（干重），利用率高，也是经济高效的能量来源，特别适合减重人士。杂豆类蛋白质含量约 20%，蛋白质的氨基酸构成接近人体需要，也是素食人群重要的蛋白质来源。杂豆类 B 族维生素含量比谷类高，同时富含钙、磷、铁、钾、镁等矿物质。杂豆类膳食纤维含量较高，可促进肠道蠕动，预防和改善便秘。

（3）薯类

薯类食物糖含量为 20% ~25%，也是经济高效的能量来源，适合减重人士。薯类蛋白质、脂肪含量很低，可以忽略。薯类膳食纤维含量比较高，可促进肠道蠕动，预防和改善便秘。

2. 蔬果类

蔬果类富含维生素、矿物质、膳食纤维，对于满足人体微量营养素需要，保持肠道正常功能以及降低慢病风险有重要作用。蔬果类含各种植物化合物、有机酸和芳香物质等成分，可增进食欲、帮助消化。水果类含 5% ~30% 的糖分，而蔬菜几乎无糖，果汁/水果不能代替蔬菜。警惕香蕉、鲜枣、榴莲等高糖水果。

3. 蛋白质类

鱼禽蛋白质含量为15% ~20%且都是优质蛋白，总脂肪含量低（5% ~20%），含有胆固醇。奶类含优质蛋白质，富含钙质，是食源性补钙的主要食材。奶类食材种类很多，尽量选择纯奶（包括全脂、半脱脂和脱脂）、低脂奶酪，酸奶需注意含糖量。表1－24显示不同奶制品的蛋白质含量。

表1－24　不同奶制品的蛋白质含量

食物名称	100g可食部蛋白质含量/g
牛奶粉（脱脂）	36
常规牛奶粉	27
（硬质）干酪	25
低脂奶酪	22
脱脂乳、半脱脂乳	3.3
全脂乳	3.0
酸奶	2.5

4. 大豆坚果

大豆包括黄豆、青豆和黑豆，富含优质蛋白质。干大豆含40%的蛋白质。豆制品蛋白质含量差别大，含必需脂肪酸、维生素E，含有大豆异黄酮、植物固醇等多种植物化学物，可降低乳腺癌及骨质疏松的风险。不同豆制品蛋白质含量见表1－25。坚果富含脂肪和蛋白质，是高能量食物，富含矿物质、维生素E和B。油脂类坚果脂肪含量>40%，蛋白质含量为12% ~36%，糖含量为15%以下。油脂类坚果包括核桃、胡桃、松子、榛子、花生、葵花籽、南瓜子、杏仁、开心果、夏威夷果等。淀粉类坚果糖含量>40%，蛋白质、脂肪比较少，类似杂豆。淀粉类坚果包括白果、板栗、莲子、芡实米等。

表1－25　不同豆制品的蛋白质含量

食物名称	100g可食部蛋白质含量/g
豆腐丝（干）	58
大豆（黄豆）	33
豆腐丝	22
素鸡	17
豆腐干（均值）	16
毛豆（青豆、菜用大豆）	13

续表

食物名称	100g 可食部蛋白质含量/g
北豆腐	12
南豆腐	6.2
豆腐（内酯）	5.0
豆腐脑（带卤）	2.6
豆浆	1.8

5. 烹调油

烹调油主要指植物油，是人体必需脂肪酸和维生素 E 的重要来源。动物脂肪摄入增加肥胖风险，反式脂肪酸增加心血管疾病风险，所以日常烹饪要控油，要保证单不饱和脂肪酸、多不饱和脂肪酸等油脂的合理搭配（表 1－26）。

控油小方法：①坚持定量用油，控制总量；②巧烹饪，少用煎炸，多用蒸、煮、炖、焖、水滑等；③少吃油炸食品，尤其是含有反式脂肪酸的食物。

表 1－26　各类食用油的脂肪酸构成比例及维生素含量

食用油	饱和脂肪酸比例/%	单不饱和脂肪酸比例/%	ω－6 多不饱和脂肪酸比例/%	ω－3 多不饱和脂肪酸比例/%	100g 维生素 E/mg
亚麻籽油	9.1	17.0	13.4	56.4	
紫苏籽油	7.6	15.5	13.2	62.9	
核桃油	7.2	18.6	61.8	7.8	
小麦胚芽油	18.0	24.8	50.2	5.7	149.4
月见草油	9.5	9.7	70.4	9.2	
山茶油	9.6	75.3	9.5	1.1	27.9
橄榄油	13.0	72.0	9.8	0.8	14.35

（三）荤食人群的平衡餐盘

图 1－3 为平衡餐盘划区，图 1－4 为减脂人群的平衡餐盘，图 1－5 为塑形人群的平衡餐盘。

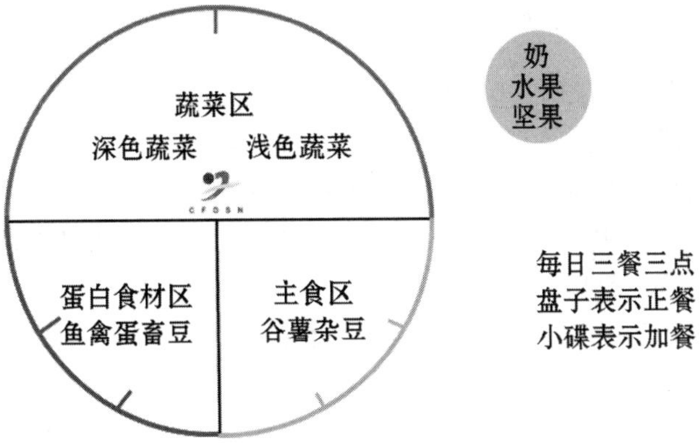

图1－3　平衡餐盘划区

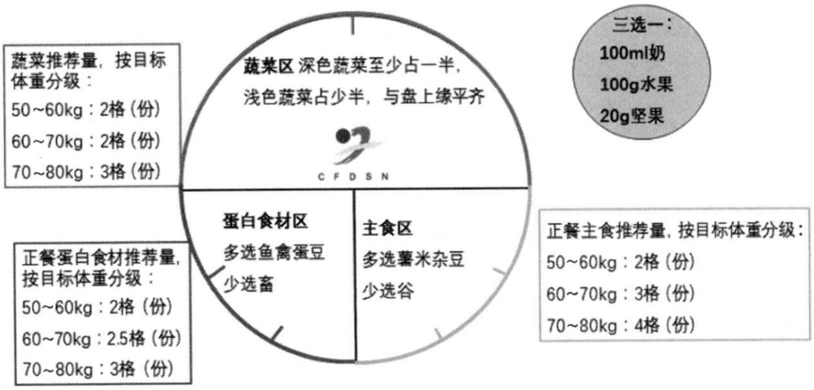

图1－4　减脂人群的平衡餐盘

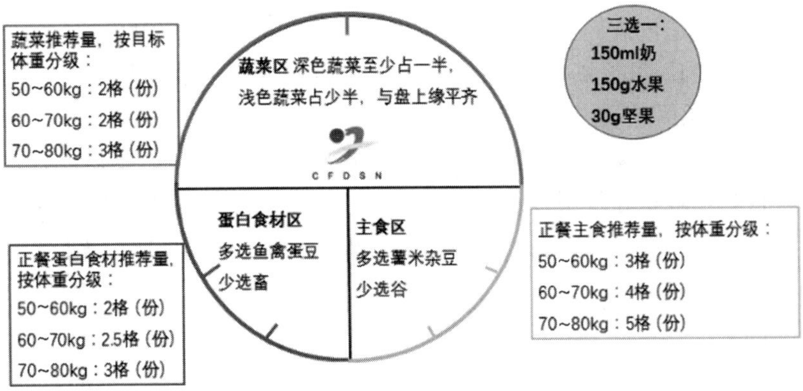

图1－5　塑形人群的平衡餐盘

（四）素食人群的平衡餐盘

素食人群的平衡餐盘见图1－6。

1. 素食人群的营养优势

素食人群以植物性食物为主，植物性食物有以下优势。

◎充足的维生素可增强机体免疫力，维持细胞正常生长代谢及功能，避免因为缺乏B族维生素而引起的沮丧、烦躁、疲劳等感觉。

◎较多的钾、镁、钙元素可以降低人体神经系统的兴奋性，让人感觉心情安宁平和，利于预防骨质疏松。

◎膳食纤维和低聚糖等物质可增强饱腹感，促进益生菌生长，减少胆固醇在体内的重吸收，预防便秘和其他肠道问题。

◎抗氧化物质可清除体内自由基，预防和控制多种慢性疾病。

◎某些非营养素功能成分，还可以起到增强肝脏解毒能力、改善血液循环等作用。

◎吃天然食材的素食，很难出现蛋白质过剩问题，肝肾和消化系统负担较小。

◎食品安全角度，由于生物放大定律，植物性食物中的环境污染物水平通常低于动物性食品，所以减少动物性食品之后，体内摄入的难分解污染物会减少。

2. 素食人群营养缺乏风险

未成年人和孕妇，都处于代谢旺盛、细胞快速生长的时期，对营养素需求量较大，但一些人体生长发育所必需的营养素，如维生素B_{12}和维生素D，几乎只存在于动物来源的食品中；另外，各种素食虽然也含有铁、锌元素，但其存在状态与动物来源的铁、锌不同，而且往往含有多种“抗营养素”，即妨碍营养素吸收的物质，使这些微量元素不易为人体吸收利用。所以，对于幼儿和孕妇等对铁、锌等营养素需求非常旺盛的人群，以及有贫血、缺锌症状的人，食纯素后如不额外补充营养补充剂，可能导致病情更加严重。此外，有胃肠道疾病的人或身体虚弱的老人，对营养素的吸收能力本就较差，如果实行纯素膳食的话，同样可能造成营养素的缺乏，如维生素B_{12}、钙和锌等的缺乏。以上人群如果因为特殊原因而必须食素的话，则应在专业医师和营养师的指导下进行。

3. 素食餐盘不适用对象

儿童、青少年、孕妇及贫血、消化不良或胃肠疾病患者，以及消化吸收功能下降的老年人，长期盲目吃素容易导致很多营养素缺乏，包括蛋白质、维生素B_{12}、$\omega-3$多不饱和脂肪酸、铁、锌等，出现大量脱发、头发干枯、皮肤松弛、身体怕冷、精神不振、贫血缺锌、内分泌紊乱等现象。

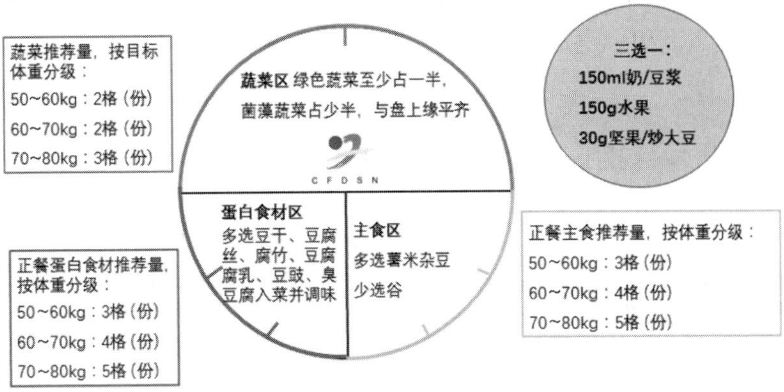

图1－6　素食人群的平衡餐盘

4. 对素食者的建议

想要成为一名对身体负责的素食者，一定要注意以下问题：

第一，限制加工食品的数量。不少加工食品虽然是植物性原料制成，但主要成分多为精白米面，并加入了大量的糖、油、盐和“植物奶油”，以获得良好口感，这些食品反而会增加患慢性疾病的风险。

第二，烹调控制油、糖和盐。植物食材的风味通常较为清淡，但有些素食者为了满足口味需求，会在烹调时加入大量的油脂、糖、盐和调味品。例如，一些以素食为原料的仿荤料理，一些甜食点心食品，虽然没有动物原料，却含有相当高的油、盐、糖及增味剂，如此已经没有植物性食品原有的健康效应了。

第三，多吃水果就要少吃主食。很多素食者喜爱水果酸甜的口味，但在吃水果时也不要忽视其中8%以上的糖分，应通过少吃主食来防止能量过剩。果汁的含糖量也在8%以上，甚至可能高达16%，大量饮用都有增肥的可能。

第四，素食≠生吃大量蔬菜。蔬菜中的很多营养成分通过加热烹软，才能很好地与胃肠道中的油脂成分混合，从而得以吸收利用，如维生素K、胡萝卜素等，完全生吃并不利于这类营养素的吸收。

第五，选择绿叶菜。从营养角度看，蔬菜也有优劣之分，由于蔬菜占素食者膳食中的很大一部分，所以应尽量选择营养素丰富的绿叶蔬菜。

第六，主食换成杂粮杂豆。精白米、精白面粉中所含的营养素非常少，不吃肉类又减少了B族维生素的来源，豆制品中维生素含量也很少。只有把主食大半换成杂粮、杂豆才能有效提高B族维生素的供应水平。

第七，奶类、豆类或豆制品应充足。素食的人需要从奶类、豆制品中获得人体所需的蛋白质、钙、B族维生素和维生素A、D，摄入不足将会出现营养不良的状况。

第八，适量摄入发酵制品，并补充维生素B_{12}。虽说人体储备的维生素B_{12}在转为素食之后仍可支撑三四年，但长期缺乏维生素B_{12}可能导致恶性贫血和神经纤维变性。这种维生素不存在于纯植物食品中。所以对于纯素者来说，只能从菌类和发酵制品中补充，但因这些食物中的维生素 B_{12} 利用效率较低，建议还是要额外补充维生素 B_{12} 补充剂。此外，发酵食品的铁、锌元素利用率也比较高。

实践要点：为塑形人群制订运动营养计划

李女士，年龄 36 岁，身高 162cm，体重 60kg，体脂率 35%，一个月中有 1～2 次的锻炼（跑步、羽毛球），经常感到疲劳，多次尝试不同减肥方法都未达目标（吃健身餐、不吃主食、跑步等），现在找到运动营养师来寻求帮助。

一、运动营养咨询流程

运动营养咨询流程详见表 1－27。

表 1－27　运动营养咨询流程

1	疾病史询问
2	饮食习惯评估
3	膳食分析
4	饮食计划
5	调整饮食计划

经过问卷调查表反馈，在疾病史方面李女士有高脂血症，无过敏史，无药物依赖史，无遗传病史。在生活习惯上有：吸烟，熬夜，爱吃甜食，每天喝 2 杯拿铁，熬夜后需要吃东西才能入睡等。在运动上，一般喜欢有氧运动，持续运动时间一般在 15min 左右，容易累。在膳食结构上，爱吃拌饭、西式糕点，一天至少 2 种水果，蔬菜每天低于 100g。李女士的营养调查食谱见表 1－28。

表 1－28　李女士一日实际食物摄入食谱

早餐				
食物	数量	糖/g	蛋白质/g	脂肪/g
油条一根	80g	40.8	5.5	14.08
豆腐脑	1 碗	13.5	6.5	4.5
橙子	1 个（中）	22.18	1.6	0.4
加餐				
酸奶	1 盒	23.25	6.25	6.75
午餐				
鸡肉凯撒沙拉（7－ELEVEN）	1 盒	8.26	18.47	23.98

续表

双色紫薯卷	100g	46.7	7.6	1.8
梨	1个中等	77.08	1.76	0.59
下午加餐				
蛋黄酥	50g	26.8	3.6	7.05
拿铁	300ml	15.6	10.5	3.3
晚餐				
三鲜包子	300g	87.3	22	25.8
摄入总量		361.47	83.78	88.25

经过统计，李女士摄入糖、蛋白、脂肪总量见表1－29。

表1－29　李女士糖、蛋白、脂肪总计

营养素	总糖	总蛋白	总脂肪
质量/g	361.47	83.78	88.25
总能量/kcal	1445.88	335.12	794.25

根据李女士数据，BMI＝体重（kg）/身高（m）^{2}＝22.86属于健康体重，同时李女士体脂率为35%（经查表李女士最适体脂率应在15.5%～29.6%），属于较胖人群，应该进行体成分优化（减少体脂的同时保持或增加肌肉量）。

根据轻体力能量推荐摄入量每千克体重20～30kcal/d，李女士一天应摄入30kcal/kg×体重＝30kcal/kg×60kg＝1800kcal，实际摄入2575.25kcal＞1800kcal。所以建议李女士执行新的热量食谱。

通过食谱观察李女士所吃食物种类整体相对齐全，可以减少那些无形中带有热量的食物，比如薯泥中的油脂、蛋黄酥中的油脂，应该把水果减少一部分换成低血糖指数食物。

李女士的体力活动不足，尤其是没有抗阻训练，建议李女士在强化心肺功能的同时增加抗阻训练，这样可以刺激肌肉生长，维持基础代谢，增加能量消耗。

二、李女士的执行方案

（一）计算法

总能量摄入30kacl/kg×60kg＝1800kcal。

塑形人群推荐糖、蛋白、脂肪比例为45%、25%、30%。

计算三大产能营养素总量：

糖：1800kcal×45%÷4＝202.5g

蛋白质：1800kcal×25%÷4＝112.5g

脂肪：1800kcal×30%÷9＝60g

李女士一日能量分配见表1-30至表1-32。

表1-30 训练各时相饮食计划

训练前（练前~30min）				
食物	质量	糖/g	蛋白质/g	脂肪/g
香蕉	150g	30	2	0
复合维生素	1片	0	0	0
训练中（李女士习惯下班后训练，即18：00—19：30）				
浓缩乳清蛋白	10g	0	6	0
维生素C	50mg	0	0	0
运动饮料	300ml	18	0	0
支链氨基酸	5g	0	4	0
训练后45min内				
浓缩乳清蛋白	20g	0	12	0
谷氨酰胺	2g	0	2	0
固体运动饮料（以葡萄糖、麦芽糊精为主要成分）	50g	36	0	0

每日总糖、蛋白质和脂肪减去各时相的糖、蛋白质和脂肪，得出训练后1日总共需要的糖、蛋白质和脂肪。糖为202.5-84=118.5g、蛋白质为112.5-28=84.5g、脂肪为60-0=60g，在下次训练课之前的时间里（至少要维持隔天一练的训练习惯），这些营养素可以根据个人作息规律、食量、食欲等因素，分配至3~6餐，分配比例也不用拘泥于固定模式和营养素比例，总的分配原则是离训练越近，比例相对高一些，睡前最后一餐比例尽量低一些；如果餐次较多，比如4餐及以上，也可以平均分配到各餐，这样做的目的是便于各餐之间互换，便于饮食计划的执行。本案例采取的是按传统三餐分配法。

表1-31 训练后1日各餐次营养素分配模式

餐次比例	糖/g	蛋白质/g	脂肪/g
（训练当日）晚餐30%	35	25	18
（训练次日）早餐30%	35	25	18
（训练次日）午餐40%	48	34	24

表1－32　训练后1日饮食计划

（训练当日）晚餐				
食物名称	食物质量/g	糖/g	蛋白质/g	脂肪/g
米饭	150	37.5	4	4
西蓝花	150	0	0	0
橄榄油	10	0	0	10
去皮鸡腿肉	100	0	20	4
合计	410	37.5	24	18
（训练次日）早餐				
燕麦片	25	19	2.5	0
牛奶	250	9	8	8
鸡蛋	50	0	7	4
圣女果	100	6	0	0
橄榄油	5	0	0	5
瘦牛肉	50	0	10	1
合计	480	34	27.5	18
（训练次日）午餐				
米饭	150	37.5	4	4
酸奶	150	15	5	5
猪里脊	100	0	20	8
水芹菜	100	0	0	0
橄榄油	5	0	0	5
合计	505	52.5	29	22

假如李女士第二天接着进行训练，则继续重复表1－30至表1－32这种餐次分配模式，具体食物名称可以根据表本章1－2至表1－6食物交换代量表进行调整；如果第二天无训练，第三天有训练，那么自第二天中午起至第三天中午的一天时间，其餐次分配模式可以按照计算法、食物交换份法、平衡餐盘法的任一种方法操作。

（二）平衡餐盘法

根据塑形人群平衡餐盘法来吃（图1－8）。

图1－8　塑形人群平衡餐盘图示

李女士体重60kg，推荐为：

◎蔬菜建议吃2格，深色蔬菜占据一半，建议2种以上的蔬菜。

◎蛋白吃够餐盘的2.5格，优选低脂肉类，鱼肉、牛肉、鸡肉、蛋清等。

◎主食占3格，应选以低血糖指数为主的，红薯、紫薯、杂豆饭等。

◎两次加餐应在150ml牛奶、150g水果、30g坚果中任选一种。

第二章　运动营养餐制作方法

鉴于运动营养师的工作性质和工作范围，本章介绍符合运动营养配餐的不同烹调方法及制作工艺。包括肉类的制嫩、蓉胶制品的调配、调味品的合理使用等。如果将食物仅仅简单地蒸煮制熟，可以保留较多营养素，但口味欠佳，难以让人每天坚持食用。如果烹调合理，既可以控制能量，又能摄入身体必须的营养素而且不失口感，易于坚持食用。如果烹调不合理，就可能导致能量摄入过高，而且营养素流失、破坏严重，这也是现在食物越来越丰富却还有营养不均衡问题的主要原因。

第一节　烹调工艺基础

烹饪指人类为了满足生理需要和心理需要，把可食原料用适当方法加工成食用成品的活动，其成品具有卫生、营养、美感三大基本特质。烹饪水平是人类文明的标志，使人类的食物从本质上区别于其他动物的食物。烹调是指将可食性的动植物原料进行粗细加工、热处理及科学地投放调味品等烹制菜肴的过程。烹调与烹饪的区别在于，烹调单指制作菜肴，烹饪包含菜肴和主食的整个饭菜制作过程。

我国地大物博，长期以来由于地理环境、气候物产、文化传统以及民族习俗等因素的影响，形成各具特色及地方风味的著名菜系。其中，鲁菜、川菜、粤菜、闽菜、苏菜、浙菜、湘菜、徽菜被称为“八大菜系”。再加之近二十年，国外餐品的引入，我们国内的餐饮更加多元化。

一、肉类制嫩

肉类食物是蛋白质的主要来源，同时含有丰富的B族维生素、维生素A及多种矿物质等微量营养素；红肉中还含有丰富的血红素铁和左旋肉碱。肉类是营养价值很高的一类食物。现在很多健身运动人群提出吃白肉要多于红肉，究其原因，并不是红肉的营养价值不如白肉或红肉的脂肪多于白肉，而是白肉可以简单烹饪，如清蒸、白灼可带来较好口感；红肉则需要炸、烧或者其他深度烹调才能获得较好口感。如果红肉处理不好，还会面临腥、柴等问题。因此，肉类的制嫩是烹调中很重要的一环。

制嫩方法有很多种，比如小苏打制嫩、盐制嫩、胶质物制嫩、嫩肉粉制嫩等，有时，会使用多种制嫩方法。下面介绍几种运动人群常用肉类食物的制嫩方法。

（一）牛肉制嫩

牛肉内部筋膜较多，含水量相对较低，加入小苏打、盐可以促进牛肉纤维的蛋白吸水膨胀，这样做出来的牛肉会相对嫩一点，而且不失嚼劲。

制嫩方法示例：将500g牛肉切成厚片，用松肉锤将其两面敲断筋，放入碗中并加入4g盐；将小苏打5g、淀粉25g分别用清水调匀，分几次加入牛肉片或者牛排中，边加水边搅拌，直至清水都进入牛肉中。腌制2h即可完全入味。

（二）鸡胸肉制嫩

鸡胸肉本身肉质较嫩，但在烹调的时候，水分极易流失，导致肉质变柴。也可以用淀粉和盐来腌制，使鸡胸肉的纤维蛋白吸水膨胀，这样鸡胸肉质更嫩。

制嫩方法：将一块鸡胸肉从中间片成厚片或者按照肌肉纹路片成薄片，之后用刀面拍断筋。加入2g盐、10g淀粉，边搅拌边加水，可以分多次，加50g水，直至清水都进入鸡胸肉中。

（三）虾制嫩

虾肉本身较嫩，但烹调不合理也会使虾肉口感下降。一般虾的腌制不用料酒，料酒会使虾仁蛋白质持水能力下降和蛋白质变性，以致弹性变差，失去应有的口感。

制嫩方法：虾仁200g、蛋清10g、淀粉10g、盐2g、味精1g。虾仁洗净后用毛巾吸干水分，加盐、味精调匀，将蛋清和淀粉调成糊，加入虾仁拌匀，腌制30min即可。

二、蓉胶制品

蓉胶是将动物的肌肉粉碎后，加入水、盐、蛋、淀粉等，搅拌成黏稠状的胶体复合食料。常规的蓉胶工艺菜品有虾饼、狮子头、鸡糕等。运动营养师也经常将鱼肉、鸡肉、牛肉等使用蓉胶工艺，制成肉丸、肉饼，增加餐品风味。做肉饼时，还可以往里边加入蔬菜，这也是让很多蔬菜挑食者摄入蔬菜的一种好的形式。

蓉胶可塑性强，易于造型，而且容易熟，缩短烹调时间。蓉胶原料无刺，其中的纤维组织基本被破坏，通过搅拌、腌制持水多，因而做出成品口感细嫩爽滑，方便食用，利于消化吸收，也特别适合老人、儿童等咀嚼能力不强的人群。

（一）蓉胶制作流程

1. 选择与修整

制作蓉胶的原料要求很高，必须是蛋白质含量高、脂肪和结缔组织少的原料；无皮、无骨、无筋络、无瘀血的净料，质地细嫩、吸水能力强。如鱼蓉胶多选鳜鱼、白鱼等肉质细嫩的鱼类，去皮、去骨、清水浸泡去尽血污。鸡蓉胶可以选择鸡胸脯肉，鸡腿肉不可做蓉胶原料，制作时剔除筋络和脂肪，用刀拍松后放入清水泡尽血污。

2. 粉碎

加工手法有机械破碎和手工破碎两种，机械破碎速度快、效率高，但肉中会残留筋络和碎刺，且运转速度快，肉中温度升高，使部分肌肉中的肌球蛋白变形而影响可溶性蛋白的溶出量。手工破碎速度慢、效率低，但肉中残留筋络和碎刺较少，因为拍斩时，肉中的筋络和碎刺全都拍到了肉蓉的底层，用分层取肉法就可去尽杂物。

3. 调配

蓉泥在调蓉胶前要进行调味，一般粗蓉状的蓉胶可加入细葱、姜末、料酒、胡椒粉等，细蓉状的蓉胶则只加葱、姜、酒汁及胡椒粉等一些粉末状的调味品。盐是蓉胶的主要调味品，也是蓉胶上劲的主要物质。

4. 搅拌

加盐后硬蓉胶通过搅拌使其黏性增加，成品外形完整、有弹性。软蓉胶、嫩蓉胶先加水再搅拌均匀，使肌肉充分吸水，加盐后继续搅拌上劲，增加蓉胶的持水能力。加水量不可超过原料的吸水能力，否则难以搅拌上劲。一般鱼肉吸水率为100%～150%，畜肉吸水率为60%～80%，禽肉吸水率为80%～100%，虾肉吸水率为10%。

5. 静置

搅拌上劲后的蓉胶应该放置在2～8℃的冷藏柜里静置1～2h，使可溶性蛋白充分溶出，进一步增加蓉胶的持水性能，但不可使其冻结，否则会破坏蓉胶的胶体体系，影响菜品质量。

（二）蓉胶制品制作示例

1. 鱼丸

做鱼丸时，应选用无皮、无骨、无筋络的鱼柳，这种原料质地细嫩，吸水能力强。用手工或者机器将鱼柳打成肉泥后，用葱、姜、蒜、胡椒粉等进行调味。为了使鱼丸完整、有弹性，也应加盐、加水进行搅拌上劲，蛋液、淀粉等辅料也可以适当使用。有些地方做鱼丸还会加入肥膘，以使鱼丸更具香味，但作为运动营养师，一般不建议在鱼丸中加入肥膘。搅拌上劲后的肉泥放在2～8℃的冷藏柜里静置1～2h，进一步增加持水性。龙利鱼丸汤蓉胶制作流程见表2－1。

表2-1　龙利鱼丸汤蓉胶制作流程

餐品	步骤	内容
龙利鱼丸汤	①	取解冻后的龙利鱼柳洗净，用毛巾吸干水分，切块。
	②	鱼块加点姜末剁成泥，再加入蛋清、盐，黑胡椒、淀粉搅拌均匀。
	③	锅内放入凉水，将手沾湿，用虎口挤出圆形鱼丸下锅，开小火养熟，温度不超过60℃。
	④	碗内放鸡汁、香油、葱花、香菜、适量白胡椒、醋调味，将锅内鱼丸倒入碗中，加高汤搅拌均匀。

2. 鸡肉饼

鸡肉一般可以做成鸡肉丸或者鸡肉饼。肉丸的做法与鱼丸大致相同，鸡肉饼的做法也需要先把鸡胸肉做成蓉胶，进行搅拌上劲、调味，之后做成需要的形状。鸡肉饼蓉胶制作流程见表2-2。

表2-2　鸡肉饼蓉胶制作流程

餐品	步骤	内容
鸡肉饼	①	鸡胸洗净打成泥，加生抽、淀粉搅拌成黏糊状，腌制10min。
	②	西蓝花、胡萝卜焯水2min，西蓝花剁碎，备用。
	③	腌好的鸡胸加入胡萝卜、西蓝花，蚝油盐混合均匀。
	④	锅中刷少量油，将鸡胸肉饼依次放入。
	⑤	小火煎至两面金黄，确保鸡胸熟透。

3. 牛肉

牛肉一般选用较嫩的部位，如里脊、外脊、黄瓜条等。牛肉饼蓉胶制作流程见表2-3。

表2-3　牛肉饼蓉胶制作流程

餐品	步骤	内容
牛肉饼	①	牛肉洗净打成泥，加生抽、淀粉搅拌成黏糊状，腌制10min。
	②	西蓝花、胡萝卜焯水2min，西蓝花剁碎，备用。
	③	腌好的牛肉加入胡萝卜、西蓝花、蚝油、盐混合均匀。
	④	锅中刷少量油，将牛肉饼依次放入。
	⑤	小火煎至两面金黄，确保牛肉熟透。

第二节　运动人群营养餐实例

中国是一个餐饮文化大国，各地饮食习惯各异，八大菜系也各有特色，但有些传统的菜式过度烹饪，营养素损失大且高脂、高糖，不符合运动人群营养餐的要求。营养餐的核心一定是均衡营养，食物多样，主食、蛋白类食物、蔬菜、水果、油脂等要全面摄入，加工糖、反式脂肪要限制使用。

本节将介绍三种运动人群的营养餐实例，包括减脂运动人群、增肌运动人群、马拉松运动人群的配餐原则和食谱配置及烹调。

一、减脂运动人群营养餐制作方法

在烹调时，会用到各种调料。像干辣椒、花椒、香叶、黑胡椒、葱、姜、蒜、醋、生抽、老抽、盐等，因用量少、能量低或者不入口，其热量一般忽略不计，淀粉虽然含糖高，但用量少时，一般一份的用量不超过5g，也可以忽略不计；黑胡椒酱、番茄酱、沙拉酱、豆瓣酱、海鲜酱、糖、奥尔良腌料等热量高、用量较多，需要在配餐时计算其中的热量。另外，油的使用要注意的是，放锅里10g油不代表摄入10g油，因为在锅上会附着一部分，烹调时溅出或随着水汽吸出一部分，因此，可以在放油的时候在配量的基础上多出2～5g。

以本书第三篇第一章实践要点案例周女士一天饮食安排为例，其一天饮食餐单见表2－4。

表2－4　减脂配餐实例

餐次	食物	质量/g
早餐	全麦面包	80
	鸡蛋	50
	西生菜	35
	番茄	50
	黄瓜	50
	沙拉酱	10
	蛋白粉	10
	油	2

续表

餐次	食物	质量/g
午餐	杂粮米饭	130
	去皮鸡腿	100
	香菇	50
	海鲜酱	15
	西蓝花	100
	橄榄油	5
练前加餐	苹果	100
练中加餐	固体运动饮料	30
练后加餐	香蕉	100
	蛋白粉	20
	维生素 C	0. 1
	谷氨酰胺	2
	运动益生菌	2
晚餐	紫薯	50
	鸡胸肉	100
	生菜	50
	圣女果	30
	西蓝花	100
	黑胡椒酱	50
	食用油	5

早餐：鸡蛋三明治，做法见表 2 – 5。

表 2 –5　早餐制作流程

①	将洗净的鸡胸肉片成厚片放入盘中，在肉的表面均匀地抹上盐，用喷油壶喷两次油约 2g，撒上黑胡椒，腌制 1h。
②	西生菜洗净沥干水备用，番茄从中间切两片备用，黄瓜切片备用。
③	全麦面包用烤面包机烤至两面金黄。
④	不粘锅起火烧热，用喷油壶喷两次油，将鸡胸肉和鸡蛋分别放入锅内，约 2min 鸡胸肉煎至两面金黄即可。
⑤	将烤好的全麦面包放在盘子里，一面涂上沙拉酱，将备好的蔬菜依次摆放到面包上即可。

午餐：无油烤鸡腿、香菇西蓝花、杂粮米饭，做法见表2－6。

表2－6 午餐制作流程

①	将1只鸡腿去皮，去骨洗净，加10g料酒，3片姜片，抓匀去腥，静置10min，再用清水洗净。
②	将鸡腿肉拿出腌制，加2片姜片、5g料酒、5g生抽、10g奥尔良腌料、鸡精、葱丝、洋葱丝、香菜叶，抓匀腌制至少30min（提前一晚腌制更加入味）。
③	香菇、西蓝花改刀切好，过水焯熟备用，同时切好蒜片。
④	腌好的鸡腿肉放入空气炸锅200℃炸8min，反面再用140℃炸10min。烤制两面金黄，外焦里嫩最佳。
⑤	起锅喷油，放蒜片，煸香至微微黄，放香菇，加一勺生抽、少许蚝油翻炒，再放入西蓝花，加盐翻炒3min搅拌均匀即可盛出。

晚餐：鸡胸肉沙拉（柠檬蒜香鸡），做法见表2－7。

表2－7 晚餐制作流程

①	去除鸡胸肉身上多余的脂肪，按纹理切片，捶打松弛，放入碗中，淋上一勺料酒，挤点柠檬汁，两片姜片再依次将葱、姜、蒜、洋葱、香菜切段加入碗中。
②	加一勺盐、鸡精、鸡蛋清、淀粉抓匀，腌制30min以上。
③	将紫薯放锅蒸好，圣女果对半切开，生菜洗净滤水切成小块，西蓝花过水焯熟。
④	起锅喷油，将鸡胸肉煎至两面金黄。
⑤	生菜打底，将备好的食材依次摆放好，最后淋上黑胡椒酱。

二、增肌运动人群营养餐制作方法

增肌运动人群训练日营养餐以本书第三篇第二章实践要点案例刘先生一天饮食为例，其一天饮食餐单见表2－8。

表2－8　增肌配餐实例

餐次	食物	质量/g
早餐	馒头	100
	小米粥	300
	鸡蛋	100
	蛋白粉	20
	西红柿	150
	苹果	150
	腰果	25
	油	15
午餐	米饭	300
	鸡腿	200
	圆白菜	60
	胡萝卜	40
	木耳	30
	油	10
	香蕉	120
练中加餐	固体运动饮料	25
	乳清蛋白粉	7
练后加餐	能量饮料	40
	乳清蛋白粉	30
	维生素 C	0.1
	谷氨酰胺	2
	运动益生菌	2
晚餐	意大利面（生）	60
	牛肉	100
	蛋清	15
	洋葱	30
	西蓝花	40
	红椒	50
	青椒	50
	油	17

早餐：小米粥、馒头、番茄炒蛋，做法见表2－9。

表2－9　早餐制作流程

①	小米洗净，汤锅将水烧开后，放入小米，小米和水1∶10的比例。
②	再度沸腾后转小火煨，15min即可。
③	番茄切十字用开水烫20s去皮，切小丁，切少许蒜末、小葱末备用。
④	鸡蛋加入一点盐打散。起锅喷油，锅热后炒鸡蛋，不要使劲翻炒搅碎，待七分熟定型后捞出备用。
⑤	锅中喷油，下番茄多炒出汤汁，再加入鸡蛋，放盐、鸡精、生抽翻炒。出锅之前加一点蒜末，葱花稍微搅拌一下即可盛出。

午餐：孜然鸡腿饭，做法见表2－10。

表2－10　午餐制作流程

①	鸡腿去皮，用刀在鸡腿上划几条纹络，将姜丝放在划好的纹络里，淋一勺料酒，加生抽、孜然粒、辣椒粉、盐、蚝油3g、鸡精，再加葱丝、洋葱丝、香菜抓匀腌制1h。
②	腌好的鸡腿肉放入空气炸锅200℃炸8min，反面再用140℃炸10min。烤至两面金黄，外焦里嫩最佳。
③	将圆白菜，胡萝卜，木耳依次改刀切好，过水焯熟。
④	可以选择直接淋入凉拌汁，也可以清炒一下。
⑤	米饭、鸡肉、配菜依次装盘即可。

晚餐：黑椒牛柳意面，做法见表2－11。

表2－11　晚餐制作流程

①	汤锅加水、盐、橄榄油3g烧沸，加入意大利面，煮至八分熟，捞出过凉，沥干水分。
②	牛柳切条，加15g蛋清、2g淀粉、料酒拌匀备用
③	洋葱顺向切条，青椒、红椒洗净切条。
④	平底锅起锅烧油，加洋葱条、青红椒炒香。
⑤	加入牛柳爆炒均匀，加黑胡椒翻炒。
⑥	加老抽，倒入煮好的意大利面，翻炒均匀，出锅装盘即可。

三、马拉松备赛营养餐制作方法

马拉松备赛时，不同营养周期，训练强度不同，对能量和营养素的需求不同，但总体应以高糖膳食为主。本节以60kg跑者准备期（不以减重为目的）为例，进行中等强度训练，一天的营养素摄入量为2100kcal能量、330g糖、90g蛋白质、53g脂肪（表2－12）。建议搭配食谱（表2－13）。

表2－12　马拉松备赛各营养周期宏量营养素摄入量　（千克体重）

营养周期	能量/(kcal·d^{-1})	糖/(g·d^{-1})	蛋白质/(g·d^{-1})	脂肪/(g·d^{-1})
准备期（不以减重为目的）	28～44	4～7	1.2～1.7	0.8～1.0
准备期（以减重为目的）	26～31	3～4	1.8～2.0	0.8
竞赛时期	40～80	7～15	1.4～1.6	0.8～1.5
过渡时期	25～33	3～4	1.6～2.0	0.8～1.0

表2－13　60kg跑者马拉松准备期配餐实例

餐次	食物名称	质量/g
早餐	白吐司	120
	鸡蛋	50
	黄瓜	40
	生菜	30
	圣女果	60
	脱脂牛奶	200
	牛油果	40
	橄榄油	8
早加餐	香蕉	150
午餐	米饭	300
	鸡腿	150
	香菇	50
	西蓝花	120
	油	10
训练前加餐	能量胶	40

续表

餐次	食物名称	质量/g
训练后加餐	酸奶	100
	维生素 C	0.1
	谷氨酰胺	2
	运动益生菌	2
晚餐	荞麦挂面	100
	白糖（料汁配料）	3
	荷兰豆	30
	胡萝卜	50
	鸡胸肉	50
	圣女果	30
	油	10

早餐：牛油果滑蛋三明治，做法见表 2－14。

表 2－14　早餐制作流程

①	两片吐司放入烤面包机烤至两面金黄，番茄、黄瓜切片、生菜滤水备用。
②	牛油果切半去壳，取一半用刀分割，去皮放入碗中。
③	切洋葱碎放入牛油果碗中，加盐、黑胡椒，搅拌成泥。
④	起锅烧油煎蛋，单面煎。
⑤	烤好的吐司涂上牛油果泥，放鸡蛋，将番茄、黄瓜、生菜依次摆放好。
⑥	三明治纸包裹整齐，切半。

午餐：奥尔良鸡腿饭，做法见表 2－15。

表 2－15　午餐制作流程

①	将鸡腿洗净，划开几条口，加 10g 料酒，三片姜片，抓匀去腥，静置 10min，再用清水洗净。
②	将鸡腿肉拿出腌制，加 2 片姜片、5g 料酒、5g 生抽、10g 奥尔良腌料、鸡精、葱丝、洋葱丝、香菜叶，抓匀腌制至少 30min。
③	香菇、西蓝花改刀切好，过水焯熟备用，同时切好蒜片。

续表

④	腌好的鸡腿肉放入空气炸锅200℃炸8min，反面再用140℃炸10min。烤至两面金黄，外焦里嫩最佳。
⑤	起锅喷油，放蒜片，煸香至微微黄，放香菇，加一勺生抽，少许蚝油翻炒，再放入西蓝花，加盐翻炒3min搅拌均匀即可盛出。

晚餐：鸡丝荞麦面，做法见表2－16。

表2－16 晚餐制作流程

①	汤锅加水烧沸，将胡萝卜切丝，荷兰豆去筋，放入沸水中2min捞出过凉备用。
②	将鸡胸肉放入沸水中煮2min，关火将鸡胸肉捞出过凉沥干，顺着肌肉纹路，撕成鸡肉丝备用。
③	烧开水煮面，煮熟之后过凉。
④	煮面时用陈醋15g、生抽15g、美极汁5g、辣鲜露7g、味粉1g以内、糖3g、红油7g、香油1g调成料汁，喜欢吃辣的也可以放一些小米椒。
⑤	将面放入盘中，荷兰豆切丝和胡萝卜丝、鸡肉丝依次平铺在面上，淋上料汁即可。圣女果可摆盘点缀，直接生吃。

参考文献

［1］周晓燕．烹调工艺学［M］．北京：中国纺织出版社，2008.
［2］陈苏华．中国烹饪工艺学［M］．上海：上海文化出版社，2006.

附 录

一、常见食物营养成分表

名称	可食部分(%)	水分(g)	能量(kcal)	蛋白质(g)	脂肪(g)	碳水化物(g)	膳食纤维(g)	胆固醇(mg)	维生素A(μgRAE)	维生素B_1(mg)	维生素B_2(mg)	烟酸(mg)	维生素C(mg)	维生素E(mg)	钙(mg)	磷(mg)	钾(mg)	钠(mg)	镁(mg)	铁(mg)	锌(mg)	硒(μg)	铜(mg)	锰(mg)
麸皮	100	14.5	282	15.8	4	61.4	31.3	0	10	0.3	0.3	12.5	0	4.47	206	682	862	12.2	382	9.9	5.98	7.12	2.03	10.85
挂面（标准粉）	100	12.4	348	10.1	0.7	76	1.6	0	—	0.19	0.04	2.5	0	1.11	14	153	157	150	51	3.5	1.22	9.9	0.44	1.28
花卷	100	45.7	214	6.4	1	45.6	1.5	0	—	Tr	0.02	1.1	0	—	19	72	83	95	12	0.4	Tr	6.17	0.09	—
烙饼（标准粉）	100	36.4	257	7.5	2.3	52.9	1.9	0	—	0.02	0.04	—	0	1.03	20	146	141	149.3	51	2.4	0.94	7.5	0.15	1.15
馒头（蒸，标粉）	100	40.5	236	7.8	1	49.8	1.5	0	—	0.05	0.07	—	0	0.86	18	136	129	165.2	39	1.9	1.01	9.7	0.14	1.27
馒头（蒸，富强粉）	100	40.3	235	7.1	1.3	50.9	—	0	0	0.12	0.02	0.79	0	Tr	58	43	146	165	20	0.4	0.21	2.66	0.02	0.03
面筋（水）（水面筋）	100	63.5	142	23.5	0.1	12.3	0.9	0	—	0.1	0.07	1.1	0	0.65	76	133	69	15	26	4.2	1.76	1	0.19	0.86
面筋（油）（油面筋）	100	7.1	492	26.9	25.1	40.4	1.3	0	—	0.03	0.05	2.2	0	7.18	29	98	45	29.5	40	2.5	2.29	22.8	0.5	1.28
面条（生，代表值）	100	24.2	301	8.9	0.6	65.6	0.8	0	—	0.22	0.07	1.8	0	0.47	12	139	123	21.4	42	4.3	1.09	6.59	0.15	0.71
面条(标准粉)(切面)	100	29.7	283	8.5	1.6	59.5	1.5	0	—	0.35	0.1	3.1	0	0.47	13	142	161	3.4	61	2.6	1.07	0.4	0.2	1.35
面条(富强粉)(切面)	100	29	277	8.9	0.4	60.7	—	0	0	0.07	0.02	1.1	0	Tr	24	92	102	11.5	29	0.4	0.12	2.34	0.02	0.04
面条（干切面）	100	10.5	355	11	0.1	77.7	0.2	0	—	0.28	0.05	2.7	0	—	8	142	100	60.9	42	9.6	1.5	7.78	0.22	0.72
面条（虾蓉面）	100	6.1	436	8.5	15.1	68.3	3.6	—	—	0	0.01	2.8	0	1.22	17	92	101	304.2	24	2	Tr	9.39	0.45	—
面条（煮，富强粉）	100	72.7	107	3.9	0.4	60.7	—	0	0	0.02	0.01	0.56	0	Tr	4	24	15	26.9	10	0.2	0.1	1.16	0.01	0.01
烧饼（糖）	100	25.9	298	8	2.1	62.7	2.1	0	—	Tr	0.01	1.1	0	0.39	51	105	122	62.5	26	1.6	0.36	12.16	0.15	—
通心面（通心粉）	100	11.8	351	11.9	0.1	75.8	0.4	0	—	0.12	0.03	1	0	—	14	97	209	35	58	2.6	1.55	5.8	0.16	0.67
五谷香	100	5.6	378	9.9	2.6	78.9	0.5	0	0	0.11	0.19	—	0	2.31	2	13	7	1	—	0.5	0.23	1.15	0.08	0.05
小麦粉（标准粉）	100	9.9	362	15.7	2.5	70.9	—	0	—	0.46	0.05	1.91	0	0.32	31	167	190	3.1	50	0.6	0.2	7.42	0.06	0.1
小麦粉（特二粉）	100	12	352	10.4	1.1	75.9	1.6	0	0	0.15	0.11	2	0	1.25	30	120	124	1.5	48	3	0.96	6.01	0.58	0.92
小麦粉(特一,富强粉)	100	12.7	351	10.3	1.1	75.2	0.6	0	0	0.17	0.06	2	0	0.73	27	114	128	2.7	32	2.7	0.97	6.88	0.26	0.77
小麦胚粉	100	4.3	403	36.4	10.1	44.5	5.6	0	0	3.5	0.79	3.7	0	23.2	85	1168	1532	4.6	198	0.6	23.5	65.2	0.83	17.3
油饼	100	24.8	403	7.9	22.9	42.4	2	0	—	0.11	0.05	—	0	13.72	46	124	106	572.5	13	2.3	0.97	10.6	0.27	0.71
油条	100	21.8	388	6.9	17.6	51	0.9	—	—	0.01	0.07	0.7	0	3.19	6	77	227	585.2	19	1	0.75	8.6	0.19	0.52
挂面（代表值）	100	11.5	353	11.4	0.9	75.1	0.9	0	—	0.17	0.04	2.09	0	1.11	20	134	129	184.5	49	2.3	0.72	9.21	0.27	0.71
挂面（精制龙须面）	100	11.9	348	11.2	0.5	74.7	0.2	0	—	0.18	0.03	2.5	0	—	26	137	109	292.8	48	2.3	0.87	14.28	0.33	0.81
小麦	100	10	338	11.9	1.3	75.2	10.8	0	0	0.4	0.1	4	0	1.82	34	325	289	6.8	4	5.1	2.33	4.05	0.43	3.1
小麦粉（代表值）	100	11.2	359	12.4	1.7	74.1	0.8	0	0	0.2	0.06	1.57	0	0.66	28	136	185	14.1	53	1，4	0.69	7.1	0.23	0.37
龙须面（素）	100	10.4	359	10.8	1.8	75.7	—	0	0	0.07	0.03	—	0	—	15	86	77	249.8	19	2.2	1.19	2.51	0.14	0.49
龙须面（鸡蛋）	100	10.2	352	14	1.8	71.5	—	—	42	0.17	0.05	0.9	0	0.21	12	140	529	711.2	25	1.5	0.83	3.34	0.17	0.47

续表

名称	可食部分(%)	水分(g)	能量(kcal)	蛋白质(g)	脂肪(g)	碳水化物(g)	膳食纤维(g)	胆固醇(mg)	维生素A(μgRAE)	维生素B_1(mg)	维生素B_2(mg)	烟酸(mg)	维生素C(mg)	维生素E(mg)	钙(mg)	磷(mg)	钾(mg)	钠(mg)	镁(mg)	铁(mg)	锌(mg)	硒(μg)	铜(mg)	锰(mg)
稻米（大米代表值）	100	13.3	346	7.9	0.9	77.2	0.6	0	0	0.15	0.04	2	0	0.43	8	112	112	1.8	31	1.1	1.54	2.83	0.25	1.13
稻米（粳，标二）	100	13.2	347	8	0.6	77.7	0.4	0	0	0.22	0.05	2.6	0	0.53	3	99	78	0.9	20	0.4	0.89	6.4	0.28	0.77
稻米（粳，标三）	100	13.9	346	7.2	0.8	77.6	0.4	0	0	0.33	0.03	3.6	0	0.3	5	108	78	1.3	—	0.7	0.93	5.4	0.28	0.89
稻米（粳，标四）	100	13.1	347	7.5	0.7	78.1	0.7	0	0	0.14	0.05	5.2	0	0.39	4	123	106	1.6	20	0.7	0.97	4.87	0.26	1.07
稻米（粳，标一）	100	13.7	345	7.7	0.6	77.4	0.6	0	0	0.16	0.08	1.3	0	1.01	11	121	97	2.4	34	1.1	1.45	2.5	0.19	1.36
稻米（粳，特级）	100	16.2	335	7.3	0.4	75.7	0.4	0	0	0.08	0.04	1.1	0	0.76	24	80	58	6.2	25	0.9	1.07	2.49	0.26	1
稻米（晚籼，标二）	100	14.2	344	8.6	0.8	75.7	0.4	0	0	0.18	0.06	2.6	0	0	6	141	146	0.9	60	2.8	1.89	2.26	0.2	1.05
稻米（晚籼，标一）	100	13.5	345	7.9	0.7	76.8	0.5	0	0	0.17	0.05	1.7	0	0.22	9	140	112	1.5	53	1.2	1.52	2.83	0.16	1.11
稻米（晚籼，特等）	100	14	342	8.1	0.3	76.9	0.2	0	0	0.09	0.1	1.5	0	—	6	104	107	0.8	28	0.7	1.5	1.56	0.23	0.89
稻米（籼稻，红）	64	13.4	348	7	2	76.4	2	0	0	0.15	0.03	5.1	0	0.19	—	—	220	22	—	5.5	3.29	3.12	0.35	3.2
稻米（籼米）	100	13.1	340	7.5	1.1	78	—	0.3	0	0.07	0.02	0.94	0	Tr	12	112	109	1.7	28	0.1	0.15	2.76	0.01	0.02
稻米（籼米，标一）	100	13	348	7.7	0.7	77.9	0.6	0	0	0.15	0.06	2.1	0	0.43	7	146	89	2.7	33	1.3	1.46	3.8	0.23	1
稻米（籼米，优标）	100	12.8	350	8.3	1	77.3	0.5	0	0	0.13	0.02	2.6	0	0	8	85	64	1.2	13	0.5	1.6	6.9	0.3	1.02
稻米（香米）	100	13.5	342	8.4	0.7	77.2	—	0	0	0.03	0.02	0.42	0	0.7	8	106	49	21.5	12	5.1	0.69	4.6	0.52	1.75
稻米（早籼）	64	10.2	361	9.9	2.2	76.2	1.4	0	0	0.14	0.05	5	0	0.25	13	257	214	1.6	Tr	5.1	2.73	1.84	0.25	2.73
稻米（早籼，标二）	100	13.7	346	9.5	1	75.1	0.5	0	0	0.2	0.09	3	0	—	6	192	171	0.8	79	1	1.89	1.82	0.55	1.84
稻米（早籼，标一）	100	12.3	352	8.8	1	77.2	0.4	0	0	0.16	0.05	2	0	—	10	141	124	1.9	57	1.2	1.59	2.05	0.23	1.21
稻米（早籼，特等）	100	12.9	347	9.1	0.6	76.7	0.7	0	0	0.13	0.03	1.6	0	—	6	141	108	1.3	42	0.9	1.54	2.07	0.4	1.3
黑米	100	14.3	341	9.4	2.5	72.2	3.9	0	0	0.33	0.13	7.9	0	0.22	12	356	256	7.1	147	1.6	3.8	3.2	0.15	1.72
米饭（蒸，粳米）	100	70.6	118	2.6	0.3	26.2	0.2	0	0	Tr	0.03	2	0	—	7	62	39	3.3	20	2.2	1.36	0.4	0.08	0.85
米饭（蒸，籼米）	100	70.1	117	3	0.4	26.4	—	0	0	0.01	0.01	1.7	0	Tr	6	15	21	1.7	10	0.1	0.14	1.13	0.01	0.02
米粥（粳米）	100	88.6	46	1.1	0.3	9.9	0.1	0	0	Tr	0.03	0.2	0	—	7	20	13	2.8	7	0.1	0.2	0.2	0.03	0.2
糯谷（早糯）	64	11.3	360	7.1	3.2	77	2.8	0	3	0.19	0.04	0.7	0	0.13	19	297	—	4.1	149	3	4.92	1.98	0.53	—
糯米（江米）	100	12.6	350	7.3	1	78.3	0.8	0	0	0.11	0.04	2.3	0	1.29	26	113	137	1.5	49	1.4	1.54	2.71	0.25	1.54
糯米（粳糯）	100	13.8	344	7.9	0.8	76.7	0.7	0	0	0.2	0.05	1.7	0	0.08	21	94	125	2.8	42	1.9	1.77	3.3	0.24	1.56
糯米（籼）	100	12.3	352	7.9	1.1	78	0.5	0	0	0.19	0.04	2.3	0	—	14	82	132	1.9	52	1.8	1.52	2.4	0.17	1.31
糯米（优糯米）	100	14.2	344	9	1	74.7	0.6	0	0	0.1	0.03	1.9	0	0.93	8	48	136	1.2	50	0.8	1.2	2.8	0.25	0.86
糯米（紫红，血糯米）	100	13.8	346	8.3	1.7	75.1	1.4	0	0	0.31	0.12	4.2	0	1.36	13	183	219	4	16	3.9	2.16	2.88	0.29	2.37
籼米粉（干，细）	100	12.3	346	8	0.1	78.3	0.1	0	0	0.03	—	0.2	0	—	—	53	43	5.9	23	1.4	2.27	3.44	0.09	0.63
籼米粉（排米粉）	100	10.7	356	7.4	0.1	81.5	0.3	0	0	0.02	0.02	0.6	0	—	6	62	14	16.3	16	3.2	0.8	7.48	0.3	0.6
高蛋白豆米粉（籼米）	100	2	414	16.5	7.1	71	—	0	0	1.1	0.68	—	0	—	—	—	—	—	—	—	—	—	—	—
河粉	100	11.2	359	7.7	1.5	79.2	—	0	0	0.02	0.02	—	0	0.23	51	105	83	8.2	23	1	1.57	4.19	0.24	0.71
玉米（白，干）	100	11.7	352	8.8	3.8	74.7	8	0	—	0.27	0.07	2.3	0	8.23	10	244	262	2.5	95	2.2	1.85	4.14	0.26	0.51
玉米（黄，干）	100	13.2	348	8.7	3.8	73	6.4	0	8	0.21	0.13	2.5	0	3.89	14	218	300	3.3	96	2.4	1.7	3.52	0.25	0.48
玉米（鲜）	46	71.3	112	4	1.2	22.8	2.9	0	—	0.16	0.11	1.8	16	0.46	—	117	238	1.1	32	1.1	0.9	1.63	0.09	0.22
玉米罐头（玉米笋）	100	93	16	1.1	0.2	4.9	4.9	0	3	—	—	0	—	—	6	4	36	170.9	—	0.1	0.33	0.8	0.02	0.12
玉米面（白）	100	13.4	352	8	4.5	73.1	6.2	0	—	0.34	0.06	3	0	6.89	12	187	276	0.5	111	1.3	1.22	1.58	0.23	0.4
玉米面（黄）	100	11.2	350	8.5	1.5	78.4	—	0	3	0.07	0.04	0.8	0	0.98	22	196	249	2.3	84	0.4	0.08	2.68	0.01	0.02
玉米面（强化豆粉）	100	13.6	352	11.8	4.9	68.3	6.4	0	—	0.21	0.04	3.1	0	7.13	18	234	370	1.6	106	3.4	1.28	9.15	0.38	0.74
玉米糁（黄）	100	12.5	326	7.4	1.2	78.7	—	0	0	0.03	0.03	0.76	0	0.96	49	143	177	1.7	151	0.2	0.05	1.09	0.01	0.01
大麦（元麦）	100	13.1	327	10.2	1.4	73.3	9.9	0	0	0.43	0.14	3.9	0	1.23	Tr	381	49	1.6	158	6.4	4.36	9.8	0.63	1.23
青稞	100	12.4	342	8.1	1.5	75	1.8	0	0	0.34	0.11	6.7	0	0.96	113	405	644	77	65	40.7	2.38	4.6	5.13	2.08
大黄米（黍）	100	11.3	356	13.6	2.7	71.1	3.5	0	—	0.3	0.09	1.4	0	1.79	30	244	201	1.7	116	5.7	3.05	2.31	0.57	1.5
黄米	100	11.1	351	9.7	1.5	76.9	4.4	0	—	0.09	0.13	1.3	0	4.61	—	—	—	3.3	—	—	2.07	—	0.9	0.23

续表

名称	可食部分(%)	水分(g)	能量(kcal)	蛋白质(g)	脂肪(g)	碳水化物(g)	膳食纤维(g)	胆固醇(mg)	维生素A(μgRAE)	维生素B_1(mg)	维生素B_2(mg)	烟酸(mg)	维生素C(mg)	维生素E(mg)	钙(mg)	磷(mg)	钾(mg)	钠(mg)	镁(mg)	铁(mg)	锌(mg)	硒(μg)	铜(mg)	锰(mg)
小米	100	11.6	361	9	3.1	75.1	1.6	0	8	0.33	0.1	1.5	0	3.63	41	229	284	4.3	107	5.1	1.87	4.74	0.54	0.89
小米粥	100	89.3	364	1.4	0.7	8.4	—	0	—	0.02	0.07	0.9	0	0.26	10	32	19	4.1	22	1	0.41	0.3	0.07	0.16
小米面	100	11.8	357	7.2	2.1	77.7	0.7	0	—	0.13	0.08	2.5	0	—	40	159	129	6.2	57	6.1	1.18	2.82	0.32	0.55
高粱米	100	10.3	360	10.4	3.1	74.7	4.3	0	0	0.29	0.1	1.6	0	1.88	22	329	281	6.3	129	6.3	1.64	2.83	0.53	1.22
苦荞麦粉	100	19.3	316	9.7	2.7	66	5.8	0	—	0.32	0.21	1.5	0	1.73	39	244	329	2.3	94	4.4	2.02	5.57	0.89	1.31
糜子（带皮）	100	9.4	336	10.6	0.6	75.1	6.3	0	—	0.45	0.18	1.2	0	3.5	99	205	148	9.6	146	5	2.07	12.01	0.61	1.1
糜子米（炒米）	100	7.6	376	8.1	2.6	80.5	1	0	—	0.29	0.04	0.7	0	—	12	233	252	10.7	112	14.3	1.89	4.53	0.45	0.63
荞麦	100	13	337	9.3	2.3	73	6.5	0	2	0.28	0.16	2.2	0	4.4	47	297	401	4.7	258	6.2	3.62	2.45	0.56	2.04
燕麦	100	10.2	338	10.1	0.2	77.4	6	0	Tr	0.46	0.07	—	—	0.91	58	342	356	2.1	116	2.9	1.75	—	0.21	3.91
薏米（薏苡仁）	100	11.2	361	12.8	3.3	71.1	2	0	—	0.22	0.15	2	0	2.08	42	217	238	3.6	88	3.6	1.68	3.07	0.29	1.37
莜麦面100	8	391	13.7	8.6	67.7	0	0	Tr	0.2	0.09	0.29	0	0.39	40	259	255	1.8	62	3.8	2.18	2.9	0.41	1.71	
荞麦面100	14.2	340	11.3	2.8	70.2	—	0	2	0.26	0.1	3.47	0	5.31	71	243	304	0.9	151	7	1.94	2.16	0.39	0.59	
马铃薯全粉	100	5.6	362	8.4	0.5	82.7	3.5	0	10	0.11	0.25	5.1	25.9	0.28	35	170	980	71	100	0.8	12.5	1.4	0.35	0.33
甘薯(白心,红皮山芋)	86	72.6	108	1.4	0.2	26.2	1	0	9	0.07	0.04	0.6	24	0.43	24	46	174	58.2	17	0.8	0.22	0.63	0.16	0.21
甘薯(红心,山芋红薯)	90	83.4	61	0.7	0.2	15.3	—	0	32	0.05	0.01	0.2	4	0.28	18	26	88	70.9	17	0.2	0.16	0.22	0.05	0.08
甘薯粉（地瓜粉）	100	14.5	336	2.7	0.2	81	0.1	0	1	0.03	0.05	0.2	tr	—	33	12	66	26.4	102	10	0.29	2.62	0.05	0.33
甘薯片（白薯干）	100	12.1	348	4.7	0.8	82.5	2	0	7	0.15	0.11	1.1	9	0.38	112	115	353	26.4	102	3.7	0.35	2.64	0.5	1.14
马铃薯（土豆、洋芋）	94	78.6	83	2.6	0.2	18.9	1.1	0	1	0.1	0.02	1.1	14	0.34	7	46	347	5.9	24	0.4	0.3	0.47	0.09	0.1
马铃薯丁（脱水）	100	11.4	346	2.6	0.2	18.9	1.1	0	1	0.1	0.02	—	20	—	39	87	267	22.6	51	2.4	0.41	2.17	1.31	0.36
马铃薯片（油炸，油炸土豆片）	100	4.1	616	4	48.4	41.9	1.9	0	4	0.09	0.05	6.4	0	5.22	11			60.9		1.2				
马铃薯全粉（土豆粉）	100	5.6	369	8.4	0.5	86.2	3.5	0	5	0.11	0.25	5.1	25.9	0.28	35	170	980	71	100	0.8	12.5	1.4	0.35	0.33
马铃薯丝（脱水）	100	10.1	350	5.2	0.6	82.5	3.3	0	0	0.14	0.05	1	17	0	41			21.1		3.4				
马铃薯（烤）	100	80.8	70	1.8	0.1	16.4	0.4	0	0	0.08	0.01	0.8	15	—	2	60	357	6	—	0.7	—	—	—	—
马铃薯（蒸）	100	80.6	69	3	tr	15.3	0.2	0	0	0.11	0.04	0.9	30	—	4	67	484	3	—	0.7	—	—	—	—
木薯	99	69	119	2.1	0.3	27.8	1.6	0	—	0.21	0.09	1.2	35	—	88	50	764	8	66	2.5	—	—	—	—
淀粉（蚕豆淀粉）	100	14.1	342	0.5	tr	85.3	0.5	0	—	0.04	tr	—	—	—	36	29	10	18.2	8	2.3	0.05	0.54	0.04	0.07
淀粉（土豆粉）	100	17.4	332	0.1	0.1	82	0	0	0	0	0	0	0	—	22	40	32	50	—	1.8	—	—	—	—
淀粉（团粉，芡粉）	100	12.6	348	1.5	tr	85.8	0.8	0	—	0.01	tr	0.2	—	—	34	25	16	13.3	14	3.6	0.18	0.37	0.06	0.08
淀粉（玉米）	100	13.5	346	1.2	0.1	85	0.1	0	—	0.03	0.04	1.1	—	—	18	25	8	6.3	6	4	0.09	0.7	0.07	0.05
粉丝	100	15	368	0.8	0.2	83.7	1.1	0	—	0.03	0.02	0.4	0	—	31	16	18	9.3	11	6.4	0.27	3.39	0.05	0.15
粉条	100	14.3	338	0.5	0.1	84.2	0.6	0	—	0.01	tr	0.1	0	—	35	23	18	9.6	11	5.2	0.83	2.18	0.18	0.16
淀粉（小麦）	100	13.1	351	0.2	0.5	86	0	0	0	0	0	0	0	—	14	33	8	3	5	0.6	0.1	—	0.02	—
淀粉（大米）	100	9.7	366	0.2	0.7	89.3	0	0	0	0	0	0	0	—	29	20	2	11	8	1.5	0.1	—	0.06	—
淀粉（甘薯）	100	15.1	342	0.1	0.2	84.4	0	0	0	0	0	0.1	0	—	62	14	7	3	—	2.6	—	—	—	—
魔芋精粉（鬼芋粉，南星粉）	100	12.2	335	4.6	0.1	153.2	74.4	0	—	tr	0.1	0.4	—	—	45	272	299	49.9	66	1.6	2.05	350.15	0.17	0.88
藕粉	100	6.4	373	0.2	tr	93.1	0.1	0	—	tr	0.01	0.4	—	—	8	9	35	10.8	2	17.9	0.15	2.1	0.22	0.28
藕粉（桂花藕粉）	100	13.6	344	0.4	0.1	85.3	tr	0	—	—	0.01	0.2	—	—	36	13	14	6.5	5	20.8	0.23	0.39	0.05	0.34
豆腐（北豆腐）	100	78.6	116	9.2	8.1	3	—	0	—	0.05	0.02	0.11	Tr	8.4	105	112	106	7.3	63	1.5	0.74	2.46	0.06	0.07
豆腐（代表值）	100	83.8	84	6.6	5.3	3.4	—	0	—	0.06	0.02	0.21	Tr	5.79	78	82	118	5.6	41	1.2	0.57	1.5	0.08	0.12
豆腐（南豆腐）	100	83.6	87	5.7	5.8	3.9	—	0	—	0.06	0.02	Tr	Tr	5.72	113	76	154	3.1	36	1.2	0.43	1.23	0.04	0.03
豆腐（内酯）	100	89.2	50	5	1.9	3.3	0.4	0	—	0.06	0.03	0.3	—	3.26	17	57	95	6.4	24	0.8	0.55	0.81	0.13	0.26
豆腐干（菜干）	100	71.3	137	13.4	7.1	5	0.3	0	—	0.01	0.01	0.3	—	0.62	179	79	70	633.6	81	3	1.39	0.5	0.15	0.81

续表

名称	可食部分(%)	水分(g)	能量(kcal)	蛋白质(g)	脂肪(g)	碳水化物(g)	膳食纤维(g)	胆固醇(mg)	维生素A(μgRAE)	维生素B_1(mg)	维生素B_2(mg)	烟酸(mg)	维生素C(mg)	维生素E(mg)	钙(mg)	磷(mg)	钾(mg)	钠(mg)	镁(mg)	铁(mg)	锌(mg)	硒(μg)	铜(mg)	锰(mg)
豆腐干（臭干）	100	77. 9	99	10. 2	4. 6	4. 5	0. 4	0	—	0. 02	0. 11	0. 1	—	—	720	166	136	33. 8	40	4. 2	0. 98	3. 34	0. 31	0. 85
豆腐干（代表值）	100	61. 3	197	14. 9	11. 3	9. 6	—	0	2	0. 02	0. 05	0. 4	Tr	13	447	174	137	329	69	7. 1	1. 84	7. 12	0. 41	1. 07
豆腐干（酱油干）	100	70. 2	157	14. 9	9. 1	4	0. 3	0	—	0. 02	0. 03	—	—	16. 41	413	188	130	90. 3	46	5. 9	1. 18	—	1. 28	1. 36
豆腐干（卤干）	100	32. 4	339	14. 5	16. 7	33. 4	1. 6	0	—	0. 03	0. 14	0. 2	—	—	731	162	134	40. 9	43	3. 9	3. 61	—	0. 57	0. 84
豆腐干（香干）	100	69. 2	152	15. 8	7. 8	5. 1	0. 8	0	3	0. 04	0. 03	0. 3	—	15. 85	299	219	99	234. 1	88	5. 7	1. 59	3. 15	0. 41	1. 19
豆腐干（小香干）	100	61	174	17. 9	9. 1	5. 4	0. 4	0	—	0. 03	0. 07	Tr	—	7. 39	1019	177	141	372. 3	87	23. 3	2. 55	23. 6	0. 38	1. 61
豆腐干（熏干）	100	67. 5	154	15. 8	6. 2	8. 8	0. 3	0	1	0. 03	0. 01	1	—	7. 03	173	109	136	232. 7	109	3. 9	1. 8	8. 9	0. 22	1. 05
豆腐花	100	1. 6	401	10	2. 6	84. 3	tr	0	21	0. 02	0. 03	0. 4	—	5	175	95	339	tr	60	3. 3	0. 75	1. 7	0. 28	0. 52
豆腐卷	100	61. 6	203	17. 9	11. 6	7. 2	1	0	15	0. 02	0. 04	0. 4	—	27. 63	156	288	82	81. 1	152	6. 1	2. 76	2. 51	0. 42	1. 66
豆腐脑（老豆腐）	100	96. 7	15	1. 9	0. 8	0	tr	0	—	0. 04	0. 02	0. 4	0	10. 46	18	5	107	2. 8	28	0. 9	0. 49	tr	0. 26	0. 25
豆腐皮	100	9. 4	447	51. 6	23	12. 5	—	0	23	0. 22	0. 12	0. 91	tr	46. 55	239	494	877	7. 4	179	11. 7	4. 08	2. 26	1. 17	2. 17
豆腐丝	100	58. 4	203	21. 5	10. 5	6. 2	1. 1	0	3	0. 04	0. 12	0. 5	—	9. 76	204	220	74	20. 6	127	9. 1	2. 04	1. 39	0. 29	1. 71
豆腐丝（干）	100	7. 4	451	57. 7	22. 8	3. 7	tr	0	0	0. 3	0. 6	—	—	7. 8	5	74	7	110	—	1. 3	3. 59	2. 72	0. 26	2. 4
豆腐丝（油）	100	38. 2	304	24. 2	17. 1	14. 5	2. 2	0	2	0. 02	0. 09	1. 8	—	17. 8	152	423	208	769. 4	93	5	2. 98	6. 1	0. 27	1. 37
豆肝尖	100	57. 6	203	17. 2	12	9. 4	5. 7	0	—	0. 01	0. 06	0. 1	—	37. 58	5	209	24	614. 5	25	7. 4	1. 9	3. 19	0. 11	1. 4
豆浆	100	93. 8	31	3	1. 6	1，2	—	0	—	0. 02	0. 02	0. 14	tr	1. 06	5	42	117	3. 7	15	0. 4	0. 28	tr	0. 16	0. 16
豆浆粉	100	1. 5	426	19. 7	9. 4	66. 8	2. 2	0	—	0. 07	0. 05	0. 7	—	17. 99	101	253	771	26. 4	122	3. 7	1. 77	3. 3	0. 69	1. 24
豆奶	100	94	30	2. 4	1. 5	1. 8	tr	5	—	0. 02	0. 06	0. 3	—	4. 5	23	35	92	3. 2	7	0. 6	0. 24	73	5. 57	0. 11
腐竹	100	7. 9	461	44. 6	21. 7	22. 3	1	0	—	0. 13	0. 07	0. 8	—	27. 84	77	284	553	26. 5	71	16. 5	3. 69	6. 65	1. 31	2. 55
黑豆（黑大豆）	100	9. 9	401	36	15. 9	33. 6	10. 2	0	3	0. 2	0. 33	2	—	17. 36	224	500	1377	3	243	7	4. 18	6. 79	1. 56	2. 83
黄豆（大豆）	100	10. 2	390	35	16	34. 2	15. 5	0	18	0. 41	0. 2	2. 1	—	18. 9	191	465	1503	2. 2	199	8. 2	3. 34	6. 16	1. 35	2. 26
黄豆粉	100	6. 7	432	32. 7	18. 3	37. 6	7	0	32	0. 31	0. 22	2. 5	—	33. 69	207	395	1890	3. 6	129	8. 1	3. 89	2. 47	1. 39	2
千张（百页）	100	52	262	24. 5	16	5. 5	1	0	3	0. 04	0. 05	0. 2	—	23. 38	313	309	94	20. 6	80	6. 4	2. 52	1. 75	0. 46	1. 96
青豆（青大豆）	100	9. 5	398	34. 5	16	35. 4	12. 6	0	66	0. 41	0. 18	3	—	10. 09	200	395	718	1. 8	128	8. 4	3. 18	5. 62	1. 38	2. 25
素大肠	100	63	155	18. 1	3. 6	13	1	0	—	0. 02	0. 02	0. 1	—	—	445	249	179	144. 7	56	3. 8	4. 03	—	1. 06	1. 14
素火腿	100	55	213	19. 1	13. 2	4. 8	0. 9	0	—	0. 01	0. 03	0. 1	—	25. 99	8	115	24	675. 9	25	7. 3	1. 96	3. 18	0. 16	1. 57
素鸡	100	64. 3	194	16. 5	12. 5	4. 2	0. 9	0	5	0. 02	0. 03	0. 4	—	17. 8	319	180	42	373. 8	61	5. 3	1. 74	6. 73	0. 27	1. 12
素鸡丝卷	100	63. 5	197	11. 2	13. 7	10. 1	5. 6	0	3	0. 03	0. 04	0. 5	—	27. 72	103	261	56	—	121	6	1. 52	2. 29	0. 22	1. 63
素什锦	100	65. 3	177	14	10. 2	8. 3	2	0	—	0. 07	0. 04	0. 5	—	9. 51	174	186	143	475. 1	45	6	1. 25	2. 8	0. 21	1. 06
素虾（炸）	100	3. 4	582	27. 6	44. 4	19. 3	2. 7	0	—	0. 04	0. 02	1. 6	—	50. 79	251	245	211	1440. 3	110	6. 3	2. 49	4. 3	0. 37	1. 03
酸豆奶	100	84. 5	67	2. 2	1. 2	11. 8	tr	0	—	0. 06		0. 7	—	1. 11	32	22	70	18. 6	16	0. 4	0. 21	0. 2	0. 08	0. 12
油豆腐（豆腐泡）	100	58. 8	245	17	17. 6	4. 9	0. 6	0	3	0. 05	0. 04	0. 3	—	24. 7	147	238	158	32. 5	72	5. 2	2. 03	0. 63	0. 3	1. 38
枝竹	100	6. 9	478	44. 4	24. 7	20. 8	2. 7	0	—	0. 11	0. 07	0. 9	—	26. 78	49	490	837	83	162	10. 8	3. 2	6. 14	0. 78	2. 9
豆汁	100	97. 4	10	0. 9	0. 1	1. 4	0. 1	0	tr	0. 02	0. 02	0. 1	—	0. 34	8	21	47	6. 5	6	0. 4	0. 11	0. 25	0. 05	—
绿豆	100	12. 3	329	21. 6	0. 8	62	6. 4	0	11	0. 25	0. 11	2	—	10. 95	81	337	787	3. 2	125	6. 5	2. 18	4. 28	1. 08	1. 11
绿豆饼	100	69. 7	122	15. 2	1. 2	12. 7	—	0	—	0. 07	0. 02	—	—	—	18	25	16	3. 1	2	1	0. 42	—	0. 19	0. 31
绿豆面	100	9. 6	341	20. 8	0. 7	65. 8	5. 8	0	8	0. 45	0. 12	0. 7	—	—	134	304	1055	3. 3	—	8. 1	2. 68	10. 58	1. 55	—
红豆沙	100	37. 9	244	4. 5	0. 1	57. 1	1. 8	0	—	0. 02	0. 02	—	tr	2. 69	19	65	21	26. 3	7	1. 1	0. 6	0. 41	0. 06	0. 22
红豆馅	100	33	261	4. 5	0. 2	61. 7	2. 8	0	—	0. 02	0. 04	—	tr	3. 66	16	90	59	28. 6	10	1. 3	0. 64	0. 39	0. 12	0. 27
小豆（红，红小豆）	100	12. 6	324	20. 2	0. 6	63. 4	7. 7	0	7	0. 16	0. 11	2	—	14. 36	74	305	860	2. 2	138	7. 4	2. 2	3. 8	0. 64	1. 33
小豆粥	100	84. 4	62	1. 2	0. 4	13. 7	0. 6	0	—			0. 2	—	0. 19	13	14	45	2. 3	17	0. 6	0. 33	0. 5	0. 03	0. 09
花豆（红）	100	14. 8	328	19. 1	1. 3	62. 7	5. 5	0	36	0. 25	—	3	—	6. 13	38	48	358	12. 5	17	0. 3	1. 27	19. 05	0. 94	1. 22
花豆（紫）	97	13. 2	330	17. 2	1. 4	65. 8	7. 4	0	23	0. 14	—	2. 7	—	9. 64	221	169	641	19. 6	120	5. 9	3. 4	74. 06	0. 92	1. 08
芸豆（白）	100	14. 4	315	23. 4	1. 4	57. 2	9. 8	0	—	0. 18	0. 26	2. 4	—	6. 16	—	—	—	—	—	—	—	—	—	—

续表

名称	可食部分(%)	水分(g)	能量(kcal)	蛋白质(g)	脂肪(g)	碳水化物(g)	膳食纤维(g)	胆固醇(mg)	维生素A(μgRAE)	维生素B_1(mg)	维生素B_2(mg)	烟酸(mg)	维生素C(mg)	维生素E(mg)	钙(mg)	磷(mg)	钾(mg)	钠(mg)	镁(mg)	铁(mg)	锌(mg)	硒(μg)	铜(mg)	锰(mg)
芸豆（红）	100	11.1	331	21.4	1.3	62.5	8.3	0	15	0.18	0.09	2	—	7.74	176	218	1215	0.6	164	5.4	2.07	4.81	0.83	1.43
芸豆（虎皮）	100	10.2	341	22.5	0.9	62.5	3.5	0	—	0.37	0.28	2.1	—	6.02	156	66	809	3.3	31	1.7	1.2	9.75	0.53	1.02
芸豆（杂，带皮）	100	9.8	327	22.4	0.6	63.3	10.5	0	—	—	—	—	—	—	349	386	1058	10.5	197	8.7	2.22	14.02	1.11	1.46
蚕豆（带皮）	93	11.5	326	24.6	1.1	59.9	10.9	0	4	0.13	0.23	2.2	—	4.9	49	339	992	21.2	113	2.9	4.76	4.29	0.64	1
蚕豆（去皮）	100	11.3	347	25.4	1.6	58.9	2.5	0	25	0.2	0.2	2.5	—	6.68	54	181	801	2.2	94	2.5	3.32	4.83	1.17	0.96
脑豆	100	10.7	363	23.4	3.8	59.6	1.5	0	—	0.35	0.28	2.9	—	19.21	327	354	686	12	171	7.7	2.45	7.34	1.14	2.05
蚕豆（烤）	100	4.3	377	27	2	63.8	2.2	0	9	0.22	0.12	4.8	—	5.16	229	454	1083	10.9	138	5.3	3.04	4.9	1.34	1.15
蚕豆（炸，开花豆）	100	10.5	447	26.7	20	40.4	0.5	0	—	0.16	0.12	7.7	—	5.15	207	330	742	547.9	69	3.6	2.83	2.1	0.94	0.18
蚕豆（煮）	100	83.7	62	4.8	0.5	10.1	—	0	—	0.13	0.09	1.2	19.8	—	18	73	193	41	31	1.5	0.47	1	0.06	0.26
扁豆（干）	100	9.9	339	25.3	0.4	61.9	6.5	0	3	0.26	0.45	2.6	—	1.86	137	218	439	2.3	92	19.2	1.9	32	1.27	1.19
扁豆（干，白）	100	19.4	283	19	1.3	55.6	13.4	0	—	0.33	0.11	1.2	—	0.89	68	340	1070	1	163	4	1.93	1.17	0.52	1.31
豇豆（干）	100	10.9	336	19.3	1.2	65.6	7.1	0	—	0.16	0.08	1.9	—	8.61	40	344	737	6.8	36	7.1	3.04	5.74	2.1	1.07
豇豆（紫）	100	11.2	329	18.9	0.4	65.8	6.9	0	2	0.22	0.09	2.4	—	11.42	67	345	500	4	41	7.9	1.61	1.52	1.42	0.98
眉豆（饭豇豆）	100	12	334	18.6	1.1	65.6	6.6	0	—	0.15	0.18	2.1	—	12.29	60	310	525	86.5	171	5.5	4.7	2.89	0.86	2.14
豌豆（干）	100	10.4	334	20.3	1.1	65.8	10.4	0	21	0.49	0.14	2.4	—	8.47	97	259	823	9.7	118	4.9	2.35	1.69	0.47	1.15
豌豆（花）	100	11.5	336	21.6	1	63.6	6.9	0	20	0.68	0.22	2.4	—	9.63	106	218	736	3.2	112	4.4	2.47	9.72	0.54	1.17
鹰嘴豆（桃豆）	100	11.3	340	21.2	4.2	60.1	11.6	0	7	0.41	0.25	—	3.5	11.61	150	450	830	6	210	3.4	1.5	—	0.44	2.2
木豆（扭豆、豆蓉）	100	10.7	348	19.8	4.5	58.8	3.7	0	—	0.66		—	tr	—	231	528	—	—	—	12.5	—	—	—	—
白萝卜（莱菔）	95	94.6	16	0.7	0.1	4	—	0	—	0.02	0.01	0.14	19	tr	47	16	167	54.3	12	0.2	0.14	0.12	0.01	0.05
卞萝卜（红皮萝卜）	96	94.2	20	0.8	0.1	5.3	1.1	0	—	0.01	0.02	0.22	5.6	tr	39	27	16	111.2	24	0.3	0.23	0.27	0.02	0.04
红心萝卜（心里美）	94	88	44	1.2	tr	11.2	1.4	0	7	0.02	0.02	0.1	20	—	86	30	385	49.1	23	0.9	0.74	0.73	0.05	0.08
胡萝卜（红）	96	89.2	41	1	0.2	9.9	1.1	0	344	0.04	0.03	0.6	13	0.41	32	27	190	71.4	14	1	0.23	0.63	0.08	0.24
胡萝卜（黄）	97	87.4	49	1.4	0.2	11.5	1.3	0	344	0.04	0.04	0.2	16	—	32	16	193	25.1	7	0.5	0.14	2.8	0.03	0.07
胡萝卜（脱水）	100	10.9	346	4.2	1.9	84.3	6.4	0	1438	0.12	0.15	2.6	32	—	458	118	1117	300.7	82	8.5	1.85	4.06	0.81	0.75
芥菜头(大头菜,水芥)	83	89.6	36	1.9	0.2	7.4	1.4	0	—	0.06	0.02	0.6	34	0.2	65	36	243	65.6	19	0.8	0.39	0.95	0.09	0.15
苤蓝（玉蔓菁）	78	90.8	32	1.3	0.2	7	1.3	0	2	0.04	0.02	0.5	41	0.13	25	46	190	29.8	24	0.3	0.17	0.16	0.02	0.11
青萝卜	95	91	29	1.2	0.2	6.9	—	0	7	0.01	0.02	0.62	7	tr	47	31	248	56	15	0.3	0.16	0.1	0.02	0.06
水萝卜（脆萝卜）	93	92.9	25	0.8	tr	6.9	1.4	0	21	0.03	0.05	—	45	—	—	—	—	9.7	—	—	0.49	—	0.01	0.05
甜菜根（甜菜头，甜萝卜）	90	74.8	87	1	0.1	23.5	5.9	0	—	0.05	0.04	0.2	8	1.85	56	18	254	20.8	38	0.9	0.31	0.29	0.15	0.86
小水萝卜（算盘子，红皮萝卜）	66	93.9	23	1.1	0.2	5.2	1	0	2	0.02	0.04	0.4	22	0.78	32	21	286	33.5	17	0.4	0.21	0.65	0.03	0.09
胡萝卜（黄）	97	90	32	1	0.2	8.1	—	0	342	—	0.02	—	9	0.31	27	38	119	120.7	18	0.3	0.22	0.6	0.07	0.08
红旦旦萝卜（樱桃萝卜、小水萝卜）	95	94.4	19	0.8	tr	4.3	0.8	0	tr	0.01	—	tr	4	1.11	9	43	63	20.1	11	2.9	0.32	1.45	tr	0.05
扁豆（鲜，月亮菜）	91	88.3	41	2.7	0.2	8.2	2.1	0	13	0.04	0.07	0.9	13	0.24	38	54	178	3.8	34	1.9	0.72	0.94	0.12	0.34
蚕豆（鲜）	31	70.2	111	8.8	0.4	19.5	3.1	0	26	0.37	0.1	1.5	16	0.83	16	200	391	4	46	3.5	1.37	2.02	0.39	0.55
刀豆	92	89	40	3.1	0.3	7	1.8	0	18	0.05	0.07	1	15	0.4	49	57	209	8.5	29	4.6	0.84	0.88	0.09	0.45
豆角	96	90	34	2.5	0.2	6.7	2.1	0	17	0.05	0.07	0.9	18	2.24	29	55	207	3.4	35	1.5	0.54	2.16	0.15	0.41
豆角（白）	97	89.7	35	2.2	0.2	7.4	2.6	0	48	0.06	0.04	0.9	39	2.38	26	40	192	9.5	28	0.8	0.6	1.6	0.1	0.78
发芽豆	83	66.1	131	12.4	0.7	19.4	1.3	0	—	0.3	0.17	2.3	4	2.8	41	134	179	3.9	1	5	0.72	0.73	0.32	0.37
荷兰豆	88	91.9	30	2.5	0.3	4.9	1.4	0	40	0.09	0.04	0.7	16	0.3	51	19	116	8.8	16	0.9	0.5	0.42	0.06	0.48
黄豆芽	100	88.8	47	4.5	1.6	4.5	1.5	0	3	0.04	0.07	0.6	8	0.8	21	74	160	7.2	21	0.9	0.54	0.96	0.14	0.34
豇豆（鲜）	97	90.1	32	2.2	0.3	7.3	—	0	44	0.06	0.05	—	13	0.39	62	55	171	9.5	55	0.8	0.38	0.66	0.12	0.27

续表

名称	可食部分(%)	水分(g)	能量(kcal)	蛋白质(g)	脂肪(g)	碳水化物(g)	膳食纤维(g)	胆固醇(mg)	维生素A(μgRAE)	维生素B_1(mg)	维生素B_2(mg)	烟酸(mg)	维生素C(mg)	维生素E(mg)	钙(mg)	磷(mg)	钾(mg)	钠(mg)	镁(mg)	铁(mg)	锌(mg)	硒(μg)	铜(mg)	锰(mg)
豇豆（鲜，长）	98	90.8	32	2.7	0.2	5.8	1.8	0	10	0.07	0.07	0.8	18	0.65	42	50	145	4.6	43	1	0.94	1.4	0.11	0.39
龙豆	98	90	36	3.7	0.5	5	1.9	0	43	0.04	0.06	1	11	0.77	147	54	142	4.1	46	1.3	0.46	4.06	0.35	0.19
龙牙豆（玉豆）	93	94.4	19	2.6	0.2	2.4	1.3	0	43	0.01	0.54	0.8	12	—	30	38	200	1.8	20	0.8	0.47	5.6	0.07	0.6
垅船豆	82	90.3	36	2	0.4	6.8	1.3	0	7	0.04	0.02	0.3	13	—	37	—	192	0.9	22	1.3	0.22	—	0.06	—
绿豆芽	100	95.3	16	1.7	0.1	2.6	1.2	0	1	0.02	0.02	0.35	4	tr	14	19	32	25.8	18	0.3	0.2	0.27	0.05	0.05
毛豆（青豆）	53	69.6	131	13.1	5	10.5	4	0	11	0.15	0.07	1.4	27	2.44	135	188	478	3.9	70	3.5	1.73	2.48	0.54	1.2
四季豆（菜豆）	96	91.3	31	2	0.4	5.7	1.5	0	35	0.04	0.07	0.4	6	1.24	42	51	123	8.6	27	1.5	0.23	0.43	0.11	0.18
豌豆（鲜）	42	70.2	111	7.4	0.3	21.2	3	0	18	0.43	0.09	2.3	14	1.21	21	127	332	1.2	43	1.7	1.29	1.74	0.22	0.65
豌豆苗	100	91.2	32	4.8	0.8	2.6	—	0	28	0.11	0.16	0.49	8	0.8	15	60	145	20.9	14	0.5	0.42	0.56	0.07	0.08
油豆角（多花菜豆）	99	92.2	25	2.4	0.3	3.9	1.6	0	13	0.07	0.08	1.4	11	2.39	69	56	240	3.3	35	1.9	0.38	1.1	0.61	0.12
芸豆（鲜）	96	91.1	30	0.8	0.1	7.4	2.1	0	20	0.33	0.06	0.8	9	0.07	88	37	112	4	16	1	1.04	0.23	0.24	0.44
豌豆尖	100	42.1	225	3.1	tr	53.9	1.3	0	226	0.07	0.23	tr	11	0.22	17	65	160	3.2	24	5.1	0.93	1.94	0.06	0.98
甜脆荷兰豆	100	88	32	3	0.3	8.1	6.8	0	21	0.08	0.06	0.58	24	0.22	65	59	18	4.4	25	0.7	0.39	0.16	0.07	0.62
番茄（西红柿，番柿）	97	95.2	15	0.9	0.2	3.3	—	0	31	0.02	0.01	0.49	14	0.42	4	24	179	9.7	12	0.2	0.12	tr	0.04	0.06
番茄（整，罐头）	100	93.5	22	2	0.6	2.6	0.8	0	96	0.03	0.02	0.8	5	1.66	31	22	197	246.9	12	0.4	0.24	0.5	0.05	0.06
葫子（茄科）	85	92.2	29	0.7	0.1	6.8	0.9	0	82	0.01	0.06	0.7	29	1.14	49	27	73	1.2	10	tr	0.56	4.4	0.87	tr
辣椒（红，尖，干）	88	14.6	295	15	12	52.7	41.7	0	—	0.53	0.16	1.2	—	8.76	12	298	1085	4	131	6	8.21	—	0.61	11.7
辣椒（红，小）	80	88.8	38	1.3	0.4	8.9	3.2	0	116	0.03	0.06	0.8	144	0.44	37	95	222	2.6	16	1.4	0.3	1.9	0.11	0.18
辣椒（尖，青）	91	93.4	22	0.8	0.3	5.2	—	0	98	0.02	0.02	0.62	59	0.38	11	20	154	7	15	0.3	0.21	0.02	0.05	0.05
奶柿子西红柿	100	95.6	14	0.6	0.1	3.2	0.8	0	44	0.05	0.02	1	8	1.31	15	21	163	8.3	9	0.4	0.14	0.12	0.45	0.06
茄子（白皮，长）	97	92.5	21	1.3	0.1	5.5	—	0	1	0.05	0.03	0.44	—	tr	10	30	238	1.9	16	0.5	0.2	0.16	0.05	0.12
茄子（代表值）	93	93.4	23	1.1	0.2	4.9	1.3	0	4	0.02	0.04	0.6	5	1.13	24	23	142	5.4	13	0.5	0.23	0.48	0.1	0.13
茄子（绿皮）	90	92.8	28	1	0.6	5.2	1.2	0	10	0.02	0.2	0.6	7	0.55	12	26	162	6.8	13	0.1	0.24	0.64	0.05	0.07
茄子（紫皮，长）	95	93.4	18	1.1	0.1	4.8	—	0	—	0.03	0.03	—	—	tr	50	21	147	5	11	0.5	0.2	0.09	0.04	0.09
青椒（灯笼椒，柿子椒，大椒）	82	94.6	18	1	0.2	3.8	—	0	76	0.02	0.02	0.39	130	0.41	—	—	—	—	—	—	—	0.38	—	—
秋葵(黄秋葵,羊角豆)	98	91.2	25	1.8	0.2	6.2	1.8	0	20	0.06	0.05	0.42	7.2	tr	101	41	19	8.7	38	0.2	0.24	0.54	0.03	0.13
甜椒（脱水）	100	10.5	324	7.6	0.4	76.6	8.3	0	1409	0.23	0.18	4	846	6.05	130	106	1443	26	145	7.4	1.65	3.01	1.17	0.84
白瓜	83	96.2	12	0.9	—	2.6	0.9	0	—	0.02	0.04	0.1	16	0.2	6	11	70	1	8	0.1	0.04	1.1	0.01	0.11
菜瓜（生瓜，白瓜）	88	95	19	0.6	0.2	3.9	0.4	0	2	0.02	0.01	0.2	12	0.03	20	14	136	1.6	15	0.5	0.1	0.63	0.03	0.03
冬瓜	80	96.9	10	0.3	0.2	2.4	—	0	tr	tr	tr	0.22	16	0.04	12	11	57	2.8	10	0.1	0.1	0.02	0.01	0.02
方瓜	82	95.8	14	0.8	tr	3.1	0.6	0	12	0.01	0.01	0.6	2	0.37	40	13	4	4.4	9	0.2	0.97	0.31	0.02	0.03
佛手瓜(棒瓜,菜肴梨)	100	94.3	18	1.2	0.1	3.8	1.2	0	2	0.01	0.01	0.1	8	—	17	18	76	1	10	0.1	0.08	1.45	0.02	0.03
葫芦（长瓜，蒲瓜，瓠瓜）	87	95.3	16	0.7	0.1	3.5	0.8	0	3	0.02	0.01	0.4	11	—	16	15	87	0.6	7	0.4	0.14	0.49	0.04	0.08
葫芦条（干）	100	25.4	256	4.3	1.8	64.6	18.1	0	—	0.05	0.03	1.4	—	—	114	187	480	36.3	80	8	2.8	1.7	0.56	1.64
黄瓜（胡瓜）	92	95.8	16	0.8	0.2	2.9	0.5	0	8	0.02	0.03	0.2	9	0.49	24	24	102	4.9	15	0.5	0.18	0.38	0.05	0.06
节瓜（毛瓜）	92	95.6	14	0.6	0.1	3.4	1.2	0	—	0.02	0.05	0.4	39	0.27	4	13	40	0.2	7	0.1	0.08	0.26	0.02	0.1
金瓜	82	95.6	15	0.5	0.1	3.4	0.7	0	5	0.02	0.02	0.6	2	0.43	17	10	152	0.9	8	0.9	0.17	0.28	0.04	tr
金丝瓜（裸瓣瓜）	80	91.7	38	3.3	2	2.2	0.8	0	1	0.02	0.03	0.7	1	0.01	25	28	90	2	13	0.3	1.77	0.76	0.13	0.11
苦瓜（凉瓜，赖瓜）	81	93.4	22	1	0.1	4.9	1.4	0	8	0.03	0.03	0.4	56	0.85	14	35	256	2.5	18	0.7	0.36	0.36	0.06	0.16
面西胡瓜	88	97	10	0.8	tr	1.8	—	0	48	0.01	0.02	0.1	—	—	14	3	70	0.6	12	0.8	0.25	0.1	0.08	0.06
南瓜（饭瓜，番瓜，倭瓜）	85	93.5	23	0.7	0.1	5.3	0.8	0	74	0.03	0.04	0.4	8	0.36	16	24	145	0.8	8	0.4	0.14	0.46	0.03	0.08

续表

名称	可食部分(%)	水分(g)	能量(kcal)	蛋白质(g)	脂肪(g)	碳水化物(g)	膳食纤维(g)	胆固醇(mg)	维生素A(μgRAE)	维生素B_1(mg)	维生素B_2(mg)	烟酸(mg)	维生素C(mg)	维生素E(mg)	钙(mg)	磷(mg)	钾(mg)	钠(mg)	镁(mg)	铁(mg)	锌(mg)	硒(μg)	铜(mg)	锰(mg)
蛇瓜（蛇豆，大豆角）	89	94.1	18	1.5	0.1	3.9	2	0	2	0.1	0.03	0.1	4	—	191	14	763	2.2	47	1.2	0.42	0.3	0.04	0.16
丝瓜	83	94.1	20	1.3	0.2	4	—	0	13	0.02	0.04	0.32	4	0.08	37	33	121	3.7	19	0.3	0.22	0.2	0.05	0.07
笋瓜（生瓜）	91	96.1	13	0.5	—	3.1	0.7	0	8	0.04	0.02	—	5	0.29	14	27	96	—	7	0.6	0.09	—	0.03	0.05
西葫芦	73	94.9	19	0.8	0.2	3.8	0.6	0	3	0.01	0.03	0.2	6	0.34	15	17	92	5	9	0.3	0.12	0.28	0.03	0.04
小西胡瓜	79	94.4	22	0.7	0.1	4.8	—	0	—	—	0.01	tr	—	—	5	6	18	1.7	tr	0.2	0.1	1	0.04	0.05
樱桃番茄	98	92.5	25	1	0.2	5.8	—	0	28	0.02	0.01	0.92	33	0.98	6	26	262	10	12	0.3	0.2	0.2	0.04	0.06
秋黄瓜（旱黄瓜）	92	96	14	0.9	0.2	2.5	—	0	3	0.02	0.01	—	—	tr	9	23	141	2.2	9	0.2	0.17	0.1	0.03	0.07
彩椒	83	91.5	26	1.3	0.2	6.4	—	0	66	0.05	0.05	1.09	104	1.6	9	26	278	6.8	18	0.5	0.18	0.12	0.06	0.09
葱头（白皮，脱水）	100	9.1	342	5.5	0.4	81.9	5.7	0	2	0.16	0.16	1	22	—	186	78	740	31.7	49	0.9	1.02	3.91	0.45	0.62
葱头（洋葱）	90	89.2	40	1.1	0.2	9	0.9	0	2	0.03	0.03	0.3	8	0.14	24	39	147	4.4	15	0.6	0.23	0.92	0.05	0.14
葱头（紫皮，脱水）	100	9.1	339	6.9	0.4	80.6	7.5	0	2	0.2	0.14	1	5	—	351	162	912	77.4	132	6.2	1.13	1.83	0.55	0.78
大蒜（白皮，鲜）	85	66.6	128	4.5	0.2	27.6	1.1	0	3	0.04	0.06	0.6	7	1.07	39	117	302	19.6	21	1.2	0.88	3.09	0.22	0.29
大蒜（脱水）	100	7.3	348	13.2	0.3	75.4	4.5	0	—	0.29	—	—	79	—	65	297	798	36.8	61	6.6	1.98	19.3	0.99	0.63
大蒜（紫皮）	89	63.8	139	5.2	0.2	29.6	1.2	0	2	0.29	0.06	0.8	7	0.68	10	129	437	8.3	28	1.3	0.64	5.54	0.11	0.24
红皮大葱	68	86.2	49	2.4	0.1	10.2	1.3	0	4	0.01	0.12	0.5	8	—	24	53	329	3.4	18	tr	0.13	6.86	0.34	0.1
韭菜	90	92	25	2.4	0.4	4.5	—	0	133	0.04	0.05	0.86	2	0.57	44	45	241	5.8	24	0.7	0.25	1.33	0.05	0.21
韭芽（韭黄）	88	93.2	24	2.3	0.2	3.9	1.2	0	22	0.03	0.05	0.7	15	0.34	25	48	192	6.9	12	1.7	0.33	0.76	0.1	0.17
青蒜	84	90.4	34	2.4	0.3	6.2	1.7	0	49	0.06	0.04	0.6	16	0.8	24	25	168	9.3	17	0.8	0.23	1.27	0.05	0.15
蒜黄	97	93	24	2.5	0.2	3.8	1.4	0	23	0.05	0.07	0.6	18	0.53	24	58	168	7.8	16	1.3	0.33	0.79	0.09	0.25
蒜苗（青蒜）	82	88.9	40	2.1	0.4	8	1.8	0	23	0.11	0.08	0.5	35	0.81	29	44	226	5.1	18	1.4	0.46	1.24	0.05	0.17
蒜薹	90	81.8	66	2	0.1	15.4	2.5	0	40	0.04	0.07	0.2	1	1.04	19	52	161	3.8	28	4.2	1.04	2.17	0.03	0.32
小葱	73	92.7	27	1.6	0.4	4.9	1.4	0	70	0.05	0.06	0.4	21	0.49	72	26	143	10.4	18	1.3	0.35	1.06	0.06	0.16
大葱	82	91.8	28	1.6	0.3	5.8	1.3	0	5	0.06	0.03	0.5	3	tr	63	25	110	8.9	16	0.6	0.29	0.21	0.03	0.34
细香葱(香葱、四季葱)	89	91.1	28	1.4	0.3	6.6	—	0	10	0.03	0.05	0.49	9	0.18	72	29	123	13.6	19	1.3	0.22	0.74	0.01	0.11
韭薹	85	89.4	37	2.2	0.1	7.8	1.9	0	40	0.04	0.07	0.2	1	0.96	11	29	121	1	22	4.2	1.34	2.28	0.05	0.18
白菜（脱水）	100	10	305	6.2	0.8	72.9	9.4	0	—	0.24	—	4.8	187	—	908	485	2269	492.5	219	13.8	4.68	6.33	0.87	2.65
白菜苔（菜苔菜心）	84	91.3	28	2.8	0.5	4	1.7	0	80	0.05	0.08	1.2	44	0.52	96	54	236	26	19	2.8	0.87	6.68	0.18	0.41
菠菜（赤根菜）	89	91.2	28	2.6	0.3	4.5	1.7	0	243	0.04	0.11	0.6	32	1.74	66	47	311	85.2	58	2.9	0.85	0.97	0.1	0.66
菠菜（脱水）	100	9.2	308	6.4	0.6	75.7	12.7	0	199	0.2	0.18	3.9	82	7.73	411	222	919	242	183	25.9	3.91	7.02	2.08	1.61
菜花（花椰菜）	82	93.2	20	1.7	0.2	4.2	2.1	0	1	0.04	0.04	0.32	32	tr	31	32	206	39.2	18	0.4	0.17	2.86	0.02	0.09
菜花（脱水）	100	9.8	312	6.5	0.6	76.8	13.2	0	—	0.21	0.18	7.4	82	—	185	182	554	264.3	99	6.4	2.15	5.59	0.79	1.08
大白菜（白梗）	92	93.6	22	1.7	0.2	3.7	0.6	0	21	0.06	0.07	0.8	47	0.92	69	30	130	89.3	12	0.5	0.21	0.33	0.03	0.21
大白菜（青白口）	83	95.1	17	1.4	0.1	3	0.9	0	7	0.03	0.04	0.4	28	0.36	35	28	90	48.4	9	0.6	0.61	0.39	0.04	0.16
大白菜（小白口）	85	95.2	16	1.3	0.1	2.8	0.9	0	3	0.02	0.03	0.5	19	0.21	45	35	137	34.8	11	0.9	0.31	0.75	0.07	0.17
冬寒菜(冬苋菜,冬葵)	58	89.6	34	3.9	0.4	4.9	2.2	1.2	599	0.15	0.05	0.6	20	—	82	56	280	14	30	2.4	1.37	2.41	0.13	2.5
观达菜（根达菜，牛皮菜，恭菜）	100	91.8	23	1.9	0.3	4.5	2.8	0	39	0.01	0.24	—	6.4	0.5	76	17	290	220	64	1.3	0.18	1.4	0.02	0.48
红菜薹	52	91.1	29	2.9	2.5	2.7	0.9	0	7	0.05	0.04	0.9	57	0.51	26	60	221	1.5	15	2.5	0.9	8.43	0.12	—
红胡萝卜缨	100	82.2	48	1.7	0.4	11.3	0	0	81	0.04	—	—	41	—	350	39	493	74.6	33	8.1	0.67	0.89	0.12	0.36
茴香菜（小茴香）	86	91.2	27	2.5	0.4	4.2	1.6	0	201	0.06	0.09	0.8	26	0.94	154	23	149	186.3	46	1.2	0.73	0.77	0.04	0.31
芥菜（大叶，盖菜）	71	94.6	16	1.8	0.4	2	1.2	0	142	0.02	0.11	0.5	72	0.64	28	36	224	29	18	1	0.41	0.53	0.1	0.7
芥菜（小叶芥菜）	88	92.6	26	2.5	0.4	3.6	1	0	121	0.05	0.1	0.7	51	2.06	80	40	210	38.9	23	1.5	0.5	0.28	0.06	0.33
芥蓝（甘蓝菜）	98	91	24	3.1	0.3	4.1	—	0	—	0.03	0.12	0.68	37	tr	121	52	345	40.2	40	1	0.4	0.39	0.03	0.31
金针菜（黄花菜）	98	40.3	214	19.4	1.4	34.9	7.7	0	153	0.05	0.21	3.1	10	4.92	301	216	610	59.2	85	8.1	3.99	4，22	0.37	1.21

续表

名称	可食部分(%)	水分(g)	能量(kcal)	蛋白质(g)	脂肪(g)	碳水化物(g)	膳食纤维(g)	胆固醇(mg)	维生素A(μgRAE)	维生素 B_1(mg)	维生素 B_2(mg)	烟酸(mg)	维生素C(mg)	维生素E(mg)	钙(mg)	磷(mg)	钾(mg)	钠(mg)	镁(mg)	铁(mg)	锌(mg)	硒(μg)	铜(mg)	锰(mg)
茎用芥菜（青菜头）	92	95	13	1.3	0.2	2.8	2.8	0	23	—	0.02	0.3	7	1.29	23	35	316	41.1	5	0.7	0.25	0.95	0.05	0.1
苦菜(节节花,拒马菜)	100	85.3	46	2.8	0.6	10	5.4	0	45	0.09	0.11	0.6	19	2.93	66	41	180	8.7	37	9.4	0.86	0.5	0.17	1.53
芦笋（绿，石刁柏，龙须菜）	90	93.3	19	2.6	0.1	3.3	—	0	2	0.07	0.08	1.12	7	0.19	9	51	304	12.4	18	1.4	0.55	0.62	0.1	0.12
萝卜缨（白）	100	90.7	17	2.6	0.3	1.7	1.4	0	—	0.02	—	—	77	—	—	—	—	—	—	—	—	—	—	—
萝卜缨（青）	100	87.2	38	3.1	0.1	7.6	2.9	0	17	0.07	0.08	0.2	41	0.48	110	27	424	91.4	27	1.4	0.3	0.46	0.03	0.86
萝卜缨（小，红）	93	92.8	23	1.6	0.3	4.1	1.4	0	59	0.03	0.13	0.4	51	0.87	238	32	101	43.1	13	0.2	0.29	0.82	0.04	0.45
落葵(木耳菜,软浆菜)	76	92.8	23	1.6	0.3	4.3	1.5	0	168	0.06	0.06	0.6	34	1.66	166	42	140	47.2	62	3.2	0.32	2.6	0.07	0.43
牛俐生菜（油麦菜）	81	95.9	12	1.1	0.4	2.1	—	0	63	0.03	0.07	0.56	2	0.45	60	26	164	32	23	0.5	0.24	0.16	0.02	0.06
荠菜（蓟菜）	88	90.6	31	2.9	0.4	4.7	1.7	0	216	0.04	0.15	0.6	43	1.01	294	81	280	31.6	37	5.4	0.68	0.51	0.29	0.65
芹菜（白茎，旱芹，药芹）	100	95.4	13	0.4	0.2	3.1	1	0	2	0.01	0.02	0.22	2	tr	15	13	128	166.4	16	0.2	0.14	0.07	0.03	0.04
芹菜（茎）	67	93.1	22	1.2	0.2	4.5	1.2	0	28	0.02	0.06	0.4	8	1.32	80	38	206	159	18	1.2	0.24	9.57	0.09	0.16
芹菜（叶）	100	89.4	35	2.6	0.6	5.9	2.2	0	244	0.08	0.15	0.9	22	2.5	40	64	137	83	58	0.6	1.14	2	0.99	0.54
生菜（叶用莴苣）	94	96.7	12	1.6	0.4	1.1	—	0	2	0.02	0.01	—	tr	—	14	12	91	16.1	7	0.2	0.12	0.04	0.01	0.06
酸白菜（酸菜）	100	94.9	10	0.7	0.2	2.6	—	0	—	0.01	0.01	tr	—	—	48	38	104	43.1	21	0.3	0.03	0.16	tr	0.01
茼蒿（蓬蒿菜，艾菜）	82	93	24	1.9	0.3	3.9	1.2	0	126	0.04	0.09	0.6	18	0.92	73	36	220	161.3	20	2.5	0.35	0.6	0.06	0.28
蕹菜（空心菜）	100	92.3	19	2.2	0.2	4	—	0	143	0.03	0.05	0.22	5	0.1	115	37	304	107.6	46	1	0.27	—	0.05	0.52
莴苣笋（莴苣）	62	95.5	15	1	0.1	2.8	0.6	0	13	0.02	0.02	0.5	4	0.19	23	48	212	36.5	19	0.9	0.33	0.54	0.07	0.19
莴苣叶（莴笋叶）	100	95	15	1	0.2	2.9	—	0	2	0.03	tr	—	tr	tr	9	37	305	35.6	19	0.2	0.19	0.21	0.05	0.03
乌菜（塌菜，塌棵菜）	89	91.8	28	2.6	0.4	4.2	1.4	0	84	0.06	0.11	1.1	45	1.16	186	53	154	115.5	24	3	0.7	0.5	0.13	0.36
西蓝花（绿菜花）	83	91.6	27	3.5	0.6	3.7	—	0	13	0.06	0.08	0.73	56	0.76	50	61	179	46.7	22	0.9	0.46	0.43	0.03	0.16
苋菜（绿）	74	90.2	30	2.8	0.3	5	2.2	0	176	0.03	0.12	0.8	47	0.36	187	59	207	32.4	119	5.4	0.8	0.52	0.13	0.78
苋菜（紫，红苋）	73	88.8	35	2.8	0.4	5.9	1.8	0	124	0.03	0.1	0.6	30	1.54	178	63	340	42.3	38	2.9	0.7	0.09	0.07	0.35
小白菜（青菜，白菜）	94	94.8	14	1.4	0.3	2.4	—	0	154	0.01	0.05	—	64	0.4	117	26	116	132.2	30	1.3	0.23	0.39	0.02	0.15
油菜	96	95.6	14	1.3	0.5	2	—	0	90	0.02	0.05	0.55	—	TR	148	23	175	73.7	25	0.9	0.31	0.73	0.03	0.23
油菜（黑）	96	94.1	19	1.8	0.2	2.9	0.9	0	122	0.01	0.1	TR	24	0.94	191	34	143	98.8	34	5.9	1.27	TR	TR	1.09
油菜（脱水）	100	9	316	7.6	0.6	74.3	8.6	0	288	0.33	0.19	10.5	124	7.73	596	182	635	405.3	105	19.3	4.78	13.14	3.06	1.28
油菜苔	82	92.4	24	3.2	0.4	3	2	0	45	0.08	0.07	0.8	65	0.89	156	51	192	83.2	27	2.8	9.72	0.82	0.18	0.45
圆白菜（卷心菜）	86	93.2	24	1.5	0.2	4.6	1	0	6	0.03	0.03	0.4	40	0.5	49	26	124	27.2	12	0.6	0.25	0.96	0.04	0.18
油菜心	100	95.1	15	1.3	0.4	2.7	—	0	—	0.02	0.06	0.41	tr	0.16	74	26	166	33.4	25	0.6	0.19	0.26	0.04	0.07
香菜（脱水）	100	9.3	310	7.4	1.3	71.2	8.2	0	236	0.17	0.28	6	75	22.15	1723	151	1031	1217.5	269	22.3	1.71	14.15	1.65	2.46
香菜（芫荽，香荽）	81	90.5	33	1.8	0.4	6.2	1.2	0	97	0.04	0.14	2.2	48	0.8	101	49	272	48.5	33	2.9	0.45	0.53	0.21	0.28
大白菜（代表值）	89	94.4	20	1.6	0.2	3.4	0.9	0	7	0.05	0.04	0.65	37.5	0.36	57	33	134	68.9	12	0.8	0.46	0.57	0.06	0.19
百合	82	56.7	169	3.2	0.1	40.5	1.7	0	—	0.02	0.04	0.7	18	—	11	61	510	6.7	43	1	0.5	0.2	0.24	0.35
百合（脱水）	100	9.9	346	8.1	0.1	79.1	1.7	0	—	0.05	0.02	1.1	7	—	29	72	492	69.8	43	5	1.25	3.08	1.7	0.55
玉兰片	100	78	66	2.6	0.4	18.6	11.3	0	—	0.04	0.07	0.1	1	2.24	42	29	66	1.9	5	3.6	0.23	—	0.04	0.54
竹笋	63	92.8	23	2.6	0.2	3.6	1.8	0	—	0.08	0.08	0.6	5	0.05	9	64	389	0.4	1	0.5	0.33	0.04	0.09	1.14
竹笋（白笋，干）	64	10	282	26	4	57.1	43.2	0	1	—	0.32	0.2	tr	—	31	222	1754	0.7	22	4.2	3.3	2.34	1.94	2.2
竹笋（鞭笋，马鞭笋）	45	90.1	24	2.6	tr	6.7	6.6	0	—	0.05	0.09	0.5	7	—	17	49	379	4.6	13	2.5	0.64	0.44	0.08	0.69
竹笋（春笋）	66	91.4	25	2.4	0.1	5.1	2.8	0	3	0.05	0.04	0.4	5	—	8	36	300	6	8	2.4	0.43	0.66	0.15	0.78
竹笋（黑笋，干）	76	14.4	268	17.6	2.4	57.5	27.2	0	—	—	0.41	1.9	tr	—	30	426	115	6.2	82	18.9	7.6	4.2	1.3	5.43
竹笋（毛笋，毛竹笋）	67	93.1	23	2.2	0.2	3.8	1.3	0	—	0.04	0.05	0.3	9	0.15	16	34	318	5.2	8	0.9	0.47	0.38	0.07	0.35
奶白菜	100	92.6	21	2.7	0.2	3.3	1.5	0	95	0.02	0.1	0.59	37.4	0.16	66	55	126	170.2	41	1	0.28	0.43	0.05	0.24

续表

名称	可食部分(%)	水分(g)	能量(kcal)	蛋白质(g)	脂肪(g)	碳水化物(g)	膳食纤维(g)	胆固醇(mg)	维生素A(μgRAE)	维生素B_1(mg)	维生素B_2(mg)	烟酸(mg)	维生素C(mg)	维生素E(mg)	钙(mg)	磷(mg)	钾(mg)	钠(mg)	镁(mg)	铁(mg)	锌(mg)	硒(μg)	铜(mg)	锰(mg)
娃娃菜	97	95	13	1.9	0.2	2.4	—	0	4	0.04	0.03	0.61	12	tr	78	58	278	19.3	17	0.4	0.35	0.16	0.03	0.13
芥菜（鲜，雪里红、雪菜）	94	91.5	27	2	0.4	4.7	1.6	0	26	0.03	0.11	0.5	31	0.74	230	47	281	30.5	24	3.2	0.7	0.7	0.08	0.42
盖菜	94	94.8	13	1.5	0.2	2.8	—	0	41	0.02	0.07	0.21	14	0.75	76	33	150	73.5	28	0.5	0.47	0.56	0.04	0.15
洋丝瓜苗	81	92.2	29	4.4	0.3	2.2	—	0	—	0.04	0.23	—	4.6	—	77	72	224	25	—	3.1	0.44	—	—	—
三七尖	100	92.6	21	2.3	0.2	4	—	0	14	tr	0.08	—	0	0.15	57	21	631	12.4	169	0.1	2.26	5.99	1.19	6.66
穿心莲	100	95.1	17	1.7	—	2.5	—	0	—	—	—	—	3.4	0	11	—	188	3.6	9	0.2	0.04	0.01	0.03	0.16
冬笋	39	88.1	42	4.1	0.1	6.5	0.8	0	7	0.08	0.08	0.6	1	—	22	56	—	—	—	0.1	—	—	—	—
西芹	85	93.6	17	0.6	0.1	4.8	2.2	0	2	0.01	0.03	0.22	4	tr	36	35	15	313.3	15	0.2	0.1	0.1	0.02	0.06
樱桃萝卜缨	100	94	14	2	0.1	2.7	2.3	0	120	0.04	0.09	0.26	14	1.4	56	50	126	111.3	45	3.9	0.4	0.58	0.03	0.51
莼菜（瓶装，花案板）	100	94.5	21	1.4	0.1	3.8	0.5	0	55	—	0.01	0.1	tr	0.9	42	17	2	7.9	3	2.4	0.67	0.67	0.04	0.26
茭白（茭笋，茭粑）	74	92.2	26	1.2	0.2	5.9	1.9	0	5	0.02	0.03	0.5	5	0.99	4	36	209	5.8	8	0.4	0.33	0.45	0.06	0.49
水芹菜	60	96.2	13	1.4	0.2	1.8	0.9	0	63	0.01	0.19	1	5	0.32	38	32	212	40.9	16	6.9	0.38	0.81	0.1	0.79
荸荠（马蹄，地栗）	78	83.6	63	1.2	0.2	15.3	1.1	0	2	0.02	0.02	0.7	7	0.65	4	44	306	15.7	12	0.6	0.34	0.7	0.07	0.11
慈菇（乌芋，白地果）	89	73.6	100	4.6	0.2	21.3	1.4	0	—	0.14	0.07	1.6	4	2.16	14	157	707	39.1	24	2.2	0.99	0.92	0.22	0.39
藕（莲藕）	88	86.4	47	1.2	0.2	11.5	2.2	0	tr	0.04	0.01	0.12	19	0.32	18	45	293	34.3	14	0.3	0.24	0.17	0.09	0.89
菱角	57	73	101	4.5	0.1	21.4	1.7	0	1	0.19	0.06	1.5	13	—	7	93	437	5.8	49	0.6	0.62	—	0.18	0.38
姜	95	87	46	1.3	0.6	10.3	2.7	0	14	0.02	0.03	0.8	4	—	27	25	295	14.9	44	1.4	0.34	0.56	0.14	3.2
姜（干）	95	14.9	308	9.1	5.7	64	17.7	0	—	—	0.1	—	—	—	62	22	41	9.9	—	85	2.3	3.1	0.96	10.65
姜（子姜，嫩姜）	82	94.5	21	0.7	0.6	3.7	0.9	0	—	—	0.01	0.3	2	—	9	11	160	1.9	24	0.8	0.17	0.1	0.03	3.38
凉薯（沙葛，地瓜，豆薯）	91	85.2	56	0.9	0.1	13.4	0.8	0	—	0.03	0.03	0.3	13	0.86	21	24	111	5.5	14	0.6	0.23	0.16	0.07	0.11
山药（干）	100	15	327	9.4	1	70.8	1.4	0	tr	0.25	0.28	—	—	0.44	62	17	269	104.2	tr	0.4	0.95	3.08	0.63	0.23
山药（薯蓣）	83	84.8	57	1.9	0.2	12.4	0.8	0	3	0.05	0.02	0.3	5	0.24	16	34	213	18.6	20	0.3	0.27	0.55	0.24	0.12
洋姜（鬼子姜，菊芋）	100	80.8	64	2.4	tr	15.8	4.3	0	—	0.01	0.1	1.4	5	0.88	23	27	458	11.5	24	7.2	0.34	1.31	0.19	0.21
芋头（芋艿，毛芋）	88	78.6	56	1.3	0.2	12.7	1	0	1	0.05	0.02	0.28	1.5	tr	11	50	25	5.5	19	0.3	0.19	0.91	0.06	0.3
大薯（参薯）	74	72.1	108	2.1	0.2	24.9	1.1	0	—	0.05	—	0.5	—	0.25	10	45	tr	—	16	0.8	0.38	0.74	0.17	—
枸杞菜（枸杞，地骨）	49	87.8	197	5.6	1.1	4.5	1.6	0	592	0.08	0.32	1.3	58	2.99	36	32	170	29.8	74	2.4	0.21	0.35	0.21	0.37
蕨菜（脱水）	100	7.2	1265	6.6	0.9	79.7	25.5	0	—	—	0.16	2.7	3	0.53	851	253	59	20.4	82	23.7	18.11	6.34	2.79	2.31
苦苦菜	100	88.2	174	2.5	0.9	6.8	1.8	0	357	—	—	—	62	—	—	—	—	—	—	—	—	—	—	—
马兰头（马兰鸡儿肠）	100	91.4	28	2.4	0.4	4.6	1.6	0	340	0.06	0.13	0.8	26	0.72	67	38	285	15.2	14	2.4	0.87	0.75	0.13	0.44
苜蓿（草头，金花菜）	95	90.2	148	5	0.7	2.9	1.4	0	915	0.02	0.17	1	102	2.82	112	22	32	26.2	11	2.8	0.25	0.11	0.04	0.13
荠菜（野荠）	65	95.6	54	0.7	0.2	2.7	1.2	0	48	0.02	0.02	1.8	5	0.27	89	26	262	109.4	9	1.1	0.42	1.5	0.05	0.19
汤菜	100	93.2	24	1.8	0.5	3.4	0.8	0	68	—	0.68	0.6	57	1.55	131	27	239	28	36	5.8	0.12	—	0.13	—
香椿（香椿芽）	76	85.2	50	1.7	0.4	10.9	1.8	0	117	0.07	0.12	0.9	40	0.99	96	147	72	4.6	36	3.9	2.25	0.42	0.09	0.35
榆钱	100	85.2	45	4.8	0.4	7.6	4.3	0	122	0.04	0.12	0.9	11	0.54	62	104	134	0.7	47	7.9	3.27	0.36	0.24	0.78
蕨菜（龙头菜，如意菜）	100	88.6	177	1.6	0.4	9	1.8	0	183	—	—	—	23	0.78	17	50	292	—	30	4.2	0.6	—	0.16	0.32
艾蒿	100	86.4	—	—	—	3.6	3.6	0	27	—	—	—	7	0	137	60	677	0	54	7.7	0.78	—	0.28	0.84
刺儿菜（蓟蓟菜）	100	87	174	4.5	0.4	5.9	1.8	0	998	0.04	0.33	2.2	44	0.01	252	40	253	0.2	36	2.3	0.24	—	0.37	0.2
槐花	100	78	344	3.1	0.7	17	2.2	0	67	0.04	0.18	6.6	30	—	83	69	—	—	—	3.6	—	—	—	—
碱蓬（猪毛菜）	100	89	138	2.8	0.3	5.2	0.9	0	667	0.26	0.28	0.7	86	—	480	34	—	—	—	8.3	—	—	—	—
马齿苋	100	92	117	2.3	0.5	3.9	0.7	0	372	0	0.11	0.7	23	—	85	56	—	—	—	1.5	—	—	—	—
牛蒡叶	100	87	174	4.7	0.8	5.1	2.4	0	650	0.02	0.29	1.1	25	—	242	61	—	—	—	7.6	—	—	—	—
蒲公英叶（孛孛丁叶）	100	84	221	4.8	1.1	7	2.1	0	1225	0.03	0.39	1.9	47	0.02	216	93	327	76	54	4	0.35	—	0.44	0.58

续表

名称	可食部分(%)	水分(g)	能量(kcal)	蛋白质(g)	脂肪(g)	碳水化物(g)	膳食纤维(g)	胆固醇(mg)	维生素A(μgRAE)	维生素B_1(mg)	维生素B_2(mg)	烟酸(mg)	维生素C(mg)	维生素E(mg)	钙(mg)	磷(mg)	钾(mg)	钠(mg)	镁(mg)	铁(mg)	锌(mg)	硒(μg)	铜(mg)	锰(mg)
茵陈蒿	100	79	273	5.6	0.4	12	4.4	0	837	0.05	0.35	0.2	2	—	257	97	—	—	—	21	—	—	—	—
苣荬菜(取荬菜,苦麻)	100	88.4	75	2	0	—	0.2	0	907	—	—	—	33	0.05	218	30	237	7.5	52	9.7	0.49	—	1.07	0.55
蒌蒿	100	87.4	239	3.7	0.7	9	0	0	0	—	—	—	1	0	17	8	40	1	2	0.5	0.2	—	0.05	0.02
鱼腥草（叶）	100	84.9	131	2.1	0.1	10.7	—	0	tr	0.03	0.12	1.04	16	1.28	57	31	494	21.6	145	2.3	0.4	1.25	0.09	1
鱼腥草（根）	86	77.4	261	2.1	0.1	19.5	—	0	7	0.09	0.06	0.78	3	0.26	74	55	469	42.4	27	2.3	0.69	0.43	0.11	1.28
灰灰菜	100	10.2	1322	18.3	1.5	56.2	—	0	—	0.08	0.3	—	7.7	6.09	210	36	282	16	67	9.8	0.35	—	0.15	0.85
刺五加尖	74	82.3	69	4.8	1	10.2	—	0	—	0.09	0.29	—	11.5	—	176	85	458	23	—	5.6	0.97	—	—	—
枸杞叶	100	90.3	34	3	1.3	5.3	—	0	—	0.02	0.15	—	24	—	146	31	412	23.5	—	2.2	0.44	—	0.13	0.56
荆芥	52	91.9	26	2.6	—	4.3	—	0	14	0.1	0.29	—	7.7	6.49	210	36	282	16	67	9.8	0.35	—	0.15	0.85
草菇（大黑头细花草）	100	92.3	27	2.7	0.2	4.3	1.6	0	—	0.08	0.34	8	—	0.4	17	33	179	73	21	1.3	0.6	0.02	0.4	0.09
大红菇（草质红菇）	100	15.5	263	24.4	2.8	50.9	31.6	0	7	0.26	6.9	19.5	2	—	1	523	228	1.7	30	7.5	3.5	10.64	2.3	0.91
地衣（水浸）	100	96.4	10	1.5	tr	1.8	1.8	0	18	0.02	0.28	0.5	tr	2.24	14	53	102	10.7	275	21.1	5	9.54	1.13	7.74
冬菇(干,毛柄金线菌)	86	13.4	277	17.8	1.3	64.6	32.3	0	3	0.17	1.4	24.4	5	3.47	55	469	1155	20.4	104	10.5	4.2	7.45	0.45	5.02
猴头菇（罐装）	100	92.3	21	2	0.2	4.9	4.2	0	—	0.01	0.04	0.2	4	0.46	19	37	8	175.2	5	2.8	0.4	1.28	0.06	0.03
黄蘑（干）	89	39.3	203	16.4	1.5	40.1	18.3	0	6	0.15	1	5.8	tr	1.26	11	194	1953	6.1	91	22.5	5.26	1.09	0.46	3.09
金针菇（罐装）	100	91.6	26	1	tr	6.7	2.5	0	tr	0.01	0.01	0.6	tr	0.98	14	23	17	238.2	7	1.1	0.34	0.48	0.01	tr
金针菇（鲜，智力菇）	100	90.2	32	2.4	0.4	6	2.7	0	3	0.15	0.19	4.1	2	1.14	—	97	195	4.3	17	1.4	0.39	0.28	0.14	0.1
口蘑（白蘑）	100	9.2	277	38.7	3.3	31.6	17.2	0	—	0.07	0.08	44.3	tr	8.57	169	1655	3106	5.2	167	19.4	9.04	—	5.88	5.96
蘑菇（干）	100	13.7	294	21	4.6	52.7	21	0	137	0.1	1.1	30.7	5	6.18	127			23.3		0				
蘑菇（鲜，鲜蘑）	99	92.4	24	2.7	0.1	4.1	2.1	0	1	0.08	0.35	4	2	0.56	6	94	312	8.3	11	1.2	0.92	0.55	0.49	0.11
木耳（干，黑木耳，云耳）	100	15.5	265	12.1	1.5	65.6	29.9	0	8	0.17	0.44	2.5	—	11.34	247	292	757	48.5	152	97.4	3.18	3.72	0.32	8.86
木耳（水发，黑木耳，云耳）	100	91.8	27	1.5	0.2	6	2.6	0	2	0.01	0.05	0.2	1	—	34	34	12	8.5	57	5.5	0.53	0.46	0.04	0.97
平菇（鲜，糙皮）	93	92.5	24	1.9	0.3	4.6	2.3	0	1	0.06	0.16	3.1	4	0.79	5	86	258	3.8	14	1	0.61	1.07	0.08	0.07
普中红蘑	100	12.3	263	18.4	0.7	58.1	24.6	0	—	tr	1.16	—	—	—	14	35	169	4.3	—	235.1	3.14	91.7	0.51	3.75
双孢蘑菇（洋蘑菇）	97	92.4	26	4.2	0.1	2.7	1.5	0	—	tr	0.27	3.2	tr	—	2	43	307	2	9	0.9	6.6	6.99	0.45	0.1
松蘑（松口蘑，松茸）	100	16.1	207	20.3	3.2	48.2	47.8	0	—	0.01	1.48	—	—	3.09	14	50	93	4.3	—	86	6.22	98.44	10.3	1.63
香菇(干,香蕈,冬菇)	95	12.3	274	20	1.2	61.7	31.6	0	2	0.19	1.26	20.5	5	0.66	83	258	464	11.2	147	10.5	8.57	6.42	1.03	5.47
香菇(鲜,香蕈,冬菇)	100	91.7	26	2.2	0.3	5.2	3.3	0	—	tr	0.08	2	1	—	2	53	20	1.4	11	0.3	0.66	2.58	0.12	0.25
香杏丁蘑（干，大）	100	14.1	257	22.4	0.2	53.9	24.9	0	—	tr	3.11	—	—	—	17	73	238	43.4	—	113.2	7.78	15.3	5.11	2.84
香杏片口蘑	100	15.1	252	33.4	1.5	37.6	22.6	0	—	tr	1.9	—	—	—	15	77	227	21	—	137.5	7.83		2.61	3.26
羊肚菌（干，狼肚）	100	14.3	321	26.9	7.1	43.7	12.9	0	89	0.1	2.25	8.8	3	3.58	87	1193	1726	33.6	117	30.7	12.11	4.82	2.34	2.49
银耳（白木耳）	96	14.6	261	10	1.4	67.3	30.4	0	4	0.05	0.25	5.3	—	1.26	36	369	1588	82.1	54	4.1	3.03	2.95	0.08	0.17
珍珠白蘑	100	12.1	258	18.3	0.7	56.3	23.3	0	—	tr	0.02	—	—	—	24	28	284	4.4	—	189.8	3.55	78.52	1.03	4.79
榛蘑(半干,假蜜环菌)	77	51.1	178	9.5	3.7	31.9	10.4	0	3	0.01	0.69	7.5	tr	3.34	11	286	2493	51.3	109	25.1	6.79	2.65	1.45	4.13
茶树菇	100	12.2	309	23.1	2.6	56.1	—	0	tr	0.32	1.48	39.39	—	—	4	908	2165	6	124	9.3	8.38	7.24	2.76	0.73
黄伞菇	100	10.8	294	22.8	3.2	57.5	—	0	tr	0.17	1.93	41.38	—	—	4	566	3128	6.4	96	7.6	5.58	13.56	5.39	0.67
鸡腿菇（干）	100	10.8	294	26.7	2	51.8	—	0	—	0.14	1.79	24.99	—	5.01	9	764	4053	68.2	119	6.5	3.95	15.39	1.4	0.72
牛肝菌（白，美味牛肝菌）	93	90.2	35	4	0.4	4.5	1.5	0	tr	0.14	1.11	2.1	—	8.93	5	68	391	2.1	10	2.1	0.98	0.25	0.32	0.19
牛肝菌（白，干，美味牛肝菌）	100	11.6	296	27.8	1.6	53.3	—	0	9	0.32	1.72	43.08	—	4.42	2	528	1571	9.1	47	9.2	5.8	758.8	1.19	3.88
松蘑（干）	100	10.6	273	12.5	3	66.5	—	0	8	0.08	1.48	23.42	—	5.48	7	390	2402	31.6	50	156.5	5.49	102.6	1.76	1.13

续表

名称	可食部分(%)	水分(g)	能量(kcal)	蛋白质(g)	脂肪(g)	碳水化物(g)	膳食纤维(g)	胆固醇(mg)	维生素A(μgRAE)	维生素B_1(mg)	维生素B_2(mg)	烟酸(mg)	维生素C(mg)	维生素E(mg)	钙(mg)	磷(mg)	钾(mg)	钠(mg)	镁(mg)	铁(mg)	锌(mg)	硒(μg)	铜(mg)	锰(mg)
杏鲍菇	100	89.6	35	1.3	0.1	8.3	2.1	0	tr	0.03	0.14	3.68	—	0.6	13	66	242	3.5	9	0.5	0.39	1.8	0.06	0.04
竹荪（干）	100	13.9	248	17.8	3.1	60.3	46.4	0	tr	0.03	1.75	9.1	—	—	18	289	11882	50	114	17.8	2.2	41.7	2.51	8.47
榛蘑（干，小蜜环菌）	100	8	329	17.7	10.8	54.6	—	0	40	0	0.71	26.91	—	3.35	9	893	4629	18.7	100	22.4	6	2.38	1.36	1.55
发菜（干）	100	11.1	259	20.2	0.5	60.8	35	0	—	0.15	0.54	0.9	6	0.07	1048	76	217	100.7	129	85.2	1.68	5.23	0.93	3.29
海带（江白菜，昆布）	98	70.5	90	1.8	0.1	23.4	6.1	0	20	0.01	0.1	0.8	tr	0.85	348	52	761	327.4	129	4.7	0.65	5.84	0.14	1.14
海带（鲜，江白菜）	100	94.4	13	1.2	0.1	2.1	0.5	0	—	0.02	0.15	1.3	tr	1.85	46	22	246	8.6	25	0.9	0.16	9.54	—	0.07
海冻菜(石花菜,冻菜)	100	15.6	un	5.4	0.1	72.9	—	0	—	0.06	0.2	3.3	tr	14.84	167	209	141	380.8	15	2	1.94	15.19	0.12	0.04
琼脂（紫菜胶洋粉）	100	21.1	311	1.1	0.2	76.3	0.1	0	—	tr	tr	tr	tr	—	100	7	11	3.3	70	7	6.25	2.1	0.3	1.4
苔菜（苔条，条浒苔）	100	23.7	167	19	0.4	26.3	9.1	0	—	0.35	0.4	4	—	—	185	302	410	4955	1257	283.7	3.56	5.59	1.11	tr
紫菜（干）	100	12.7	250	26.7	1.1	44.1	21.6	0	114	0.27	1.02	7.3	2	1.82	264	350	1796	710.5	105	54.9	2.47	7.22	1.68	4.32
螺旋藻（干）	100	6.5	358	64.7	3.1	18.2	1	0	3234	0.28	1.41	10	tr	27.11	137	1317	1506	1624	402	88	2.62	5.24	0.54	1.34
裙带菜（干）	100	9.2	219	25	1.7	41.5	31.1	0	186	0.02	0.07	tr	—	tr	947	305	335	4411.6	1022	16.4	1.62	15.88	0.12	0.95
海带菜（鲜）	100	68.3	112	1.4	7.5	15.3	—	0	34	0.04	0.03	tr	—	2.37	201	27	44	2511.7	46	2.3	4.93	0.5	0.07	0.33
吊蛋	95	81.7	65	0.8	0.4	16.8	4.4	0	—	0.01	—	—	tr	2.19	11	9	136	0.6	8	0.2	0.39	1.66	0.09	0.12
海棠罐头	100	85.4	56	0.5	0.2	13.6	1.3	0	—	tr	—	—	tr	—	43	11	56	8.8	21	2.3	0.75	6.06	0.06	0.38
海棠果	86	79.9	76	0.3	0.2	19.2	1.8	0	59	0.05	0.03	0.2	20	0.25	15	16	263	0.6	13	0.4	0.04	tr	0.11	0.11
红果（干）	100	11.1	251	4.3	2.2	78.4	49.7	0	5	0.02	0.18	0.7	2	0.47	144	440	440	9.9	—	0.4	0.61	2.7	0.41	0.57
红果(山里红,大山楂)	76	73	102	0.5	0.6	25.1	3.1	0	8	0.02	0.02	0.4	53	7.32	52	24	299	5.4	19	0.9	0.28	1.22	0.11	0.24
梨（巴梨）	79	86.1	51	0.4	0.2	12.9	2.2	0	1	0.03	0.05	0.2	11	0.52	6	5	145	1	2	0.2	0.02	—	0.07	0.03
梨（代表值）	82	85.9	51	0.3	0.1	13.1	2.6	0	2	0.03	0.03	0.2	5	0.46	7	14	85	1.7	8	0.4	0.1	0.29	0.1	0.06
梨（冬果梨）	87	86.2	46	0.4	0.2	12.8	4.3	0	2	—	0.03	0.2	6	—	—	—	—	—	—	—	—	—	—	—
梨（冬果梨罐头）	100	83.6	56	0.3	—	15.9	4.5	0	—	0.01	—	—	tr	—	16	5	13	2	5	1.4	1.36	1.16	0.03	0.06
梨（鹅黄梨）	68	88.6	41	0.3	0.1	10.7	1.9	0	—	0.03	0.02	—	8	1.77	1	13	69	1.7	8	—	—	—	0.1	0.05
梨（红肖梨）	87	89.1	36	0.2	tr	10.5	3.2	0	1	0.07	0.46	0.6	4	0.46	11	7	78	3.4	5	0.4	0.04	0.2	0.06	0.06
梨（锦丰梨）	92	85.5	51	0.2	0.1	13.9	3.2	0	2	—	—	—	6	—	—	—	—	—	—	—	—	—	—	—
梨（京白梨）	79	85.3	57	0.2	0.5	13.7	1.4	0	—	0.02	0.02	0.2	3	0.08	7	6	105	0.7	9	0.3	0.47	0.63	0.06	0.02
梨（库尔勒梨）	91	85.9	42	0.1	0.1	13.4	6.7	0	—	—	—	—	—	—	22	19	79	3.7	8	1.2	2.61	2.34	2.54	0.06
梨（莱阳梨）	80	84.8	54	0.3	0.2	14.1	2.6	0	—	0.03	0.02	0.3	3	0.61	10	8	82	1.8	8	0.4	0.02	0.04	0.08	0.04
梨（砀山梨）	91	83.7	56	0.2	0.2	15.6	4.2	0	0	0	0	0	0	0	0			0		0				
梨（马蹄黄梨）	74	86.8	50	0.3	0.1	12.5	1.3	0	—	0.03	0.03	—	10	1.8	2	14	80	3.3	7	0.1	0.05	—	0.09	0.06
梨（明月梨）	81	85.9	54	0.3	0.2	13.3	0.9	0	—	0.02	0.03	—	6	2.09	2	14	110	1.4	8	0.4	0.08	0.69	0.07	0.05
梨（木梨）	80	91	32	0.4	0.1	8.2	1.9	0	—	0.01	0.04	0.1	5	0.47	4	13	121	3	6	0.1	0.1	0.2	0.08	0.04
梨（苹果梨）	94	85.4	53	0.2	0.1	13.9	2.3	0	3	—	0.01	0.5	4	—	4	19	180	2.4	9	0.4	0.04	3.26	0.12	0.04
梨（软梨）	68	87.4	32	0.4	0.2	11.7	9.1	0	2	—	—	—	tr	—	25	19	105	1	12	0.9	1.21	8.43	4.69	0.32
梨（苏木梨）	88	85.6	52	0.6	0.3	13.1	2.5	0	—	0.01	0.02	0.4	5	—	—	—	—	—	—	—	—	—	—	—
梨（酥梨）	72	88	45	0.3	0.1	11.4	1.2	0	—	0.03	0.02	—	11	1.82	2	16	76	2.3	8	—	—	—	0.1	0.06
梨（酸梨）	85	89.6	33	0.1	0.1	9.8	3.7	0	—	0.03	0.22	0.8	14	1.28	12	13	102	8.5	11	0.6	2.7	1.62	4.46	0.15
梨（糖水罐头）	100	90.4	36	0.5	0.2	8.8	1.4	0	—	0.02	0.04	0.2	tr	0.02	2	3	15	2.1	3	0.3	0.19	tr	0.4	0.06
梨（香梨）	89	85.8	51	0.3	0.1	13.6	2.7	0	6	—	—	0.1	tr	—	6	31	90	0.8	7	0.4	0.19	0.22	0.09	0.06
梨（雪花梨）	86	88.8	42	0.2	0.1	10.6	0.8	0	8	0.01	0.01	0.3	4	0.19	5	6	85	0.6	10	0.3	0.06	0.18	0.08	0.03
梨（鸭广梨，广梨）	76	82.4	60	0.6	0.2	16.5	5.1	0	—	tr	0.02	0.3	4	0.48	18	12	110	1	8	0.2	0.02	0.3	0.19	0.06
梨（鸭梨）	82	88.3	45	0.2	0.2	11.1	1.1	0	1	0.03	0.03	0.2	4	0.31	4	14	77	1.5	5	0.9	0.1	0.28	0.19	0.06
梨（早酥梨）	92	85.8	50	0.2	0.2	13.6	3.6	0	3	—	—	—	12	—	12	12	137	0.2	6	0.2	0.07	0.37	0.04	0.03
梨（长把梨）	80	83.1	62	0.8	0.8	14.9	4	0	—	0.02	0.07	0.1	3	1.11	9	18	50	3.2	7	0.6	0.13	0.04	0.11	0.08

续表

名称	可食部分(%)	水分(g)	能量(kcal)	蛋白质(g)	脂肪(g)	碳水化物(g)	膳食纤维(g)	胆固醇(mg)	维生素A(μgRAE)	维生素B_1(mg)	维生素B_2(mg)	烟酸(mg)	维生素C(mg)	维生素E(mg)	钙(mg)	磷(mg)	钾(mg)	钠(mg)	镁(mg)	铁(mg)	锌(mg)	硒(μg)	铜(mg)	锰(mg)
梨（紫酥梨）	59	86	51	0.3	0.1	13.3	2	0	—	0.03	0.04	—	9	3.64	1	16	86	1.7	7	—	—	—	0.1	0.06
面蛋	60	74.5	91	1.6	0.5	21.7	3.3	0	11	0.03	—	—	tr	4.11	206	56	237	3.8	33	4.3	1.07	2.87	4.71	0.22
苹果（代表值）	85	86.1	53	0.4	0.2	13.7	1.7	0	4	0.02	0.02	0.2	3	0.43	4	7	83	1.3	4	0.3	0.04	0.1	0.07	0.03
苹果（伏苹果）	86	87.3	48	0.5	0.1	11.8	1.2	0	—	0.04	0.04	0.4	2	0.15	15	7	78	1.3	8	0.3	0.06	0.1	0.07	0.03
苹果（国光苹果）	78	85.9	56	0.3	0.3	13.3	0.8	0	5	0.02	0.03	0.2	4	0.11	8	14	83	1.3	7	0.3	0.14	0.1	0.07	0.03
苹果（旱）	96	90.8	34	0.4	0.4	8.4	1.7	0	—	0.01	0.03	0.1	—	—	—	—	—	—	—	—	—	—	—	—
苹果（红富士苹果）	85	86.9	49	0.7	0.4	11.7	2.1	0	60	0.01	—	—	2	1.46	3	11	115	0.7	5	0.7	—	0.98	0.06	0.05
苹果（红香蕉苹果）	87	86.9	51	0.4	0.2	12.3	0.9	0	8	0.01	0.02	0.1	3	0.36	5	8	85	2	3	0.6	0.02	0.14	0.22	0.02
苹果（红星苹果）	85	85	58	0.4	0.1	14.3	0.8	0	1	tr	0.02	tr	1	0.21	2	4	—	2.3	3	0.2	0.02	2.31	0.05	0.01
苹果（红玉苹果）	84	84.7	52	0.2	0.2	14.7	4.7	0	1	0.02	0.02	0.5	tr	—	—	—	—	—	—	—	—	—	—	—
苹果（红元帅苹果）	84	84.9	60	0.2	0.4	14.3	0.6	0	3	0.02	0.01	0.2	3	0.02	2	1	58	0.7	8	0.3	0.09	tr	0.04	tr
苹果（黄香蕉苹果）	88	85.6	53	0.3	0.2	13.7	2.2	0	2	tr	0.03	0.3	4	0.79	10	7	84	0.8	5	0.3	0.02	tr	0.16	0.03
苹果（黄元帅苹果）	80	84.6	59	0.2	0.3	14.7	1.8	0	8	0.02	0.02	0.1	4	0.21	5	5	184	0.6	3	0.3	0.03	0.01	0.13	0.02
苹果（金元帅苹果）	78	86.2	53	0.2	0.1	13.3	1.1	0	8	0.05	0.01	0.1	4	0.61	2	5	72	1.7	2	0.2	0.11	0.03	0.14	0.03
苹果（青香蕉苹果）	80	86.3	52	0.3	0.1	13.1	1.3	0	2	0.02	0.02	0.2	3	0.37	9	7	83	1.3	4	0.2	0.04	0.07	0.07	0.03
苹果（秋里蒙苹果）	85	87.5	43	0.2	0.2	11.9	3.7	0	—	0.03	0.01	0.8	tr	—	—	—	—	—	—	—	—	—	—	—
苹果（倭锦苹果）	86	85.8	54	0.2	0.2	13.6	1.7	0	4	tr	0.01	0.2	1	—	4	—	70	0.6	—	0.6	—	0.03	—	—
苹果（香玉苹果）	69	83.4	62	0.5	0.1	15.7	1.7	0	5	0.03	0.02	—	6	0.84	3	6	173	2.6	3	0.3	0.03	—	0.01	0.02
苹果（印度苹果）	90	84	54	0.6	0.2	14.8	4.9	0	2	0.04	0.02	0.1	tr	—	—	—	—	—	—	—	—	—	—	—
苹果（祝光苹果）	86	86.7	50	0.4	0.1	12.5	1.5	0	1	0.05	0.01	—	2	0.07	3	5	140	1.7	1	0.3	—	—	0.07	0.02
苹果罐头	100	89.2	41	0.2	0.2	10.3	1.3	0	—	—	—	—	—	—	26	8	50	6.2	7	0.7	0.2	4.64	0.03	0.05
酸刺	16	70.7	112	2.8	0.3	25.5	2.2	0	13	0.02	0.04	0.2	74	1.52	105	39	259	8.3	24	11.7	1.1	4.49	8.51	0.47
鳄梨	100	74.3	171	2	15.3	7.4	2.1	0	31	0.11	0.12	1.9	8	—	11	41	599	10	39	1	0.42	—	0.26	0.23
沙果	95	81.3	70	0.4	0.1	17.8	2	0	tr	0.03	—	tr	3	0.09	5	14	123	2.1	9	1	0.2	0.48	0.08	0.08
蛇果	84	84.4	59	0.1	0.2	14.9	—	0	1	0.03	tr	0.04	2	tr	5	21	14	3.1	6	0.1	0.08	tr	0.02	0.01
黑枣（无核，乌枣，软枣）	98	39	234	1.7	0.3	57.3	2.6	0	3	tr	tr	2.1	tr	1.88	108	63	478	6.3	32	1.2	0.44	0.53	0.21	0.59
李（玉皇李）	91	90	38	0.7	0.2	8.7	0.9	0	13	0.03	0.02	0.4	5	0.74	8	11	144	3.8	10	0.6	0.14	0.23	0.04	0.16
酸枣棘	52	18.3	300	3.5	1.5	73.3	10.6	0	—	0.01	0.02	0.9	900	—	435	95	84	3.8	96	6.6	0.68	1.3	0.34	0.86
桃（白粉桃）	93	92.7	26	1.3	0.1	5.5	0.9	0	—	0.01	0.04	0.2	9	—	7	—	—	—	—	—	—	—	—	—
桃（代表值）	89	88.9	42	0.6	0.1	10.1	1	0	2	0.01	0.02	0.3	10	0.71	6	11	127	1.7	8	0.3	0.14	0.47	0.06	0.07
桃（高山白桃）	69	88.5	42	0.7	0.2	10.1	1.3	0	2	0.04	0.01	—	10	1.05	7	11	169	0.7	4	0.8	0.13	—	0.05	0.04
桃（旱久保）	89	87.3	48	0.9	0.1	11.3	0.8	0	1	0.03	0.02	0.8	10	0.53	12	18	144	1.8	10	0.2	0.13	0.1	0.06	0.1
桃（黄桃）	93	85.2	56	0.5	0.1	14	1.2	0	8	tr	0.01	0.3	9	0.92	—	7	—	—	—	—	—	0.83	—	—
桃（金红桃）	88	92.2	28	0.7	0.1	6.6	1	0	—	—	0.03	0.2	9	—	—	—	—	—	—	—	—	—	—	—
桃（久保桃）	94	89	42	0.6	0.1	10	0.6	0	—	0.04	0.04	1.2	8	1.15	10	16	100	2	8	0.4	0.14	0.1	0.04	0.12
桃（蜜桃）	88	87.9	46	0.6	0.1	11	0.6	0	1	0.01	0.02	0.6	4	1	4	8	77	1.7	4	0.2	0.15	0.23	0.06	0.08
桃（蒲桃）	69	88.7	39	0.5	0.2	10.2	2.8	0	—	tr	0.02	0.1	25	0.7	4	14	109	1	13	0.3	0.17	4.32	0.08	0.07
桃（庆丰）	93	88.8	42	0.6	0.1	10.1	0.9	0	—	0.01	0.21	0.1	—	0.76	—	2	57	2.1	12	0.3	—	tr	0.06	0.04
桃（糖水罐头）	100	84.9	60	0.3	0.2	14.5	—	0	—	tr	0.04	0.2	tr	0.75	3	9	63	2.7	5	0.1	0.25	—	0.05	0.03
桃（晚，黄）	75	89	41	0.7	0.2	9.6	1	0	2	0.05	0.01	—	11	0.21	6	13	168	0.5	4	0.3	0.17	—	0.07	0.02
桃（五月鲜）	93	89.4	41	0.4	0.1	10	0.9	0	—	tr	0.03	tr	tr	0.67	7	2	—	1.7	10	0.3	0.14	tr	0.05	0.37
桃（早，黄）	73	89	41	0.4	0.1	10.1	1.1	0	5	0.05	0.02	—	12	0.71	4	10	155	1.3	3	0.4	0.1	—	0.08	0.03
杏	91	89.4	38	0.9	0.1	9.1	1.3	0	38	0.02	0.03	0.6	4	0.95	14	15	226	2.3	11	0.6	0.2	0.2	0.11	0.06

续表

名称	可食部分(%)	水分(g)	能量(kcal)	蛋白质(g)	脂肪(g)	碳水化物(g)	膳食纤维(g)	胆固醇(mg)	维生素A(μgRAE)	维生素B_1(mg)	维生素B_2(mg)	烟酸(mg)	维生素C(mg)	维生素E(mg)	钙(mg)	磷(mg)	钾(mg)	钠(mg)	镁(mg)	铁(mg)	锌(mg)	硒(μg)	铜(mg)	锰(mg)
杏（李子杏）	92	89.9	37	1	0.1	8.6	1.1	0	7	0.03	0.01	0.5	16	—	3	11	103	1.5	—	0.2	0.23	0.09	—	—
杏干	25	8.8	338	2.7	0.4	83.2	4.4	0	51	—	0.01	1.2	tr	—	147	89	783	40.4	55	0.3	3.8	3.33	7.67	0.24
杏子罐头	100	89.2	40	0.6	0.2	9.7	1.4	0	36	tr	—	—	tr	1.32	6	8	26	22.3	4	2.1	0.35	4.13	0.04	0.03
樱桃	80	88	46	1.1	0.2	10.2	0.3	0	18	0.02	0.02	0.6	10	2.22	11	27	232	8	12	0.4	0.23	0.21	0.1	0.07
樱桃（野，白刺）	23	18.8	304	11.4	3.9	59.8	7.9	0	—	0.12	0.22	3.5	—	—	59	28	100	98.5	60	11.4	0.31	0.05	0.06	0.77
枣（干）	80	26.9	276	3.2	0.5	67.8	6.2	0	1	0.04	0.16	0.9	14	3.04	64	51	524	6.2	36	2.3	0.65	1.02	0.27	0.39
枣（干，大）	88	14.5	317	2.1	0.4	81.1	9.5	0	—	0.08	0.15	1.6	7	—	54	34	185	8.3	39	2.1	0.45	1.54	0.31	0.34
枣（黑枣，有核）	59	32.6	246	3.7	0.5	61.4	9.2	0	—	0.07	0.09	1.1	6	1.24	42	66	498	1.2	46	3.7	1.71	0.23	0.97	0.37
枣（金丝小枣）	81	19.3	322	1.2	1.1	76.7	7	0	—	0.04	0.5	0.4	—	1.31	23	—	65	7.4	24	1.5	0.23	1	0.36	0.34
枣（酒枣）	91	61.7	148	1.6	0.2	35.7	1.4	0	—	0.05	0.04	0.4	tr	—	75	45	444	0.8	20	1.4	0.43	1.15	0.1	0.2
枣（密云小枣）	92	38.7	229	3.9	0.8	55.2	7.3	0	—	0.06	0.04	0.9	tr	—	80	66	612	9.3	41	2.7	0.65	1.1	0.2	0.39
枣（蜜枣，无核）	100	16.6	326	1	0.1	81.9	3	0	3	0	0.14	0.4	104	0.3	24			15.8		2.4				
枣（蜜枣，椰枣）	100	13.4	333	1.3	0.2	84.4	5.8	0	3	0.01	0.1	0.4	55	0.3	59	22	284	25.1	19	3.5	0.25	1	0.07	0.2
枣（沙枣）	41	30.5	237	5.9	0.8	60.8	18.4	0	0	0	0	0	0	0	0			0		0				
枣（鲜）	87	67.4	125	1.1	0.3	30.5	1.9	0	20	0.06	0.09	0.9	243	0.78	22	23	375	1.2	25	1.2	1.52	0.8	0.06	0.32
小枣（干）	81	28.3	275	2.7	0.7	66.8	—	0	tr	0.17	0.14	—	tr	tr	62	61	486	12.2	24	1.2	0.5	0.6	0.48	0.22
冬枣	93	69.5	113	1.8	0.2	27.8	2.2	0	tr	0.08	0.09	0.51	243	0.19	16	29	195	33	17	0.2	0.19	0.14	0.08	0.13
西梅	76	88.5	42	0.7	0.1	10.3	0.7	0	1	0.01	0.01	0.18	1.4	0.18	11	16	155	3.2	10	0.1	0.04	0.11	0.02	0.04
梅（青梅）	93	91.1	34	0.9	0.9	6.2	1	0	—	—	—	—	—	—	11	36	—	—	—	—	—	—	—	—
草莓	97	91.3	32	1	0.2	7.1	1.1	0	3	0.02	0.03	0.3	47	0.71	18	27	131	4.2	12	1.8	0.14	0.7	0.04	0.49
猕猴桃（中华猕猴桃，羊桃）	83	83.4	61	0.8	0.6	14.5	2.6	0	11	0.05	0.02	0.3	62	2.43	27	26	144	10	12	1.2	0.57	0.28	1.87	0.73
葡萄（代表值）	86	88.5	45	0.4	0.3	10.3	1	0	—	0.03	0.02	0.25	4	0.86	9	13	127	1.9	7	0.4	0.16	0.11	0.18	0.04
葡萄（红玫瑰）	96	88.5	42	0.4	0.2	10.7	2.2	0	—	0.03	0.02	—	5	1.66	17	13	119	1.5	8	0.3	0.17	0	0.17	0.08
葡萄（巨峰）	84	87	51	0.4	0.2	12	0.4	0	3	0.03	0.01	0.1	4	0.34	7	17	128	2	6	0.6	0.14	0.5	0.1	0.04
葡萄（马奶子）	84	89.6	41	0.5	0.4	9.1	0.4	0	4	tr	0.03	0.8	—	—	—	—	—	—	—	—	—	—	—	—
葡萄（玫瑰香）	86	86.9	52	0.4	0.4	12.1	1	0	2	0.02	0.02	0.2	4	0.86	8	14	126	2.4	4	0.1	0.03	0.11	0.18	0.04
葡萄（紫）	88	88.4	45	0.7	0.3	10.3	1	0	5	0.03	0.01	0.3	3	—	10	10	151	1.8	9	0.5	0.33	0.07	0.27	0.12
葡萄干100	11.6	344	2.5	0.4	83.4	1.6	0	—	0.09	—	0	5	—	52	90	995	19.1	45	9.1	0.18	2.74	0.48	0.39	
桑葚（代表值）	100	82.8	57	1.7	0.4	13.8	4.1	0	3	0.02	0.06	—	—	9.87	37	33	32	2	—	0.4	0.26	5.65	0.07	0.28
桑葚（干）	100	10.7	298	21.1	6.1	54.2	29.3	0	—	0.35	0.61	4.8	7	32.68	622	486	159	28.1	332	42.5	6.15	34	1.57	3.81
石榴（红粉皮石榴）	57	78.7	74	1.3	0.1	19.4	4.9	0	—	0.05	0.03	—	13	3.72	16	76	218	0.8	16	0.2	0.19	—	0.17	0.18
石榴（玛瑙石榴）	60	79.2	72	1.6	0.2	18.4	4.7	0	—	0.05	0.03	—	5	2.28	6	70	231	0.7	17	0.4	0.2	—	0.15	0.17
石榴（青皮石榴）	55	79.5	71	1.2	0.2	18.5	4.9	0	—	0.05	0.03	—	8	4.53	6	68	243	1.3	15	0.2	0.18	—	0.1	0.15
柿	87	80.6	74	0.4	0.1	18.5	1.4	0	10	0.02	0.02	0.3	30	1.12	9	23	151	0.8	19	0.2	0.08	0.24	0.06	0.5
柿（荷柿）	98	81.7	65	0.6	0.2	17.1	3.8	0	34	0.03	0.04	0.3	11	2.95	9	17	109	1.1	8	0.2	0.18	0.12	0.04	0.04
柿（磨盘）	98	79.4	79	0.7	0.1	19.6	1.5	0	8	0.01	—	0.2	10	1.33	5	14	135	4.7	3	0.2	0.2	0.31	tr	0.17
柿饼	97	33.8	255	1.8	0.2	62.8	2.6	0	24	0.01	tr	0.5	tr	0.63	54	55	339	6.4	21	2.7	0.23	0.83	0.14	0.31
无花果	100	81.3	65	1.5	0.1	16	3	0	3	0.03	0.02	0.1	2	1.82	67	18	212	5.5	17	0.1	1.42	0.67	0.01	0.17
石榴（代表值）	57	79.2	72	1.3	0.2	18.5	4.9	0	—	0.05	0.03	—	8	3.72	6	70	231	0.7	16	0.2	0.19	—	0.15	0.17
黑醋栗（黑加仑）	100	82	66	1.4	0.4	15.4	2.4	0	—	0.05	0.05	0.3	181	—	55	59	322	2	24	1.5	0.27	—	0.09	0.26
沙棘	87	71	120	0.9	1.8	25.5	0.8	0	320	0.05	0.21	0.4	204	0.01	104	54	359	28	33	8.8	1.16	2.8	0.56	0.66
无花果（干）	100	11.5	361	3.6	4.3	77.8	—	0	1	0.13	0.07	0.79	5.2	—	363	67	898	10	96	4.5	0.8	—	—	—
橙	74	87.4	48	0.8	0.2	11.1	0.6	0	13	0.05	0.04	0.3	33	0.56	20	22	159	1.2	14	0.4	0.14	0.31	0.03	0.05

续表

名称	可食部分(%)	水分(g)	能量(kcal)	蛋白质(g)	脂肪(g)	碳水化物(g)	膳食纤维(g)	胆固醇(mg)	维生素A(μgRAE)	维生素B_1(mg)	维生素B_2(mg)	烟酸(mg)	维生素C(mg)	维生素E(mg)	钙(mg)	磷(mg)	钾(mg)	钠(mg)	镁(mg)	铁(mg)	锌(mg)	硒(μg)	铜(mg)	锰(mg)
柑	77	86.9	52	0.7	0.2	11.9	0.4	0	74	0.08	0.04	0.4	28	0.92				1.4		0.2				
金桔（金枣）	89	84.7	58	1	0.2	13.7	1.4	0	31	0.04	0.03	0.3	35	1.58	56	20	1	3	20	1	0.21	0.62	0.07	0.25
桔（福桔）	67	88.1	46	1	0.2	10.3	0.4	0	50	0.05	0.02	0.3	11	—	27	5	127	0.5	14	0.8	0.22	0.12	0.13	0.06
桔（蜜桔）	76	88.2	45	0.8	0.4	10.3	1.4	0	138	0.05	0.04	0.2	19	0.45	19	18	177	1.3	16	0.2	0.1	0.45	0.07	0.05
桔（三湖红桔）	68	88.5	43	0.8	0.3	10	1.3	0	—	0.03	0.02	0.3	3	0.3	33	25	250	1.4	16	0.2	0.1	0.76	0.1	0.06
桔（四川红桔）	78	89.1	42	0.7	0.1	9.8	0.7	0	15	0.24	0.04	0.3	33	0.27	42	25	105	1.7	4	0.5	0.17	0.1	0.04	tr
桔（小叶桔）	81	89.5	40	1.1	0.2	8.8	0.9	0	205	0.25	0.03	0.7	tr	0.74	72	16	124	2.1	29	0.2	0.09	0.5	0.04	0.09
桔（早桔）	82	85.6	57	1.2	0.2	12.6	0.1	0	428	0.09	0.03	0.3	25	1.45	21	22	131	0.9	15	0.9	0.21	0.22	0.12	0.17
桔饼	100	5.4	371	0.6	0.4	92.9	3.5	0	22	0.03	0.19	0.6	—	—	125	6	4	485.9	17	0.8	0.21	1.47	0.06	—
桔柑子（宽皮桂）	78	88.6	44	0.8	0.1	10.2	0.5	0	41	0.04	0.03	0.2	35	1.22	24	18	128	0.8	14	0.2	0.13	0.7	0.11	0.03
芦橘	77	88.5	44	0.6	0.2	10.3	0.6	0	43	0.02	0.03	0.2	19	—	45	25	54	—	45	1.3	0.1	0.07	0.1	0.03
柠檬	66	91	37	1.1	1.2	6.2	1.3	0	tr	0.05	0.02	0.6	22	1.14	101	22	209	1.1	37	0.8	0.65	0.5	0.14	0.05
柚（文旦）	69	89	42	0.8	0.2	9.5	0.4	0	1	—	0.03	0.3	23	—	4	24	119	3	4	0.3	0.4	0.7	0.18	0.08
葡萄柚（西柚）	73	90.9	33	0.7	0.3	7.8	—	0	24	0.05	0.01	0.2	38	—	21	17	60	7	9	0.1	0.1	—	—	—
木瓜	89	91.7	30	0.6	tr	7.2	0.5	0	—	0.01	0.02	1.3	31	tr	22	11	182	10.4	17	0.6	0.12	0.37	0.03	0.05
芭蕉（甘蕉，板蕉，牙蕉）	68	68.9	115	1.2	0.1	28.9	3.1	0	—	0.02	0.02	0.6	—	—	6	18	330	1.3	29	0.3	0.16	0.81	0.1	0.78
菠萝（凤梨，地菠萝）	68	88.4	44	0.5	0.1	10.8	1.3	0	20	0.04	0.02	0.2	18	—	12	9	113	0.8	8	0.6	0.14	0.24	0.07	1.04
菠萝蜜（木菠萝）	43	73.2	105	0.2	0.3	25.7	0.8	0	2	0.06	0.05	0.7	9	0.52	9	18	330	11.4	24	0.5	0.12	4.17	0.12	0.18
番石榴(鸡矢果，番桃)	97	83.9	53	1.1	0.4	14.2	5.9	0	—	0.02	0.05	0.3	68	—	13	16	235	3.3	10	0.2	0.21	1.62	0.08	0.11
橄榄（白榄）	80	83.1	57	0.8	0.2	15.1	4	0	11	0.01	0.01	0.7	3	—	49	18	23	tr	10	0.2	0.25	0.35	tr	0.48
荔枝（鲜）	73	81.9	71	0.9	0.2	16.6	0.5	0	1	0.1	0.04	1.1	41	—	2	24	151	1.7	12	0.4	0.17	0.14	0.16	0.09
杧果（抹猛果，望果）	60	90.6	35	0.6	0.2	8.3	1.3	0	75	0.01	0.04	0.3	23	1.21	—	11	138	2.8	14	0.2	0.09	1.44	0.06	0.2
枇杷	62	89.3	41	0.8	0.2	9.3	0.8	0	—	0.01	0.03	0.3	8	0.24	17	8	122	4	10	1.1	0.21	0.72	0.06	0.34
人参果	88	77.1	86	0.6	0.7	21.2	3.5	0	4	tr	0.25	0.3	12	—	13	7	100	7.1	11	0.2	0.09	1.86	0.04	0.13
香蕉	59	75.8	93	1.4	0.2	22	1.2	0	5	0.02	0.04	0.7	8	0.24	7	28	256	0.8	43	0.4	0.18	0.87	0.14	0.65
杨梅（树梅，山杨梅）	82	92	30	0.8	0.2	6.7	1	0	3	0.01	0.05	0.3	9	0.81	14	8	149	0.7	10	1	0.14	0.31	0.02	0.72
杨桃	88	91.4	31	0.6	0.2	7.4	1.2	0	2	0.02	0.03	0.7	7	—	4	18	128	1.4	10	0.4	0.39	0.83	0.04	0.36
椰子	33	51.8	241	4	12.1	31.3	4.7	0	—	0.01	0.01	0.5	6	—	2	90	475	55.6	65	1.8	0.92	—	0.19	0.06
余柑子（油柑子）	80	86.6	45	0.3	0.1	12.4	3.4	0	4	—	0.01	0.5	62	—	6	9	15	tr	8	0.2	0.1	1.13	tr	0.95
桂圆(干，龙眼，圆眼)	37	26.9	277	5	0.2	64.8	2	0	—	—	0.39	1.3	12	—	38	206	1348	3.3	81	0.7	0.55	12.4	1.28	0.3
桂圆（鲜）	50	81.4	71	1.2	0.1	16.6	0.4	0	2	0.01	0.14	1.3	43	—	6	30	248	3.9	10	0.2	0.4	0.83	0.1	0.07
桂圆肉	100	17.7	317	4.6	1	73.5	2	0	—	0.04	1.03	8.9	27	—	39	120	129	7.3	55	3.9	0.65	3.28	0.65	0.43
红毛丹	79	80	82	1	1.2	17.5	0.5	0	tr	0.01	0.04	0.31	35	tr	11	20	13	2.3	12	0.3	0.24	0.11	0.21	0.35
火龙果	69	84.8	55	1.1	0.2	13.3	1.6	0	tr	0.03	0.02	0.22	3	0.14	7	35	20	2.7	30	0.3	0.29	0.03	0.04	0.19
榴莲	37	64.5	150	2.6	3.3	28.3	1.7	0	2	0.2	0.13	1.19	2.8	2.28	4	38	261	2.9	27	0.3	0.16	3.26	0.12	0.22
山竹	25	81.2	72	0.4	0.2	18	0.4	0	tr	0.08	0.02	0.3	1.2	0.36	11	9	48	3.8	19	0.3	0.06	0.54	0.03	0.1
杧果（大头）	68	86.1	52	0.5	9.1	12.9	1.1	0	173	0.03	0.01	0.4	14	—	7	12	153	3.6	10	0.5	0.14	0.25	0.1	0.24
白金瓜	70	93	25	0.4	—	6.2	0.5	0	8	0.05	0.08	0.7	17	—	12	13	182	1.6	10	0.4	0.26	0.37	0.08	—
白兰瓜	55	93.2	23	0.6	0.1	5.3	0.8	0	3	0.02	0.03	0.6	14	—	24	13	—	—	—	0.9	—	—	—	—
哈蜜瓜	71	91	34	0.5	0.1	7.9	0.2	0	77	—	0.01	—	12	—	4	19	190	26.7	19	tr	0.13	1.1	0.01	0.01
黄河蜜瓜	56	95	11	0.4	tr	4	3.2	0	15	0.02	0.01	0.5	15	—	—	—	—	—	—	—	—	—	—	—
金塔寺瓜	81	96.9	10	0.6	0.1	2	0.7	0	—	tr	0.03	0.5	18	—	—	—	—	—	—	—	—	—	—	—
灵蜜瓜	71	98.1	4	0.5	0.1	0.4	0.4	0	—	tr	0.04	—	tr	—	12	1	62	5.2	—	0.5	tr	0.2	tr	0.01

续表

名称	可食部分(%)	水分(g)	能量(kcal)	蛋白质(g)	脂肪(g)	碳水化物(g)	膳食纤维(g)	胆固醇(mg)	维生素A(μgRAE)	维生素B_1(mg)	维生素B_2(mg)	烟酸(mg)	维生素C(mg)	维生素E(mg)	钙(mg)	磷(mg)	钾(mg)	钠(mg)	镁(mg)	铁(mg)	锌(mg)	硒(μg)	铜(mg)	锰(mg)
麻醉瓜	66	95.2	17	0.7	0.1	3.6	0.4	0	—	tr	0.03	0.4	17	—	—	—	—	—	—	—	—	—	—	—
甜瓜（香瓜）	78	92.9	26	0.4	0.1	6.2	0.4	0	3	0.02	0.03	0.3	15	0.47	14	17	139	8.8	11	0.7	0.09	0.4	0.04	0.04
西瓜（代表值）	59	93.3	31	0.5	0.3	6.8	0.2	0	14	0.02	0.04	0.3	5.7	0.11	7	12	97	3.3	14	0.4	0.09	0.09	0.03	0.03
西瓜（京欣1号）	59	91.2	34	0.5	tr	8.1	0.2	0	7	0.02	0.04	0.4	7	0.03	10	13	79	4.2	11	0.5	0.1	0.08	0.02	0.05
西瓜（郑州3号）	59	93.4	26	0.6	0.1	5.7	0.2	0	18	0.02	0.04	0.3	4	0.13	4	11	115	2.4	10	0.2	0.07	0.1	0.04	0.01
西瓜(忠于6号,黑皮)	64	92.3	32	0.5	0.5	6.5	0.1	0	19	0.01	0.03	0.2	6	0.16	—	—	—	—	22	—	—	—	—	—
子瓜	46	98.7	5	0.2	0.3	0.6	0.5	0	—	—	0.03	0.1	10	—	—	—	—	—	—	—	—	—	—	—
小西瓜（地雷瓜）	62	92.1	30	0.8	0.1	6.7	—	0	5	0.02	0.02	0.13	2	tr	6	9	177	4.8	9	0.2	0.08	0.11	0.02	0.02
菠萝蜜子	97	57	164	4.9	0.3	36.7	2.3	0	—	0.31	0.16	0.9	16	0.12	18	68	400	11.5	27	1.6	0.54	10.47	0.27	0.3
白果（干，银杏）	67	9.9	355	13.2	1.3	72.6	—	0	—	—	0.1	tr	0	24.7	54	23	17	17.5	tr	0.2	0.69	14.5	0.45	2.03
核桃（干，胡桃）	43	5.2	646	14.9	58.8	19.1	9.5	0	3	0.15	0.14	0.9	1	43.21	56	294	385	6.4	131	2.7	2.17	4.62	1.17	3.44
核桃（鲜）	43	49.8	336	12.8	29.9	6.1	4.3	0	—	0.07	0.14	1.4	10	41.17	—	—	—	—	—	—	—	—	—	—
0	73	13.4	348	5.3	1.7	78.4	1.2	0	3	0.08	0.15	0.8	25	11.45	—	—	—	8.5	56	1.2	1.32	—	1.34	1.14
栗子（鲜，板栗）	80	52	188	4.2	0.7	42.2	1.7	0	16	0.14	0.17	0.8	24	4.56	17	89	442	13.9	50	1.1	0.57	1.13	0.4	1.53
毛核桃（鲜）	38	57.6	184	12	6.7	21.7	5.4	0	—	0.09	0.1	1.5	40	—	—	—	—	—	—	—	—	—	—	—
山核桃（干）	24	2.2	616	18	50.4	26.2	7.4	0	3	0.16	0.09	0.5	—	65.55	57	521	237	250.7	306	6.8	6.42	0.87	2.14	8.16
山核桃（熟，小核桃）	45	2.8	658	9.3	64.5	21.3	—	0	11	0.11	0.07	0.8	—	14.75	132	279	4	855.5	130	6	7.07	1.15	1.33	11.39
松子（炒）	31	3.6	644	14.1	58.5	21.4	12.4	0	3	—	0.11	3.8	tr	25.2	161	227	612	3	186	5.2	5.49	0.62	1.21	7.4
松子（生）	32	3	665	12.6	62.6	19	12.4	0	3	0.41	0.09	3.8	—	34.48	3	620	184	—	567	5.9	9.02	0.63	2.68	10.35
松子仁	100	0.8	718	13.4	70.6	12.2	10	0	1	0.19	0.25	4	—	32.79	78	569	502	10.1	116	4.3	4.61	0.74	0.95	6.01
杏仁	100	5.6	578	22.5	45.4	23.9	8	0	—	0.08	0.56	—	26	18.53	97	27	106	8.3	178	2.2	4.3	15.65	0.8	0.77
榛子（炒）	21	2.3	611	30.5	50.3	13.1	8.2	0	9	0.21	0.22	9.8	—	25.2	815	423	686	153	502	5.1	3.75	2.4	2	18.47
榛子（干）	27	7.4	561	20	44.8	24.3	9.6	0	4	0.62	0.14	2.5	tr	36.43	104	422	1244	4.7	420	6.4	5.83	0.78	3.03	14.94
栗子（熟，板栗）	78	46.6	214	4.8	1.5	46	1.2	0	20	0.19	0.13	1.2	36	—	15	91	—	—	—	1.7	—	—	—	—
杏仁（过油炸干）	100	2.8	631	21.2	55.2	17.7	10.5	0	—	0.09	0.78	3.7	—	—	291	466	699	1	274	3.7	3.07	4.4	0.96	2.46
栗子仁（熟）	100	47.3	194	4.5	1.5	45.7	—	0	—	0.08	0.12	1.1	—	9.28	9	105	468	8.7	52	1.1	0.76	tr	0.45	2.01
橡实	70	42.3	233	4	2	50.5	1.3	0	—	0.03	—	7	—	112	64	—	—	—	5.8	—	—	—	—	
腰果	100	2.1	615	24	50.9	20.4	10.4	0	4	0.24	0.13	1.3	—	6.7	19	639	680	35.7	595	7.4	5.3	10.93	2.57	1.19
开心果	82	0.8	631	20.6	53	21.9	8.2	0	—	0.45	0.1	1.1	—	19.36	108	468	735	756.4	118	4.4	3.11	6.5	0.83	1.69
花生（炒）	71	4.1	601	21.7	48	23.6	6.3	0	5	0.13	0.12	18.9	tr	12.94	47	326	563	34.8	171	1.5	2.03	3.9	0.68	1.44
花生（生，落花生，长生果）	53	48.3	313	12.1	25.4	12.9	7.7	0	1	—	0.04	14.1	14	2.93	8	250	390	3.7	110	3.4	1.79	4.5	0.68	0.05
花生仁（炒）	100	1.8	589	23.9	44.4	25.7	4.3	0	—	0.12	0.1	18.9	tr	14.97	284	315	674	445.1	176	6.9	2.82	7.1	0.89	1.9
花生仁（生）	100	6.9	574	24.8	44.3	21.7	5.5	0	3	0.72	0.13	17.9	2	18.09	39	324	587	3.6	178	2.1	2.5	3.94	0.95	1.25
葵花子（炒，咸）	52	2	625	22.6	52.8	17.3	4.8	0	3	0.43	0.26	4.8	tr	26.46	72	564	491	1322	267	6.1	5.91	2	1.95	1.98
葵花子（生）	50	2.4	609	23.9	49.9	19.1	6.1	0	3	0.36	0.2	4.8	tr	34.53	72	238	562	5.5	264	5.7	6.03	1.21	2.51	1.95
葵花子仁	100	7.8	615	19.1	53.4	16.7	4.5	0	—	1.89	0.16	4.5	tr	79.09	115	604	547	5	287	2.9	0.5	5.78	0.56	1.07
莲子（干）	100	9.5	350	17.2	2	67.2	3	0	—	0.16	0.08	4.2	5	2.71	97	550	846	5.1	242	3.6	2.78	3.36	1.33	8.23
莲子（糖水罐头）	100	49.2	202	2.8	0.5	46.9	0.7	0	—	0.04	0.09	1.5	tr	—	24	133	27	8.7	9	tr	tr	2.43	0.03	—
南瓜子（炒，白瓜子）	68	4.1	582	36	46.1	7.9	4.1	0	—	0.08	0.16	3.3	—	27.28	37		672	15.8	376	6.5	7.12	27.03	1.44	3.85
南瓜子仁	100	9.2	576	33.2	48.1	4.9	4.9	0	—	0.23	0.09	1.8	tr	13.25	16	1159	102	20.6	2	1.5	2.57	2.78	1.11	0.64
芡实米（干，鸡头米）	100	11.4	352	8.3	0.3	79.6	0.9	0	—	0.3	0.09	0.4	—	—	37	56	60	28.4	16	0.5	1.24	6.03	0.63	1.51
西瓜子	38	5	567	30.3	46.5	13.4	13.2	0	—	0.03	0.05	3.2	—	2.71	392	868	516	133.7	18	4.4	5.88	6.2	1.91	1.45
西瓜子（炒）	43	4.3	582	32.7	44.8	14.2	4.5	0	—	0.04	0.08	3.4	tr	1.23	28	765	612	187.7	448	8.2	6.76	23.44	1.82	1.82

续表

名称	可食部分(%)	水分(g)	能量(kcal)	蛋白质(g)	脂肪(g)	碳水化物(g)	膳食纤维(g)	胆固醇(mg)	维生素A(μgRAE)	维生素B_1(mg)	维生素B_2(mg)	烟酸(mg)	维生素C(mg)	维生素E(mg)	钙(mg)	磷(mg)	钾(mg)	钠(mg)	镁(mg)	铁(mg)	锌(mg)	硒(μg)	铜(mg)	锰(mg)
西瓜子仁	100	9.2	566	32.4	45.9	8.6	5.4	0	—	0.2	0.08	1.4	tr	27.37	tr	818	186	9.4	1	4.7	0.39	11	0.04	1.21
芡实米（鲜，鸡头米）	47	63.4	145	4.4	0.2	31.5	0.4	0	—	0.4	0.08	2.5	6	—	9	110	—	—	—	0.4	—	—	—	—
花生（烤，密日兴牌）	71	3.1	475	16.6	22.3	55.9	7.9	0	43	0.2	0.08	10	—	8.05	23	299	344	171.1	51	2.6	2.61	5.44	0.34	—
葵花子（奶油香）	51	1.4	620	22.7	54.1	17.9	14.6	0	—	0.54	0.12	2.5	—	21.79	77	925	423	604.3	412	6.7	7.62	12.49	2.53	2.57
芝麻（白）	100	5.3	536	18.4	39.6	31.5	9.8	0	—	0.36	0.26	3.8	—	38.28	620	513	266	32.2	202	14.1	4.21	4.06	1.41	1.17
芝麻（黑）	100	5.7	559	19.1	46.1	24	14	0	—	0.66	0.25	5.9	—	50.4	780	516	358	8.3	290	22.7	6.13	4.7	1.77	17.85
花生仁（油炸）	100	1.3	583	22.2	47.1	26.2	17.2	0	—	0.3	0.08	—	—	8.7	20	474	551	207.8	84	1.6	3.16	—	0.56	—
糍粑（稞麦（熟品））	100	49.3	257	4.1	13.1	30.7	1.8	0	0	0.05	0.15	1.9	0	2.68	71			8.9		13.9				
方便面	100	3.6	472	9.5	21.1	60.9	0.7	0	0	0.12	0.06	0.9	0	2.28	25			1144		4.1				
煎饼	100	6.8	333	7.6	0.7	74.7	9.1	0	0	0.1	0.04	0.2	0	0	9			85.5		7				
玉米粥（即食）	100	6.3	390	7.2	3.7	81.9	0.4	0	0	0.02	0.03	2.2	0	0.08	11			1.7		9				
腐乳（臭，臭豆腐）	100	66.4	130	11.6	7.9	3.1	0.8	0	20	0.02	0.09	0.6	0	9.18	75			2012.3		6.9				
腐乳（红，酱豆腐）	100	61.2	151	12	8.1	7.6	0.6	0	15	0.02	0.21	0.5	0	7.24	87			3091.3		11.5				
番茄酱（罐头）	100	75.8	85	4.9	0.2	16.9	2.1	0	0	0.03	0.03	5.6	0	4.45	28			37.1		1.1				
草莓酱	100	32.5	269	0.8	0.2	66.3	0.2	0	0	0.15	0.1	0.2	1	0.49	44			8.7		2.1				
甘蔗汁	100	83.1	65	0.4	0.1	16	0.6	0	1	0.01	0.02	0.2	2	0	14			3		0.4				
果丹皮	100	16.7	326	1	0.8	80	2.6	0	13	0.02	0.03	0.7	3	1.85	52			115.5		11.6				
海棠脯	100	25.8	290	0.6	0.2	72.6	2.2	0	5	0.02	0.05	0.3	0	1.11	19			200.5		3.1				
柠檬汁	100	93.1	27	0.9	0.2	5.5	0.3	0	0	0.01	0.02	0.1	11	0	24			1.2		0.1				
苹果酱	100	30.4	278	0.4	0.1	69	0.3	0	0	0.28	0.02	0	1	0	2			11		1.3				
苹果脯	100	14.2	339	0.6	0.1	84.9	1.6	0	6	0.01	0.09	0.1	0	0.44	9			12.8		1.6				
青梅果脯	100	20	314	1.2	0.6	77.4	2.9	0	1	0	0.33	0.1	4	88	106			222.8		4				
桃酱	100	31.2	274	0.4	0.2	68	0.5	0	0	0.01	0.01	0.5	3	0.43	5			14.2		1.3				
桃脯	100	19.2	315	1.4	0.4	77.6	2.4	0	4	0.01	0.12	0.8	6	6.25	96			243		10.4				
西瓜脯	100	18.7	309	0.7	0.2	77.5	2	0	2	0.01	0.03	0.4	13	0	253			529.3		11				
杏酱	100	28.3	287	0.2	0.3	70.9	0.4	0	3	0.1	0.07	0.2	1	0.31	6			5		0.4				
杏脯	100	15.3	333	0.8	0.6	82	1.8	0	79	0.02	0.09	0.6	6	0.61	68			213.3		4.8				
白果	100	9.9	355	13.2	1.3	72.6	0	0	0	0	0	0	0	0.73	54			17.5		0.2				
叉烧肉	100	49.2	279	23.8	16.9	7.9	0	68	8	0.66	0.23	7	0	0.68	8			818.8		2.6				
肠（大肉肠）	100	57	272	12	22.9	4.6	0	72	0	0.24	0.06	7.4	0	0	67			1370.4		3.1				
肠（儿童肠）	100	49.8	290	13.1	19.6	15.3	0	61	0	0.26	0.09	3	0	1.11	12			0		3.2				
肠（风干肠）	100	55.8	283	12.4	23.3	5.9	0	47	0	0.12	0.09	12.6	0	0	18			618		3.5				
肠（广东香肠）	100	33.5	433	18	37.3	6.4	0	94	0	0.42	0.07	5.7	0	0	5			1477.9		2.8				
肠（火腿肠）	100	57.4	212	14	10.4	15.6	0	57	3	0.26	0.43	2.3	0	0.71	9			771.2		4.5				
肠（腊肠）	100	8.4	584	22	48.3	15.3	0	88	0	0.04	0.12	3.8	0	0	24			1420		3.2				
肠（蒜肠）	100	52.5	297	7.5	25.4	9.5	0	51	3	0.06	0.15	1	0	0.27	13			561.5		1.9				
肠（香肠）	100	19.2	508	24.1	40.7	11.2	0	82	0	0.48	0.11	4.4	0	1.05	14			2309.2		5.8				
肠（小红肠）	100	56.2	280	11.8	23.2	6	0	72	79	0.27	0.14	2.6	0	0.17	10			682.2		2.2				
狗肉	80	76	116	16.8	4.6	1.8	0	62	79	0.34	0.2	3.5	0	1.4	52			47.4		2.9				
火腿（金华火腿）	100	48.7	318	16.4	28	0	0	98	10	0.51	0.18	4.8	0	0.18	9			233.4		2.1				
火腿（熟）	100	24.6	529	12.4	50.4	6.4	0	166	0	0.17	0	0	0	0	0			0		0				
火腿后坐（火腿）	100	47.9	330	16	27.4	4.9	0	120	23	0.28	0.09	8.6	0	0.8	3			1086.7		2.2				
酱驴肉	100	50.7	246	31.4	11.9	3.2	0	116	6	0.05	0.22	4.4	0	1.25	20			869.2		4				
酱牛肉	100	50.7	246	31.4	11.9	3.2	0	76	6	0.05	0.22	4.4	0	1.25	20			869.2		4				

续表

名称	可食部分(%)	水分(g)	能量(kcal)	蛋白质(g)	脂肪(g)	碳水化物(g)	膳食纤维(g)	胆固醇(mg)	维生素A(μgRAE)	维生素B_1(mg)	维生素B_2(mg)	烟酸(mg)	维生素C(mg)	维生素E(mg)	钙(mg)	磷(mg)	钾(mg)	钠(mg)	镁(mg)	铁(mg)	锌(mg)	硒(μg)	铜(mg)	锰(mg)
酱羊肉	100	45.7	272	25.4	13.7	11.8	0	92	0	0.07	0.06	8.3	0	1.28	43			937.8		4.1				
酱汁肉	96	24	549	15.5	50.4	8.4	0	92	2	0.07	0.14	2.5	0	0.49	9			257.4		1.5				
腊肉（培根）	100	63.1	181	22.3	9	2.6	0	46	0	0.9	0.11	4.5	0	0.11	2			51.2		2.4				
腊肉（生）	100	31.1	498	11.8	48.8	2.9	0	123	48	0	0	0	0	6.23	22			763.9		7.5				
腊肉（熟）	100	10.9	587	13.2	48.9	23.6	0	135	0	0.23	0	0	0	0	0			0		0				
腊羊肉	100	47.8	246	26.1	10.6	11.5	0	100	0	0.03	0.5	3.4	0	7.26	14			8991.6		6.6				
骆驼蹄	100	72.2	116	25.6	1.4	0.2	0	55	5	0.01	0	0	0	0	36			210.3		4				
骆驼掌	100	21.9	310	72.8	2	0.3	0	360	13	0.03	0	0	0	0	152			170.6		0.3				
驴肉（瘦）	100	73.8	116	21.5	3.2	0.4	0	74	36	0.03	0.16	2.5	0	2.76	2			46.9		4.3				
驴肉（熟）	100	57.7	251	32.3	13.5	0	0	0	13	0	0.1	0	0	0.39	13			207.4		8.3				
马肉	100	74.1	122	20.1	4.6	0.1	0	84	14	0.06	0.25	2.2	0	1.42	5			115.8		5.1				
马心	100	76.3	104	18.9	2.7	1	0	119	16	0.22	0.29	2.9	0	1.99	25			66.2		11.9				
牛大肠	100	85.9	66	11	2.3	0.4	0	124	0	0.03	0.08	1.2	0	0	12			28		2				
牛肚	100	83.4	72	14.5	1.6	0	0	104	1	0.03	0.13	2.5	0	0.51	40			60.6		1.8				
牛肺	100	78.6	94	16.5	2.5	1.5	0	306	6	0.04	0.21	3.4	0	0.34	8			154.8		11.7				
牛肝	100	68.7	139	19.8	3.9	6.2	0	297	10110	0.16	1.3	11.9	0	0.13	4			45		6.6				
牛脑	100	75.1	149	12.5	11	0.1	0	2447	0	0.15	0.25	4	0	0	583			185.6		4.7				
牛肉（肥瘦）	100	68.1	190	18.1	13.4	0	0	84	5	0.03	0.11	7.4	0	0.22	8			57.4		3.2				
牛肉（后腱）	94	78.1	93	18	1.8	1.1	0	58	2	0.02	0.18	3.7	0	0.74	6			70.6		2.3				
牛肉（后腿）	100	77.1	98	19.8	2	0.1	0	58	1	0.02	0.18	5.7	0	0.81	7			30.6		2.1				
牛肉（前腱）	95	76.6	100	18.4	2.1	1.8	0	58	1	0.02	0.18	4.1	0	0.42	6			61.2		3				
牛肉（前腿）	100	78	95	15.7	2.4	2.7	0	58	1	0.02	0.19	3.9	0	0.71	7			54.6		1.6				
牛肉（瘦）	100	75.2	106	20.2	2.3	1.2	0	58	3	0.07	0.13	6.3	0	0.35	9			53.6		2.8				
牛肉（五花，肋条）	100	75.1	123	18.6	5.4	0	0	84	4	0.06	0.13	3.1	0	0.37	19			66.6		2.7				
牛肉干	100	9.3	550	45.6	40	1.9	0	120	0	0.06	0.26	15.2	0	0	43			412.4		15.6				
牛肉松	100	2.7	445	8.2	15.7	67.7	0	169	45	0.04	0.11	0.9	0	18.24	76			1945.7		4.6				
牛舌	100	66.7	196	17	13.3	2	0	92	4	0.1	0.16	3.6	0	0.55	6			58.4		3.1				
牛肾	89	78.3	94	15.6	2.4	2.6	0	295	44	0.24	0.85	7.7	0	0.19	8			180.8		9.4				
牛蹄筋（熟）	100	64	147	35.2	0.6	0.1	0	51	0	0	0	0	0	0	13			99.3		1.7				
牛心	100	77.2	106	15.4	3.5	3.1	0	115	9	0.26	0.39	6.8	0	0.19	4			47.9		5.9				
兔肉	100	76.2	102	19.7	2.2	0.9	0	59	106	0.11	0.1	5.8	0	0.42	12			45.1		2				
兔肉（野）	100	80.6	84	16.6	2	0	0	0	0	0.21	0	0	0	0	23			88.3		7.4				
煨牛肉（罐头）	100	70.1	166	16.7	11	0.1	0	84	0	0.04	0.09	6.5	0	1.22	66			609.4		2.7				
午餐肉	100	59.9	229	9.4	15.9	12	0	56	0	0.24	0.05	11.1	0	0	57			981.9		0				
羊大肠	100	84.7	70	13.4	2.4	0	0	150	0	0	0.14	1.8	0	0	25			79		1.9				
羊肚	100	81.7	87	12.2	3.4	1.8	0	124	12	0.03	0.17	1.8	0	0.33	38			66		1.4				
羊肺	100	77.7	96	16.2	2.4	2.5	0	319	0	0.05	0.14	1.1	0	1.43	12			146.2		7.8				
羊肝	100	69.7	134	17.9	3.6	7.4	0	349	10486	0.21	1.75	22.1	0	29.93	8			123		7.5				
羊脑	100	76.3	142	11.3	10.7	0.1	0	2004	0	0.17	0.27	3.5	0	0	61			151.8		0				
羊肉（冻，绵羊）	100	58.4	285	12.6	24.4	3.8	0	148	0	0.02	0.12	4.4	0	0	17			122.2		5.2				
羊肉（冻，山羊）	100	56.4	293	8.7	24.5	9.4	0	148	0	0.06	0.12	4.7	0	0	135			160.6		13.7				
羊肉（肥，瘦）	90	66.9	198	19	14.1	0	0	92	11	0.05	0.14	4.5	0	0.26	6			80.6		2.3				
羊肉（后腿）	77	78.8	102	15.5	4	0.9	0	60	4	0.06	0.22	4.8	0	0.37	11			90.6		1.7				
羊肉（颈，羊脖）	74	79.1	109	20.9	2.8	0	0	71	4	0.06	0.25	3.9	0	0.45	15			79.1		2.1				

续表

名称	可食部分(%)	水分(g)	能量(kcal)	蛋白质(g)	脂肪(g)	碳水化物(g)	膳食纤维(g)	胆固醇(mg)	维生素A(μgRAE)	维生素B_1(mg)	维生素B_2(mg)	烟酸(mg)	维生素C(mg)	维生素E(mg)	钙(mg)	磷(mg)	钾(mg)	钠(mg)	镁(mg)	铁(mg)	锌(mg)	硒(μg)	铜(mg)	锰(mg)
羊肉（里脊）	100	78.1	94	17.1	2	2	0	60	3	0.05	0.29	5.2	0	0.53	14			92.1		1.7				
羊肉（前腿）	71	78.3	111	19.7	3.6	0	0	60	6	0.06	0.24	4.8	0	0.49	12			92		1.5				
羊肉（瘦）	90	74.2	118	20.5	3.9	0.2	0	60	6	0.15	0.16	5.2	0	0.31	9			69.4		3.9				
羊肉（熟）	100	61.7	215	23.2	13.8	0	0	88	9	0.01	0.2	3.7	0	0.33	13			408		1.9				
羊肉（胸脯，腰窝）	81	77.6	109	17.2	4.5	0	0	60	8	0.04	0.22	4	0	0.43	12			81.9		2.3				
羊肉串（电烤）	100	52.8	234	26.4	11.6	6	0	109	21	0.03	0.32	5.8	0	1.8	52			796.3		6.7				
羊肉串（炸）	100	57.4	217	18.3	11.5	10	0	93	20	0.04	0.41	4.7	0	6.56	38			580.8		4.2				
羊肉干（绵羊）	100	9.1	588	28.2	46.7	13.7	0	166	0	0.14	0.26	10.6	0	0	77			184		10.1				
羊舌	100	60.9	225	19.4	14.2	4.8	0	148	0	0	0.23	3	0	0	0			0		0				
羊肾	100	79.2	90	16.7	2.5	0.1	0	289	76	0.3	1.78	8.8	0	0	9			195.2		5.2				
羊蹄筋（生）	100	62.8	177	38.8	2.4	0	0	58	0	0	0.1	1.2	0	0	16			149.7		3.1				
羊心	100	77.7	113	13.8	5.5	2	0	104	8	0.28	0.4	5.6	0	1.75	10			100.8		4				
羊血	100	85	57	6.8	0.2	6.9	0	92	0	0.04	0.09	0.2	0	0	0			0		0				
猪大肠	100	74.8	191	6.9	18.7	0	0	137	4	0.06	0.11	1.9	0	0.5	10			116.3		1				
猪大排	68	58.8	264	18.3	20.4	1.7	0	165	6	0.8	0.15	5.3	0	0.11	8			44.5		0.8				
猪胆	100	16.3	336	44.2	6.4	25.3	0	1017	1791	0.41	2.5	11	0	0	12			3625		181.3				
猪肚	96	78.2	110	15.2	5.1	0.7	0	165	2	0.07	0.16	3.7	0	0.32	11			75.1		2.4				
猪耳	100	69.4	190	22.5	11.1	0	0	92	0	0.05	0.12	3.5	0	0.85	6			68.2		1.3				
猪肺	97	83.1	84	12.2	3.9	0.1	0	290	5	0.04	0.18	1.8	0	0.45	6			81.4		5.3				
猪肝	99	70.7	129	19.3	3.5	5	0	288	2486	0.21	2.08	15	0	0.86	6			68.6		22.6				
猪肝（卤煮）	100	56.4	203	26.4	8.3	5.6	0	469	19	0.36	0.42	0	0	0.14	68			674.7		2				
猪脑	100	78	131	10.8	9.8	0	0	2571	0	0.11	0.19	2.8	0	0.96	30			130.7		1.9				
猪肉（脖子，猪脖）	90	35.8	576	8	60.5	0	0	94	9	0.21	0.07	1.7	0	0.61	4			54		1.2				
猪肉（肥）	100	8.8	816	2.4	90.4	0	0	109	15	0.08	0.05	0.9	0	0.24	3			19.5		1				
猪肉（肥，瘦）	100	46.8	395	13.2	37	2.4	0	80	0	0.22	0.16	3.5	0	0.49	6			59.4		1.6				
猪肉（后蹄膀，后肘）	73	57.6	320	17	28	0	0	79	4	0.37	0.18	2.6	0	0.48	6			76.8		1				
猪肉（后臀尖）	97	55.1	331	14.6	30.8	0	0	0	8	0.26	0.11	2.8	0	0.95	5			57.5		1				
猪肉（脊背，里脊）	100	70.3	155	20.2	7.9	0.7	0	81	3	0.47	0.12	5.2	0	0.59	6			43.2		1.5				
猪肉（肋条肉）	96	34	568	9.3	59	0	0	98	5	0.09	0.04	2.4	0	0.05	6			80		1				
猪肉（奶面，硬五花，猪排骨肉）	79	53	339	13.6	30.6	2.2	0	79	5	0.36	0.15	3.1	0	0.2	6			52		1.3				
猪肉（奶脯，软五花）	85	56.8	349	7.7	35.3	0	0	98	20	0.14	0.06	2	0	0.49	5			36.7		0.8				
猪肉（前蹄膀，前肘）	67	54.3	338	15.1	31.5	0	0	79	7	0.23	0.14	2	0	0.71	5			66.1		1.2				
猪肉（清蒸）	100	71.4	118	18.4	13.8	0	0	62	0	0.09	0.07	2.8	0	0	4			210.6		3.4				
猪肉（瘦）	100	71	143	20.3	6.2	1.5	0	81	22	0.54	0.1	5.3	0	0.34	6			57.5		3				
猪肉（腿）	100	67.6	190	17.9	12.8	0.8	0	79	2	0.53	0.24	4.9	0	0.3	6			63		0.9				
猪肉松	100	9.4	396	23.4	11.5	49.7	0	111	22	0.04	0.13	3.3	0	10.02	41			469		6.4				
猪舌（口条）	94	63.7	233	15.7	18.1	1.7	0	158	8	0.13	0.3	4.6	0	0.73	13			79.4		2.8				
猪肾（猪腰子）	93	78.8	96	15.4	3.2	1.4	0	354	21	0.31	1.14	8	0	0.34	12			134.2		6.1				
猪蹄（熟，爪尖）	43	55.8	260	23.6	17	3.2	0	86	0	0.13	0.04	2.8	0	0	32			363.2		2.4				
猪蹄筋	100	62.4	156	35.3	1.4	0.5	0	79	0	0.01	0.09	2.9	0	0.1	15			178		2.2				
猪小肠	100	85.4	65	10	2	1.7	0	183	3	0.12	0.11	3.1	0	0.13	7			204.8		2				
猪小排（排骨）	72	58.1	278	16.7	23.1	0.7	0	146	3	0.3	0.16	4.5	0	0.11	14			62.6		1.4				
猪心	97	76	119	16.6	5.3	1.1	0	151	7	0.19	0.48	6.8	0	0.74	12			71.2		4.3				

续表

名称	可食部分(%)	水分(g)	能量(kcal)	蛋白质(g)	脂肪(g)	碳水化物(g)	膳食纤维(g)	胆固醇(mg)	维生素A(μgRAE)	维生素B_1(mg)	维生素B_2(mg)	烟酸(mg)	维生素C(mg)	维生素E(mg)	钙(mg)	磷(mg)	钾(mg)	钠(mg)	镁(mg)	铁(mg)	锌(mg)	硒(μg)	铜(mg)	锰(mg)
猪血	100	85.8	55	12.2	0.3	0.9	0	51	0	0.03	0.04	0.3	0	0.2	4			56		8.7				
猪肘棒（熟）	72	49.5	314	21.3	24.5	2.1	0	108	0	0.04	0.09	3.8	0	0	55			753.9		1.6				
鹌鹑	58	75.1	110	20.2	3.1	0.2	0	157	20	0.04	0.32	6.3	0	0.44	48			48.4		2.3				
扒鸡	66	56.5	215	29.6	11	0	0	211	16	0.02	0.17	9.2	0	0	31			1000.7		2.9				
北京烤鸭	80	38.2	436	16.6	38.4	6	0	91	18	0.04	0.32	4.5	0	0.97	35			83		2.4				
鹅	63	62.9	245	17.9	19.9	0	0	74	21	0.07	0.23	4.9	0	0.22	4			58.8		3.8				
鹅肝	100	70.7	129	15.2	3.4	9.3	0	285	3050	0.27	0.25	0	0	5.29	2			70.2		7.8				
鹅肫	100	76.3	100	19.6	1.9	1.1	0	153	26	0.05	0.06	0	0	0	2			58.2		4.7				
鸽	42	66.6	201	16.5	14.2	1.7	0	99	27	0.06	0.2	6.9	0	0.99	30			63.6		3.8				
火鸡肝	100	69.9	143	20	5.6	3.1	0	294	0	0.06	1.21	43	0	1.13	3			128.6		20.7				
火鸡腿	100	77.8	90	20.1	1.2	0	0	58	0	0.07	0.06	8.3	0	0.07	12			168.4		5.2				
火鸡胸脯肉	100	73.6	103	22.4	0.2	2.8	0	49	0	0.04	0.03	16.2	0	0.35	39			93.7		1.1				
火鸡肫	100	76.5	91	18.9	0.3	3.1	0	342	0	0.02	0.08	7.8	0	0.33	44			57		3.7				
鸡	66	69	167	19.3	9.4	1.3	0	106	24	0.05	0.09	5.6	0	0.67	9			63.3		1.4				
鸡翅	69	65.4	194	17.4	11.8	4.6	0	113	34	0.01	0.11	5.3	0	0.25	8			50.8		1.3				
鸡肝	100	74.4	121	16.6	4.8	2.8	0	356	5207	0.33	1.1	11.9	0	1.88	7			92		12				
鸡肉松	100	4.9	440	7.2	16.4	65.8	0	81	45	0.03	0.11	1	0	14.58	76			1687.8		7.1				
鸡腿	69	70.2	181	16.4	13	0	0	162	22	0.02	0.14	6	0	0.03	6			64.4		1.5				
鸡心	100	70.8	172	15.9	11.8	0.6	0	194	455	0.46	0.26	11.5	0	0	54			108.4		4.7				
鸡胸脯肉	100	72	133	19.4	5	2.5	0	82	8	0.07	0.13	10.8	0	0.22	3			34.4		0.6				
鸡血	100	87	49	7.8	0.2	4.1	0	170	28	0.05	0.04	0.1	0	0.21	10			208		25				
鸡爪	60	56.4	254	23.9	16.4	2.7	0	103	19	0.01	0.13	2.4	0	0.32	36			169		1.4				
鸡肫（鸡胗）	100	73.1	118	19.2	2.8	4	0	174	18	0.04	0.09	3.4	0	0.87	7			74.8		4.4				
酱鸭	80	53.6	266	18.9	18.4	6.3	0	107	6	0.06	0.22	3.7	0	0	14			981.3		4.1				
烤鸡	73	59	240	22.4	16.7	0.1	0	99	19	0.05	0.19	3.5	0	0.22	25			472.3		1.7				
卤煮鸡	70	54.4	212	29.4	7.9	5.8	0	0	38	0.02	0.35	0.2	0	0.9	71			221.7		5.4				
烧鹅	73	52.8	289	19.7	21.5	4.2	0	116	5	0.09	0.11	3.6	0	0.07	91			240		3.8				
瓦罐鸡汤（肉）	100	63.3	190	20.9	9.5	5.2	0	0	32	0.01	0.21	0.5	0	1.08	16			201.2		1.9				
瓦罐鸡汤（汤）	100	0	408	1.3	2.4	95.2	0	24	0	0.01	0.07	0	0	0.21	2			251.4		0.3				
乌鸦肉（老鸦）	100	70.7	136	21	4.6	2.6	0	131	0	0.02	0	0	0	0	0			0		0				
喜鹊肉	100	71.3	128	23.2	3.6	0.8	0	112	0	0	0	0	0	0	0			0		0				
鸭	68	63.9	240	15.5	19.7	0.2	0	94	26	0.08	0.22	4.2	0	0.27	6			69		2.2				
鸭肠	53	77	129	14.2	7.8	0.4	0	187	0	0.02	0.22	3.1	0	0	31			32		2.3				
鸭翅	67	70.6	146	16.5	6.1	6.3	0	49	0	0.02	0.16	2.4	0	0	20			53.6		2.1				
鸭肝	100	76.3	128	14.5	7.5	0.5	0	341	520	0.26	1.05	6.9	0	1.41	18			87.2		23.1				
鸭皮	100	28.1	538	6.5	50.2	15.1	0	46	11	0.01	0.04	1	0	0	6			26.2		3.1				
鸭肉（胸脯肉）	100	78.6	90	15	1.5	4	0	0	0	0.01	0.07	4.2	0	1.98	6			60.2		4.1				
鸭舌（鸭条）	61	62.6	245	16.6	19.7	0.4	0	118	18	0.01	0.21	1.6	0	0.23	13			81.5		2.2				
鸭心	100	74.5	143	12.8	8.9	2.9	0	120	12	0.14	0.87	8	0	0.81	20			86.2		5				
鸭血（白鸭）	100	85	58	13.6	0.4	0	0	95	0	0.06	0.06	0	0	0.34	5			173.6		30.5				
鸭掌	59	64.7	150	13.4	1.9	19.7	0	36	6	0	0.17	1.1	0	0	24			61.1		1.3				
鸭肫	93	77.8	92	17.9	1.3	2.1	0	153	3	0.04	0.15	4.4	0	0.21	12			69.2		4.3				
盐水鸭（熟）	81	51.7	312	16.6	26.1	2.8	0	81	18	0.07	0.21	2.5	0	0.42	10			1557.5		0.7				
炸鸡（肯德基）	70	49.4	279	20.3	17.3	10.5	0	198	12	0.03	0.17	16.7	0	6.44	109			755		2.2				

续表

名称	可食部分(%)	水分(g)	能量(kcal)	蛋白质(g)	脂肪(g)	碳水化物(g)	膳食纤维(g)	胆固醇(mg)	维生素A(μgRAE)	维生素B_1(mg)	维生素B_2(mg)	烟酸(mg)	维生素C(mg)	维生素E(mg)	钙(mg)	磷(mg)	钾(mg)	钠(mg)	镁(mg)	铁(mg)	锌(mg)	硒(μg)	铜(mg)	锰(mg)
白脱(食用,牛油黄油)	100	17.7	742	0	82.7	0	0	152	267	0.01	0.06	0.1	0	3.71	1			18		1				
黄油	100	0.5	892	1.4	98.8	0	0	296	0	0	0.02	0	0	0	35			40.3		0.8				
炼乳（罐头，甜）	100	26.2	332	8	8.7	55.4	0	36	21	0.03	0.16	0.3	0	0.28	242			211.9		0.4				
奶豆腐（脱脂）	100	14.7	343	53.7	2.5	26.5	0	36	0	0.03	0.27	0.4	0	0	360			55.4		12.4				
奶豆腐（鲜）	100	31.9	305	46.2	7.8	12.5	0	36	0	0.01	0.69	0.7	0	0	597			90.2		3.1				
奶酪（干酪）	100	43.5	328	25.7	23.5	3.5	0	11	76	0.06	0.91	0.6	0	0.6	799			584.6		2.4				
奶片	100	3.7	472	13.3	20.2	59.3	0	65	38	0.05	0.2	1.6	0	0.05	269			179.7		1.6				
奶油	100	18	720	2.5	78.6	0.7	0	168	521	0	0.05	0.1	0	66.01	1			29.6		0.7				
牛乳	100	89.8	54	3	3.2	3.4	0	15	12	0.03	0.14	0.1	0	0.21	104			37.2		0.3				
牛乳（牦牛乳）	100	75.3	112	2.7	3.3	17.9	0	76	0	0.03	0	0	0	0	0			0		0				
牛乳（强化VA，VD）	100	89	51	2.7	2	5.6	0	0	33	0.02	0.08	0.1	0	0	140			42.6		0.2				
牛乳粉（母乳化奶粉）	100	2.9	510	14.5	27.1	51.9	0	0	152	0.35	1.16	0.5	0	0.18	251			168.7		8.3				
牛乳粉（强化维生素，多维奶粉）	100	2.8	484	19.9	22.7	49.9	0	68	39	0.28	6.68	0.5	0	0.48	1797			567.8		1.4				
牛乳粉（全脂）	100	2.3	478	20.1	21.2	51.7	0	110	71	0.11	0.73	0.9	0	0.48	676			260.1		1.2				
牛乳粉（婴儿奶粉）	100	3.7	443	19.8	15.1	57	0	91	14	0.12	1.25	0.4	0	3.29	998			9.4		5.2				
酸奶	100	84.7	72	2.5	2.7	9.3	0	15	13	0.03	0.15	0.2	0	0.12	118			39.8		0.4				
羊乳（鲜）	100	88.9	59	1.5	3.5	5.4	0	31	42	0.04	0.12	2.1	0	0.19	82			20.6		0.5				
羊乳粉（全脂）	100	1.4	498	18.8	25.2	49	0	75	0	0.06	1.6	0.9	0	0.2	0			0		0				
鹌鹑蛋	86	73	160	12.8	11.1	2.1	0	515	169	0.11	0.49	0.1	0	3.08	47			106.6		3.2				
鹌鹑蛋（五香罐头）	89	74.4	152	11.6	11.7	0	0	480	49	0.01	0.06	0.3	0	5.34	157			711.5		2.6				
鹅蛋	87	69.3	196	11.1	15.6	2.8	0	704	96	0.08	0.3	0.4	0	4.5	34			90.6		4.1				
鹅蛋白	100	87.2	48	8.9	0	3.2	0	0	4	0.03	0.04	0.3	0	0.34	4			77.3		2.8				
鹅蛋黄	100	50.1	324	15.5	26.4	6.2	0	1696	989	0.06	0.59	0.6	0	95.7	13			24.4		2.8				
鸡蛋（白皮）	87	75.8	138	12.7	9	1.5	0	585	155	0.09	0.31	0.2	0	1.23	48			94.7		2				
鸡蛋（红皮）	88	73.8	156	12.8	11.1	1.3	0	585	97	0.13	0.32	0.2	0	2.29	44			125.7		2.3				
鸡蛋白	100	84.4	60	11.6	0.1	3.1	0	0	0	0.04	0.31	0.2	0	0.01	9			79.4		1.6				
鸡蛋白（乌骨鸡）	87	88.4	44	9.8	0.1	1	0	0	0	0	0.31	0.1	0	0	9			165.1		0				
鸡蛋蛋白粉	100	7.2	367	47.5	4.8	33.5	0	0	0	0	0	0	0	0	0			0		0				
鸡蛋粉（全蛋粉）	100	2.5	545	43.4	36.2	11.3	0	2251	263	0.05	0.4	0	0	11.56	954			393.2		10.5				
鸡蛋黄	100	51.5	328	15.2	28.2	3.4	0	1510	219	0.33	0.29	0.1	0	5.06	112			54.9		6.5				
鸡蛋黄（乌骨鸡）	100	57.8	263	15.2	19.9	5.7	0	2057	90	0.07	0.36	0.1	0	7.64	107			57.2		0.5				
松花蛋（鸡）	83	66.4	178	14.8	10.6	5.8	0	595	155	0.02	0.13	0.2	0	1.06	26			0		3.9				
松花蛋（鸭，皮蛋）	90	68.4	171	14.2	10.7	4.5	0	608	108	0.06	0.18	0.1	0	3.05	63			542.7		3.3				
鸭蛋	87	70.3	180	12.6	13	3.1	0	565	131	0.17	0.35	0.2	0	4.98	62			106		2.9				
鸭蛋（咸）	88	61.3	190	12.7	12.7	6.3	0	647	67	0.16	0.33	0.1	0	6.25	118			2706.1		3.6				
鸭蛋白	100	87.7	47	9.9	0	1.8	0	0	12	0.01	0.07	0.1	0	0.16	18			71.2		0.1				
鸭蛋黄	100	44.9	378	14.5	33.8	4	0	1576	990	0.28	0.62	0	0	12.72	123			30.1		4.9				
八爪鱼（八角鱼）	78	65.4	135	18.9	0.4	14	0	0	0	0.04	0.06	5.4	0	1.34	21			65.4		0.6				
鲅鱼（马鲛鱼，燕鲅鱼，巴鱼）	80	72.5	122	21.2	3.1	2.2	0	75	10	0.03	0.04	2.1	0	0.71	35			74.2		0.8				
鳊鱼（鲂鱼，武昌鱼）	59	73.1	135	18.3	6.3	1.2	0	94	14	0.02	0.07	1.7	0	0.52	89			41.1		0.7				
草鱼（白鲩，草包鱼）	58	77.3	112	16.6	5.2	0	0	86	6	0.04	0.11	2.8	0	2.03	38			46		0.8				

续表

名称	可食部分(%)	水分(g)	能量(kcal)	蛋白质(g)	脂肪(g)	碳水化物(g)	膳食纤维(g)	胆固醇(mg)	维生素A(μgRAE)	维生素B_1(mg)	维生素B_2(mg)	烟酸(mg)	维生素C(mg)	维生素E(mg)	钙(mg)	磷(mg)	钾(mg)	钠(mg)	镁(mg)	铁(mg)	锌(mg)	硒(μg)	铜(mg)	锰(mg)
鲳鱼（平鱼，银鲳，刺鲳）	70	72.8	142	18.5	7.8	0	0	77	12	0.04	0.07	2.1	0	1.26	46			62.5		1.1				
大黄鱼（大黄花鱼）	66	77.7	96	17.7	2.5	0.8	0	86	5	0.03	0.1	1.9	0	1.13	53			120.3		0.7				
大麻哈鱼（大马哈鱼）	72	74.1	143	17.2	8.6	0	0	101	23	0.07	0.18	4.4	0	0.78	13			0		0.3				
带鱼（白带鱼，刀鱼）	76	73.3	127	17.7	4.9	3.1	0	76	15	0.02	0.06	2.8	0	0.82	28			150.1		1.2				
鲷鱼（黑鲷，铜盆鱼，大目鱼）	65	75.2	106	17.9	2.6	2.7	0	65	6	0.02	0.1	3.5	0	1.08	186			103.9		2.3				
鲽（比目鱼，凸眼鱼）	72	74.6	107	21.1	2.3	0.5	0	73	59	0.03	0.04	1.5	0	2.35	107			150.4		0.4				
丁香鱼（干）	100	36.3	196	37.5	3.1	4.6	0	379	60	0.01	0.17	2	0	0.3	590			4375		4.3				
鳜鱼（桂鱼）	61	74.5	117	19.9	4.2	0	0	124	6	0.02	0.07	5.9	0	0.87	63			68.6		1				
黄鳝（鳝丝）	88	85.2	61	15.4	0.8	0	0	0	0	0.04	2.08	1.8	0	1.1	57			131		2.8				
黄鳝（鳝鱼）	67	78	89	18	1.4	1.2	0	126	25	0.06	0.98	3.7	0	1.34	42			70.2		2.5				
鲚鱼（大凤尾鱼）	79	77.5	106	13.2	5.5	0.8	0	93	8	0	0.08	1	0	0.84	114			53.1		1.7				
鲚鱼（小凤尾鱼）	90	72.7	124	15.5	5.1	4	0	0	7	0.06	0.06	0.9	0	0.74	78			38.5		1.6				
鲫鱼(喜头鱼,海鲋鱼)	54	75.4	108	17.1	2.7	3.8	0	130	9	0.04	0.09	2.5	0	0.68	79			41.2		1.3				
鲒花	63	79.9	117	15.6	6.1	0	0	34	0	0.01	0.25	0.9	0	2.51	0			0		0				
鲤鱼（鲤拐子）	54	76.7	109	17.6	4.1	0.5	0	84	13	0.03	0.09	2.7	0	1.27	50			53.7		1				
鲢鱼（白鲢，胖子，连子鱼）	61	77.8	102	17.8	3.6	0	0	99	10	0.03	0.07	2.5	0	1.23	53			57.5		1.4				
鲮鱼（罐头）	100	27	399	30.7	26.9	8.5	0	162	0	0.04	0.09	2.3	0	5.56	598			2310		6.1				
鲈鱼（鲈花）	58	77.7	100	18.6	3.4	0	0	86	10	0.03	0.17	3.1	0	0.75	138			144.1		2				
罗非鱼	55	76	98	18.4	1.5	2.8	0	78	0	0.11	0.17	3.3	0	1.91	12			19.8		0.9				
泥鳅	60	76.6	96	17.9	2	1.7	0	136	7	0.1	0.33	6.2	0	0.79	299			74.8		2.9				
鲇鱼（胡子鲇，鲢胡，旺虾）	65	78	102	17.3	3.7	0	0	163	0	0.03	0.1	2.5	0	0.54	42			49.6		2.1				
鲆（片口鱼，比目鱼）	68	75.9	105	20.8	3.2	0	0	0	0	0.11	0	4.5	0	0.5	55			66.7		1				
青鱼（青皮鱼，青鳞鱼，青混）	63	73.9	116	20.1	4.2	0.2	0	108	21	0.03	0.07	2.9	0	0.81	31			47.4		0.9				
鲨鱼(青鲨,白斑角鲨)	56	75.1	110	22.2	3.2	0	0	70	11	0.01	0.05	3.1	0	0.58	41			102.2		0.9				
蛇鲻（沙丁鱼，沙鲻）	67	78	88	19.8	1.1	0	0	86	0	0.01	0.03	2	0	0.26	184			91.5		1.4				
鲀（绿鳍马面鲀，面包鱼）	52	78.9	83	18.1	0.6	1.2	0	45	8	0.02	0.05	3	0	1.03	5.4			80.5		0.9				
乌鳢（黑鱼，石斑鱼，生鱼）	57	78.7	85	19.5	1.2	0	0	91	13	0.02	0.14	2.5	0	0.97	152			48.8		0.7				
小黄鱼（小黄花鱼）	63	77.9	99	17.9	3	0.1	0	74	0	0.04	0.04	2.3	0	1.19	78			103		0.9				
鳕鱼（鳕狭，明太鱼）	45	77.4	88	20.4	0.5	0.5	0	114	7	0.04	0.13	2.7	0	0	42			130.3		0.5				
鳐鱼（夫鱼）	59	81.1	90	20.8	0.7	0	0	48	14	0.01	0.11	3.6	0	0.79	22			130		0.6				
银鱼（面条鱼）	100	76.2	119	17.2	5.6	0	0	361	0	0.03	0.05	0.2	0	1.86	46			8.6		0.9				
鳙鱼（胖头鱼，摆佳鱼，花鲢鱼）	61	76.5	100	15.3	2.2	4.7	0	112	17	0.04	0.11	2.8	0	2.65	82			60.6		0.8				
鱼片干	100	20.2	303	46.1	3.4	22	0	307	0	0.11	0.39	5	0	0.88	106			2320.6		4.4				
鱼子酱（大麻哈鱼）	100	49.4	252	10.9	16.8	14.4	0	486	56	0.33	0.19	0.5	0	12.25	23			0		2.8				
鳟鱼（红鳟鱼）	57	77	99	18.6	2.6	0.2	0	102	103	0.08	0	0	0	3.55	34			110		0				
蚌肉	63	80.8	71	15	0.9	0.8	0	148	142	0.01	0.22	0.4	0	0	190			6.1		50				

续表

名称	可食部分(%)	水分(g)	能量(kcal)	蛋白质(g)	脂肪(g)	碳水化物(g)	膳食纤维(g)	胆固醇(mg)	维生素A(μgRAE)	维生素B_1(mg)	维生素B_2(mg)	烟酸(mg)	维生素C(mg)	维生素E(mg)	钙(mg)	磷(mg)	钾(mg)	钠(mg)	镁(mg)	铁(mg)	锌(mg)	硒(μg)	铜(mg)	锰(mg)
鲍鱼（干）	100	18.3	322	54.1	5.6	13.7	0	0	14	0.02	0.13	7.2	0	0.85	143			2316.2		6.8				
鲍鱼（杂色鲍）	65	77.5	84	12.6	0.8	6.6	0	242	12	0.01	0.16	0.2	0	2.2	266			2011.7		22.6				
蚕蛹	100	57.5	230	21.5	13	6.7	0	155	0	0.07	2.23	2.2	0	9.89	81			140.2		2.6				
蛏干(蛏子缢,蛏青子)	100	12.2	340	46.5	4.9	27.4	0	469	10	0.07	0.31	5.1	0	0.41	107			1175		88.8				
蛏子	57	88.4	40	7.3	0.3	2.1	0	131	30	0.02	0.12	1.2	0	0.59	134			175.9		33.6				
干贝	100	27.4	264	55.6	2.4	5.1	0	348	6	0	0.21	2.5	0	1.53	77			306.4		5.6				
蛤蜊	45	91	31	5.8	0.4	1.1	0	156	10	0.01	0.1	0.5	0	0.86	138			317.3		2.9				
蛤蜊（花蛤）	46	87.2	45	7.7	0.6	2.2	0	63	12	0	0.13	1.9	0	0.51	59			309		6.1				
海参	93	18.9	262	50.2	4.8	4.5	0	62	20	0.04	0.13	1.3	0	0	0			4967.8		9				
海参（水浸）	100	93.5	24	6	0.1	0	0	51	6	0	0.03	0.3	0	0	240			80.9		0.6				
海参（鲜）	100	77.1	71	16.5	0.2	0.9	0	51	0	0.03	0.04	0.1	0	3.14	285			502.9		13.2				
海蛎肉	100	85.6	66	8.4	2.3	2.9	0	0	0	0.03	0.07	1.7	0	7.66	167			194		5.4				
海蜇皮	100	76.5	33	3.7	0.3	3.8	0	8	0	0.03	0.05	0.2	0	2.13	150			325		4.8				
海蜇头	100	69	74	6	0.3	11.8	0	10	7	0.07	0.04	0.3	0	2.82	120			467.7		5.1				
蚶子（银蚶）	27	82.7	71	12.2	1.4	2.3	0	89	0	0	0.06	0.9	0	0.55	49			280.1		7.3				
河蚌	23	89.8	36	6.8	0.6	0.8	0	57	101	0.01	0.13	1	0	1.36	306			28.7		3.1				
河蚬（蚬子）	35	88.5	47	7	1.4	1.7	0	257	19	0.08	0.13	1.4	0	0.38	39			18.4		11.4				
甲鱼	70	75	118	17.8	4.3	2.1	0	101	70	0.07	0.14	3.3	0	1.88	70			96.9		2.8				
老鼠肉	100	79.1	131	17.2	6.9	0	0	75	5	0.03	0.14	6.7	0	2.81	8			71.8		2.4				
螺（东风螺，黄螺）	43	70.7	106	19.8	1	4.5	0	0	1	0.06	1.02	2.1	0	0.33	55			129.4		3.3				
螺（红螺）	55	68.7	119	20.2	0.9	7.6	0	0	25	0	0.46	0.2	0	20.7	539			219.6		5.3				
螺（石螺）	27	75.2	91	12.8	0.7	8.2	0	198	0	0.02	0.2	0.7	0	1.57	2458			13		9				
螺（田螺）	26	82	60	11	0.2	3.6	0	154	0	0.02	0.19	2.2	0	0.75	0			26		19.7				
螺（香海螺）	59	61.6	163	22.7	3.5	10.1	0	195	0	0	0.24	3.3	0	7.17	91			278.9		3.2				
螺蛳	37	83.3	59	7.5	0.6	6	0	86	0	0	0.28	2	0	0.43	156			252.6		1.4				
墨鱼	69	79.2	82	15.2	0.9	3.4	0	226	0	0.02	0.04	1.8	0	1.49	15			165.5		1				
墨鱼（干，曼氏无针乌贼）	82	24.8	287	65.3	1.9	2.1	0	316	0	0.02	0.05	3.6	0	6.73	82			1744		23.9				
牡蛎	100	82	73	5.3	2.1	8.2	0	100	14	0.01	0.13	1.4	0	0.81	131			462.1		7.1				
蛇	78	78.5	91	15.7	1.7	3.3	0	80	12	0.05	0.4	3.5	0	0.93	49			98.6		8.9				
生蚝	100	87.1	57	10.9	1.5	0	0	94	0	0.04	0.13	1.5	0	0.13	35			270		5.5				
田鸡（青蛙）	37	79.4	93	20.5	1.2	0	0	40	4	0.26	0.28	9	0	0.55	127			11.8		1.5				
田鸡腿（青蛙腿）	35	81.7	79	11.8	1.4	4.7	0	84	0	0.01	0.05	6.6	0	0.58	121			215.2		1.7				
乌贼（鲜，枪乌贼，台湾枪乌贼）	97	80.4	84	17.4	1.6	0	0	268	18	0.02	0.06	1.6	0	1.68	44			110		0.9				
鲜贝	100	80.3	77	15.7	0.5	2.5	0	116	0	0	0.21	2.5	0	1.46	28			120		0.7				
鲜赤贝	34	84.9	61	13.9	0.6	0	0	0	0	0	0.1	0.2	0	13.22	35			266.1		4.8				
鲜扇贝	35	84.2	60	11.1	0.6	2.6	0	0	0	0	0.1	0.2	0	11.85	142			339		7.2				
蝎子	100	48.4	177	26.2	4.7	7.5	0	207	0	0.03	1.09	1.7	0	7.59	120			115.7		30.8				
鱿鱼(干,台湾枪乌贼)	98	21.8	313	60	4.6	7.8	0	871	0	0.02	0.13	4.9	0	9.72	87			965.3		4.1				
鱿鱼（水浸）	98	81.4	75	18.3	0.8	0	0	0	8	0	0.03	0	0	0.94	43			134.7		0.5				
章鱼（真蛸）	100	86.4	52	10.6	0.4	1.4	0	114	4	0.07	0.13	1.4	0	0.16	22			288.1		1.4				
对虾	61	76.5	93	18.6	0.8	2.8	0	193	8	0.01	0.07	1.7	0	0.62	62			165.2		1.5				
海虾	51	79.3	79	16.8	0.6	1.5	0	117	0	0.01	0.05	1.9	0	2.79	146			302.2		3				

续表

名称	可食部分（%）	水分（g）	能量（kcal）	蛋白质（g）	脂肪（g）	碳水化物（g）	膳食纤维（g）	胆固醇（mg）	维生素A（μgRAE）	维生素B_1（mg）	维生素B_2（mg）	烟酸（mg）	维生素C（mg）	维生素E（mg）	钙（mg）	磷（mg）	钾（mg）	钠（mg）	镁（mg）	铁（mg）	锌（mg）	硒（μg）	铜（mg）	锰（mg）
河虾	86	78.1	84	16.4	2.4	0	0	240	24	0.04	0.03	0	0	5.33	325			138.8		4				
基围虾	60	75.2	101	18.2	1.4	3.9	0	181	0	0.02	0.07	2.9	0	1.69	83			172		2				
龙虾	46	77.6	90	18.9	1.1	1	0	121	0	0	0.03	4.3	0	3.58	21			190		1.3				
虾虎（琵琶虾）	32	80.6	81	11.6	1.7	4.8	0	177	0	0.04	0.04	0.9	0	3.18	22			136.6		1.7				
虾米（海米）	100	37.4	195	43.7	2.6	0	0	525	11	0.01	0.12	5	0	1.46	555			4891.9		11				
虾脑酱	100	58.4	100	15.2	4.3	0	0	249	0	0	0.29	3.8	0	1.78	667			1790		8.7				
虾皮	100	42.4	153	30.7	2.2	2.5	0	428	10	0.02	0.14	3.1	0	0.92	991			5057.7		6.7				
蟹（海蟹）	55	77.1	95	13.8	2.3	4.7	0	125	15	0.01	0.1	2.5	0	2.99	208			260		1.6				
蟹（河蟹）	42	75.8	103	17.5	2.6	2.3	0	267	195	0.06	0.28	1.7	0	6.09	126			193.5		2.9				
蟹（踞缘青蟹，青蟹）	43	79.8	80	14.6	1.6	1.7	0	119	201	0.02	0.39	2.3	0	2.79	228			192.9		0.9				
蟹（梭子蟹）	49	77.5	95	15.9	3.1	0.9	0	142	61	0.03	0.3	1.9	0	4.56	280			481.4		2.5				
蟹肉	100	84.4	62	11.6	1.2	1.1	0	65	0	0.03	0.09	4.3	0	2.91	231			270		1.8				
艾窝窝	100	52.1	191	4.3	0	43.39	0.29	0	0	0.02	0.04	0.6	0	0.19	19			1.7		0.5				
饼干	100	5.7	435	9	12.7	71.7	1.1	81	19	0.08	0.04	4.7	0	4.57	73			204.1		1.9				
炒肝	100	84.8	96	2.8	8	3.3	0	91	75	0.01	0.02	2.1	0	0	22			259.6		2.9				
春卷	100	23.5	465	6.1	33.7	34.8	1	0	0	0.01	0.01	3	0	3.89	10			485.8		1.9				
蛋糕	100	18.6	348	8.6	5.1	67.1	0.4	0	43	0.09	0.09	0.8	0	2.8	39			67.8		2.5				
蛋黄酥	100	6.3	388	11.7	3.9	76.9	0.8	0	17	0.15	0.04	4.2	0	1.08	47			100		3				
豆腐脑（带卤）	100	88.1	47	2.6	1.8	5.4	0.2	0	0	0.01	0.01	0.4	0	0.87	301			235.6		1.7				
茯苓夹饼	100	10	345	4.4	0.4	84.3	6.5	0	0	0.11	0.14	1.3	0	4.73	65			103.4		5.7				
灌肠	100	66.1	135	0.2	0.3	32.8	0.3	0	0	0.01	0.13	0.1	0	0	11			12.5		5.8				
核桃薄脆	100	3.3	492	9.8	24.6	61.1	6.2	0	5	0.12	0.03	5.8	0	4.34	54			251.3		4.4				
江米条	100	4	440	5.7	11.7	78.1	0.4	0	0	0.18	0.03	2.5	0	14.32	33			46.5		2.5				
焦圈	100	5.7	548	6.9	34.9	52.5	1.8	0	0	0	0.01	8.4	0	1.36	24			762.2		0				
金钱酥	100	1.4	504	11.4	23.1	62.4	0	107	0	0.07	0.07	2.4	0	5.63	508			60		8.8				
京八件	100	8.3	441	7.2	16.4	67.6	3	0	4	0.08	0.03	4.2	0	5.5	15			16.6		2.6				
京式黄酥	100	4.1	491	6	21.8	67.7	0.3	0	9	0.13	0.04	2.2	0	3.66	30			52.7		1.9				
开口笑（麻团）	100	5.3	518	8.4	30	55.3	3.1	0	6	0.05	0.06	5.9	0	27.79	39			68.2		4.4				
栗羊羹	100	24.1	303	3.7	0.6	70.9	0.8	0	0	0.06	0.12	0.4	0	0.93	80			6.1		0.9				
凉粉	100	90.5	38	0.2	0.3	8.9	0.6	0	0	0.02	0.01	0.2	0	0	9			2.8		1.3				
凉粉（带调料）	100	87.8	50	0.3	0.5	11.3	0.1	0	0	0	0	0	0	0	9			0		0.8				
驴打滚	100	48.5	198	8.2	0.2	41.8	1.9	0	0	0.05	0.07	0.3	0	2.33	34			192.4		8.6				
绿豆糕	100	11.5	351	12.8	1	73.4	1.2	0	24	0.23	0.02	6.1	0	3.68	24			11.6		7.3				
麻花	100	6	527	8.3	31.5	53.4	1.5	0	0	0.05	0.01	3.2	0	21.6	26			99.2		0				
蜜麻花（糖耳朵）	100	19.4	369	4.8	11	63.2	0.9	0	0	0.01	0.01	8.6	0	7.93	99			361.5		4.5				
面包	100	27.4	313	8.3	5.1	58.6	0.5	0	0	0.03	0.06	1.7	0	1.66	49			230.4		2				
年糕	100	60.9	156	3.3	0.6	34.7	0.8	0	0	0.03	0	1.9	0	1.15	31			56.4		1.6				
青稞（甜胚子）	100	66.9	131	5.2	0.2	27.2	0.4	0	0	0	0	0	0	0	0			0		0				
热干面	100	63	152	4.2	2.4	28.7	0.2	0	0	0	0	0	0	0.29	67			165.8		2.8				
烧饼	100	27.3	331	11.5	9.9	50.1	2.5	0	0	0.03	0.01	0	0	5.19	40			84.1		6.9				
烧麦	100	51	243	9.2	11	27.9	2.3	0	0	0.07	0.07	14.6	0	0.68	10			0		2.1				
水晶饼	100	10.8	438	0.2	17.4	69.5	0.8	51	0	0.05	0	0	0	0.81	49			31.5		3.6				
酥皮糕点	100	10.7	429	8.1	15.5	65	1.4	0	6	0.1	0.1	3.2	0	1.01	24			55.7		2.7				
汤包	100	54.2	238	8.1	11.6	25.2	0	21	0	0.07	0.07	1.4	0	0.9	18			219		3.5				

续表

名称	可食部分(%)	水分(g)	能量(kcal)	蛋白质(g)	脂肪(g)	碳水化物(g)	膳食纤维(g)	胆固醇(mg)	维生素A(μgRAE)	维生素B_1(mg)	维生素B_2(mg)	烟酸(mg)	维生素C(mg)	维生素E(mg)	钙(mg)	磷(mg)	钾(mg)	钠(mg)	镁(mg)	铁(mg)	锌(mg)	硒(μg)	铜(mg)	锰(mg)
桃酥	100	5.4	483	7.1	21.8	65.1	1.1	0	0	0.02	0.05	2.3	0	14.14	33.9			7.73		48				
豌豆黄	100	63.7	137	7.5	0.6	26.7	2.2	0	3	0.04	0.04	1.7	0	2.91	141			151.7		5.1				
碗糕	100	22	333	4.8	4.8	67.8	0.4	0	41	0.15	0.04	4	0	1.06	41			42.2		2.4				
香油炒面	100	1.9	410	12.4	4.8	80.1	1.5	0	9	0.25	0.09	2.9	0	2.81	16			46.4		2.9				
硬皮糕点	100	7.3	466	8.4	20.1	63.5	1.3	0	20	0.23	0.05	3.1	0	10.27	42			97.4		1.1				
油茶	100	76.3	96	2.4	0.9	20	0.9	0	0	0.01	0.06	0.4	0	0.06	22			19.6		1.1				
月饼（豆沙）	100	11.7	411	8.2	13.6	65.6	3.1	0	4	0.05	0.05	1.9	0	8.06	64			22.4		3.1				
月饼（五仁）	100	11.3	424	8	16	64	3.9	0	4	0	0.08	4	0	8.82	54			18.5		2.8				
月饼（枣泥）	100	11.7	427	7.1	15.7	64.9	1.4	0	4	0.11	0.05	2.7	0	1.49	66			24.3		2.8				
炸糕	100	43.6	282	6.1	12.3	37.3	1.2	0	0	0.03	0.02	3.6	0	3.61	24			96.6		2.4				
菜籽油	100	0.1	899	0	99.9	0	0	0	0	0	0	0	0	60.89	9			7		3.7				
大麻油	100	0.3	897	0	99.9	0	0	0	0	0	0	0	0	8.55	15			1.5		3.1				
豆油	100	0.1	899	0	99.9	0	0	0	0	0	0	0	0	93.08	13			4.9		2				
胡麻油	100	0	900	0	100	0	0	0	0	0	0	0	0	389.9	3			0.6		0.2				
花生油	100	0.1	899	0	99.9	0	0	0	0	0	0	0	0	42.06	12			3.5		2.9				
混合油（菜+棕）	100	0	895	0	99.9	1	0	0	0	0	0.09	0.1	0	12.05	75			10.5		4.1				
葵花籽油	100	0.1	899	0	99.9	0	0	0	0	0	0	0	0	54.6	2			2.8		1				
辣椒油	100	0	900	0	100	0	0	0	0	0	0	0	0	87.24	0			0		0				
棉籽油	100	0.1	899	0	99.8	0.1	0	0	0	0	0	0	0	86.45	17			4.5		2				
牛油	100	6.2	835	0	92	1.8	0	0	27	0	0	0	0	0	9			9.4		3				
牛油（炼）	100	0.2	898	0	99.7	0.1	0	135	45	0	0.03	0.2	0	4.6	0			0		0				
色拉油	100	0.2	898	0	99.8	0	0	0	0	0	0	0	0	24.01	18			5.1		1.7				
鸭油（炼）	100	0.3	897	0	99.7	0	0	83	36	0	0	0	0	0	0			0		0				
羊油	100	4	824	0	88	8	0	0	17	0	0	0	0	1.08	0			13.2		1				
羊油（炼）	100	0.1	895	0	99	0.9	0	107	0	0	0	0	0	0	0			0		0				
玉米油	100	0.2	895	0	99.2	0.5	0	0	0	0	0	0	0	51.94	1			1.4		1.4				
芝麻油（香油）	100	0.1	898	0	99.7	0.2	0	0	0	0	0	0	0	68.53	9			1.1		2.2				
猪油（炼，大油）	100	0.2	897	0	99.6	0.2	0	93	14	0.02	0.03	0	0	5.21	0			0		0				
猪油（未炼）	100	4	827	0	88.7	7.2	0	0	45	0	0	0	0	21.83	0			138.5		2.1				
棕榈油	100	0	900	0	100	0	0	0	0	0	0	0	0	15.24	0			1.3		3.1				
醋	100	90.6	31	2.1	0.3	4.9	0	0	0	0.03	0.05	1.4	0	0	17			262.1		6				
豆瓣酱	100	46.6	181	13.6	6.8	17.1	1.5	0	0	0.11	0.46	2.4	0	0.57	53			6012		16.4				
豆豉（五香）	100	22.7	256	24.1	0	42.7	5.9	0	0	0.02	0.09	0.6	0	40.69	29			263.8		3.7				
花生酱	100	0.5	600	6.9	53	25.3	3	0	0	0.01	0.15	2	0	2.09	67			2340		7.2				
黄酱（大酱）	100	50.6	138	12.1	1.2	21.3	3.4	0	7	0.05	0.28	2.4	0	14.12	70			3606.1		7				
酱油	100	67.3	63	5.6	0.1	10.1	0.2	0	0	0.05	0.13	1.7	0	0	66			5757		8.6				
芥茉	100	7.2	490	23.6	29.9	35.3	7.2	0	16	0.17	0.38	4.83	0	9.83	656			7.8		17.2				
韭菜花（腌）	100	79	17	1.3	0.3	2.8	1	0	14	0.04	0.06	0.7	0	0.25	76			5184		5.3				
辣酱（牛肉辣酱）	100	59	129	9.7	6.1	9.4	1.1	0	50	0	0.26	3.1	0	2.9	65			3037.5		8.5				
辣酱（郫县辣酱）	100	51.4	107	4	1	24.78	8.88	0	87	0.04	0.22	2.1	0	8.33	106			5658.1		11.8				
辣酱（蒜蓉）	100	59.2	95	4.8	0.6	19.6	3.7	0	81	0.03	0.1	0.9	0	16.28	71			3236.3		11				
辣椒酱（辣椒糊）	100	71.2	36	0.8	2.8	3.2	2.6	0	66	0.01	0.09	1.1	0	2.87	117			8027.6		3.8				
甜面酱	100	53.9	139	5.5	0.6	28.5	1.4	0	3	0.03	0.14	2	0	2.16	29			2097.2		3.6				
味精	100	0.2	268	40.1	0.2	26.5	0	0	0	0.08	0	0.3	0	0	100			21053		1.2				

续表

名称	可食部分(%)	水分(g)	能量(kcal)	蛋白质(g)	脂肪(g)	碳水化物(g)	膳食纤维(g)	胆固醇(mg)	维生素A(μgRAE)	维生素B_1(mg)	维生素B_2(mg)	烟酸(mg)	维生素C(mg)	维生素E(mg)	钙(mg)	磷(mg)	钾(mg)	钠(mg)	镁(mg)	铁(mg)	锌(mg)	硒(μg)	铜(mg)	锰(mg)
盐	100	0.1	0	0	0	0	0	0	0	0	0	0	0	0	22			25127.2		1				
芝麻酱	100	0.3	630	19.2	52.7	22.7	5.9	0	9	0.16	0.22	5.8	0	35.09	1170			0		9.8				
白砂糖	100	0	400	0	0	99.9	0	0	0	0	0	0	0	0	20			0.4		0.6				
白糖（绵白糖）	100	0.9	396	0.1	0	98.9	0	0	0	0	0	0.2	0	0	6			2		0.2				
冰糖	100	0.6	397	0	0	99.3	0	0	0	0	0.03	0	0	0	23			2.7		1.4				
蜂蜜	100	22	321	0.4	1.9	75.6	0	0	0	0	0.05	0.1	3	0	4			0.3		1				
红糖	100	1.9	389	0.7	0	96.6	0	0	0	0.01	0	0.3	0	0	157			18.3		2.2				
棉花糖	100	19.5	321	4.9	0	75.3	0	0	0	0.04	0.01	0.3	0	0	19			94.6		0				
奶糖	100	5.6	407	2.5	6.6	84.5	0	0	0	0.08	0.17	0.6	0	0	50			222.5		3.4				
泡泡糖	68	9.7	360	0.2	0	89.8	0	0	0	0.04	0.09	0.5	0	0	6			20.6		0				
巧克力	100	1	589	4.3	40.1	53.4	1.5	0	0	0.06	0.08	1.4	0	1.62	111			111.8		1.7				
巧克力（酒芯）	100	13.8	401	1.3	12	72.2	0.4	0	0	0.06	0.34	0.2	0	2.64	128			35.6		2.3				
酥糖	100	3.3	444	6	13.9	75.6	4	0	0	0.1	0.04	3.5	0	4.85	186			45		6				
芝麻南糖	100	4.2	547	4.8	35.6	54.4	4.7	0	0	0.13	0.1	2.1	0	4.36	0			33.5		10.3				
八宝菜（酱）	100	72.3	78	4.6	1.4	13.4	3.2	0	0	0.17	0.03	0.2	0	1.11	110			2843.2		4.8				
大头菜（酱）	100	74.8	41	2.4	0.3	8.4	2.4	0	0	0.03	0.08	0.8	5	0.16	77			4623.7		6.7				
大头菜（五香）	100	72	57	4.6	0.2	11.5	4.5	0	5	0.11	0	0	0	0	0			0		0				
冬菜	100	68.4	52	3.5	0.3	10.1	2.8	0	6	0.02	0.09	0.9	0	7229	135			7228.6		11.4				
黄瓜（酱黄瓜）	100	76.2	26	3	0.3	3.4	1.2	0	15	0.06	0.01	0.9	0	0	52			3769.5		3.7				
黄瓜（甜辣黄瓜）	100	62.7	101	2.8	0.2	22.8	1.2	0	0	0.07	0.03	0.4	0	0	96			0		4.1				
芥菜头（腌，水菜，水疙瘩）	100	70.5	43	2.8	0.1	9.3	2.7	0	0	0.07	0.02	0.8	0	0	87			7250.7		2.9				
芥菜头（腌煮，煮菜，煮疙瘩）	100	70.7	30	2.1	0.2	5.9	2	0	1	0	0.02	0.7	0	0	174			6834.5		5.8				
蕨菜（腌）	100	89.9	26	2.5	0.3	4.4	2.2	0	27	0	0.05	1.6	0	0	115			990.6		4.5				
龙须菜（腌制）	100	67.7	75	1.4	0	17.3	0	0	0	0.01	0.04	0.4	0	0.93	8			1103		6.4				
萝卜（酱）	100	76.1	33	3.5	0.4	4.5	1.3	0	0	0.05	0.09	0.8	0	0	102			6880.8		3.8				
萝卜干	100	67.7	67	3.3	0.2	14.6	3.4	0	0	0.04	0.09	0.9	17	0	53			4203		3.4				
萝卜条（辣）	100	77.8	41	1.4	0.5	8.5	1.8	0	9	0.03	0.06	0.5	0	0	118			2650.9		3.3				
蘑菇（酱）	100	59	122	5.4	0.2	25	0.7	0	0	0.05	0.15	2	0	1.79	30			400		1.8				
苤蓝丝（酱）	100	73.4	42	5.5	0	5.7	1.5	0	0	0.08	0.05	0.9	0	0.15	38			4981.3		2.7				
乳黄瓜（腌，嫩黄瓜）	100	81.3	36	1.7	0.3	7.4	1.8	0	0	0.03	0.03	0.3	7	0.21	44			3087.1		3.1				
什锦菜	100	78.9	37	2.9	0.5	6.2	1.6	0	0	0.03	0.02	0	0	0.18	21			4092.7		4.5				
蒜头（酱）	73	67.2	109	4.4	0.1	23.9	2.6	0	0	0.04	0.04	0	0	0.5	6			3503.1		3.6				
蒜头（糖）	74	66.1	117	2.1	0.2	27.6	1.7	0	0	0.04	0.06	0.2	0	0.71	38			692.2		1.3				
莴笋（酱）	100	83	25	2.3	0.2	4.1	1	0	0	0.06	0.05	0.6	0	0	28			4665.1		3.1				
雪里蕻(腌,腌雪里红)	100	77.1	29	2.4	0.2	5.4	2.1	0	4	0.05	0.07	0.7	4	0.24	294			3304.2		5.5				
洋姜（咸，地姜，鬼子姜）	100	74	36	2.6	0	6.8	1	0	0	0.17	0.06	1.4	0	0	244			5443.3		6.8				
榨菜	100	75	33	2.2	0.3	6.5	2.1	0	42	0.03	0.06	0.5	2	0	155			4252.6		3.9				
冰棍	100	88.3	47	0.8	0.2	10.5	0	45	0	0.01	0.01	0.2	0	0.11	31			20.4		0.9				
冰激凌	100	74.4	126	2.4	5.3	17.3	0	51	24	0.01	0.03	0.2	0	0.24	126			54.2		0.5				
麦乳精	100	2	429	8.5	9.7	77	0	0	57	0.05	0.3	0.7	0	0.44	145			177.8		4.1				
汽水（柠檬汽水）	100	90.5	38	0	0	9.5	0	0	0	0	0	0	0	0	9			3.3		0				

续表

名称	可食部分(%)	水分(g)	能量(kcal)	蛋白质(g)	脂肪(g)	碳水化物(g)	膳食纤维(g)	胆固醇(mg)	维生素A(μgRAE)	维生素B_1(mg)	维生素B_2(mg)	烟酸(mg)	维生素C(mg)	维生素E(mg)	钙(mg)	磷(mg)	钾(mg)	钠(mg)	镁(mg)	铁(mg)	锌(mg)	硒(μg)	铜(mg)	锰(mg)
沙棘果汁	100	87.5	47	0.9	0.5	10.6	1.7	0	0	0	0	0	8	0	10			5.4		15.2				
喜乐（乳酸饮料）	100	86.8	53	0.9	0.2	11.8	0	0	1	0.01	0.02	0	0	2.81	14			53.8		0.1				
杏仁露	100	89.7	46	0.9	1.1	8.1	0	0	0	0	0.02	0	1	0	4			9.2		0				
雪糕（双棒）	100	69.7	137	2.3	3.6	23.9	0	38	23	0.01	0.02	0.1	0	0.78	100			51.1		0.8				

注：Tr表示未检出或微量，低于目前应用的检测方法的检出线或未检出。

二、常见运动项目的能量消耗

健身项目	运动强度	kcal/(h·kg体重)
健身操/上下楼/家庭锻炼	轻或中等强度	4.7
单车	50w，很轻度用力	3.1
	100w，轻度用力	5.5
	150w，中度用力	6.9
	200w，重度用力	10.5
	250w，很重度用力	12.4
跑步	走跑结合（慢跑 < 10min）	5.9
	慢跑，一般	6.9
	11.3km/h（5.3min/km）	11.4
	12km/h（5min/km）	12.4
	12.8km/h（4.7min/km）	13.3
	13.8km/h（4.3min/km）	14
	14.5km/h（4.1min/km）	15
	16.1km/h（3.7min/km）	15.9
	17.5km/h（3.4min/km）	17.8
器械训练	大强度，重度用力	7.8
综合循环训练	中等强度	7.8

三、常见食物血糖指数（GI）值表

食物名称	GI	食物名称	GI
麦芽糖	105	山药	51
葡萄糖	100	橙汁	50
大米饭（粳米，精米）	90	巧克力	49
馒头（富强粉）	88	意大利面	48
糯米饭	87	酸奶	48
绵白糖	84	乳糖	46
馒头（全麦粉）	82	玉米饼	46
胶质软糖	80	通心面	45
烙饼	80	葡萄	43
即食燕麦粥	79	橘子	43
华夫饼干	76	燕麦饭	42
油条	75	枣	42
白面包	75	面条（白细，煮）	41
全麦面包	74	苹果汁	41
蜂蜜	73	青刀豆	39
西瓜	72	胡萝卜（煮）	39
大米饭（糙米）	71	苹果	36
哈密瓜	70	梨	36
大米粥	69	鹰嘴豆	33
荞麦面馒头	67	巧克力	32
菠萝	66	炖豆腐	32
蔗糖	65	桃	28
方糖	65	牛奶	27.6
马铃薯	62	柚	25

续表

食物名称	GI	食物名称	GI
汉堡包	61	腰果	25
冰激凌	61	豆腐干	24
小米粥	60	李子	24
荞麦面条	59	果糖	23
玉米（甜，煮）	55	樱桃	22
燕麦片粥	55	豆奶	19
乌冬面	55	菠菜	15
杧果	55	西红柿	15
米粉	54	青椒	15
猕猴桃	52	生菜	15
香蕉	52	黄瓜	15
玉米糁粥	51	花生	14

四、中国居民膳食营养素参考摄入量

（一）宏量营养素

中国居民膳食营养素参考摄入量是评价膳食营养素供给量能否满足人体需要，是否存在过量摄入风险，以及有利于预防某些慢性非传染性疾病的一组参考值，包括：平均需要量、推荐摄入量、适宜摄入量、可耐受最高摄入量以及建议摄入量、宏量营养素可接受范围。

表1　中国居民膳食能量需要量（EER）

年龄（岁）/生理状况	男性体力活动水平（PAL）						女性体力活动水平（PAL）					
	轻（I）		中（II）		重（III）		轻（I）		中（II）		重（III）	
	MJ/d	Kcal/d	MJ/d	Kcal/d	MJ/d	Kcal/d	MJ/d	Kcal/d	MJ/d	Kcal/d	MJ/d	Kcal/d
0 ~	—	—	0.38[a]	90[b]	—	—	—	—	0.38[a]	90[b]	—	—
0.5 ~	—	—	0.33[a]	80[b]	—	—	—	—	0.33[a]	80[b]	—	—
1 ~	—	—	3.77	900	—	—	—	—	3.35	800	—	—
2 ~	—	—	4.60	1100	—	—	—	—	4.18	1000	—	—
3 ~	—	—	5.23	1250	—	—	—	—	5.02	1200	—	—
4 ~	—	—	5.44	1300	—	—	—	—	5.23	1250	—	—
5 ~	—	—	5.86	1400	—	—	—	—	5.44	1300	—	—
6 ~	5.86	1400	6.69	1600	7.53	1800	5.23	1250	6.07	1450	6.90	1650
7 ~	6.28	1500	7.11	1700	7.95	1900	5.65	1350	6.49	1550	7.32	1750
8 ~	6.90	1650	7.74	1850	8.79	2100	6.07	1450	7.11	1700	7.95	1900
9 ~	7.32	1750	8.37	2000	9.41	2250	6.49	1550	7.53	1800	8.37	2000
10 ~	7.53	1800	8.58	2050	9.62	2300	6.90	1650	7.95	1900	9.00	2150
11 ~	8.58	2050	9.83	2350	10.88	2600	7.53	1800	8.58	2050	9.62	2300
14 ~	10.46	2500	11.92	2850	13.39	3200	8.37	2000	9.62	2300	10.67	2550
18 ~	9.41	2250	10.88	2600	12.55	3000	7.53	1800	8.79	2100	10.04	2400
50 ~	8.79	2100	10.25	2450	11.72	2800	7.32	1750	8.58	2050	9.83	2350
65 ~	8.58	2050	9.83	2350	—	—	7.11	1700	8.16	1950	—	—
80 ~	7.95	1900	9.20	2200	—	—	6.28	1500	7.32	1750	—	—
孕妇（1 ~ 12 周）	—	—	—	—	—	—	7.53	1800	8.79	2100	10.04	2400
孕妇（13 ~ 27 周）	—	—	—	—	—	—	8.79	2100	10.04	2400	11.29	2700
孕妇（≥28 周）	—	—	—	—	—	—	9.41	2250	10.67	2550	11.92	2850
乳母	—	—	—	—	—	—	9.62	2300	10.88	2600	12.13	2900

注：“—”表示未制定。

a 单位为：兆焦每天每千克体重［MJ/(kg · d)］。

b 单位为：千卡每天每千克体重［kcal/(kg · d)］。

表2　中国居民膳食蛋白参考摄入量

单位：g/d

年龄（岁）/生理状况	男性		女性	
	EAR	RNI	EAR	RNI
0～	–	9[a]	—	9[a]
0.5～	15	20	15	20
1～	20	25	20	25
2～	25	25	20	25
3～	25	30	25	30
4～	25	30	25	30
5～	25	30	25	30
6～	25	35	25	35
7～	30	40	30	40
8～	30	40	30	40
9～	40	45	40	45
10～	40	50	40	50
11～	50	60	45	55
14～	60	75	50	60
18～	60	65	50	55
孕妇（1周～12周）	—	—	50	55
孕妇（13周～27周）	—	—	60	70
孕妇（≥28周）	—	—	75	85
乳母	—	—	70	80

注："—"表示未制定。EAR表示平均需要量；RNI表示推荐摄入量；AI表示适宜摄入量。[a]表示AI值。

表3　中国居民膳食脂肪、脂肪酸参考摄入量和可接受范围

单位：能量百分比（%E）

年龄（岁）/生理状况	脂肪	饱和脂肪酸	*n*–6多不饱和脂肪酸[a]		*n*–3多不饱和脂肪酸	
	AMDR	U–AMDR	AI	AMDR	AI[b]	AMDR
0～	48[c]	—	7.3	—	0.87	—
0.5～	40[c]	—	6.0	—	0.66	—
1～	35[c]	—	4.0	—	0.60	—
4～	20～30	<8	4.0	—	0.60	—

续表

年龄（岁）/生理状况	脂肪	饱和脂肪酸	$n-6$ 多不饱和脂肪酸[a]		$n-3$ 多不饱和脂肪酸	
	AMDR	U－AMDR	AI	AMDR	AI[b]	AMDR
7～	20～30	<8	4.0	—	0.60	—
18～	20～30	<10	4.0	2.5～9.0	0.60	0.5～2.0
60～	20～30	<10	4.0	2.5～9.0	0.60	0.5～2.0
孕妇和乳母	20～30	<10	4.0	2.5～9.0	0.60	0.5～2.0

注：AMDR 表示宏量营养素可接受范围；U－AMDR 表示宏量营养素可接受范围上限；[a] 表示亚油酸的数值；[b] 表示 α－亚麻酸的数值；[c] 表示 AI 值。

表 4　中国居民膳食碳水化合物参考摄入量和可接受范围

年龄（岁）/生理状况	碳水化合物		添加糖
	EAR（g/d）	AMDR（%E）	AMDR（%E）
0～	—	60[a]	—
0.5～	—	85[a]	—
1～	120	50～65	—
4～	120	50～65	<10
7～	120	50～65	<10
11～	150	50～65	<10
14～	150	50～65	<10
18～65	120	50～65	<10
孕妇	130	50～65	<10
乳母	160	50～65	<10

注：[a] 表示 AI 值，单位为克（g）。

A：能量单位换算及产能营养素折算系数

A.1 能量单位换算

国际上通用的能量单位是焦耳（J）、千焦耳（kJ）和兆焦耳（MJ）。营养学习惯使用的能量单位是卡（cal）和千卡（kcal）。单位换算关系如下：

1J＝0.239 cal

1kJ＝1000 J＝0.239kcal

1MJ ＝1000 kJ＝ 239kcal

A.2 产能营养素折算系数

主要产能营养素折算系数见表 A.1。

表 A. 1　主要产能营养素折算系数

成分	折算系数 KJ/g（kcal/g）	成分	折算系数 KJ/g（kcal/g）
蛋白质	17（4）	碳水化合物	17（4）
脂肪	37（9）	膳食纤维	8（2）

B：各人群身体活动水平分级表

各人群身体活动水平分级见表 B. 1。

表 B. 1　各人群身体活动水平分级表

年龄（岁）	身体活动水平		
	轻（I）	中（II）	重（III）
6 ~ 7	1. 35	1. 55	1. 75
8 ~ 9	1. 40	1. 60	1. 8
10 ~ 14	1. 45	1. 65	1. 85
15 ~ 17	1. 55	1. 75	1. 95
18 ~ 79	1. 50	1. 75	2. 00
80 ~	1. 45	1. 70	—

注 1：0 ~ 6 岁儿童体力活动不分级。

注 2：6 ~ 17 岁为儿童、青少年；18 岁以上为成人。

（二）常量元素

表 5　中国居民膳食常量元素参考摄入量　　单位：mg/d

年龄（岁）/生理状况	钙			磷			镁		钾	钠	氯
	EAR	RNI	UL	EAR	RNI	UL	EAR	RNI	AI	AI	AI
0 ~	—	200[a]	1000	—	100[a]	—	—	20[a]	350	170	260
0. 5 ~	—	250[a]	1500	—	180[a]	—	—	65[a]	550	350	550
1 ~	500	600	1500	250	300	—	110	140	900	700	1100
4 ~	650	800	2000	290	350	—	130	160	1200	900	1400

续表

年龄（岁）/生理状况	钙			磷			镁		钾	钠	氯
	EAR	RNI	UL	EAR	RNI	UL	EAR	RNI	AI	AI	AI
7 ~	800	1000	2000	400	470	—	180	220	1500	1200	1900
11 ~	1000	1200	2000	540	640	—	250	300	1900	1400	2200
14 ~	800	1000	2000	590	710	—	270	320	2200	1600	2500
18 ~	650	800	2000	600	720	3500	280	330	2000	1500	2300
50 ~	800	1000	2000	600	720	3500	280	330	2000	1400	2200
65 ~	800	1000	2000	590	700	3000	270	320	2000	1400	2200
80 ~	800	1000	2000	560	670	3000	260	310	2000	1300	2000
孕妇（1 ~ 12 周）	650	800	2000	600	720	3500	310	370	2000	1500	2300
孕妇（13 ~ 27 周）	810	1000	2000	600	720	3500	310	370	2000	1500	2300
孕妇（≥28 周）	810	1000	2000	600	720	3500	310	370	2000	1500	2300
乳母	810	1000	2000	600	720	3500	280	330	2400	1500	2300

注："—"表示未制定；UL 表示可耐受摄入量；[a] 表示 AI 值。

（三）微量元素

表 6　中国居民膳食微量元素参考摄入量

年龄（岁）/生理状况	铁 mg/d			碘 μg/d			锌 mg/d			硒 μg/d			铜 mg/d			钼 μg/d			铬 μg/d
	EAR	RNI	UL	EAR	RNI	UL	EAR	RNI	UL	EAR	RNI	UL	EAR	RNI	UL	EAR	RNI	UL	AI
0 ~	—	0.3[a]	—	—	85[a]	—	—	2[a]	—	—	15[a]	55	—	0.3[a]	—	—	2[a]	—	0.2
0.5 ~	7	10	—	—	115[a]	—	2.8	3.5	—	—	20[a]	80	—	0.3[a]	—	—	15[a]	—	4.0
1 ~	6	9	25	65	90	—	3.2	4.0	8	20	25	100	0.25	0.3	2.0	35	40	200	15
4 ~	7	10	30	65	90	200	4.6	5.5	12	25	30	150	0.30	0.4	3.0	40	50	300	20
7 ~	10	13	35	65	90	300	5.9	7.0	19	35	40	200	0.40	0.5	4.0	55	65	450	25
11 ~（男）	11	15	40	75	110	400	8.2	10.0	28	45	55	300	0.55	0.7	6.0	75	90	650	30
11 ~（女）	14	18					7.6	9.0											35
14 ~（男）	12	16	42	85	120	500	9.7	12.0	35	50	60	350	0.60	0.8	7.0	85	100	800	30
14 ~（女）	14	18					6.9	8.5											
18 ~（男）	9	12	42	85	120	600	10.4	12.5	40	50	60	400	0.60	0.8	8.0	85	100	900	30
18 ~（女）	15	20					6.1	7.5											

续表

年龄（岁）/生理状况	铁 mg/d			碘 μg/d			锌 mg/d			硒 μg/d			铜 mg/d			钼 μg/d			铬 μg/d
	EAR	RNI	UL	EAR	RNI	UL	EAR	RNI	UL	EAR	RNI	UL	EAR	RNI	UL	EAR	RNI	UL	AI
50～（男）	9	12	42	85	120	600	10.4	12.5	40	50	60	400	0.60	0.8	8.0	85	100	900	30
50～（女）							6.1	7.5											
孕妇（1周～12周）	15	20	42																31
孕妇（13周～27周）	19	24	42	160	230	600	7.8	9.5	40	54	65	400	0.7	0.9	8.0	92	110	900	34
孕妇（≥28周）	22	29	42																36
乳母	18	24	42	170	240	600	9.9	12	40	65	78	400	1.1	1.4	8.0	88	103	900	37

注：“—”表示未制定；[a]表示AI值。

（四）脂溶性维生素

表7　中国居民膳食脂溶性维生素参考摄入量

年龄（岁）/生理状况	维生素A μgRAE/d					维生素D μg/d			维生素E mg α－TE/d		维生素K μg/d
	EAR		RNI		UL	EAR	RNI	UL	AI	UL	AI
	男	女	男	女							
0～	—		300[a]		600	—	10[a]	20	3	—	2
0.5～	—		350[a]		600	—	10[a]	20	4	—	10
1～	220		310		700	8	10	20	6	150	30
4～	260		360		900	8	10	30	7	200	40
7～	360		500		1500	8	10	45	9	350	50
11～	480	450	670	630	2100	8	10	50	13	500	70
14～	590	450	820	630	2700	8	10	50	14	600	75
18～	560	480	800	700	3000	8	10	50	14	700	80
50～	560	480	800	700	3000	8	10	50	14	700	80
65～	560	480	800	700	3000	8	15	50	14	700	80
80～	560	480	800	700	3000	8	15	50	14	700	80
孕妇（1周～12周）		480		700	3000	8	10	50	14	700	80

续表

年龄（岁）/生理状况	维生素 A μgRAE/d					维生素 D μg/d			维生素 E mg α－TE/d		维生素 K μg/d
	EAR		RNI		UL	EAR	RNI	UL	AI	UL	AI
	男	女	男	女							
孕妇（13 周～27 周）		530		770	3000	8	10	50	14	700	80
孕妇（≥29 周）		530		770	3000	8	10	50	14	700	80
乳母		880		1300	3000	8	10	50	17	700	85

注："—"表示未指定；[a]AI 值。

（五）水溶性维生素

表 8　中国居民膳食水溶性维生素参考摄入量

年龄（岁）/生理状况	维生素 B_1					维生素 B_2					维生素 B_6			
	EAR mg/d		AI mg/d	RNI mg/d		EAR mg/d		AI mg/d	RNI mg/d		EAR mg/d	AI mg/d	RNI mg/d	UL mg/d
	男	女		男	女	男	女		男	女				
0～	—	—	0.1	—	—	—	—	0.4	—	—	—	0.2	—	—
0.5～	—	—	0.3	—	—	—	—	0.5	—	—	—	0.4	—	—
1～	0.5	0.5	—	0.6	0.6	0.5	0.5	—	0.6	0.6	0.5	—	0.6	20
4～	0.6	0.6	—	0.8	0.8	0.6	0.6	—	0.7	0.7	0.6	—	0.7	25
7～	0.8	0.8	—	1.0	1.0	0.8	0.8	—	1.0	1.0	0.8	—	1.0	35
11～	1.1	1.0	—	1.3	1.1	1.1	0.9	—	1.3	1.1	1.1	—	1.3	45
14～	1.3	1.1	—	1.6	1.3	1.3	1.0	—	1.5	1.2	1.2	—	1.4	55
18～	1.2	1.0	—	1.4	1.2	1.2	1.0	—	1.4	1.2	1.2	—	1.4	60
50～	1.2	1.0	—	1.4	1.2	1.2	1.0	—	1.4	1.2	1.3	—	1.6	60
65～	1.2	1.0	—	1.4	1.2	1.2	1.0	—	1.4	1.2	1.3	—	1.6	60
80～	1.2	1.0	—	1.4	1.2	1.2	1.0	—	1.4	1.2	1.3	—	1.6	60
孕妇（1 周～12 周）		1.0	—		1.2		1.0	—		1.2	1.9	—	2.2	60
孕妇（13～27 周）		1.1	—		1.4		1.1	—		1.4	1.9	—	2.2	60

续表

年龄（岁）/生理状况	维生素 B_1 EAR mg/d		维生素 B_1 AI mg/d	维生素 B_1 RNI mg/d		维生素 B_2 EAR mg/d		维生素 B_2 AI mg/d	维生素 B_2 RNI mg/d		维生素 B_6 EAR mg/d	维生素 B_6 AI mg/d	维生素 B_6 RNI mg/d	维生素 B_6 UL mg/d
	男	女		男	女	男	女		男	女				
孕妇（≥28 周）		1.2	—		1.5		1.2	—		1.5	1.9	—	2.2	60
乳母		1.2	—		1.5		1.2	—		1.5	1.4	—	1.7	60

注："—"表示未制定。有些维生素未制定 UL，主要原因是研究资料不充分，并不表示过量摄入没有健康风险。

表 8（续 1）

年龄（岁）/生理状况	维生素 B_{12} EAR μg/d	维生素 B_{12} AI μg/d	维生素 B_{12} RNI μg/d	泛酸 AI mg/d	叶酸 EAR μgDFE/d	叶酸 AI μgDFE/d	叶酸 RNI μg/d	叶酸 UL μg/d	烟酸 EAR μg/d		烟酸 AI mgNE/d	烟酸 RNI mgNE/d		烟酸 UL mgNE/d	烟酰胺 UL mg/d
									男	女		男	女		
0 ~	—	0.3	—	1.7	—	65	—	300	—	—	—	—	—	—	—
0.5 ~	—	0.6	—	1.9	—	100	—	400	—	—	—	—	—	—	—
1 ~	0.8	—	1.0	2.1	130	—	160	600	5	5	—	6	6	10	100
4 ~	1.0	—	1.2	2.5	150	—	190	800	6	6	—	8	8	15	130
7 ~	1.3	—	1.6	3.5	210	—	250	900	8	8	—	11	10	20	180
11 ~	1.8	—	2.1	4.5	290	—	350	1000	11	10	—	14	12	25	240
14 ~	2.0	—	2.4	5.0	320	—	400	1000	14	11	—	16	13	30	280
18 ~	2.0	—	2.4	5.0	320	—	400	1000	12	10	—	15	12	35	310
50 ~	2.0	—	2.4	5.0	320	—	400	1000	12	10	—	14	12	35	310
65 ~	2.0	—	2.4	5.0	320	—	400	1000	11	9	—	14	11	35	300
80 ~	2.0	—	2.4	5.0	320	—	400	1000	11	8	—	13	10	30	280
孕妇（1 周 ~ 12 周）	2.4	—	2.9	6.0	520	—	600	1000		10	—		12	35	310
孕妇（13 周 ~ 27 周）	2.4	—	2.9	6.0	520	—	600	1000		10	—		12	35	310
孕妇（≥28 周）	2.4	—	2.9	6.0	520	—	600	1000		10	—		12	35	310
乳母	2.6	—	3.2	7.0	450	—	550	1000		12	—		15	35	310

注："—"表示未制定。有些维生素未制定 UL，主要原因是研究资料不充分，并不表示过量摄入没有健康风险。

表8（续2）

年龄（岁）/生理状况	胆碱			生物素				
	AI mg/d		UL mg/d	AI mg/d	EAR mg/d	AI mg/d	RNI mg/d	UL mg/d
	男	女						
0~	120	120	—	5	—	40	—	
0.5~	150	150	—	9	—	40	—	
1~	200	200	1000	17	35	—	40	400
4~	250	250	1000	20	40	—	50	600
7~	300	300	1500	25	55	—	65	1000
11~	400	400	2000	35	75	—	90	1400
14~	500	400	2500	40	85	—	100	1800
18~	500	400	3000	40	85	—	100	2000
50~	500	400	3000	40	85	—	100	2000
65~	500	400	3000	40	85	—	100	2000
80~	500	400	3000	40	85	—	100	2000
孕妇（1周~12周）		420	3000	40	85	—	100	2000
孕妇（12周~27周）		420	3000	40	95	—	115	2000
孕妇（≥28周）		420	3000	40	95	—	115	2000
乳母		520	3000	50	125	—	150	2000

注："—"表示未制定。有些维生素未制定UL，主要原因是研究资料不充分，并不表示过量摄入没有健康风险。